統一新羅史研究

統一新羅史硏究

申瀅植 著

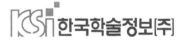
한국학술정보(주)

차 례

제 1 장
統一新羅의 民族史的 意義

新羅의 三國統一에 대한 평가는 外勢利用이라는 비난과 함께 國土縮少에 따른 불완전한 통일로 인해서, 그 정당한 의미부여에 인색하였다. 그러나 統一戰爭에서 보여진 신라인의 自主意識과 民族融合의 내면적 의의를 통해 그 역사적 의미를 부인할 수는 없을 것이다.

제1절에서는 신라 통일의 의미를 올바르게 인식하기 위해서, 통일의 前提와 통일의 研究史的 檢討 및 그 성격을 재조명해 보았다. 신라 통일의 제1보인 羅唐의 軍事同盟은 당의 東方政策의 일환이었고, 羅唐戰爭의 수행에는 당의 突闕·吐蕃 등의 邊患도 있었으나, 신라인의 擧族的 抵抗이 주된 배경이 되었다. 또한 外勢利用에 의한 百濟征伐에는 당군의 군사적 도움은 전혀 없었고, 高句麗征伐은 중국측의 계속된. 敗戰의 보복이며, 唐의 東方政策의 일부였다. 그리고 遼東喪失로 대표되는 국토축소의 문제는 계속된 北方經營과 고구려인의 歸化로 어느 정도 메울 수 있었다. 그러므로 삼국통일은 民族融合이나 平民地位向上을 통한 民族國家의 형성과 能動的 外勢利用에서 그 의의를 찾아야 할 것이다.

제2절에서는 朴殷植과 申采浩의 民族史學을 발전적으로 계승한 汕耘 張道斌의 新羅史觀을 밝혀 보았다. 특히 ≪日本書紀≫의 神功后 新羅征伐을 昔干老傳說로 보고 그 虛構性을 지적하였고, 新羅領土擴張論을 긍정적으로 평가해 보았다.

제3절에서는 ≪조선전사≫를 중심으로 北韓에서 보는 통일신라사의 서술 중에서 統一論을 비롯한 신라의 정치와 사상에 대한 북한역사서술의 특징을 찾아 南·北韓의 歷史解釋 差異를 확인해 보았다. 이를 통해 통일신라사의 성격구명에 새로운 계기가 될 것으로 생각된다.

제4절에서는 통일신라에 있어서 高句麗遺民의 動向을 찾아 王建先代의 出自와 그들의 移動時期를 확인해 보았다. 營州一帶에서 익힌 商業術과 騎馬術로 세력을 확장시킨 王建先代는 李盡忠亂을 계기로 南下한 후 李正己集團과 연결되면서 성장하는 高麗建國過程을 추적하였다. 이러한 고구려유민의 南下와 歸化는 신라통일의 한계를 극복하는 것으로 풀이하였다.

제1절 三國統一의 歷史的 性格

I. 序言

新羅의 三國統一은 民族史의 전개과정에서 어떠한 의미를 갖고 있는가 하는 문제는 한국고대사 연구자들에게 지대한 관심사였다. 무엇보다도 신라의 통일은 國民融合에 따른 民族統一과 民族文化의 根幹을 형성하였을 뿐 아니라, 對唐抗爭에서 보여진 自我意識의 발견이라는 측면에서 그 의의는 높이 평가되어 왔다.[1] 다만, 外勢利用과 國土縮少라는 사실에서 오는 反民族的[2] 또는 畸形的 小朝鮮運動이라는 부정적 견해도[3] 간과할 수는 없다.

따라서 신라의 통일에 대한 의미는 金富軾 이후 많은 역사가들에 의해서 다양하게 개진되었다. 그러나 기존의 연구성과는 통일의 결과나, 濟·麗의 정치적 문란에 따른 羅唐間의 軍事的 協助 등에 치중되어 왔으며, 그 구체적 배경과 新羅人의 統一意志 및 統一主體에 대해서는 거의 도외시되어 왔다. 이에 그 역사적 성격을 재조명하기 위해 통일에 대한 다각적 검토와 비판이 요구된다.

근자 필자는 신라의 통일이 외세에 의한 他律的인 것이 아니라, 自力에 의한 통일이었음을 지적한 바 있다.[4] 이에 본고에서는 그러한

---

1) 이에 대해서는 필자가 《統一期의 新羅社會研究》(慶尙北道·東大 新羅文化研究所, 1987)에서 이미 언급한 바 있다. 本稿는 이를 토대로 새로운 자료를 통해 재정리한 것이므로 그 論旨는 거의 같다.
2) 申采浩, 「金春秋의 功罪」, 《讀史新論》, 《丹齋申采浩全集》 上 (螢雪出版社, 1972), p.501.
3) 文一平, 「丙子를 通하여 본 朝鮮」, 《湖巖全集》 1(三文社,1978), pp.310~311.

시각에서 삼국통일에 대한 역사적 성격파악을 위해 우선 統一의 主體勢力의 등장문제와 통일이 唐의 東方政策의 일환이라는 거시적 안목을 통일의 전제로 지적하였다. 따라서 그것이 金春秋·金庾信 등의 사적인 야욕이나 가문의 복수에서가 아니라, 同族意識을 바탕으로 한 統一意志의 표현이라는 사실은 신라통일의 성격파악에 제외될 수 없을 것이다.5)

　동시에 先學들의 統一觀을 시대적으로 정리해 봄으로써 통일의 의미가 어떻게 전개되었는가 하는 문제를 추적하였다. 이것은 통일을 재평가하는 자료제시의 의미가 될 것으로 짐작되기 때문이다. 무엇보다도 신라통일의 의의를 정치·문화적인 측면에서가 아니라, 平民들의 地位向上이라는 각도에서 재조명해 보려는 것이 본고의 주안점이다. 나아가서 통일을 唐의국내적 정치적 상황과 신라에 의한 外勢의 能動的 利用과의 상호관련 속에서, 그것이 갖는 역사적인 성격부각에 초점을 두고자 한다.

Ⅱ. 三國統一의 前提

(1) 唐의 邊患과 東方政策

　新羅의 統一은 濟·麗의 征服과 唐軍逐出에 따른 領土確保로 이룩되었다. 그러나 그것은 민족사의 긴 발전과정의 일환으로 설명되어야 할 것이며, 신라 자체의 국내문제를 비롯하여 濟·麗 및 唐의 정치적 입장 등 복합적인 여러 여건의 다각적 검토 위에서 가능할 것

---

4) 申瀅植, 「三國統一의 歷史的 意義」, ≪新羅史≫(梨大出版部, 1985), P.44.
5) 李昊榮, 「三國統一에 대한 再檢討」, ≪史學志≫ 15(1981), pp.19~21.
　李昊榮, 「新羅三國統合過程硏究序說」, ≪史學志≫ 22(1989), pp.33~34.
　邊太燮, 「三國統一의 民族史的 意味 一統三韓意識과 관련하여」, ≪新羅文化≫ Ⅱ, (東國大學校 新羅文化硏究所, 1985), pp.55~61.

이다. 비록 백제와 고구려의 정복은 신라통일의 전단계로 볼 수는 있지만, 그러한 대립적인 양국의 소멸은 결국 신라의 對唐抗爭을 원활케 할 수 있었음도 물론이다. 또한 唐의 영토적 야욕이 노골화됨으로써 분열된 國家意識을 하나의 民族意識으로 승화시킬 수 있었고, 濟·麗殘民의 반항을 진압할 수 있는 명분을 찾을 수 있었다.

그러나 신라의 통일에 가장 큰 전제는 7세기 이후 당을 중심으로 하는 동아시아의 세력변화라는 국제적 환경과 통일주체세력으로서 武烈系·庾信系로 대표되는 新興勢力의 등장이다.

581년 隋의 등장은 동아시아의 세력판도를 바꾸어 놓았다. 수나라의 건국은 南北朝의 分裂을 수습하였으며, 새로운 漢文化의 우월성과 강대성을 동아시아로 확대시키는 계기가 되었다. 그러나 수나라의 東進政策은 고구려에 의해서 저지되었기 때문에 그러한 과제를 당이 넘겨받게 되었다. 더구나 당은 隋의 굴욕적 패배를 극복하기에 앞서 그들의 아시아 지배에는 突厥·吐蕃·吐谷渾 등 빈번한 邊患이 보다 절박한 문제였다.6) 즉, 당은 수나라의 宿願을 해결하는 것보다도

(가) 高祖 5년 8월 辛亥에 隋煬帝를 장사지냈다. 甲寅에 吐谷渾이 岷州를 공략하니 益州道行臺左僕射竇軌는 패하였다. 乙卯에 突厥이 변방을 침입하였다. 庚申에 황태자가 幽州道에 出幸하였고. 秦王世民도 秦州道에 出幸하여 突厥를 방어하였다. 乙巳에 吐谷渾이 洮州를 함락하니, 井州總管 襄邑郡王 神符가 돌궐과 汾江동편에서 싸웠으나 패하였다. 戊寅에 돌궐이 大震關을 함락시켰다(≪唐書≫卷1 本紀 第1 高祖).

(나) 貞觀 3년 11월 庚申에 幷州都督 李世勣을 通漢道行軍總管으로, 華州刺史柴紹를 金河道行軍總管으로, 任城郡王道宗을 大同道行軍總管으로, 幽州都督衛孝節을 恆安道行 軍總管으로, 營州都督 薛萬淑을 暢武道行軍總管으로 임명하고 突厥를 정벌하였다(同書, 卷2 本紀 第2 太宗).

---

6) 申瀅植, 「三國統一前後의 對外關係」, ≪新羅文化≫ Ⅱ(1985), P.11.

(다) 貞觀 9년 5월 壬子에 李靖은 吐谷渾과 싸웠으나 패하였다. 7월
庚子에 鹽澤道 行軍副總管劉德敏은 羌人과 싸웠으나 패하였다.
12년 8월 壬寅, 吐蕃이 松州를 침범하니 候君集이 3總管兵을
이끌고 이를 정벌하였다. 9월 辛亥에 闊水道行軍總管牛進達에
吐蕃과 松州에서 싸우다 패하였다. 13년 12월 壬申 候君集을
交河道行軍大總管으로 삼고 高昌을 정벌하였다. 15년 11월 癸
酉 薛延陀가 변방을 침입하였다. 이에 兵部尙書 李世勣을 朔州
道行軍總管으로, 右衛大將軍 李大亮의 靈州道 行軍總管으로 삼
고(중략) 이를 정벌하였다(同書 卷2 本紀 第2 太宗).

에서와 같이 계속되는 邊寇의 위협이 고구려정벌보다 긴급한 상황이
었고,7) 太宗 3년(629)의 突厥征伐과 15년(641)의 薛延陀討伐은 邊患
에 대한 거국적인 원정이었다.

따라서 당의 고구려정벌은 이러한 邊患除去의 일환인 東方政策의
일부인 것이며, 中原一帶를 위협하는 돌궐·토번·토곡혼 등을 방비
하기 위해서 우선 동북방일대의 안정이 요구되었다. 즉, 당은 신라의
협조로 고구려를 복속시킴으로써 계속되는 東邊患을 어느 정도 극복
할 수 있다고 생각하였으나, 돌궐·토번·토곡혼 등과의 시끄러운
관계는 의연히 계속되었다. 그러므로 7세기 중·후엽에 있어서 唐의
對羅戰의 연속된 패배는 吐蕃과의 마찰과 무관할 수는 없었다.8) 특

---

7) 高祖5년(622) 8월 吐谷渾·突厥과의 싸움 이후, 6년 8월(吐谷渾)·9월(突厥), 7년 8월
(돌궐), 8년 6·8·9월(돌궐) 등 빈번한 突厥의 침입이 잇달았다. 太宗 貞觀 2년(627)
4월(契丹, 內屬), 3년 8월(薛延陀, 조공), 11월(突厥), 4년 12월(高昌, 朝貢), 5년 2
월(돌궐), 7년(설연타 조공), 8년 10·12월(吐谷渾), 9년 12월(토곡혼), 10년 12월(토
곡혼, 조공), 14년 3월(돌궐), 6월(설연타, 求婚), 15년 1월(吐蕃, 혼인), 12월(실연
타·돌궐), 17년 6월(설연타, 구혼), 20년 6월(설연타), 高宗 永徽 3년(651) 11월(토
곡혼, 조공), 5년 8월(토번, 獻馬), 顯慶 3년 2월(돌궐)의 기록과 같이 당의 邊患은
긴급한 국가적 문제였다.

8) 咸亨 원년(670) 4월 吐蕃이 白州 등 18州를 함락시킨 이후 계속된 邊患은 그해 7
월에 敗戰의 책임을 지워 薛仁貴를 除名하는 등 당나라는 큰 國難을 당하였다.
더욱이 儀鳳 2년(677) 2월에는 劉審禮 등 官軍이 이들에게 패하자 天子는 그 對
策을 侍臣에게 묻는 등 한반도에서의 문제(패전)는 긴급한 것이 아니었다(≪舊唐
書≫ 卷 2 참조).

히 高宗 19년(645)의 安市城敗北直後에 李勣의 薛延陀征服을 꾀한
것도,9) 고구려 정벌과 여러 邊患과의 관계를 짐작할 수 있다. 결국
고구려정벌은 당의 對外政策의 한 방편으로서, 특히 對靺鞨·對吐蕃
政策의 과정에서 고려되어야 할 것이다. 따라서 당시의 긴급한 邊患
은 한반도의 문제보다 훨씬 심각한 사건이었다.

(2) 新興勢力의 登場

신라의 통일에 다음으로 주목해야 하는 대내적인 전제는 신흥세력
의 동향이다. 새로운 집단은 기존 질서에 대항하면서 자신의 세력
확보를 위해 정치적 도전과 군사적 모험을 꾀하기 마련이다. 眞興王
의 장남인 銅輪이 일찍 사망함으로써 왕통은 차남인 眞智가 승계하
였으나, 이 때부터 두 가문은 대립과 갈등을 보이기 시작하였다. 동
륜의 장자인 眞平은 正統王家로서 권위를 내세웠고, 眞智는 실질적
인 왕가로서 위엄을 나타내어, 전자는 奈勿直系로, 후자는 武烈系로
이어져 갔다.

그러나 眞智王은 眞平王과 구귀족의 반대로 퇴위되고,10) 왕통은
眞平, 善德·眞德王으로 연결되었다. 여기서 왕위를 이어받은 眞平王
은 일단 金龍春[眞智王子]을 內省私臣에 임명하여 양파의 타협을 꾀
하는 동시에,11) 자신의 딸[天明]을 그에게 出嫁시켜 정치적 회유책
을 꾀하였다. 그러나 김용춘은 진평왕과의 협조하에서 兵權을 장악
한 동시에 濟·麗의 전쟁 속에서 자신 및 眞智系[武烈系]의 세력을
성장시키고 있었다. 더구나 그는 金庾信의 부친인 金舒玄과 결속하
여 양가문의 결합에 실마리를 열어 놓았던 것이다.12) 이러한 양파의

---

9) ≪唐書≫ 卷 2, 本紀 17.
10) 申瀅植, 「武烈王系의 成立과 活動」, ≪韓國古代史의 新研究≫(一潮閣, 1984), p.113.
11) 申瀅植, 위의 책, p.114.
12) 申瀅植, 위의 책, p.115.

제휴는 庾信系가 眞骨에 편입되었을망정, 혼인조차 자유롭지 못한 현실에 비추어13) 傍系인 眞智系와 加耶系인 武力·舒玄系의 입장으로서는 불가피하였다.

이와 같은 舒玄·庾信派와 龍春·春秋派의 결속은 신흥세력으로서 7세기 중엽 신라세력판도를 바꾸어 놓았으며, 당시의 정치와 군사력을 장악하여 眞平王을 둘러싼 기존의 구세력과 대립하게 되었다. 그러나 진평왕을 이어 등장한 善德王(632~647)은 그 자신이 왕위를 유지하기 위해서는 신흥세력의 협조가 불가피하였으며, 적어도 선덕왕 재위 전반기에는 신흥세력의 龍春과 구세력의 閼川 사이에 힘의 균형이 유지된 듯하다.14) 그러나 이러한 양파의 정치적 균형은 선덕왕 9년(640)의 3국간의 外交戰爭과15) 11년(642)의 大耶城陷落으로 무너졌다. 따라서 경쟁적인 3국의 對唐接近과 대야성비극은 신라외교의 새국면을 강요하였고, 특히 대야성사건으로 金春秋·金庾信 양가문이 결합됨으로써 이들이 정치일선에 나서게 되었다. 무엇보다도 김춘추 세력은 백제의 위협과 大耶城의 悲劇을 국가의 불행으로 승화시켜,16) 그것을 국민적 일체감과 結束의 계기로 삼은 것이다.

金春秋는 善德王 11년(642)에 援兵을 위해 고구려를 방문하였으나, 竹嶺西北地方의 반환문제로 외교성과 없이 양국관계수립은 실패하였다. 고구려와 동맹관계에 실패한 신라는 645년 麗·唐戰爭 때 김춘추의 주장에 따라 3만의 군대로 唐을 도와 준 바 있으며, 647년에 김춘추는 일본을 방문하여 새로운 동맹관계수립을 꾀하기에 이르렀다.17) 더욱이 이 해에 上大等毗曇의 亂이 일어나,18) 善德王이 폐위

---

13) 末松保和, ≪新羅史の諸問題≫(東京, 東洋文庫, 1954), pp.11~15.
14) 申瀅植, 앞의 책, p.115.
15) 申瀅植, ≪三國史記硏究≫(一潮閣, 1981), p.270.
16) 申瀅植, 앞의 책 (1984), P.115.
17) 金鉉球, 「日唐關係의 成.立과 羅日同盟」, ≪金俊燁敎授華甲紀念中國學論叢≫(一潮閣, 1983) 참조.
18) 毗曇亂에 대한 견해는 善德王측이 일으킨 것으로 金庾信 등이 女王을 옹립함으로써 일어난 것(井上秀雄, ≪新羅史基礎硏究≫(東京 東出版, 1974), pp.440~441)이

되고, 眞德王이 즉위하면서 閼川으로 대표되는 구귀족은 몰락하였다. 특히 비담의 난으로 신라의 권력구조는 김춘추. 김유신 세력으로 넘어 갔으며,[19] 武烈王系의 정책추진이 본궤도에 오르게 되었다. 즉, 신흥세력은 신라의 정치적 실권을 장악하고 약화된 王權을 강화시키기 위해서 眞德女王으로 하여금 儒敎的 王道政治와 律令制度를 추진케 하는 한편, 백제·고구려의 침입으로부터 국가와 민족을 수호하려는 강력한 신라 전설을 제시한 것이다. 따라서 빈번한 제·려의 침략에서 국민적 공감대를 형성할 수 있었으니만치, 제·려 정복이라는 군사적 모험은 신흥세력으로서는 자신들의 세력확보를 위한 수단도 될 수 있었다. 그러므로 김춘추의 新唐政策은 국가 위기 극복의 한 방편으로서 국민의 지지를 획득할 수 있었다.

(3) 一統三韓意織

新羅의 3국통일은 정치·문화사적인 측면에서 커다란 역사적 의미가 있는 사건이다. 통일과정에서 보여진 '外勢利用과 滿州喪失'은 궁극적인 평가만을 고집할 수 없으며, 통일신라에서 '一統三韓'의 민족통일의식도[20] 백제정벌시에 보여진

> 法敏이 隆을 말 앞에 꿇어앉히고 얼굴에 침을 뱉으며 꾸짖기를 "전일에 너의 아비가 나의 누이를 원통히 죽여 獄中에 파묻은 일이 있다. 그것이 나를 20년간이나 마음을 아프게 하고 골치를 앓게 하였다. 오늘 너의 목숨은 내 손에 달려 있다"라고 한즉, 隆은 땅에

라든가, 善德王의 폐위내지는 毗曇의 국왕추대에 불만을 품은 金庚信이 선덕왕을 옹호함으로써 일어난 것(李基東, ≪新羅骨品制社會와 花郎徒≫, 一潮閣, 1984, p.84)등으로 풀이하였다. 이에 대해 필자는 신흥세력(金春秋·金庚信)과 구세력(毗曇·閼川)간의 쟁패전으로 권력의 핵에서 밀려난 銅輪系의 反眞智系운동이라 보았다(앞의 책, 1984, p.116).

19) 申瀅植, 위의 책, p.117.
20) 盧泰敦, 「三韓에 대한 認識의 變遷」, ≪韓國史硏究≫ 38 (1982), p.133.

엎드려 말이 없었다(≪三國史記≫ 卷 5, 太宗武烈王 7年).

에서 볼 때 처음부터 나타난 것이라고는 말하기가 어려웠다. 그러나
신라가 제·려와 함께 同族意識을 갖고 있었음은 사실이다.21) 이러
한 근거는 3국이 하나의 言語圈에서 分枝化되었다는 점이다,22) 그것
은 善德王11년(642) 金春秋가 고구려를 방문하였을 때 언어의 장벽
을 느끼지 않았던 기록에서도 분명하다.23) 다만, 3국의 동족·동류
의식은 있었다 해도 그들 간에는 격심한 항쟁을 계속하였으므로 결
국 豺狼·長蛇·凶惡과 같은 원수로서 對立意識이 조장된 것이다.24)
그것은 생존경쟁이나 자기보존의 방편으로 굳어진 것이다.25)
　그러므로 신라는 처음에 백제정벌을 大耶城보복으로 생각하였고,
김춘추 가문의 명예회복으로 본 것이다. 따라서 백제토벌은

　　위로는 祖宗의 遺顧를 위로하고 아래로는 父子의 宿寃을 갚았다
　　(同書 卷 7, 文武王 21年 遺詔).

는 것과 같이 민족적 차원의 명분이 아니라 가문의 복수라는 입장이
강렬한 것도 사실이다. 그러므로 신라의 입장은 百濟征伐의 타당한
名分을 찾으려는 노력이 엿보였으니, 그것은

　　百濟의 先王이 順逆에 어두어 善隣을 두터이 하지 않고 또 姻親
　　과 和睦치 않고 고구려와 결탁하여 倭國과 교통하여 잔폭한 행동을
　　하는 동시에 신라를 侵害하여 성읍을 노략하고 또는 무찔러 거의
　　편안한 때가 없었다. 天子는 一物이라도 제자리를 잃음을 원망이 여

---

21) 邊太燮, 앞의 論文, p.60.
22) 李基文, 「古代三國의 言語에 대하여」, ≪第27回 全國歷史學大會共同主題≫(1984),
　　p.36.
23) 善德王 11년(642) 金春秋가 淵蓋蘇文을 만나러 갔을 때, 고구려의 寶藏王간에는
　　通譯者를 대동하였다는 기록은 없다(≪三國史記≫ 卷 5).
24) 邊太燮, 앞의 論文, p.61.
25) 申瀅植, 앞의 책(1985), p.38.

기고 무죄한 백성을 불쌍히 여겨 자주 使人을 보내어 和好를 권하
였으나, 백제로 負嶮과 恃遠을 믿고 天道를 侮慢하므로 황제가 노하
여 삼가 弔伐한 것이다(同書 卷 6, 文武王 5年).

라는 것이다. 즉, 백제정벌은 無道에 대한 問責이며 侮慢에 대한 斷
罪라고 생각하였다. 이러한 입장은 高句麗征伐에서도

   고구려는 겸손의 뜻이 없고 중국의 封場을 침입하여 원수가 되었
   다. (중략) 詔命에 항거하여 순종치 않았고, 王使를 土室에 가두어
   무례하게도 두려움이 없는지라 누차 問罪의 出兵이 불가피하였다(同
   書 卷 22, 寶藏王 27年 末尾 「論」).

는 것으로 나타났다. 이러한 입장은 ≪三國史記≫가 갖고 있는 유교
윤리나 事大禮節의 뜻을 반영한 것이므로,[26] 신라가 적어도 백제정
벌 때까지는 뚜렷한 統一意志를 갖고 있지 못했음을 알 수 있다. 즉,
「答薛仁貴書」에

   新羅와 百濟는 누대의 원수인데 지금 백제의 형세를 보면 따로
   한나라(부흥운동)를 세울 모양이니 백년 후에는 신라의 자손이 呑滅
   될 것이다(同書 卷 7, 文武王 11年).

와 같이 제·려 정벌은 그 유민들의 보복[신라탄멸]을 두려워 한 사
실을 외면할 수가 없었다. 이와 같은 생각은

   庾信이 여러 장수들과 함께 말하기를 고구려·백제 두 나라가 우
   리 국토를 침략·유린하고 우리 인민들을 해쳐 혹은 壯丁을 죽이고
   혹은 어린이를 잡아다 노예로 부린지 오래되었으니, 어찌 통탄할 일
   이 아니랴. (중략) 대국의 힘을 빌려 2城을 滅해서 나라의 원수를

---

26) 高柄翊, 「三國史記에 있어서의 歷史叙述」, ≪金載元博士回甲紀念論叢≫(乙酉文化社,
   1969), PP.9~16.

갚으려는 것이다(同書 卷 42, 金庾信「中」).

와 같은 통일의 주역인. 金庾信의 견해에서 엿 볼 수 있다.

그러나 제·려의 멸망으로 民族存亡이 심각한 위기에 처함에 따라 民族保存과 國土保護에 수반되는 統一問題가 현실화 되어 갔다. 백제 정벌에 군사적 협조를 얻었던 신라는 당의 고구려정벌에 兵力支援을 외면할 수는 없었다. 그러나 당군의 지원에 따르는 여러 가지 문제는

> 戰後에 보낸. 곡식이 數萬餘斛으로 남쪽은 熊津에 수송하고 북쪽
> 으로 平壤에 供出하여 적은 신라가 두 곳으로 이바지하기에 人力이
> 極疲하고 牛馬가 死盡하여 田作이 때를 잃고 곡식이 잘 되지 않아
> 倉穀은 수송에 다하였으므로 신라의 백성들은 草根도 오히려 부족
> 하였으나, 漢兵은 양식의 여유가 있었다(同書 卷7, 文武王 11年「答
> 薛仁貴書」).

에서와 같이 신라 측의 어려움은 唐의 支援을 의심하지 않을 수 없었고, 특히 당의 領土的 野欲과 당의 648년(眞德王 2)에 있었던 국제적 약속에 대한 違背에 직면한 신라인의 민족적 각성은 삼국인들 속에 일찍부터 존재하던 同一體意識이 뚜렷하게 의식화되기 시작하였다.27) 즉 이제는 잠재되어 왔던 同族意識이 서서히 나타나기 시작한 것이다.

> 朕이 지금 고구려를 치는 것은 다른 까닭이 아니라, 그 때 신라
> 가 양국에 핍박되어 그 피해를 입어 거의 편안할 때가 없음을 가엾
> 게 여김이다. 山川土地는 내가 탐내는 바가 아니며, 玉帛과 子女도
> 내가 가지고 있다. 朕이 양국을 평정하면 平壤以南과 백제 토지는
> 다 그대 나라에 주어 길이 편안케 하려한다(同書 卷7, 文武王 11年
> 「答薛仁 貴書」).

---

27) 盧泰敦, 앞의 論文, p.155.

라 하여 원래 당은 濟·麗의 핍박에 고통을 받는 신라를 도와주고 無道와 非禮의 양국을 토벌하여 安逸과 善隣을 꾀하려 한다고 하였다. 그러므로 신라는 "風雪極寒 人馬凍死 所將兵粮 不能勝致"라는 극도의 악조건 속에서28) 당과의 협조를 아끼지 않았다. 그러나 실제로 당은 백제정벌 후 개선한 蘇定方에게 "何不因而伐新羅"라 하여 신라정벌의 뜻을 강하게 나타내고 있었다.29) 그러므로 당은

> 당이 船艦을 수리하여 밖으로 倭國을 친다 핑계하고 실상은 신라
> 를 치려하였으므로 백성들은 이를 듣고 놀라 불안해 하였다(同書 卷
> 7, 文武王 11年「答薛仁貴書」).

와 같이 신라 측에 불안을 조성하는 한편, 경제적 손실을 강요하여 신라의 對唐抗爭을 둔화시키면서 고구려구토를 확보하는 전략을 추진하였다. 더구나 당은 突闕·吐蕃 등 邊忠의 弊가 극심하였으므로 동방의 안정이 무엇보다 필요한 실정이었으나, 신라 측의 강한 반발과 도전에 그들의 東方政策은 큰 벽에 부딪치게 된 것이다.

3국은 일찍부터 同族意識을 갖고 있었다. 그러나 3국이 수세기간에 대립항쟁 속에서 상호간의 불신과 自己防禦的인 對立意識만 조장되었다고 하지만,30) 민족존망의 위기 속에서는 잠재되어 있던 同族意識이 분출된 것이다. 이러한 동족의식이나 一統三韓意識은

> 신라는 北方一帶의 반란을 조강하고 唐占領地區로부터 逃出하는
> 다수의 遺民에게 피난처를 제공함으로써 자기(신라)의 세력을 증가
> 하는 한편, 唐의 反攻勢力을 약화시키는 데 성공하였다.31)

---

28) ≪三國史記≫ 卷 7, 文武王 11年「答薛仁貴書」.
29) 위의 책, 卷 42, 金庾信「中」.
30) 申瀅植, 앞의 책 (1985), p.38.
31) John C. Jamieson,「羅唐同盟의 瓦解」, ≪歷史學報≫ 44 (1969), p.2.

라는 사실이 뒷받침하고 있다. 동시에 신라가 濟·麗殘民·歸化民 등 이민족에 대한 寬容과 同盟의 정책을 추진할 수 있었던 것도[32] 3국의 동족의식에서 출발한 것이다.

Ⅲ. 三國統一의 硏究史的 檢討

(1) 三國統一의 肯定的 評價

新羅는 濟·麗征伐 이후 힘든 對唐抗爭을 통해 3국을 통일하였다. 이러한 통일에 대한 최초의 긍정적 평가는 ≪三國史記≫에

> 삼가 先志를 이어 大唐과 함께 義兵을 일으켜 백제·고구려의 죄 를 물어 元兇(제·려)을 伏罪하고 國運이 태평되었다(同書 卷 6, 文 武王 8年 11月).

는 것에서 시작되었다. 즉, 신라의 통일은 元兇伏罪 國運泰靜의 두 가지 의미가 있다는 것이다. 나아가서 신라의 통일은

> 庾信이 그 뜻한 바를 행할 수 있게 되어 中國과 공모해서 3국을 합쳐 一家를 만들었다(同書 卷 43, 金庾信「下」).

와 같이 三韓一家, 즉 民族統一의 의미도 있다는 것이다.[33] 다시 말 하면 신라의 삼국통일은 武烈系의 원한(大耶城陷落)의 복수인 동시 에 無道·非禮의 응징이며, 3국간의 항쟁을 수습한 민족의 통일이라

---

32) 末松保和, 앞의 책, p.357.
33) ≪三國史記≫ 卷 12, 神文王 12年, 唐中宗의 勅令에 대한 답서에 '一統三韓其爲功 業'이라는 기록과 ≪淸州市 雲泉洞 寺蹟碑判讀調査≫(湖西文化硏究所, 1982)의 '民合三韓而廣地'에서도 나타나 있다.

는 사실이다.

이와 같은 金富軾의 統一論은 ≪三國史記≫ 편찬(1145) 이후 140
년 뒤의 一然에도 계승되었다. 즉, ≪三國遺事≫에서는

> 王은 庚信과 더불어 마음과 힘을 합해 3 韓을 통일하고 나라에
> 큰 공을 세웠으니 廟號를 太宗이라 하였다.[34]

라 하여 ≪三國史記≫와 같이 一統三韓을 그 의의로 삼고 있었다. 이
러한 신라통일의 긍정적 평가는 그 후 계속되었으나, 朝鮮時代에 있
어서는 민족통일보다 名分論的인 問罪라는 시각에서 통일을 보고 있
었다. 이러한 입장은 ≪東國通鑑≫의

> 삼가 先祖와 唐의 뜻을 이어 군대를 동원하여 百濟와 高句麗를
> 問罪하고 元兇에게 罪를 받게 하였다.[35]

에서 볼 수 있으나, 지나친 尊華的인 서술에서 오히려 통일의 내면
적 의의를 외면한 느낌이 크다.

그 후 18세기말의 ≪東史綱目≫에서 우리는 安鼎福이 새로운 史
論을 전개하였다고 하지만,[36] 그의 역사인식은 삼국통일론에 한해서
는 傳統史學의 범주를 벗어나지 못하고 있었다. 그것은 안정복의 新
羅統一에 대한 견해가 ≪三國史記≫의 그것을 부연한 데 불과했기
때문이다. ≪東史綱目≫(第4 「上」)의

> 庚信曰 大將軍以天兵來伐不道 雪外國之難 寡君及一國臣 方喜抃之
> 不暇

---

34) ≪三國遺事≫ 卷 1, 紀異 第2 太宗春秋公.
35) ≪東國通鑑≫ 卷 8, 三國紀(新羅紀) 末尾.
36) 卞媛琳, 「安鼎福의 歷史認識」, ≪史叢≫ 17・18 (1974) 참조

라는 기록은 ≪三國史記≫(卷 42, 金庾信(中), 傍點筆者)의

　　大將軍以天兵**來副寡君之望**

이라는 표현 차이뿐이며, ≪東史綱目≫의 기록은

　　(가) 今日我之直 擊彼之曲 何憂不克 況伐明天子之威 伐至不仁哉
　　　　　　　　　　　　　　　(≪東史綱目≫ 第4上)
　　(나) 今若以我之直 擊彼之曲 可以得志 況馮大國明天子之威 稜哉
　　　　　　　　　　　　　　　(≪三國史記≫ 卷43. 金庾信(下))

같이 ≪三國史記≫ 내용을 轉載한 것이다. 이러한 ≪東史綱目≫의
서술에서 安鼎福이 갖는 역사인식의 한계를 엿볼 수 있다.
　그러나 順菴보다 1세기 앞선 韓百謙은 그의 ≪東國地理志≫에서

　　신라의 통합초, 즉 唐兵의 철수 후에 곧 도읍을 국토의 중앙으로
　옮겨 4방을 통제하였다면, 고구려의 옛 땅을 되찾을 수 있어 遼‧
　潘‧扶餘의 땅도 우리‧영토가 되었을 것이다. (중략) 한쪽 모퉁이에
　서 편안히 姑息으로 세월을 보내 서북 일대의 땅을 이웃 적국에게
　주기를 헌신짝 버리듯 하였다.[37]

라 하여 首都의 偏在와 안이한 北方政策 등 통일신라의 현실타협책
을 비난하고 있었다. 이러한 부정적인 신라통일론을 제하면, 대부분
의 견해는 통일에 대한 긍정적 평가로 일관하고 있다.
　다만, 舊韓末의 많은 국사교과서에는 신라통일에 대한 의미부여가
없는 것이 특징이다. 그것은

　　戊辰에 新羅王이 諸將을 率ᄒᆞ고 唐將李勣으로 더불어 高句麗를
　伐ᄒᆞ야 滅ᄒᆞ니 王이 出降ᄒᆞ거늘 勣이 王과 밋 王子와 大臣과 百姓

---

37) ≪東國地理志≫ 新羅條.

二十餘萬人으로써 唐에 歸ㅎ니 唐이 平壤都護府롤 置ㅎ야 薛仁貴롤
命ㅎ야 留鎭ㅎ니 高句麗ㅣ 亡ㅎ니라.38)

하여 단순히 고구려 멸망기사만이 보이며, 통일의 의의나 성격에 대
해서는 전혀 언급이 없기 때문이다. 이러한 서술형태는 ≪朝鮮歷代
史略≫(1895)에서도 그대로 연결되었으며, ≪東國歷代史略≫에서는
신라인의 對唐抗爭事實만 강조했을 뿐이다.39) 이러한 견해는 玄采가
편찬한 ≪東國歷史≫에도

唐兵이 契丹과 靺鞨을 合ㅎ야 屢次侵犯ㅎ되 王이 다 勝捷ㅎ더니
至是ㅎ야 施得이 또 仁貴로부터 二十餘戰에다 勝捷ㅎ고 四千餘級을
斬ㅎ니 自此로 唐兵이 敢히 復至치 못ㅎ더라.40)

와 같다. 더구나 鄭寅琥편집의 ≪初等大韓歷史≫에는 '義慈降唐'이라
는 제목은 있으나, 고구려 멸망이나 唐軍逐出 사실조차 언급이 없다.41)
이와 같은 입장은 金澤榮의 ≪歷史輯略≫(1905)에서도 엿볼 수 있
다. 그는 통일기의 인물평가에 있어서도 ≪三國史記≫의 내용을 비
판 없이 계승하였으며,42) "先是 我兵與唐兵大小十八戰皆克"이라 하
여 對唐抗爭事實은 강조하였으나, 三韓爲一家百姓無二心43)과 같이
金富軾의 견해를 전적으로 받아들이고 있다. 특히 그는 백제를 멸
망시킨 주체는 당이었고, 신라는 그 보조적 역할뿐이라는 사실을 강
조하여,44) 통일의 의미부각을 나타내지 않고 있었다.
　　그러나 玄采의 ≪東國史略≫(1905)에서는 논지는 비슷하지만, 통일

---

38) 學部編輯局, ≪朝鮮歷史≫, ≪韓國開化期敎科書叢書≫ 11(1895), 영인본(1977),
　　p.57.
39) 學部編輯局, ≪東國歷代史略≫, ≪韓國開化期敎科書叢書≫12 (1899), pp.195~196.
40) 玄采, ≪東國歷史≫, ≪韓國開化期敎科書叢書≫ 14 (1899), pp.124~125.
41) 鄭寅琥, ≪初等大韓歷史≫, ≪韓國開化期敎科書叢書≫14 (1908), p.409.
42) 金瑛河,「丹齋 申采浩의 新羅三國統一論」, ≪民族文化≫7 (1983), p.140.
43) 金澤榮, ≪歷史輯略≫, ≪韓國開化期敎科書叢書≫15 (1905), p.215.
44) 金瑛河, 앞의 論文, p.144.

의 의미와 그 결과를

　新羅가 唐과 倂力ᄒ야 百濟·高句麗를 滅ᄒ미 唐이 其地에 都督
等官을 置ᄒ더니 旣而오 新羅ㅣ 漸漸 백제의 地를 取ᄒ고 고구려의
叛衆을 結ᄒ니 唐이 屢次 養ᄒ나 新羅ㅣ 쯔ᄒ 服從치 아니ᄒ니 (중
략) 畢竟 統一의 業을 成ᄒ얏ᄂ이다. (중략) 신라ᄂ 人和를 得함이
라 君이 仁ᄒ야 民을 愛ᄒ고 臣은 國事에 盡忠ᄒ며45)

라고 언급하고 있다. 즉, 玄采는 통일의 주체가 신라임을 밝히고, 통
일로 신라가 크게 발전한 것으로 설명하고 있다. 이것은 제·려 멸
망 사실만 서술한 기존의 방법에서 벗어나 '신라가 주체가 된 통일
의 완성'과46) 그 의미에서 '국토와 민족의 통일'이라는 간략한 사실
이 강조되고 있었다.47) 다만, 이 시기의 국사서술의 기본 입장은 金
庾信과 같은 英雄을 민족생존의 근거로 제시하고 있다는 점이다. 이
것은 당시의 愛國啓蒙運動과 軌를 같이 하는 것으로서, 民族의 開化
와 主體的 自主意識 및 獨立精神의 培養에 국사편찬의 목적을 두고
있음이 확실하다.48) 특히 이러한 英雄史觀의 입장에서도 인물평가의
면에서 丹齋와는 달리, 전교과서가 金庾信을 긍정적으로 평가하고
있다.49)
　이 시기에 한국사를 보는 시각은 Hulbert의 경우에도 예외는 아니
었다. 그는 ≪Passing of Korea≫(1906)에서

---

45) 玄采, ≪東國史略≫, ≪韓國開化期敎科書叢書≫ 16 (1905), pp.51~52.
46) 朴晶東, ≪初等大東歷史≫, ≪韓國開化期敎科書叢書≫17 (1909), p.467에 '於時에
　　東方이 羅朝에 統一이 되리라'고 되어 있다.
47) 柳瑾, ≪新撰初等歷史≫ (1910), p.191에는 '高句麗王藏이 出ᄒ야 唐에 降ᄒ니 是
　　에 新羅가 全國을 統一ᄒ니라'하여 唐이 주체가 된 통일완성으로 보았다. 그러나
　　興士團, ≪初等本國歷史≫ (1909), pp.393~394 에는 '金庾信이 百濟를 滅ᄒ後 八
　　年에 庾信의 아우 欽鈍이 高句麗를 取ᄒ니 三國이 비로소 新羅의 統一ᄒ바이 되니
　　라'고 하여 신라를 통일의 주체로 보았다.
48) 金麗비㳥, 「開化期 國史敎科書를 통하여 본 歷史認識」, ≪史學志≫14(1980), p.123.
49) 金瑛河, 앞의 論文, p.137.

And when it came to the final analysis China sided with Silla against the other two, and the allied armies over threw both Pakche and Koguryu, This occured in the seventh century of our era. At first China did not turn the whole peninsula over to Silla, but as time went on Silla worked further and further north, until almost. of the whole of the present territory of Korea was in her hands.

This was an event of great importance. Now for the first time in Korean history the whole territory was united under a single way. It was the language, the laws, the civilization of Silla that welded the Korean people into a homogeneous popula－tion and laid the foundations for modern Korea. And at about the same time there began that wonderful influx of Chinese ideas which have done so much to mould Korea to the Chinese type. The introduction and study of Chinese character began about this time, and the teaching of the Confucian doctrines.[50]

이라고 한 바와 같이 통일의 주체는 唐이라는 점을 강조하였으나, 통일의 의미로 單一主權下의 통일정부수립과 言語・法律・文化의 통합을 제시하고 있다. 그러나 통일 이후 우리나라가 漢化 및 儒教의 지배하에 젖어들었다는 부정적 견해도 언급하였다.

이와 같은 긍정적인 신라의 통일론은 거의가 초기의 近代史家들에게 연결되었다. 그러나 社會經濟史學者들은 대부분 획일적인 教條主義에 입각하여 신라통일의 의의를 인정치 않고 있으며, 民族主義史家들도 통일의 의미부각에는 관심이 없었다. 신라 통일에 대한 비교적 긍정적인 입장을 취한 六堂 崔南善은

---

50) Homer B. Hulbert, 「Legendary and Ancient Korea」, ≪Passing of Korea≫ Chapter 4, (Yonsei Univ. Press, 1969), p.75.

　　이러한 경과로서 신라가 교묘하게 삼국통일의 공명을 이뤘읍니다.
꼭 나라의 실력에 말미암은 섯 아닌 만큼, 백제와 고구려편에서는
원통하다 할 이유도 있지마는 여하간 조선민족이 반도 안에서 한
나라 백성이 되는 계단을 여기서 밟게 되었습니다.51)

　와 같이 統一의 의의를 일단 긍정적으로 평가하고 있다. 그러나
六堂은

　　이렇게 백제와 고구려가 8년 동안에 선후하여 망하고 신라의 손
에 반도가 비로소 동일한 나라를 이루었다. 백제와 고구려의 백성들
이 오래도록 나라를 찾으려고 애썼으나 마침내 공이 없었으며, (중
략) 신라에서 알게 모르게 그 땅을 집어 삼켜 얼마 뒤에는 대동강
과 원산 이남의 반도전토가 완전히 신라의 판도에 들게 되었다.52)

라 하여 신라인의 줄기찬 對唐抗爭에서 나타난 강열한 자아의식은
거의 외면하고 있다. 다만, 통일 그 자체의 의미만을 주시한 것은
사실이다.
　이와 같은 民族의 統一이라는 의미는 新民族主義를 표방한 南滄
孫晉泰의 견해에도

　　고구려에 의한 민족통일이 성취하지 못하고 신라에 의하여 民族
과 領土의 半分的 統一이 수행된 것이 민족적 불행사이었다는 것은
이미 말하였다. 그러나 그것은 여하간 신라의 이 통일에 인하여 조
선의 민족은 이에 결정되었던 것이다.53)

---

51) 崔南善,「삼국의 세력경쟁」,《쉽고 빠른 朝鮮歷史》,《六堂崔南善全集》I (玄岩
　　社, 1951), p.387
52) 崔南善,「新羅의 統一」,《朝鮮歷史講話》,《六堂崔南善全集》I, p.30.
53) 孫晉泰,「朝鮮의 統一과 民族의 決定」,《朝鮮民族史槪論》上(乙酉文化社, 1948),
　　pp.179~180

와 같이 신라의 통일을 '民族의 決定'으로 간주하였으나, 그것이 半
分(만주상실)이라는 민족사의 불행이라고 생각하였다.
한편, 李仁榮의 견해는 이들과 軌를 같이 하면서도

신라가 唐兵을 도입하여 백제와 고구려를 멸한 것은 그의 목적이
본시 당의 武力을 빌려 3국을 통일하려는 데 있었고, 그와 반대로
당이 신라를 원조하여 백제와 고구려에 출병한 것은 隋 이래 역대
거듭된 고구려원정의 연장이요. 다시 말하면 동방에 중국세력을 부
식하여 藩屛國을 만들자는 데 그 진의가 있었다. (중략) 신라는 설
혹 그 강역이 대동강 이남에 한정은 되었기는 하나, 그 후 조선역사
를 진전시킨 조선민족의 地域的 統合은 이때 비로소 이루어졌다고
말할 수 있는 것이다.54)

와 같이 삼국통일을 신라의 통일의지와 중국의 東進政策이 결합된
것으로 풀이하였다.
이러한 입장과 비슷한 汕耘 張道斌은 통일의 의미를 文化史의 면
으로 확장시키고 있다. 즉, 그는

신라가 高句麗故地를 취하여 서북으로 청천강까지 界하고 동북은
德源에 이르니, 이에 신라는 국토가 확대하고 文化의 極盛時代가 되
니라.55)

에서 알 수 있듯이, 신라 국경선을 淸川江~德源線으로 확장함과 동
시에, 통일이 문화의 극성기를 가져 왔다고 생각하였다.56)
해방 후 신라통일에 대한 학계의 대표적 견해는 斗溪 李丙燾의

54) 서울大學 國史硏究會,「民族의 統一」,《國史要論》(民敎社, 1958), pp.53~54.
55) 張道斌,「百濟의 滅亡·高句麗의 滅亡·新羅의 文武大王」,《國史》(國史院, 1947);《
汕耘張道斌全集》(汕耘學術財團, 1981) 1, p.57.
56) 申瀅植,「汕耘張道斌의 歷史認識」,《汕耘史學》2 (1988), p.24.

다시 생각하면 삼국 중 가장 후진으로 東南陽에 이러한 渺少한 신라가 점차로 성장하여 이만한 統一事業이라도 달성하여 반도의 주인공이 되었다는 것은 도리어 기적적이요 경이적이라고 할 수 있다. 요컨대 행이건 불행이건 반도의 민중이 비로소 한 정부, 한 법속, 한 지역 내에 뭉치어 單一國民으로서의 文化를 가지고 금일에 이른 것은 실로 이 통일에 기초를 가졌던 것이다.57)

라는 서술에 나타나 있다. 이러한 논지는 결국 기존의 선학들이 생각했던 내용의 정리로서, 그 후 이 방면의 韓國史叙述에 방향을 제시하고 있다.58) 다만, 金哲埈의 경우는 고대문화의 전면적 붕괴를 막을 수 있었다는 사실과59) 邊太燮의 입장은 한국사의 자주적 발전의 원동력이 되었다는 점을 강조함으로써 통일의 의미를 적극적으로 평가하였다.60)

한편, 金相鉉은 신라 삼국통일의 의의를 濟・麗遺民의 融合, 民族意識의 대두, 自主精神의 發露, 그리고 佛教를 바탕으로. 한 신라문화의 독자성 유지를 지적한 후, 그 한계로서 閉鎖的 地域區分意識을 강조한 것도 이 범주에 들 것이다.61) 근래 三國統合過程에 집중적인 연구를 계속하고 있는 李昊榮의 경우도 圓光・慈藏・元曉 및 四天主寺 등의 정신을 自主 및 統一意識으로 보았으며,62)

對唐關係가 신라의 삼국통일에 커다란 영향을 미친 것은 사실이다. 그렇다고 신라는 唐의 팽창주의에 일방적으로 의존했던 것도 아

---

57) 李丙燾, ≪韓國史≫ 古代篇 (乙酉文化社, 1959), p.625.
58) 이러한 견해는 李基白에 의해서 '韓國民族의 形成과 領土・住民・文化에 있어서 韓國史의 主流가 형성된 것' (≪韓國史新論≫(一潮閣, 1976), pp.87~88)이라든가, 韓㳓劤의 경우는 '國土의 통합・民族文化形成의 토대'라고 지적되었다(≪韓國通史≫(乙酉文化社, 1970), p.90).
59) 金哲俊, 「三國統一의 意義」, ≪韓國史≫ 3 (국사편찬위원회, 1978), P.23.
60) 邊太燮, 「新羅의 三國統一」, ≪韓國史通論≫ (三英社, 1986), p.118.
61) 金相鉉, 「新羅三國統一의 歷史的 意義」, ≪統一期의 新羅社會研究≫(新羅文化研究所, 1987) pp.395~409.
62) 李昊榮, 앞의 論文(1989), pp.20~24.

니고, 自存은 물론 그의 統一目的을 달성키 위한 수단으로 당과 상
호의존적 관계에 서게 된 외교적 양상에 유의해야 할 것이다. 신라
가 당과 밀착하려고 진력했던 것과 마찬가지로, 당 또한 신라를 끌
어 들이기 위해 매우 노력했음을 알 수 있다.[63]

라 하여 삼국통일을 신라의 성장에 따른 主體的 新羅中心思想과 통
일의식의 실현으로 보았다. 동시에 對唐抗戰에서 승리할 수 있었던
국민의 잠재적 능력은 武烈主權의 성장과정에 따른 국민적 凝集力에
서 찾고 있다.[64]

(2) 三國統一의 否定的 見解

이에 반해서 신라의 통일을 철저히 부정적으로 간주하는 입장은
丹齋 申采浩가 대표적이다. 물론, Hulbert와 汕耘의 事大主義化 또는
漢化의 계기라는 부정적 견해가 있지만[65] 민족통일이라는 대국적
견지는 부인하지는 않았다. 따라서 南滄의 경우처럼 半分的 統一, 그
자체는 민족적 불행이지만, 민족의 결정이라는 큰 의미는 찾을 수
있다는 생각이다.

이러한 신라의 통일을 不幸之事로 생각한 것은 韓百謙의 통일론에
서 비롯되었다. 즉, 그는

신라의 통합 초, 唐兵撤還 후에 서울을 국토의 중앙으로 옮겨 사방
을 통제하였다면 고구려의 옛 땅도 수습할 수 있기 때문에, 遼·滿·
扶餘의 땅도 우리의 영토가 되었을 것이다. 저 契丹과 女眞이 어떻게
境外에서 웅장함을 함부로 할 수 있겠는가. (중략) 신라는 한쪽 모퉁이
에서 偸安하여 姑息的으로 소일하여 서북 일대의 땅을 이웃 적에게 헌

---

63) 李昊榮, 앞의 論文(1981), p.33.
64) 李昊榮, 앞의 論文 (1989), p.34.
65) 申澄植, 「汕耘의 歷史認識」, ≪汕耘史學≫ 2, p.13.

신 버리듯 하였다.66)

라 하여 신라가 통일 후 반도일부에 偸安하여 서북영토를 포기함으로써 그 후 地域區分意識으로부터 벗어나지 못했다는 지적이다.67)
　이에 더하여 丹齋는 金春秋의 援兵行脚이 事大主義의 病菌을 전파하는 것으로 혹평하고,68)

　異種을 招하여 同族을 滅함은 寇賊을 引하여 兄弟를 殺함과 無異한 者니(중략) 만일 此等 半邊的 統一로 統一이라 할진대, 東明聖王도 亦統一이며, 溫祚·赫居世도 亦統一이니, 하필 金春秋 이후에야 始統一이 有하다 하리요마는 만일 전체적 통일을 구할진대 檀君以後에 再具치 아니한 자이니, 어찌 김춘추를 통일자라 하리오.69)

라 하여 신라통일은 外勢依存의 半統一이며, 反民族的 行爲로 간주하였다.
　이러한 논지는 文一平에게도 엿보인다. 즉, 그는

　朝滿統一이 실현되어 가는 도정에서 羅唐의 방해로 차질이 되고 말았음은 千古恨事이다. 불완전한 신라통일에서 재출발하게 된 조선은 이래 일천이백여년 동안 반도에서 아장거리는 小朝鮮이 되고 말았다. (중략) 다만 여기 주의할 것은 천여년간 漢族과 경쟁하는 끝에 大朝鮮運動이 실패되고 小朝鮮運動이 겨우 성공된 것이다. 신라로서는 예기 이상의 대수확일지는 모르나 전동방국면으로 볼 때 결코 成功史가 아닌 것을 알아야 하겠다.70)

66) 《東國地理志》 新羅條.
67) 李基東,「新羅의 風土와 그 歷史的 特性」,《千寬宇先生還曆紀念韓國史學論叢》(正音文化社, 1985), p.261.
68) 申采浩,「金春秋의 外交와 金庾信의 陰謀」,《朝鮮上古史》,《丹齋申采浩全集》,(螢雪出版社, 1972), p.317.
69) 申采浩,《讀史新論》, p.501.
70) 文一平,「丙子를 通하여 본 朝鮮」,《湖巖全集》1, pp.310~311.

와 같이 신라통일이 不完全한 畸形的 小統一로서 小朝鮮運動이며, 대국적인 면에서는 실패의 사실로 평가한 것이다.

최근에 文暻鉉도 삼국통일에 부정적 견해를 발표하였다. 그는 신라의 통일은 엄밀한 의미로 볼 때 二國統一로서 이 두 나라 통일 조차 민족의 융화와 동질성을 찾을 수 없었다고 하였다. 이어서

> 삼국시대사는 북방의 夫餘族(濊貊族)과 남방의 韓族의 대립투쟁이란 南北戰爭의 역사였다. 삼국통일 전쟁은 같은 부여족의 대륙국가인 高句麗가 한반도의 서남부여족의 百濟國과 맺은 麗濟同盟과 韓族 국가인 동남반도 국가의 新羅가 대륙국가인 唐나라와 맺은 羅唐同盟의 대절이었다. 3국은 각각 민족·문화·전통·역사를 달리하는 異國이었다. (중략) 신라는 원고구리(文暻鉉은 고구리라 불렀다)의 영토를 제외하고 원백제의 강역을 병합·통일하였으며 (중략) 왕족·대신 등 20여만 명이 포로로 끌려가 고구려의 핵심세력은 모두 당에 끌려간 셈이다.[71]

라 하여 그는 영토축소·다수국민의 납치와 문화전통(언어포함)의 異質化 등을 근거로 들어, 一統三韓意識은 통치자들의 정치적 구호에 불과하다고 하였다.[72]

그러나 3국의 국민은 격심한 대결 속에서 自己防禦的인 對立意識만을 조장하였을 뿐,[73] 一統三韓意識은 잃지 않았다.[74] 실제로 善德王 11년(642)에 金春秋가 淵蓋蘇文과 寶藏王을 만났을 때, 通譯을 두지 않았고 대화에 장벽이 없었다.[75] 비록 濟·麗遺民의 新羅官吏 任命이나 9誓幢編入이 형식적 구호에 지나지 않는다 해도, 고구려의

---

71) 文暻鉉, 「太祖後三國統一의 史的意義」, ≪高麗太祖의 後三國統一硏究≫ (螢雪出版, 1987), pp.322~323.
72) 文暻鉉, 위의 책, p.328.
73) 申瀅植, 앞의 論文(1985), P.38.
74) 盧泰敦, 앞의 論文, p.134.
75) ≪三國史記≫ 卷 5

귀화민인 淵淨土를 對唐外交使節에 이용한다든가,76) 적어도 專制王
權을 뒷받침하는 9서당에 편입할 수 있었던 것은 同族意識이 없이는
불가능할 것이다. 다만 金庾信이나 신라인의 一統三韓意識을 강조한
다는 것은 통일의 의미를 부여하려는 의도적인 표현일 수는 있으나,
3국간의 同族意識은 古朝鮮遺民의 南下 이후77) 줄기차게 유지되었
음은 사실이다.

한편, 北韓의 역사서술은 이러한 부정적인 견해를 더욱 확대하여
신라의 삼국통일이라는 표현 자체가 없다. '신라에 의한 국토남부의
통합'이라는 표제아래

　　신라의 통치배들은 나라의 운명에 대해서는 아랑곳하지 않고 저
　들의 계급적 이익을 위하여 외적을 끌어 들이고, 그들과 힘을 합쳐
　국내전쟁을 일으켰다. 이리하여 나라는 막대한 전쟁피해를 입게 되
　고 국토의 적지 않은 부분을 침략자들에게 빼앗김으로써 민족 앞에
　씻을 수 없는 엄중한 죄과를 저질렀다.78)

라고 하여, 지배계급의 이익과 영토축소 및 외세이용을 비난하는 동
시에 事大主義思想에 기인된 민족적 죄악으로 인정하고 있다. 이와
같은 북한의 입장은 ≪조선전사≫에도

　　신라 봉건통치배들의 그릇된 외세의존정책은 고구려·백제지역
　인민들을 침략군의 말굽 밑에서 신음하게 하였을 뿐 아니라, 마침내
　는 신라까지도 존망의 위기에 몰아넣게 하였다. 이리하여 우리 인민
　은 당나라 침략자들을 몰아내기 위한 수십 년간의 간고한 투쟁을
　벌리지 않으면 안 되게 되었다.79)

---

76) 申瀅植, 앞의 책(1984), p.317.
77) ≪三國史記≫ 卷 1, 新羅本紀 1, 赫居世居西干 직위년 및 38년조.
78) ≪조선통사≫상 (사회과학원역사연구소, 1977), p.136.
79) ≪조선전사≫ 4 (중세편) (과학·백과사전출판사, 1979), p.231.

라고 하였으나, 신라인들의 줄기찬 對唐抗爭만은 높이 평가하고 있다.

그러나 나당연합군의 百濟征伐에 있어서 당군의 군사적 역할은 거의 없었으며, 고구려의 정벌은 어디까지나 계속된 隋·唐의 고구려 정벌실패에 대한 보복전이었다. 특히 당나라의 고구려침략은 '遼東의 確保'라는 당면과제와 함께

> 遼東은 원래 중국의 땅이다. 隋가 4번이나 出兵하였지만 능히 취하지 못하였다. 朕이 지금 征東하는 것은 중국을 위해서는 子弟의 원수를 갚으려는 것이며, 고구려를 위해서는 君父의 수치를 씻으려는 것이다. 지금 4방이 전부 평정되었는데 오직 고구려만 평정하지 못했기 때문에, 짐이 아직 늙지 않았을 때 士大夫의 여력을 빌어 이를 취하려 한다(≪三國史記≫ 卷 41, 寶藏王 4년 3월조 傍點은 필자).

와 같이 당의 東進政策의 일환이었다. 따라서 나당연합의 성립은 신라보다 당의 입장이 더욱 절실했던 것이다.[80]

IV. 三國統一의 性格

(1) 外勢의 能動的 利用

신라의 통일은 外勢依存과 國土喪失이라는 입장에서 부정적 평가가 없지는 않았으나, 우리 민족·국토·문화의 성립과 발전에 획기적 사건임에는 틀림이 없다. 그러나 외세이용과 국토축소라는 의미를 외형성이나 그 사실 자체로만 평가할 수는 없다. 오히려 그러한 과정에서 보여진 自主的인 성격과 民族融合이라는 내면적 성격을 간과해서는 안 될 것이다. 동시에 영토의 크기만이 아니라, 人口移動과

---

80) 申瀅植, 앞의 책(1984), p.288.

민족융합정책에 따른 새로운 國民形成의 기반이라는 시각에서 통일을 평가해야 할 것이다.

우선 가장 비판적인 外勢利用의 문제를 재음미할 필요가 있다. 대부분의 비판자들은 濟・麗征伐에 있어서 당의 군사적 자원이 큰 것으로 이해하고 있다. 이러한 사실은 신라를 도와 주러온 당의 입장에서는

(가) 顯慶 5년 11월에 邢國公蘇定方이 百濟王扶餘義慈를 바쳤고 太子 隆 등 58인의 포로는 則天門에 전시하였다.[81]

(나) 顯慶 5년. 左衛大將軍 蘇定方에게 명하여 군사를 거느리고 토평케 하니 그 나라를 크게 깨뜨려 義慈 및 太子隆・小王孝演과 僞將 58 명 등을 사로잡아 京師로 보냈다.[82]

와 같이 백제정벌의 주체는 唐이라고 기술하였다. 따라서 이러한 문헌을 轉載한 ≪三國史記≫에도 '定方이 兵士들에게 城堞에 뛰어올라 唐의 깃발을 세우게 하였다'(卷 28 義慈王 20년)라 하여 戰勝國은 唐으로 표시하였다. 그러나 백제투항 직후에 '法敏은 隆을 말 앞에 꿇어앉히고 그 얼굴에 침을 뱉으며'(卷 5, 太宗武烈王 7년 7월)이라든가 武烈王이 蘇定方과 같이 단상에 合座하여 의자왕으로부터 항복을 받는 의식을 행하였다는데서 볼 때, 신라는 援兵將에 대한 儀禮的인 禮遇를 한 것뿐이다.

더구나 백제정벌과정에서 唐軍의 군사지원은 泗沘城陷落時의 합동작전에 보여진 며칠간에 불과하였다.[83] 당의 주력부대는 660년 6월에 海路로 山東省 萊州를 떠나 7월 18일 合同作戰(백제정변)에 이르

---

81) ≪舊唐書≫ 卷 4, 高宗(上).
82) 위의 책, 卷 199(上) 列傳 149 東夷(百濟).
83) 이 사실에 대해서 文武王의 答薛仁貴書에 '遣某領兵 應接大軍 東西唱和 水陸俱進 船(唐) 兵繞入江口 陸(新羅)軍已破大賊 兩軍俱到王都 共平一國 (「三國史記」卷 7, 文武王 11년조)이라 하였다. 즉, 신라의 大軍이 백제군을 격과한 후에 당군은 겨우 白江入口에 도착한 것이다.

기까지 단 1회의 싸움을 했을 뿐이다. 唐軍은 줄곧 바다에 떠 있었으며, 신라의 주력부대는 백제의 階伯과 치열한 決戰을 하고 있었다. 7월 9일의 伎伐浦에서의 濟·唐衝突은 이때 계백군이 金庾信軍에게 궤멸된 직후의 사건이어서, 당군의 지원은 백제정벌에 하등의 도움이 될 수 없었다. 다만 명목상군사지원을 위한 합동작전이었다.

한편, 高句麗征伐에 대해서는 唐軍의 역할이 결정적이었던 것은 사실이다. 이 때 당군은 9 년간(660~668)에 걸쳐 고구려군과 빈번한 싸움을 계속하였고, 신라측은 軍糧米輸送이 주 임무였다. 신라로서는 백제정벌시에 보여준 당의 군사적 지원에 대한 의례적 협조일 뿐이었다.[84] 무엇보다도 당은 隋의 치욕적 패배와 당의 계속된 패전에 대해서 雪辱이 필요하였다. 따라서 唐太宗의

> 지금 天下가 다 평정되었으나 **오직 遼東**(고구려)**만 복종하고 있지 않다.** 그의 後嗣 (보장왕)가 士馬의 강성함을 믿고 신하들과 모의하여 싸움을 유도하므로, 전쟁은 바야흐로 시작되었다. 그러므로 朕이 친히 그를 쟁취하여 **후세의 걱정을 없애려 한다**(傍點은 필자).[85]

라는 결심은 결국 고구려의 줄기찬 저항으로 실패하였다. 그러므로 당은 百濟征伐後 신라로 하여금 고구려 남방을 공략케 하는 동시에, 그들의 東方政策을 실현하기 위해

> 高麗는 본디 4郡의 땅이다. 우리가 군사(육군)수만을 이끌고 遼東을 공격하면 다른 여러 城이 반드시 구원해 올 것이다. 이때 우리가 舟師를 동원하여 萊州에서 바다를 건너 平壤으로 들어간다면 아주 쉬울 것이다(방점은 필자).[86]

---

84) ≪三國史記≫ 卷 7 文武王 7年의 答薛仁貴書.
85) ≪新唐書≫ 卷 220 東夷列傳 145 高麗.
86) 上同

와 같이, 육군의 주력이 遼東을 공략하면서 요동반도의 南端에 있는 烏胡島에 저장된 무기와 군량미를 이용하여[87] 平壤直攻의 작전을 꾀한 것이다. 다만 外國征伐의 구실을 고구려(淵蓋蘇文)는 君主를 弑逆한 無道之國이므로 宿衛要請을 거절하는 한편,[88]

> (가) 名分과 實際는 모름지기 이치가 서로 부응되는 법이다. 그런데 고구려는 隋에 稱臣하였으니 마침내 煬帝를 거역하였으니, 그것이 어찌 신하의 도리이겠는가.(중략) 중국에 있어서 夷狄이란 太陽과 列星과 같은 것이니 이치상 낮추고 높일 수도 없는 법이다.[89]
>
> (나) 根本을 버리고 末端을 취하며 높은 곳을 버리고 낮은 곳을 취하며, 가까운 곳을 두고 먼 곳으로 가는 것 등 이 세 가지 일은 나쁜 것으로서 내가(태종) 고구려를 치는 것이 여기에 해당한다.[90]

와 같이 고구려 정벌의 명분을 仁道와 禮에서 찾으려 했다. 그러나 당의 고구려정벌은 이러한 외형적인 의례와 신라와의 군사적 약속에 있는 것이 아니었다. 大帝國建設의 야망을 이룩하겠다는 그들의 東方政策과 아울러

> 지난날 隋의 군사가 遼東을 건널 적에 때를 잘못타서 종군한 士卒들이 모두 죽어 骸骨이 온 산야에 널렸으니 참으로 슬프고 한심하다. 해골을 덮어주는 우리가 무엇보다 우선 되야하니 그들의 해골을 거두어 묻도록 하라[91]

---

87) ≪舊唐書≫(卷 199 上 列傳 149 高麗)에 '貞觀 22年(중략) 萊州 刺史李道裕運糧及器械貯於烏胡島 將欲大擧以伐高麗'에서 알 수 있다(申瀅植,「韓國古代의 西海交涉史」, ≪國史館論叢≫ 2 (1989), p.7).

88) 申瀅植, 앞의 책(1984), P.358.

89) ≪舊唐書≫ 卷 199 上 列傳 149 東夷(高麗)

90) ≪新唐書≫ 卷 220 東夷列傳 145 (高麗)

91) ≪舊唐書≫ 卷 199 上 列傳 149 東夷(高麗).

와 같이 중국(수·당)의 계속적 패배에 대한 보복의 결행이었다. 그러므로 唐太宗이 고구려정벌시에 한 '報子弟之愁 雪君父之恥'(《三國史記》卷 21 寶藏王 4年 3月條)라는 표현에서 극명하게 나타나 있다. 그렇기 때문에 百濟征伐 직후부터 대규모의 고구려 정복을 꾀한 의도를 엿볼 수 있다. 또한 백제가 이미 멸망한 당시에 있어서 신라는 자신의 힘으로 고구려정벌이 불가능했던 만큼, 당군이 고구려의 銳鋒을 꺾어 주기를 바란 것은 사실이다.

특히 신라는 麗唐衝突을 유도함으로써 고구려의 南鄙를 확보할 수 있었고, 668년 고구려 멸망 당시 고구려의 주력부대는 劉仁軌·薛仁貴·李勣등의 唐軍과 요동지방에서 당군과 격전을 치렀으며, 신라군은 金庾信·金仁問·欽純·品日 등 대규모의 원정군을 편성하였으나, 平壤入城직전에 蛇川之原에서 단 한차례 싸웠을 뿐이다. 따라서 고구려정벌은 백제정벌시의모습이 반대로 추진되었던 것이다. 다시 말하면 고구려정벌은 오히려 당 측의 필요성에서 촉진되었고, 吐蕃·突厥 등 이른바 그들의 邊患에 대한 정치적 목적에서 수행된 것으로 생각된다.[92]

그러나 고구려정벌 후의 신라입장은 外勢利用이라는 反民族性의 克服에 치중할 수밖에 없었으니, 그것이 反唐運動이다. 신라의 반당운동은

新羅는 北方一帶의 叛亂을 조장하고 唐占領地區로부터 逃出하고 다수의 遺民에게 피난처를 제공함으로써 자기 세력을 증강하는 한편 唐의 反攻勢力을 약화시키는 것[93]

---

92) 高句麗征伐(668) 직후인 摠章 3년(670) 4월에 吐蕃의 대공세를 격기 위해 薛仁貴 등 5만으로 토번을 공략하였고, 7월에는 도리어 唐軍이 大敗하였다. 咸亨 3년(672) 3월에도 叛蠻에 대규모 토벌전을 전개하였다, 때문에 이러한 邊患은 신라군과 대결에서 唐軍이 승리할 수는 없었다.

93) Jamieson, 앞의 論文, p.2.

과 같이 統一을 지향하는 범국민운동이며, 새로운 민족자각운동이다. 그러므로 외세이용 그 자체만을 비난할 것이 아니라, 그이후의 신라인이 보여준 對唐抗爭과 自我意識을 看過할 수는 없다.94)

(2) 領土·人口宿少의 克服

삼국통일에 대한 부정적 견해로서 항상 문제가 되는 것은 滿洲喪失이라는 영토축소의 문제가 있다. 비록 渤海가 高句麗의 후신으로 만주를 지배하였지만, 통일 후 신라는 韓半島만 통치한 것은 사실이다. 그러나 고구려가 통일하였다고, 그 전체의 영토를 확보하였으리라는 論理는 성립될 수 없다. 광대한 고구려의 영토상실보다는 오히려 정치적 또는 군사적 요충지인 遼東의 喪失에 더 큰 민족적 손실이 있다고 생각된다.95)

요동지방은 東北아시아의 세력판도에 關鍵이 되는 요충으로서 隋唐의 줄기찬 고구려침입도 그 지역을 확보하려는 싸움이었다. 당시 신라의 형편으로 볼 때는 對唐抗爭이나 專制王權의 確立이 급선무였고, 신라의 군사력이나 경제력으로는 요동확보는 불가능한 일이었다.

고구려는 韓半島와 滿洲에 걸친 大帝國이었다. 그러나 광활한 영토에 비해, 그 정치적·경제적 중요성이 큰 지역은 遼東地方과 鴨綠江(중류) 이남 大同江유역이었다. 고구려 멸망 당시 350여 만의 인구 중에서 70여만이 감소된 280 여 만의 고구려인은 거의가 이 지역 일대에 살고 있었을 것이다. 따라서 8만여 명의 歸化人을 포함하

---

94) 新羅人의 對唐抗爭은 外勢利用에 대한 반민족적인 汚名을 씻을 수 있는 명분을 제공할 수 있다. 이에 대한 北韓의 서술도 3단계로 나누어 그 의미를 높이 평가하고 있다. 제1단계는 당의 영토야욕이 본격화되자, 劍牟岑 安勝 등의 高句麗國再建이며(668~670), 제2단계는 신라인과 백제유민과 결속되어 백제지역으로부터의 당군축출이며(670~672), 제3단계는 압록강이남지역에서의 계속적 투쟁을 말한다(672~673). 그러나 마지막에는 신라인이 반대투쟁을 중도에서 포기할 것으로 파악한다(≪조선전사≫4, (백제 및 전기신라사), pp.232~249).
95) 申瀅植, 앞의 책(1985), p.37.

여, 고구려인의 포섭과 수용에 적극적일 수밖에 없었다.96) 무엇보다
도 京畿地方에서 對唐抗爭을 주도했던 고구려 유민이나, 營州一帶에
자리잡고 있던 고구려유민도 安史亂을 전후하여 남하함으로써 高麗
建國의 주역이 되었음도 간과할 수 없을 것이다. 따라서 고구려 멸
망 이후 고려의 睿宗 11년(1116)까지 수십만 명이 고려에 來投함으
로써97) 영토상실을 어느 정도 보상할 수 있었다.

통일신라가 요동반도의 포기대신에 압록강 이남지역에 적극적 관
심을 갖게 된 것은 당연하다. 聖德王 34년(735) 唐으로부터 공식적
인 浿江以南地域의 讓渡까지 이 지역(압록강~대동강)은 거의 방치되
어 왔다. 그러므로 신라는 통일 후 계속해서

(가) 文武王 21년 沙飡武宣이 精兵 3천으로 比列忽을 鎭守하였다
　　 (≪三國史記≫ 卷 7).
(나) 孝昭王 3년 松嶽・牛岑의 2城을 축조하였다(同書, 卷 8).
(다) 聖德王 12년 12월 開城을 쌓았다(同).
(라) 聖德王 17년 10월 漢山州都督관내의 諸城을 쌓았다(同).
(마) 聖德王 35년 11월 왕은 伊飡允忠・思仁・英述 등을 파견하여
　　 平壤과 牛頭 2주의 地勢를 검찰케 하였다(同).
(바) 景德王 7년 8월 阿飡貞節을 파견하여 北邊을 검찰하고 처음으
　　 로 大谷城 등 14 郡縣을 설치하였다(同 卷 9).
(사) 景德王 21년 5월 五谷・鵂巖・漢城・獐塞・池城・德谷城 등 6城을 쌓았
　　 다(同).
(아) 宣德王 2년 浿江 이남의 州郡을 안무하였다(同).
(자) 宣德王 3년 王이 漢山州를 순행하고 백성을 浿江鎭으로 옮겨
　　 살게 하였다(同).
(차) 宣德王 4년 정월 阿飡體信을 大谷鎭軍主로 삼았다(同).

---

96) 申瀅植, 「統一新羅에 있어서 高句麗의 遺民」, ≪韓國史論≫ 18 (國史編纂委員會,
　　 1988), p.3.
97) 申瀅植, 위의 論文, p.14.

위의 기록에서 보듯이 통일 후 北方經營에 심혈을 기울이고 있었
다. 이러한 浿江鎭을 비롯한 북방진출은 屯田兵이라 부를 수 있는
軍戶的 성격이거나[98] 開拓農民을 투입하여 平和武裝하려는 논리도
성립할 수 있다.[99] 그러나 북방경영은 武烈系王權의 확립에 도움을
준 高句麗殘民에 대한 보상책일 수도 있으며, 爲民政策의 일환일 수
도 있다.[100] 즉, 中代의 專制王權을 확립한 武烈王系는 庚信系와의
제휴 속에서 성장한 신흥세력이 있다. 따라서 이들은 慶州의 舊貴族
을 견제하기 위해서도 자신의 정권유지에 도움을 준 고구려유민이나
하층백성들에게 정치적 배려가 필요하였다. 그러나 渤海의 강성에
대한 국방수비의 뜻도 있었겠지만, 무엇보다도 고구려유민의 계속적
인 歸化와 投降을 유도하려는 목적이 컸으리라 생각된다.

이러한 北方進出은 고구려 멸망으로 축소된 國土의 回復이란 차원
에서 주요한 의미가 있다. 따라서 汕耘張道斌의 '新羅領域擴大論'은
주목할 만하다. 즉, 그는 통일신라가 9州 5小京 외에 2道(浿西道와
浿江道)가 있다고 하여 신라의 북방경계선이 淸川江~德原說을 주장
하면서[101] 浿西道(평안남도)에는 唐岳縣(中和)·彭原郡(安州) 등 17곳
이 포함되었으며, 安北河에 鐵城을 쌓고 彭原郡을 두었다는 등 4가
지 논거를 제시하였다.[102] 이와 같은 汕耘의 견해는 현재 통용되고
있는 大同江~德原說과 비교할 때 경청할 가치가 있다.

(3) 民族의 融合과 平民地位의 向上

신라의 통일은 영토·인구상에 있어서 불완전한 통일이었음은 물
론이다. 그것은 고구려의 대부분 영토를 상실하였고, 대다수 고구려

---

98) 李基白, 「高麗太祖時의 鎭」, ≪高麗兵制史硏究≫(一潮閣, 1968), p.232.
99) 李基東, 「新羅下代의 浿江鎭」, ≪新羅骨品制社會와 花郞徒≫(一潮閣, 1984), p.221.
100) 申瀅植, 앞의 책(1984), p.126.
101) 張道斌, 「新羅史의 大要」, ≪國史槪論, pp.551~552.
102) 申瀅植, 「汕耘 張道斌의 新羅史觀」, ≪汕耘史學≫ 3 (1989), p.82.

국민을 잃었기 때문이다. 따라서 고구려 유민의 귀화나 융합에 심혈을 기울이는 것은 당연하다. 비록 3국이 一統三韓意識에 따라 동족의식은 잃지 않았다 해도, 장기간의 갈등과 대립 속에 敵愾心이 심화된 것은 사실이다.

따라서 창기간에 걸친 대립감정은 통일 후에도 계속되어 濟麗遺民에 대한 신분적 차별, 폐쇄적인 지역구분의식과 신라 지배층의 排他的保守性은 결국 歸巢的 自國民意識으로 확대될 수 있었다.103) 이러한 '國系意識'은 後三國의 대립과 투쟁으로 확대되었으며, 王建의 十訓要도 濟麗人의 차별에 따른 國系意識의 산물로 볼 수도 있다.104) 즉,

　　이처럼 통일 후 신라정부가 제려 유민을 제도적 장치를 만들어
　차별하였기 때문에, 그들 유민은 나라가 망한 원한을 버리지 못하고
　오히려 신라에 대한 경계심과 적개심을 갖게 된 것이었다. 이로 인
　하여 그들 내심에 잠재한 國系意識을 쉽사리 버리지 못하였다.105)

와 같이 제·려잔민에 대한 차별은 특히 고구려인에게 심하였다. 이들에 대한 잠복성 불안요인은 신라정부의 통치권이 미치지 못하는 예성강 이북지방에서 더 심하였음은 사실이다.

그러나 武烈系王室은 신흥세력으로서 銅輪一眞平王으로 이어지는 舊勢力을 압도하고 정권을 잡은 후 統一戰爭을 주도하였으므로, 경주의 구세력에 대한 자신의 지지세력이나 기반이 필요하였다. 그것이 제·려유민의 융합과 우대정책과 통일전쟁에 실제 참여한 하층귀족이나 평민층의 지위향상이었다. 물론, 제·려 유민에 대한 정치적

---

103) 崔根泳, 「8~10世紀 地方勢力形成의 諸要因」, ≪溪村閔丙河教授停年論叢≫(閔丙河教授論業刊行委員會, 1988), p.76.
104) 崔根泳, 「高麗建國理念의 國系的 性格」, ≪韓國史論≫18 (國史編纂委員會, 1988), p.21.
105) 崔根泳, 「地方勢力形成의 諸要因」, ≪統一新羅時代의 地方勢力研究≫(新書苑, 1990), p.63.

차별이 없었고, 그들에 대한 대우가 신라인과 전혀 같았다는 것은 아니다. 다만, 제·려유민에 대한 정치적 배려를 통해 이들을 反唐戰線에 이용함으로써,106) 민족융합의 기틀을 찾으려 했다는 사실도 간과할 수는 없다.

신라정부는 3국민이 공통적으로 신봉하는 佛敎를 통해 국민을 융합하였고, 격앙된 마음의 상처를 치유하는데 그것을 이용하였음도 물론이다.107) 따라서 熊川州출신의 고승인 千景興을 國老로 우대하여 민심을 수렴하는 정책도 같은 맥락에서 이해할 수 있다.108) 이러한 신라인의 민족융합정책은 통일 후에 완성된 5 岳思想이 中代專制王權을 뒷받침하는 동시에,109) 제려유민에 대한 정신적 배려일 수도 있다고 하겠다.

통일신라에 있어서 民族融合의 가장 대표적 정책은 제려 양국민을 신라의 官僚組織 속에 편성·포섭한 것이다. 이러한 사실은 濟麗殘民·歸化人·異民族에 대한 寬容과 同盟의 정책으로 왕에 대한 충성을 약속한 9誓幢이나,110) 安勝·淵淨土 등 歸化人의 우대에도 잘 나타나 있다. 또한 統一戰爭을 원활히 수행하기 위해 貴族中心의 군사조직에서 지방민을 중심으로 군단을 창설하면서 지방민을 대거 軍官으로 등용함으로써111) 지방민의 지위가 향상되었음은 물론이다. 따라서 文武王 14년(974)에 外位와 京位로 대치되면서, 지방민이나 제·려잔민에 대한 정치적 고려는 外位의 고수가 어려웠다.112)

---

106) John C. Jamieson, 앞의 論文, p.2.
107) 金相鉉, 앞의 論文, p.397.
108) 許興植,「新羅佛敎界의 組織과 行政制度」,《新羅文化祭學術發表會論文集》8 (1987), p.150.
109) 李基白「新羅五岳成立과 그 意義」,《新羅政治社會史研究》(一潮閣, 1974), p.215.
110) 末松保和, 앞의 책, p.357.
111) 井上秀雄,「新羅兵制考」,《新羅史基礎研究》(東京, 東出版社), pp.139~155.
112) 權悳永,「新羅外位職의 成立과 機能」,《韓國史研究》 (1985), pp.105~106.

百濟征伐 직후, 武烈王은 백제인도 그 재능을 고려하여 佐平忠常
과 常永, 達率自簡에게는 一吉湌을 주어 摠管의 직에 임명하였고,
恩率武守에게 大奈麻의 位를 주어 大監의 직에 보하였다. 또한 恩率
仁守에게는 大奈麻의 位를 주고 第監의 직에 임명하였다(≪三國史
記≫ 卷 5, 太宗武烈王 7年 11月條).

와 같이 백제인에게 신라의 官職(백제지역)을 줌으로써 새로운 활로
를 열어 주었다. 또한 고구려유민의 경우도

文武王 6년 12월에 高句麗의 大臣 淵淨土가 12城 763戶 3, 543명
을 거느리고 항복하였으므로, 왕은 그와 그 從者 24명에게 의복·식
량 및 집을 주어 都城·州·府에 살게 하였다(≪同書≫ 卷 6).

에서 보듯이, 적극 수용하였으며, 淵淨土는 文武王 8 년에 遣唐使로
파견되고 있다.113) 비록 극소한 예이기는 하지만, 민족융합 정책의
단적인 예가 될 것이다.
　濟·麗歸化人에 대한 법적 대우는 아래와 같이 약간의 차이를 두
고 있다.

<표 1> 百濟人의 新羅官等任用(()는 등급)

百 濟 官 等	新 羅 官 等	外 位
達 率 (2)	大奈麻 (10)	貴 干
恩 率 (3)	奈 麻 (11)	選 干
德 率 (4)	大 舍 (12)	上 干
扞 率 (5)	舍 知 (13)	干
奈 率 (6)	幢	一 伐
將 德 (7)	大 烏 (15)	一 尺

---

113) 申瀅植, 앞의 책(1984), p.317.

<表 2> 高句麗人의 新羅官等任用(()는 등급)

高句麗官等	新羅宮等
主 簿	一 志 食 (7)
大 相	沙 食 (8)
袞 位 頭 大 兄 從 大 相	級 食 (9)
小 相 · 狹 相	奈 麻 (11)
小 兄	大 舍 (12)
諸 兄	舍 知 (13)
先 人	志 士 (14)
自 位	烏 知 (15,16)

<表 1>에 의하면 백제인은 大奈麻 이하의 官等을 주어 5頭品 대우를 한 것으로 보인다.114) 그러나 고구려인은 백제인 보다 약간 優待 받았으며, 그 규정도 다소 차이가 있었으니, 그것은 「表 2」와 같다. 여기서 볼 때 濟·麗人의 차별대우는 고구려인에 대한 歸化와 投降을 유도하려는 의도이겠지만, 對唐抗爭에 큰 도움이 된 고구려 유민에 대한 배려로 생각된다. 그러나 이러한 양국인의 신분차별은 잠재된 自國民意識을 자극시켰다는 논리가 성립된다. 그러나 고구려인에 대한 6두품대우가 백제인에게 결정적인 반발논리가 될 수 없었다. 백제멸망 후 그 유민의 줄기찬 저항은 신라인에게 큰 정치적 시련이었으나, 일단 신라의 관직체계에 흡수됨으로써 民族國家形成의 기반이 마련되었다.

끝으로 신라의 통일에서 간과될 수 없는 것은 下層宮吏나 일반백성의 地位向上이다. 실제로 統一戰爭에서는 일반백성과 地方民의 협조가 절대적이기 때문에, 이들의 협조 없이는 전쟁수행은 불가능한 것이다. 제·려의 征服戰爭에서 공로자에게 外位가 주어진 것도,115) 그들의 지위향상의 표시라 하겠다. 이러한 현상은 濟·麗征伐의 論功行賞에서

---

114) 武烈王 7년에 佐平에 있던 忠常과 常永, 達率의 自簡에게 一吉飡의 位를 준바 있으나, 文武王 13년의 개정에 따라 백제인의 최고 大奈麻를 준 것으로 생각된다.
115) 村上四男, 「新羅의 外位小考」, ≪史潮≫ 51(1954), pp.1~7.

여실히 나타났다. 「表 3」에 따르면, 고구려정벌의 공으로 파격적 대우
를 받은 사람들은 하급관리나 지방민들이었고, 당시의 고관들은 단지
增位一級 뿐이었다. 그러므로 통일을 완수했던 文武王의 遺詔에도

兵器를 녹이어 農具를 삼고 백성들은 仁壽의 터전에 살게 하였다.
賦稅를 가볍게 하고 徭役을 덜어 집집이 윤택하고 人口가 늘어 백
성이 편안하고 국가가 근심이 없으며 창고의 곡식이 산더미같이 쌓
여있게 하라(≪三國史記≫卷 1, 文武王 21年 遺詔).

와 같이 백성들의 입장이 크게 강조되었으며, 백제·고구려멸망기사
에 대한 史論에서도 虐民者는 반드시 패망한다는 爲民意識을 강조하
고 있다.[116]

<表 3> 高句麗征伐의 論功行賞

官 職	人 名	戰 功	褒賞內容
大幢少監	本 得	蛇川戰功	一吉飡·租一千石
漢山州少監	朴 京 漢	平壤軍主殺害	위와 같음
黑嶽令	宣 極	平穰大門戰功	위와 같음
誓幢幢主	金 遁 山	平壤軍營戰功	沙飡·租七百石
軍 師	北 渠	平壤北門戰功	述干·粟一千石
軍 師	仇 杞	平壤南橋戰功	述干·粟七百石
假軍師	世 活	平壤小城戰功	高干·粟五百石
漢山州少監	金 相 京	蛇川戰死	一吉飡(追) 租一千石

이와 같은 하급관리와 일반평민의 지위향상은 濟·麗遺民에 대한
寬容과 함께 그들의 身分向上은 물론, 官職 및 參戰을 통한 國政參
與의 길을 넓혀 줌으로써,[117] 민족국가의 형성에 기여한 것은 사실
이다. 특히 통일전쟁에 적극 참여한 다수의 平民層을 새로운 武烈系

---

116) 申瀅植, 앞의 책(1984), p.300.
117) 申瀅植, 앞의 책(1981), p.358.

王權의 지지기반으로 삼는 동시에, 外位의 消滅과 함께 일반평민을
통일된 官職體系에 편입시킨 것은 주목할 일이다, 따라서 신라 후반
기에 이르러 4頭品과 平民은 권리상으로나 衣服制에 있어서 구별될
수 없는 것도. 평민지위성장의 단적인 예가 될 것이다.

　특히 우리나라는 신라통일 과정에서 濟·麗征伐에 초점을 두었고,
고구려 멸망 후 唐軍逐出에 대해서는 소홀한 평가를 해 온 것도 사
실이다. 그러나 실제로 통일의 의미는 줄기찬 對唐抗爭에서 찾아야
할 것이며, 오히려 그러한 과정에서 보여진 民族意識과 '백성에 의
해서 주도된' 對唐勝戰의 실질적 배경을 찾는 길이 필요한 것이다,
이러한 사실은 安東都護府의 北遷 이후 한반도 원정계획을 반대한
張文瓘의 주장인

　　　吐蕃은 지금 우리의 寇賊이니 군대를 서부에 파견하여 이를 진압
　　하라. 신라는 비록 不順從하나, 우리 국경을 쳐들어 온 일이 없으니,
　　이제 또 다시 東征을 강행하면 국가적으로나 개인적으로 견딜 수가
　　없을 것이다.118)

라는 간결한 표현은, 당나라에 위협이 되지 않는 한 이 잠든 민족을
건드리지 말라는 충고로서119) 당나라가 신라인을 보는 인식을 엿볼
수 있다. 따라서 신라인은 스스로 民族統一을 成就한 것이다.

---

118) 井上秀雄, 앞의 책, p.12. 및 ≪資治通鑑≫卷 202.
119) Jamieson, 앞의 論文, p.10.

V. 結語

우리는 신라의 삼국통일이 갖는 역사적 성격을 찾아보기 위해 우선 통일의 의미를 단순한 羅·唐의 軍事同盟의 문제가 아니라 唐의 東方政策의 차원에서 찾아야 한다는 시각에서 보았으며, 통일에 대한 상반된 견해와 그것이 갖는 민족사적 의미를 재검토하였다.

첫째로 삼국통일은 나·당의 연합전쟁에서 시작되어 濟·麗의 滅亡과 唐軍逐出이라는 과정을 거친 것이지만, 실은 唐의 東方政策이나 국내정세와 함께 신라의 경우에도 金春秋·金庾信으로 대표되는 新興勢力의 등장이라는 정치상황과의 관계 속에서 파악해야 한다는 사실을 확인하였다.

둘째로 삼국통일은 신라인의 백제에 대한 적개심으로부터 점차 통일전쟁의 과정에서 唐의 違約과 領土的 野欲에 대한 민족적 각성으로 확대되어 신라인의 一統三韓意識, 즉 同一民族意識을 바탕으로 이룩된 자각운동이었다. 그리고 이러한 신라의 삼국통일에 대해서는 긍정적인 평가도 있지만 부정적인 견해도 있다. 전자의 경우는 民族의 融合이나 民族文化의 形成 및 격렬한 對唐抗爭 속에서 보여진 自我精神의 확립에서 찾을 수 있으며, 후자의 경우는 外勢利用과 國土縮少에 따른 불완전한 통일이라는 데서 지적할 수 있다.

셋째로 삼국통일의 성격의 이해를 위해서 외세이용, 국토축소 및 민족융합과 평민지향상문제를 검토해 보았다. 우선 외세이용문제는 百濟征伐의 경우에 당의 군사적 지원은 거의 없음을 확인하였고, 高句麗征伐의 경우는 隋 이래 계속적인 고구려 침략의 실패에 대한 보복의 의미가 컸다. 동시에 그것은 당의 東方政策의 일환으로서 중국측의 정치적 필요성을 지적하였다. 다만 외세이용의 反民族的 行爲는 거족적인 對唐抗爭에서 어느 정도 극복할 수 있었다. 그리고 국토축소의 의미는 오히려 東亞의 군사적 요충지인 遼東의 喪失에 초점을 두어야 한다는 점을 지적하였다. 그러나 당시의 신라의 군사력이나

경제력으로서는 요동확보는 불가능했으므로, 鴨綠江~大同江流域의 空
地確保에 노력하였음을 확인하였다. 통일 후 계속해서 신라정부는 北
方經營에서 축소된 영토를 회복하였고, 고구려유민의 귀화와 투항을
계속 유도하였다. 이러한 고구려 유민의 수용은 渤海滅亡後 그 유민
의 高麗歸化로 연결됨으로써 민족국가 형성에 기여하였다.

끝으로 민족의 융합과 평민지위향상은 신라통일의 민족사적 의미
를 주는 사건이었다, 비록 濟·麗遺民의 신분적 차이나 폐쇄적 지역
구분의식이 있다는 비판도 있으나, 武烈王權은 자신의 지지세력 확
보나 統一戰爭의 수행과정에서 무엇보다도 제·려유민을 신라의 官
職體系에 편입하는 두 광범한 融合政策은 하나의 민족형성에 크게
기여하였다. 특히 통일전쟁에 참여한 다수의 평민층이나 지방인들에
게 國政參與의 길을 넓혀줌으로써 그들의 地位向上은 사회발전에 일
정한 평가를 가능케 할 수 있었다.

결론적으로 신라의 삼국통일은 外勢에 의한 他律的 統一이 아니었
다. 신라는 외세를 능동적으로 이용했고, 또 자율적으로 그들을 축출
시켰다. 이러한 과정에서 당은 吐蕃과 같은 邊患에 시달려, 스스로
신라와의 對決을 회피하였으며, 신라는 自力에 의해서 통일을 완수
한 것이다. 따라서 이러한 통일과정에서 기여한 하층관리나 일반 백
성들의 지위는 향상되었고, 百姓들의 정치 및 전쟁참여의 학대와 광
범한 民族融合은 한민족형성에 기틀이 되었으며, 신라사회를 한 차
원 높여 주는 계기가 되었다 할 것이다.

여기서 우리는 丹齋의

　　自强의 術을 不修하고 他援만 恃하는 者여 어찌 不亡이 有하리요.
　　或者는 妄謂하되 新羅는 강대한 支那의 援을 憑한 고로 망하였다
　　하나 豈基然乎요. 余는 以爲하되 百濟가 支那의 援을 憑하였을지라
　　도 必亡이라 하노니 何故요. 外援을 利用함은 可커니와 外援을 依據
　　함은 不可한 바라(≪讀史新論≫ 三國興亡의 異轍)

와 같은 설명에서 보듯이, 新羅는 外援을 利用한 것이며 전적으로
依存한것이 아니라는 사실을 주목해야 할 것이다.

제2절 汕耘 張道斌의 新羅史認識

I. 序言

汕耘 張道斌(1888~1963)에 대해서는 종래 舊韓末에 활약한 言論人, 또는 해방 후 건국초기에 있어서 韓國史學界의 숨은 선구자 정도로 이해되어왔다. 그러나 그가 白巖・丹齋를 이은 民族主義史學者로서의 위치가 부각되면서,[1] 민족사학의 변화과정과 함께 그의 사학사적 위치설정이 필요하게 되었다.

필자는 근자에 汕耘이 白巖・丹齋를 계승하여 古代史爲主의 역사관을 갖고 있으나, 그는 이들과는 달리 독자적인 歷史認識體系를 갖고 있음을 언급한 바 있다.[2] 이에 본고에서는 필자가 전고에서 미결로 남긴 新羅史觀 및 國家主義史觀을 중심으로 한 그의 民族主義史觀의 실상을 서술함으로써 산운의 역사인식을 구명하고자 한다. 본고에서는 그가 무엇보다도 朴殷植의 國魄・國魂의 統合과 社會進化論을 계승하였으며,[3] 申采浩의 自强・獨立主義에 입각한 上古史의 體系化를[4] 이어받아, 양자를 융합시킨 汕耘史學의 골격을 이룩하였다는 사실을 확인하고자 한다. 따라서 백암과 단재의 영향이 어느 부분에 투영되었으며, 또 실제로 차이점은 무엇인가 하는 산운의 史學史的 位相을 마련해 보고자 한다.

---

1) 金昌洙, 「汕耘 張道斌의 民族主義史學」, 《汕耘史學》 창간호(1985).
   金昌洙, 「汕耘 張道斌의 史學과 歷史意識」, 《汕耘史學》 2집(1988) 참조.
2) 申瀅植, 「汕耘 張道斌의 歷史認識」, 《汕耘史學》 2집(1988) 참조.
3) 愼鏞廈, 「朴殷植의 歷史觀」(上) 《歷史學報》 90(1981), p.149 및 p.160.
4) 李萬烈, 「丹齋 申采浩의 古代史認識試考」, 《韓國史研究》 15(1977), p.57.

나아가서 필자는 산운이 단재의 言語學的 接近方法을 극복하여
韓·日間의 文獻比較의 구체적 실상파악과 그의 ≪朝鮮思想史≫(1925)
나 ≪朝鮮十大偉人傳≫(1923) 등에서 추구한 國家主義思想의 본질파
악을 통해 民族主義史學의 발전과정도 아울러 찾아보고자 한다. 따라
서 가려져 있던 汕耘의 新羅史觀과 그의 사상을 바르게 발굴해 냄으로써
그가 현대 한국사학의 발전과정에 기여한 足跡을 재조명하고자 한다.

II. 汕耘의 新羅史時代區分論

歷史叙述의 한 방편으로 時代區分이 널리 이용되고 있는 것은 사
실이다.5) 동시에 그것은 역사의 일반적 성격을 찾으려는 노력으로서
歷史의 體系化의 대표적 수단이기 때문에 많은 선학들이 각기 자신
의 시대구분론을 제시해 왔다. 따라서 그러한 시대구분은 자신의 역
사관을 반영해 주기마련이다.6)

汕耘 張道斌은 丹齋와 같이 한국사의 체계화에 많은 노력을 한 바
있었다.7) 古代史가 중심이 된 汕耘의 한국사서술은 丹齋의 고대사관
을8) 철저히 계승한 것이지만, 그는 단재와 달리 古代(上古·中古·下
古)·近世·最近으로 中世가 없는 시대 배열로, 白巖의 近代史編年도
수용하고 있었다.9) 다만, 산운은 ≪三國史記≫를 철저하게 신봉함으
로써, 단재와 근본적으로 달리 愛國心과 國粹가 보존된 古代史에 대

5) 車河淳, 「時代區分의 理論的 基礎」, ≪歷史學報≫45(1970) 참조.
6) 時代區分의 시도가 보여진 최초의 경우는 ≪三國史記≫이다. 여기서 金富軾은
   王統을 중심으로 新羅를 3代로 구분함으로써 우리나라에서도 시대구분을 역사 이
   해의 방편으로 사용하였으며, ≪三國遺事≫에서도 엿 볼 수 있었다. 그 후 ≪東國
   通鑑≫·≪東史綱目≫ 등의 저술에서도 저자중심의 시대구분이 시도되었다. 白
   巖·丹齋·六堂 등도 예외 없이 자신의 史觀을 집약시킨 시대구분을 하고 있다.
7) 申瀅植, 앞의 論文, p.9.
8) 李萬烈, 앞의 論文, p.61.
9) 白巖 朴殷植은 上古·中古·現代의 계기적 발전론을 제시함으로써 사회진화론을 이해
   하고 있었으며, 대체로 近代史의 體系化에 노력하였다(愼鏞廈, 앞의 論文, p.160).

한 끝없는 신뢰와 애착을 갖고 있었다.

그러나 그의 시대구분론은 초기의 서술 ≪國史≫(1916)와 후기의 저서 ≪大韓歷史≫(1959) 사이에는 상당한 변모상을 발견할 수 있었다. 이것은 그의 역사서술이 시기에 따라 변화되고 있음을 나타낸 것으로 주목을 요한다. 다시 말하면 汕耘은 丹齋나 白巖의 進化史觀에 영향을 받아10) 역사인식이 日帝와 解放 이후 사이에 커다란 발전이 있었다는 사실이며, 동시에 民族史學의 학풍도 끊임없이 달라지고 있다는 사실을 보여주고 있다.

우선 汕耘은 그의 ≪國史≫에서 한국사를 王別로 체계화시켰다. 그러므로 그는 新羅史 뿐 아니라 高句麗史도 시대순으로 나열하되, 업적이 큰 王을 중심으로 서술하고 있다. 이러한 왕 중심의 시대구분은 전통사회에 있어서 君主의 역할이 절대적이었으므로 시대인식의 대표적 방편이었음은 물론이다. 따라서 그는 ≪朝鮮十大偉人傳≫에서도 6명의 군주(檀君·東明王·溫祚王·赫居世·廣開土王·大祚榮)를 포함시키고 있으며,11) 6명의 왕 중에서 5인이 始祖였음에 創業의 의미를 부각시키고 있다. 즉, 그는 역사에 있어서 開國의 의미에 큰 비중을 둔 듯하다. 결국 그는 獨立과 榮光을 바탕으로 한 '精神上 國家'가 영토와 군대를 배경으로 한 '形式上 國家'의 모체임을 강조한 丹齋의 입장에다12) '國魄과 國魂이 融合'된 白巖의 사생을13) 결합시켜 國家主義思想의 기저로 이해하려는 생각을 갖고 있었다.

汕耘은 신라사를 三國時代와 南北國時代로 대별하였으나, 전자에 비중을 두고 있다. 그리고 그는 각 시대를 왕에 의해서 구분하되, 점차로 역사발전을 成長－隆盛－哀退(文弱)－滅亡이라는 循環論的인 서술을 기반으로 하고 있다. 이러한 그의 社會進步論的인 서술은 朴

---

10) 愼鏞廈, 앞의 論文, p.172.
11) 汕耘은 朝鮮의 10大 偉人으로 위에 열거한 6인 이외에 乙支文德·淵蓋蘇文·姜邯贊·李舜臣 등을 들고 있다.
12) 愼鏞廈, 「申采浩의 愛國啓蒙思想」(上) ≪韓國學報≫19 (一志社, 1980), p.16.
13) 愼鏞廈, 앞의 論文(1981), p.145.

殷植의 사회진화론에 영향을 받은 듯하다. 즉, '淘汰의 禍'를 면하는
방법이 꾸준한 자기변화로서 白巖의 進步史觀을 전적으로 수용한 것
이다.[14] 그러나 ≪國史≫의 경우는 이러한 進步史觀이 뚜렷하지 않
으며 주로 역사변혁의 주체로 王을 앞세우고 있다.

「表 1」에 따르면 汕耘은 신라를 14기로 나누었으나, 실은 크게 創
業·發展·衰退의 3단계를 강조하고 있다. 특히 통일전쟁에 큰 비중
을 두었고, 역대왕은 예외 없이 大王이라고 불렀다. 다만, 그는 味鄒
王 이후 奈勿·實聖·訥祇王에 대한 의미나 시대변천 의식을 나타내
지 않는 것이 특징이다. 따라서 그의 시대구분론은 어디까지나 王을
앞세워 시대변천의 주역이 君主였음을 강조하고 있다.

<表 1>, ≪國史≫의 新羅史區分

時代區分		題目(王)	年代(연간)	포함된 시대(왕)
創業期	제 1 기	太祖(赫居世)	B C.57~4(61)	赫居世
	제 2 기	儒理大王·脫解大王	4~80(76)	南解王·儒理王·脫解王.
發展期	제 3 기	婆娑大王	80~284(204)	婆娑·祇摩·逸聖·阿達羅·伐休 味鄒王
	제 4 기	慈悲王·炤知王	356~500(144)	慈悲王·炤知王
	제 5 기	智證王·法興王	500~540 (40)	智證王·法興王
	제 6 기	眞興大王	540~576 (36)	眞興王
	제 7 기	眞平大王	576~632 (56)	眞智王·眞平王
	제 8 기	太宗大王	632~661 (29)	善德王·眞德王·武烈王
	제 9 기	文武大王	661~681 (20)	文武王
	제 10기	神文大王	681~692 (11)	神文王
	제 11기	聖德大王·景德大王	692~780 (88)	孝昭王·聖德王·孝成王·景德王
衰退期	제12기	衰退期	780~838(58)	惠恭·宣德·元聖·昭聖·哀莊·憲德·興德王
	제13기	末世	838~887(49)	僖康·閔哀·神武·文聖·憲安·景文·憲康·定康王
	제14기	滅亡	887~935(48)	眞聖女王·孝恭·神德·景明·景哀·敬順王

---

14) 愼鏞廈, 위의 論文, p.172.

그러나 汕耘은 그의 다음 저술인 《朝鮮歷史要領》(1923)에서는 《國史》와는 다른 시대구분을 하고 있다. 여기서 그는 高句麗를 중심으로 고대사를 구획하였는바, 신라사 역시 前期(건국~訖解王) 와 後期(奈勿王~統一), 그리고 南北國時代로 3분하고 있다. 특히 그는 각 시대의 명칭을 제시하지는 않았으나, 그것을 정리하면 「表 2」와 같다.

<表 2> 《朝鮮歷史要領》의 新羅史區分

名 稱		時 期	年 代	包含된 王
前 期	創業期	赫居世(新羅太祖)	B. C. 57 ~A.D 4(61)	赫居世
	成長期	南解王~奈解王	4~230(226)	南解王·婆娑王 등 9王
	變遷期	助賁王~沾解王	230~261(31)	助賁·沾解王 등 2王
	戰亂期	未鄒王~訖解王	262~356(94)	未鄒·訖解王 등 4王
後 期	發展期	奈勿王~炤知王	356~500(144)	奈勿·慈悲·炤知王 등 5王
	振興期	智證王~眞德女王	500~654(154)	智證·法興·眞興·眞德王 등 7王
	興隆期	武烈王	654~661(7)	武烈王
南 北 國	全盛期	文武王~景德王	661~765(104)	文武·神文·聖德·景德王 등 6王
	文弱期	惠恭王~定康王	765~887(122)	惠恭·元聖·景文·定康王 등 15王
	滅亡期	眞聖女王~敬順王	887~935(48)	眞聖·敬順王 등 7王

여기서 汕耘은 고구려시대를 廣開土王을 분수령으로 전·후기로 나누었으며, 이에 따라 신라사도 奈勿王을 계기로 전·후기로 구분하였다. 특히 그는 각 시대의 명칭을 뚜렷하게 내세우지는 않았으나, 論旨의 전개상 前·後·南北國時代라는 대전제하에서 '成長-戰亂-興隆-文弱-衰退' 라는 시대변천의 논리를 제시하고 있다. 이러한 시대구분은 《國史》의 경우보다 진일보한 것으로서 막연히 王中心의 區分에서 크게 벗어나 社會發展에 초점을 맞춘 것으로 이해된다. 무엇보다도 역사발전에 있어서 生存競爭과 戰爭을 강조하고 있으며, 必要過程의 단계를 설정한 산운의 시대구분론은

觀夫歐米列强之富盛文明 皆積數百年量數之人智人力 而致之者矣[15]

에서 보듯이 白巖이 강조하는 오랜 세월의 피나는 과정(꾸준한 노력)과 함께

大凡人類 立於競爭舞臺 而冒險猛進 力戰苦鬪[16]

와 같은 競爭·葛藤에 따른 고통의 역사를 거친다는 논리를 계승했다고 볼 수가 있다. 汕耘은 무엇보다도 역사발전에 있어서 戰爭과 統一過程을 강조하였으며, 곧 이은 全盛에 따른 무분별한 중국문화의 수입으로 武備와 國粹가 해이되고 文弱으로 멸망한다는 주장은[17] 白巖이나 丹齋의 견해를 그대로 이은 것이다. 특히 산운은 고구려가 武勇에 있어서 세계 제일의 강국이라는 사실과[18] 신라가 文明이 極盛하다는 입장을 동시에 강조함으로써, 스스로 丹齋의 文武雙全論이나[19] 白巖의 國魄·國魂의 融合과[20] 그 뜻을 같이 한다고 할 수 있다. 이와 같은 견해는 汕耘이 고구려의 극성기를 廣開土王(391~413)이나 長壽王(413~492)代로 보지 않고, 平原王(559~590)과 嬰陽王(590~618)代로 생각한데도 잘 반영되어 있다. 이러한 근거로 산운은 武備·武器·愛國心·團結力(隋軍의 擊退)등 만이 아니라, 武備의 표현인 隋軍擊退와 國粹文化의 상징인 國史編纂이 결합되었다는 사실이다. 그는, 즉 乙支文德에서 보여지는 '文武博通'에서 그 본질을 찾고 있었다.[21] 그러므로 우리는 고구려 멸망의 원인을 固有精神(尙武精神)

---

15) 朴殷植, ≪韓國獨立運動之血史≫(緒言).
16) 朴殷植, 위의 책(結論).
17) 張道斌, 「新羅의 文物」, ≪朝鮮歷史要領≫, p.172.
18) 汕耘이 高句麗를 세계 제일의 강국으로 주장하는 근거는 4차에 걸친 隋와의 전쟁을 世界有史以來 最大戰爭으로 보고 이에 大勝한 사실을 들고 있다. ≪大韓歷史≫, p.110.
19) 愼鏞廈, 앞의 論文(1980), p.89
20) 愼鏞廈, 앞의 論文(1981), p.148.
21) 張道斌, 「大高句麗文化史」, ≪大韓歷史≫ p.261.

의 衰退와 高僧大德의 愛國心不足에서 구하고 있음과 같이, 신라의 멸망도 왕의 失政에 따른 盜賊의 蜂起와 정치적 분열 보다도 文弱에서 찾고 있는 산운의 역사관을 이해할 수 있을 것이다.

그 후 50년대 초에 나온 ≪國史講義≫(1952)는 고구려사 위주의 전·후기구분을 배제하고 독자적인 新羅史區分을 꾀하고 있다. 특히 그는 종래 고구려사속의 백제·신라사 서술형태를 지양하고 신라건국을 서두에 두었으나,22) 전반적 구분은 ≪朝鮮歷史要領≫과 큰 차이가 없었다. 다만, ≪朝鮮歷史要領≫과 ≪朝鮮歷史大典≫에서는 智證王·武烈王이 강조되었으나, ≪國史講義≫에서는 眞興王이 크게 부각되고 있다. 이러한 사실은 그가 ≪朝鮮,思想史≫(1925)에서 진흥왕을 '國家主義者'로 내세운 것과 연관시킬 수 있다.23)

<表 3> ≪國史講義≫의 新羅史區分

區 分	時 期	年代(연간)	包含된 王
建國	赫居世	B.C. 57~AD4(61)	赫居世
發展期	南解王~炤知王	4~500(496)	南解·婆娑·奈勿·炤知王 등 20王
隆盛期	智證王~法興王	500~540(40)	智證王·法興王
擴張期	眞興王~眞智王	540~579(39)	眞興王·眞智王
競爭期	眞平王~眞德女王	579~654(75)	眞平王·善德王·眞德王
極盛期	武烈王~文武王	654~681(27)	武烈王·文武王
文明高潮期	神文王~景德王	681~765(84)	神文·聖德·景德王 등 5王
衰世	惠恭王~定康王	765~887(122)	惠恭·元聖·憲德·憲康·定康王 등15王
減亡期	眞聖女王~敬順王	887~985(48)	眞聖·景哀·敬順王 등 6王

汕耘이 지적한 국가주의론은 國史·國樂·國仙道·國祭(八關會)·國土開拓 등을 바탕으로 국가 확장을 의미하고 있어, 마치 白巖의 國魄·國

---

22) 張道斌, 「三國의 建國」, ≪國史講義≫ p.385.
23) 張道斌, ≪朝鮮思想史≫ p.17.

魂의 실질적 결합이며, 그 구체화의 사상(의식)으로 이해할 수 있다. 따라서 산운은 그것을 신라융성의 기반으로서 민족정신의 표징으로 간주하였다.

「表 3」에서 본다면, 그의 시대구분의식은 역사의 발전과정은 비슷한 경로를 거친다는 것이며, 전쟁기를 삼국경쟁기로 생각하였고 전성기를 극성기(정치)와 문명고조(문명)로 나누어 생각하였다. 따라서 그의 시대구분의식은 대부분 비슷한 과정을 갖고 있다.

汕耘의 新羅史區分은 ≪大韓歷史≫(1959)에서 그 결실을 보인다. ≪대한역사≫가 그의 사관을 대표하는 저서이기 때문에, 우리는 그 속에서 汕耘史學의 성격을 찾을 수 있으리라 생각된다. 즉, 그는 고구려의 성장과정을 전술한 바와 같이, '建國-外敵征服-民族統一-極盛-衰退'의 순으로 이해하였다. 따라서 그는 국가발전에는 반드시 외적퇴치(정복)와 통일과정을 거쳐야 한다는 논리를 제시하였다. 이러한 그의 역사발전론은 白巖이 歷史의 進化에는 競爭과 葛藤을 수반하는 것이며, 抑壓과 反抗의 過程으로 풀이한 進步史觀을 발전적으로 계승한 것이 분명하다.[24] 그가 ≪大韓歷史≫에서 제시한 신라의 시대구분은 「表 4」와 같다.

<表 4> ≪大韓歷史≫의 新羅史時代區分

時代區時	特 徵	時 期	年 代(연간)
建 國	建國	赫居世	B C 57~A D. 4(61)
進 步 期	辰韓의 統一	南解王~助賁王	4~247(243)
對外抗爭期	3國·倭間의 抗爭	沾解王~炤知王	247~500(253)
興 隆 期	6加耶의 統合	智證王~眞興王	500~579(79)
擴 張 期	濟·麗의 滅亡	眞平王~武烈王	579~661(82)
極 盛 期	文化의 高潮	文武王~景德王	661~765(104)
衰 退 期	事大主義의 蔓延	惠恭王~文聖王	765~857(82)
末 世	奢侈와 後三國分裂	憲安王~定康王	857~887(30)
滅 亡 期	滅亡	眞聖女王~敬順王	887~985(43)

24) 愼鏞廈, 앞의 論文(1981), p.173.

여기서 볼 때 역사의 성장은 주변과의 투쟁과 통합을 의미하는 것
이므로 신라는 辰韓의 盟主가 되는 최초의 통일과정을 거치게 된다.
이것이 신라 발전의 제1보라는 것이다.

<表 5> 辰韓의 統合過程

王	統合國
儒理王	伊西國
脫解王	居陀山國·千尸山國
婆娑王	古陀國·音汁伐國·悉直谷國·押督國·比只國·多伐國·草八國
伐休王	召文國
奈解王	骨伐國
助賁王	甘文國

「表 5」와 같이 진한을 통일한 신라는 이어 百濟·加耶·靺鞨·日
本(倭)등과 부단한 충돌을 경험케 된다는 것이다. 이것은 발전의 제2
보로서 國土保全과 擴張의 과정인 것이다. 여기서 주목할 것은 實聖
의 高句麗入質은 신라의 대외투쟁의 일환이지만, 汕耘은 그 속에서
신라는 고구려의 武備·文化·政治 등을 수입하여 홍융의 바탕이 되
었다는 사실을 간과하지 않고 있다. 여기서 汕耘이 역사발전의 動因
을 外來文化의 受容에 두는 他律性論에 젖어있는 듯한 인상을 받는
다. 이때 신라는 羅·洲同盟으로 고구려에 대항할 수 있었고,25) 炤
知王 때는 고구려에 잃었던 국토를 회복한 것으로 풀이한다.
신라는 智證王을 계기로 크게 홍융의 길을 걷게 되는 바,26) 그것
이 加耶의 統合으로 이어진다. 그리고 濟·麗의 滅亡으로 국토를 확

---

25) 羅濟同盟에 대한 필자의 견해는 高句麗의 南下에 대한 羅濟의 共守同盟이라는 입
   장이 아니라, 고구려 세력을 배제하려는 신라의 自立運動이며 國力伸張手段이라는
   논지를 밝힌바 있다.(申瀅植, ≪韓國古代史의 新硏究≫(一潮閣, 1984), p.208)
26) ≪三國遺事≫에도 中古는 法興王代로부터 기록되었으나, 사회의 발전과정면에서
   볼때는 智證王 때 부터 中古代라 해도 무방하다(申瀅植, ≪新羅史≫, 이대출판
   부, 1985, pp.102~103).

장하게 되었으며, 그러한 民族統一로 신라문화의 극성기가 도래하게
되었다. 그러나 곧 이은 事大主義·慕華思想의 유입으로 쇠퇴·말세
를 지나 멸망한다는 것이 산운의 신라관이다. 다시 말하면 汕耘의
초기의 時代區分論은 王別로 체계화 되었으나, 점차 '建國-對外抗爭
(征服)-統一-極盛-衰退'의 과정을 걷게 된다는 것이다. 그 예를
고구려와 신라의 초기성장과 제·려의 멸망에서 찾았으며, 통일 후
신라사회의 변화상에서 구체적 사례를 발견하고 있다.

이와 같이 산운은 역사의 전개과정이 成長과 抗爭, 興隆과 戰爭,
統一과 極盛, 衰退와 末世의 단계를 걷는다는 進步史觀을 보여주고
있다. 그러나 그의 이러한 역사서술은 단순히 丹齋나 白巖의 진보관
을 계승한 것이 아니라, 自己精神, 自己信念의 확인을 거쳐

> 世界의 文化는 날로 進步하나니 이것이 人類進步의 現象이라. 고로
> 어떤 민족이던지 반드시 날로 노력하야 文化上進을 실현하고 동시에
> 타인의 개척한 문화를 시급히 模倣하야 대개 항상 자기가 선두에 서
> 야 하나니(중략) 이것이 民族의 生存競爭이라. 一言으로 斷할 진대,
> 世界文化에 並進하는 민족은 生存하고 세계문화에 落伍하는자는 멸망
> 하는 것이다.27)

와 같이 빈번한 文化競爭을 통한 世界文化의 輸入으로 부단히 발전
한다는 것이다. 그러므로 산운은 우리 민족의 생존과 번영이 이러한
세계문화의 수용에도 기초하는 것은 물론이지만, 그 진보의 바탕이
된 敎育과 殖産을 무엇보다도 중시함으로써,28) 그 자신의 進化論을
뒷받침하고 있다.

---

27) 「朝鮮民族의 未來를 論함」, 《朝鮮之光》(創刊號, 1922), pp.3~5.
28) 汕耘이 民族榮達의 방법으로 제시한 古代文化의 硏究, 世界文化의 輸入, 敎育과 殖
産 및 協同의 정신은 '白巖의 敎育·經濟·軍事를 獨立爭取의 기초'로 본 견해를 이
은 것이며 「西比利亞新局而에 對하야 우리 韓族同胞에 告함」 「全書 (下) 173), 丹
齋의 '新敎育論·新國民經濟·武力養成' (愼鏞廈, 앞의 論文(下), 1980, pp.118~119)
을 계승한 것이다

III. 汕耘의 新羅史觀

(1) 文獻比較와 新羅領域의 擴大

汕耘은 丹齋의 엄격한 考證主義를 이어 받아, 사실고증에 큰 비중을 두었다.29) 동시에 그는 文獻과 考古學的인 성과와의 연계를 통해 고대사해명의 새 길을 열었다.30) 汕耘은 단재와 달리 ≪三國史記≫를 철저하게 신봉하였으며,31) 한·일 문헌의 비교를 통해 昔于老傳說이나 伊企儺事件을 새로운 시각에서 구명하고 있다.

그가 다른 각도에서 심혈을 기울여 재조명한 사실은 ≪日本書紀≫의 神功后新羅征伐說을 부인하고 그것을 昔于老傳說로 연결시킨 것이다. 이에 대한 그의 주장은 아래와 같다.

> (가) 沾解大王 3년에 침입한 倭將于道朱君이 곧 日本史의 소위 神功后이니, 이때 新羅大臣 于老가 왜군에 간 것을 日本史에서는 新羅王이 갔다고 僞造하여 기록하니라.32)
>
> (나) ≪日本書紀≫에 宇流助富利智干이란 것은 곧 于老舒弗翰이니 이것은 우리 新羅史에 于老가 倭人에게 죽은 기사를 ≪일본서기≫에는 신라왕이 倭軍에 갔다고 誣言 한 것이 분명하다. 이렇게 ≪일본서기≫에도 실은 于老가 왜군에게 간 것을 기록하였다.33)

---

29) 汕耘은 그의 百濟史 ≪大韓歷史≫의 서술에 있어서는 ≪三國史記≫를 중심으로 하되, 반드시 ≪南史≫, ≪北史≫·≪日本書紀≫ 및 ≪廣開士王碑≫ 등을 상호 비교·검토하고 있었다(pp.306~318). 동시에 그는 文獻比較뿐 아니다, 그 기록의 신빙성을 위해 遺跡發掘이나 遺物確認을 거쳐 箕子遺跡은 고구려유적임을 확인하였다(≪國史槪論≫, p.477).

30) 丹齋는 일찍이 발굴의 필요성을 '朝鮮史를 硏究하자면 우선 조선과 濟州등지에 地中을 발굴하여 허다한 발견이 있어야 하리라' (≪朝鮮上古史≫, p.26)하였으나, 그 필요성 인정에 불과하였다. 그러나 汕耘은 직접 平壤의 乙支文德과 箕子遺跡을 발굴하여 고대사 연구의 새로운 방법을 제시하였다.

31) 申瀅植, 앞의 論文, p.7.

32) 張道斌, ≪國史講義≫, p.409.

(다) 新羅史에 명백히 倭使는 葛那古요 倭將은 于道朱君이라 하였으
니 이렇게 상세히 기록한 바 倭軍이 金城을 둘러싸매 왕은 倭
寇를 피하여 柚村으로 出居하고 舒弗翰 于老가 자기의 失言한
책임을 느껴 왜군에 가서 辯解하는 중에 왜인이 于老를 燒殺하
고 退軍 한 것이다.34)

또한 汕耘은 ≪日本書紀≫의

爰新羅王 波沙寐錦 即以微叱己知波珍干岐爲質35)

의 기록을 실제로 婆娑王代(80~112)와 100 여 년의 오차를 들어 浪
說妄談으로 일소에 부쳤으며,36) 微叱己知의 時差로 인한 사실부인은
물론,37) 神功后가 신라왕인 宇流助富利智干을 죽인 것이 아니라, 于
老가 倭軍에게 죽은 것을 확대·왜곡하였다는 것이다. 이것은 시기적으
로 비슷하였고,38) ≪日本書紀≫에 나타난 신라왕 宇流助富利智干의
妻가 宰를 죽인 사실과 ≪三國史記≫의 昔于老夫人이 倭使臣을 보복
살해한 내용이 흡사한 것도 시사하는 바 크기 때문에,39) 이러한 주장
은 일본의 神功后新羅征伐否認의 유력한 근거가 될 수 있다.
　汕耘의 사실고증을 대표하는 두 번째의 것은 통일신라가 9州5小京

---

33) 張道斌, 「新羅史硏究의 大要」, ≪國史槪論≫, p.544.
34) 張道斌, 위의 책, p.544.
35) ≪日本書紀≫ 卷 9 氣長足姬尊 神功皇后元年 12月條
36) 張道斌, ≪國史槪論≫, p.543.
37) ≪日本書紀≫에는 微叱己知(未期欣)의 人質年代가 仲哀 9년(200)이고 逃出年이
神功后 5년(205)이나, ≪三國史記≫에는 각각 實聖王 元年(402)과 訥祇王 2년
(418)으로, 되어 있다.
38) ≪日本書記≫에 보여진 神功后의 新羅征伐이 神功王后 1년(仲哀天皇9년200)이었
고, 昔于老가 倭軍에게 피살된 연대가 沾解王 3년(249)으로 시차는 50년 전후이다.
39) 倭의 大臣을 ≪三國史記≫(卷 45, 昔于老)의 于老妻가 ≪私饗倭使臣 及 其泥醉 使
壯士曳下庭焚之 以報前怨≫한 것이나, ≪日本書紀≫(卷 9 神功后元年)이 신라
왕의 妻가 '然後 新羅王妻 不知埋夫屍之地 獨有誘宰之情(중략) 則王妻與國人共議
之殺宰(하략) 埋于王墓土底' 한 것은 너무나 비슷하였다.

외에도 2道(고구려고토)가 더 있다는 주장이며, 통일신라의 北方境界線이 淸川江(安州)~德原(泉井郡)이라는 사실이다. 그는 신라의 北端을 서쪽으로는 淸川江 椒島(黃海道 豊川 海中)를, 북쪽으로는 妙香山 泉井郡 炭頂關으로 삼고 있다.[40] 동시에 고구려구토에 둔 2道에는 浿西道(평안남도)에 平壤城 · 唐岳縣(中和) · 彭原郡(安州) 등 17곳이 포함되어 있으며, 浿江道(황해도)에는 取城郡(黃州) · 永豊郡(平山) · 重艦㔹(載寧) 등 15곳이 있다는 것이다.[41] 특히 패서도에는 德川(長德) · 价川(安水) · 安州(彭原)등 청천강유역이 포함되어 있다는 사실은 그가 제시한 국경선으로서 淸川江~德原說을 뒷받침해 줄 수 있으리라 본다. 무엇보다도 그의 영토확장론은 결국 大同江~淸川江流域의 신라영토가 크게 팽창하는 것으로서 현 학계의 입장으로 볼 때 중대한 의미가 있다고 하겠다.

汕耘은 이에 대한 근거로 文武王 15년의 安北河에 鐵城을 쌓고 彭原郡을 두었다는 사실 외에 4가지 論據를 제시하였다.[42] 그는 자신의 주장을 뒷받침하기 위해서 考古學的인 발굴성과를 이용하고 있어, 言語學的인 연구방법론을 제시한 丹齋와 큰 차이가 있다. 특히 그가 보여준 論據는 실증적 토대위에서 확인한 것이므로 경청할 가치가 있다.[43]

---

40) 張道斌, 「新羅史」, ≪大韓歷史≫, p.390.
41) 浿西道에는 위의 3지방외에 松峴縣 · 土山縣 · 安戒鎭 · 太安 · 安定 · 永淸 · 鎭國城 · 長德 · 安永 · 靜戒 · 陽岩 · 樹德 · 鐵瓮 · 通海 등이 포함되어 있다. 浿江道에는 위의 3곳외에 檀溪縣 · 鐥䛴 · 五關郡 · 獐塞縣 · 江陰縣 · 牛峰郡 · 兎山郡 · 瀪也郡 · 海臯郡 · 㘔䛴 · 樓岩郡 · 浿江鎭 등 12 지방이 포함되어 있다.
42) 汕耘은 安北河鐵城 이외에 ① 弓裔가 平壤城主黔用의 降伏을 받았다는 점 ② 浿西 13鎭 이 弓裔에 歸服하였다는 점. ③ 平壤의 古蹟을 發掘한 결과 신라벽돌을 발견한 점 ④ 安州邑誌에 文武王代에 匕星池를 팠다고 기록한 점 등을 들고 있다(張道斌, 「新羅史研究의 大要」, ≪國史槪論≫, p.551~552).
43) 丹齋는 古蹟發掘의 중요성을 인정하였으나, 실제로 발굴에 직접참여한 일은 없었다. 그러나 汕耘은 箕子의 古蹟을 발굴하여 그것이 고구려유적임을 확인하였으며(張道斌, 「我國上代史」, ≪國史槪論≫, p.477), 乙支文德의 墓地를 平壤 서쪽 40리인 江西郡 苅次面 玄岩山에 있음을 조사 확인한 바 있다(앞의 책, 「高句麗史研究」, p.521).

汕耘의 文獻比較論은 倭에 관한 ≪三國史記≫ 기록의 누락에서 엿보인다. 그는 倭가 신라의 大加耶征服이후 계속해서 신라를 침략하였으나 ≪삼국사기≫에는 전혀 기록이 없는 사실에 주목하였다. 즉, ≪삼국사기≫에는 大加耶가 멸망한 眞興王 23년(562) 이후 北齊와 陳과의 교섭이나, 皇龍寺나 花郎徒 및 開元관계 등 대내문제 기사뿐인데 비해서,[44] ≪日本書紀≫에는

(가) 欽明 23年 冬 7月(중략) 遺大將軍紀男麻呂宿禰 將出兵哆唎
   (중략) 問新羅 攻任那之狀
(나) 欽明 23年 冬 11月 新羅遺使獻幷貢調賦
(다) 欽明 32年 春 3月 戊申朔壬子 遺坂田耳子郎君 使於新羅
   問任那滅由[45]

등임을 지적하여, 산운은 계속된 倭의 침략기사를 외면한 ≪三國史記≫기록의 부실을 탄식하고 있다. 즉, 그는 문헌에 대한 선입견을 버리고 동시대의 사실고증을 위해 韓·日文獻의 비교·검토의 필요성을 강조하였다. 이러한 연구자세는 花郎과 扃堂과의 관련에서 엿볼 수 있다. 즉, 신라는 고구려의 扃堂(교육제도)을 수입하여 花郎徒가 되었다는 것이며, 양자의 관계가 젊은이들을 合宿으로 학문과 騎射를 동시에 연습한 것으로 보아 李基白의 연구이전에 양자의 관계를 구체적으로 정리하고 있다.[46]

그러나 汕耘의 역사해석에는 지나치게 文化傳播를 강조하고 있으며, 사실 해석에 오류를 범한 경우도 간혹 나타나고 있다. 그는 신

---

44) ≪三國史記≫(卷 4, 眞興王 本紀)에는 27년간의 기록(在位年은 37년간)은 정치기사가 압도적으로 많고 기타 外交·戰爭記事가 큰 비중을 차지하였으나(申瀅植, 앞의 책(1981), p.40), 對日關係는 전혀 언급이 없다. 즉, 진흥왕 본기에는 주로 官府設置·官使任命·對中國外交(陳·北齊) 對外戰爭(고구려·백제)등에 관한 기록뿐이며, 對日(倭)關係를 다룬 기록은 없다.
45) ≪日本書紀≫ 卷 19 欽明天皇 23年~32年條.
46) 張道斌,「新羅史硏究의 大要」, ≪國史槪論≫, p.547.

라가 實聖王의 고구려입국(質子)에서 고구려 문화(武備·政治)를 받아 들여 신라흥성의 계기가 되었다고 생각하였으며, 근거로서 惠亮의 八關會傳授나 교육제도(경당)의 수입 등을 내세우고 있다.47) 이러한 문화전파론은 역사발전의 內的 發展因子를 외면한 것으로서 그의 역사관이 갖는 한계라 생각된다. 따라서 그는 자신의 선입관에 사로잡힌 역사이해로 인해 朝貢이나 上大等의 해석에 일부 오류를 범하고 있었다.48) 그러므로 산운은 역사해석에 있어서 다양성을 외면하고 일정한 틀을 내세움으로써, 역사서술과 평가에 문제점을 노정시킨 것은 그가 갖고 있는 역사해석의 硬直性이다.

(2) 新羅文化論

汕耘의 古代史認識은 결국 고구려는 尙武精神과 固有精神에 의한 최성기였으나, 문화적으로는 신라가 역사상 최극성이라는 사실로 집약된다. 이것은 文(신라)과 武(고구려)의 雙全을 강조한 丹齋의 견해를 계승한 것이며,49)

> 우리 조상은 신성한 敎化가 있고, 신성한 政法을 가졌으며, 신성한 文事와 武功이 있으니, 우리 민족은 어찌 그 다른 것에서 구해야 옳겠는가50)

라는 白巖의 文武融合의 정신을 계승한 것도 사실이다. 다만, 비록

---

47) 張道斌, 위의 책, p.548.
48) 汕耘은 朝貢과 冊封을 自主獨立國의 체면손상으로 보았고, 그것을 事大主義의 표본으로 간주하였다. 그러나 당시의 국제질서로 볼때 그것이 반드시 속국의 의미로만 볼 수는 없다(申瀅植, 앞의 책(1984), p.351). 또한 汕耘은 역사해석에 있어서 고정관념에 사로잡혀 '上大等을 首相으로 中侍를 次相으로' 「國史講義」, p.472) 간주함으로써 양자의 관계를 홀시하고 있다.
49) 汕耘의 이러한 견해는 局堂과 花郎徒의 설명에서도 반영되고 있으며, 그의 論說인 「文化와 武力」, 《大韓每日申報》 1910년 2월 19일)에서도 나타나 있다(金昌洙, 앞의 論文 (1988), p.109 참조)
50) 朴殷植, 《韓國痛史》, 「緖言」

신라는 實聖王이나, 惠亮 등에 의해서 고구려 문화의 흡수와 전수에
서 개발되었으나, 學術과 藝術 방면에서는 그 위대함을 나타냈다는
주장이다. 그 구체적 사례로서 전자는 元曉·薛聰·金大問·金弼奚
및 吏讀文의 발명 등에서, 후자는 佛國寺·石窟庵·奉德寺鍾 등에서
찾는다.51) 특히 산운은 世俗 5戒를 윤리상의 대 발견으로 孔子나 釋
迦도 알지 못한 위대한 사상으로 평가하고 있다.52)

우선 그는 신라문화의 우수성에 대해서 학술방면으로는 高僧臣儒
의 저술에서 찾는다. 즉, 천여 권의 저술을 남긴 元曉는 대문호로서,
國文의 시조인 薛聰은 9經解釋의 표준이 된 문장가로서 특별한 주목
을 하였다. 예술방면으로는 金冠·芬皇寺塔의 石獅子 등의 雄麗華美
한 걸작품에 초점을 두었으며,53) 醫學·天文·技術 등 기술공업의
발달을 강조하여,54) 신라공업과 千步弩나 磁石 등 軍需工業의 융성
을 濟·麗征服과 統一의 배경으로 인정하고 있다.55)

특히 汕耘의 신라사 인식에 근본을 이루는 것은 丹齋의 영향에서
비롯된 花郎論이다. 단재는 민족의 흥망성쇠는 그 '思想의 方向'에
달린 것으로 보았고, 화랑이 곧 상고의 蘇塗祭壇의 무사(선비)에서
비롯하여 國風派의 중심이 되어 사회사상계의 첫자리를 점령하던 것
으로 이해하였다.56) 그러나 산운은 이를 발전적으로 계승하여 그 정
신이 正義·愛國·武勇의 교육으로서 신라번성의 원동력과 애국심의
바탕으로 간주하였다.57) 특히 花郎道의 기본요소인 3敎統合은 평화

---

51) 張道斌, 「新羅文明의 高潮」, ≪國史≫, p.70.
52) 張道斌, 「新羅의 政治制度와 文明」, ≪國史講義≫, p.477.
53) 汕耘이 지적한 신라예술의 걸작품은 그외에 瞻星臺·石氷車·武烈王의 龜趺碑·金庾
信幕의 十二支神石像·玉帶·琉璃杯·玉笛·文武王陵石獅子·琉璃瓦·臨海殿瓦博 등을 들
고 있다.
54) 新羅의 대표적인 醫學者로는 金波鎭, 天文·曆法家는 德福, 弩制作者는 仇珍川 磁
石製造者는 祗珍山 등을 들고 있다.
55) 張道斌, 「新羅의 極盛과 文武大王의 雄圖」, ≪國史講義≫, p.485.
56) 申采浩, ≪朝鮮歷史上一千年來第一大事件≫, 「서론(첫머리)」.
57) 張道斌, 「高句麗史研究」, ≪國史槪論≫, p.535.

시대에 적합한 유교의 5倫과 개인수양을 위한 불타의 5戒를 기저로 하지만, 특히 圓光은 개인과 국가민족을 구제하는 臨戰無退와 殺生有擇을 결합시켜 위대한 종교 내지는 교육으로 승화시켰다는 것이다.[58] 나아가서 그는 화랑의 교과과목에서 精神科目과 學習科目으로 나누어[59] 화랑연구의 길잡이가 되게 하였다.

汕耘은 花郎道의 제도가 비록 고구려의 교육제도를 참고한 것은 사실이나,[60] 그것은 圓光에 의해서 재창조된 것이라는 입장을 갖고 있다. 즉, 평화시에는 四海同胞主義로서 人類의 共同生存을 위한 사랑과 慈善이 필요하다는 것이다. 그러나 만일 우리의 生存繁榮에 방해하는 자가 있으면 단호히 그 방해자를 芟除해야 하는 것이니, 그것이 곧 殺生有擇이며 국가민족을 보존하는 것이 臨戰無退라는 것이다.[61] 이러한 화랑의 정신은 丹齋만 아니라 白巖의 國魂 중에서 특히 國敎의 연장으로서 일제하의 救國主義의 역사교육과 그 맥을 같이하는 것으로 생각된다.[62]

---

58) 張道斌, 위의 책, p.550

59) 汕耘은 花郎의 精神科目으로 ① 正義 ② 愛國奉公과 義勇을 통한 犧牲 ③ 博愛와 慈善 ④ 武勇의 崇尙 ⑤ 謙遜과 信義 및 勤勉 正直한 實行 등을 들고 있다. 한편, 學習科目은 ① 學問 ② 武藝(騎馬·射弓·用劍·投槍) ③ 音樂과 娛樂 ④ 名山大川에의 遊覽 ⑤ 道義鍊磨 등으로 구분하였다.

60) 花郎徒이외에 신라가 고구려의 문화를 흡수한 것은 八關會(고구려의 天祭), 王冠, 신라의 幢을 대표로 하는 兵制(廣開土王碑의 幢), 柒器·銅器 및 大王制나 軍主制 등을 꼽고 있다(張道斌, ≪國史槪論≫, pp.548~549).

61) 張道斌, 「新羅史硏究의 大要」, ≪國史槪論≫, pp.549~550.

62) 愼鏞廈, 앞의 論文(1981)(上), pp.169~172.

IV. 汕耘의 民族主義史觀

(1) 國家主義論

汕耘은 白巖과 丹齋의 民族主義史觀을 이어 받아 강렬한 民族意識
을 강조한 것은 사실이다. 그것은 산운이

> 내가 그 시대의 普成專門學校의 法科를 졸업하였으나 世事가 급
> 변하여 亡國에 처함으로 우리는 학문연구의 柁를 돌려 國史를 연구
> 하게 되었다. 그것은 곧 우리나라가 망한 후에 독립을 회복하려면
> 우리 國史를 잘 연구 선전함이 필요하다고 생각한 때문 이었다.63)

와 같이 국사를 愛國的 民族意識, 즉 '祖國之情'으로 파악하였으
며,64) 歷史와 愛國心의 關係는

> 國民의 愛國心이 강하면 나라가 강해지고 그것이 마비되면 나라
> 가 衰해진다.65)

라 하여 애국심이 국가흥망의 關鍵이 되기 때문에, 애국심을 바탕으
로 하는 國家主義와 民衆을 위한 民族主義라는 모순 된 듯한 곳에서
의 合一點을 찾는다는 것이 그의 견해이다.66) 그러나 汕耘의 愛國論
은 결국 白巖의 國魂으로서의 國史를 구성하는 愛國心과 大韓精神의
근본이라는 사실과67) 丹齋가 추구하는 國權恢復의 기틀로서 大我와
愛國心을 기저로 하는 주장68)을 계승한 것도 사실이다.
　　이러한 汕耘의 愛國心을 바탕으로 한 國家主義思想은 國防·國

---

63) 張道斌,「暗雲짙은 舊韓末—지나간 二十代들」,《思想界》(1962년 4월호), p.407.
64) 金昌洙, 앞의 論文(1985), p.119.
65) 張道斌,「우리 民族의 愛國心」(中)《朝鮮日報》 1957년 9월 일자.
66) 金昌洙, 앞의 論文(1985), p.124.
67) 愼鏞廈, 앞의 論文(1981), p.161.
68) 西湖問答《丹齋申采浩全集》,「別集」, p.141.

粹・國仙・國勢・國敎 및 國民敎育 등에서 그 본질을 찾는다. 무엇
보다도 그의 국가주의 사상은 白巖의 愛國心・大韓精神과 丹齋의 化
敎觀에서 연유된 것은 사실이나,[69] 결국 忠孝와 武勇의 결합체인 花
郞道에서 찾아진다. 따라서 그의 祖國之情, 固有精神은 고구려의 尙
武精神만이 아니라, 신라문화의 독창성 또는 우월성의 결합이라는
차원에서 구하고 있는 것이다. 따라서 군사적으로 약했던 신라가 흥
융케 된 것은 人民이 忠良하여 義勇心과 團結心이 비상히 강렬한 소
치라는 것이다.[70] 그러한 근거로 산운은 斯多含・金欽純・官昌・조
寧子・元述 등을 들었으며, 특히

　　唐이 사신을 보내와 千步弩 발명자인 仇珍川을 청하거늘 대왕이
　　珍川을 唐에 보내니 唐主 李治가 진천더러 千步弩製造하는 기술을
　　당인에게 가르쳐 달라고하되 珍川이 가르쳐 주지 아니하니 唐主가
　　진천을 重罪로 위협하나 진천이 끝내 가르쳐 주기 아니하고 귀국하
　　였다.[71]

라 하여 그 내용은 ≪三國史記≫(卷 6, 文武王 9年條)에 있는 것이
지만, 仇珍川의 투철한 국가관을 대표적인 예로 들고 있다.
　　汕耘은 그의 ≪朝鮮思想史≫에서 國家主義를 특히 강조하고 있다.
국가주의는 民族主義를 포함한 것으로, 삼국시대의 근간 사상으로서
國粹・國仙・五戒가 그 중심사상이며, 儒敎・佛敎・八關・祭天・祭祖 등은 국
가주의와 보조를 같이한다는 내용이다. 우선 國粹主義는 조선 고유한
문명을 근거로 한 것으로 3국의 정치를 뒷받침하였으며, 그 특색에
대해서 汕耘은

---

69) 韓永愚,「1910年代의 申采浩의 歷史認識」,≪韓㳓劤博士停年紀念史學論叢≫(知識
　　産業社, 1981), p.631.
70) 張道賦, <三國의 後期>,≪朝鮮歷史要領≫, pp.150~151.
71) 張道賦, <新羅史>,≪大韓歷史≫, p.369.

조선의 역사적 사실을 중시하며 고유한 文化·道德·政治 등을
尊奉하나니 역사가로는 고구려의 李文眞과 신라의 居柒夫 등이 이
에 속하고 당시의 정치가는 대개 此類의 人이니라[72]

고 하였다. 그러나 汕耘의 國粹論은

國家에도 국가의 美가 있나니, 自國의 風俗이며, 言語며, 習慣이
며, 歷史며, 宗敎며, 政治며, 風土며, 外地 온갖 것에 그 특유한 美
點을 뽑아 이른바 國粹가 곧 국가의 美니, 이 美를 모르고 애국한다
면 빈 애국이라[73]

고 한 丹齋의 國粹論을 그대로 계승한 것으로서, ≪大韓每日申報≫
의 論說에도 단재의 國粹保全論을 한 자도 바꾸지 않고 서술하고 있
다.[74] 결국 국수란 자기 나라의 독특한 美(精髓)로서 이를 보존하는
것이 愛國이며, 國權恢復의 바탕이라는 것이다.
　다음의 國仙道에 대해서 산운은 眞興王이 창안한 일종의 國敎로
보았으며,[75] 그 주장자는 薛原郎이며, 善美한 事를 극히 중시하는
것으로서

첫째로 國家·人民·社會에 대하여 眞·善·美의 공덕을 作하야 희생에
至하고 둘째로 修身을 위하야 道學·音樂·旅行을 중시하고 셋째로 모
든 일에 正義·人道와 더욱 博愛·慈善·義勇·忠信·孝行 등을 힘써 不言의
중에 實行을 作하는지라[76]

고 하여 盛美를 극한 敎化로서 이것이 신라흥융의 대원인이라고 주

---

72) 張道斌, ≪朝鮮思想史≫, p.9.
73) 申采浩, 「新敎育과 愛國」, ≪丹齋 申采浩全集≫(下), 螢雪出版社, 1972, pp.133~134.
74) ≪大韓每日申報≫ 1908年 7月 18日字(愛國者의 思想)
75) 張道斌, ≪朝鮮思想史≫, p.9.
76) 張道斌, 위의 책, pp.9~10.

장하였다. 이것 역시 白巖이 주장하는 獨立精神의 기초이며, 國魂의
바탕이라는 원리를 이어 받은 것이다. 그러나 세 번째의 五戒는 신
라인의 道德中樞로서 당시 신라인의 腦에 深印케 됨으로써 신라인의
위대한 발견으로 생각하였다. 이것은 개인과 국가를 연결시킨 德目
으로서 적극적인 국가구제의 誡命이라는 것이다. 때문에 汕耘은 이
러한 3대 國家主義思想은 유교·불교·八關法[77]·祭天과 祭祖 등과
보조를 같이 함으로써 文明이 발달하고 外來思想을 소화할 수 있었
다고 보았다.

汕耘의 國家主義論은 그의 ≪朝鮮思想史≫에서 국가주의자로서 眞
興王의 실명에 잘 나타나 있다. 그는 진흥왕을 국가주의사상을 대성한
위인으로서, 신라는 강렬한 국가주의의 결실로 文化滿盛한 濟·麗를
능가할 수 있었다고 주장하였다. 진흥왕이 크게 지적한 구체적인 사례
는 國史의 編纂·國樂의 擴張·國畵의 獎勵·國寺의 建築·國祭의 八
關會·國土의 開拓 등을 들고 있으며, 이들을 결합한 것이 國仙道로서
교육과 종교를 겸한 大道德을 이룩하였다고 서술하였다.[78]

또한 汕耘은 圓光을 倫理主義者로 규정하였으며, 元曉를 唯心主義
者로 조선정신계의 왕으로 추앙하였다. 특히, 원효는 형식과 계율을
거부한 自由主義者였으며, 기존의 世俗과 習慣을 구속으로 간주하여
자기 마음대로 행하였다는 것이다. 그러므로 원효의 唯心主義는 弓
裔·甄萱·王建으로 연결되었으며, 무엇보다도 원효가 스스로 從軍
하였다는 사실을 국가주의의 실체라고 갈파하였다.[79]

산운이 강조하는 국가주의론은 ≪朝鮮思想史≫이외에도 ≪朝鮮十
大偉人傳≫ 선명히 나타난다. 우선 그가 제시한 10대 사상가에 小獸
林王·眞興王 등 2왕을 필두로, 국수주의자이며 국가주의자인 高興,

---

77) 汕耘은 惠亮이 주창한 八關을 「不殺生·不偸盜·不淫佚·不妄言·不飮酒·不坐高
大床·不着香華·不自樂觀聽」으로 해석하였다.
78) 張道斌, ≪朝鮮思想史≫, p.11.
79) 張道斌, 위의 책, p.23.

八關法을 제시한 禁慾主義者인 惠亮, 국민의 실천도덕을 이룩한 圓
光, 스스로 從軍하여 국가주의를 실천한 元曉, 고려왕실에 끝까지 절
개를 지킨 鄭夢周, 그리고 十萬養兵으로 국가를 위해 현실주의를 강
조한 李珥 등이 포함되었음을 주목할 필요가 있다.[80] 즉, 그가 제시
한 10대 사상가는 결국 나라를 위해, 또는 당시 사회를 구제하기 위
해 사상(주의)을 주장한 인물이라는 사실이다.

그가 ≪朝鮮十大偉人傳≫에서 열거한 인물에는 檀君・東明王・溫祚王・
赫居世・大祚榮 등 始祖가 5명이며, 乙支文德・淵蓋蘇文・姜邯贊・李舜臣등
4명의 장군이 포함된다.[81] 무엇보다도 10대 위인이 '나라를 세운 왕
과 나라를 지킨 장군' 임을 지칭하는데서 산운의 국가주의 성격을
엿볼 수 있다. 특히 그는 東明王을 사상계의 제1인자로서 사상・사업・
공덕의 면에서도 조선의 영원한 위인이라는 것이다. 그러므로 동명왕
은 萬人의 王・萬世의 祖・萬國의 榮光으로서 朝鮮의 光이며, 論語를 남
긴 孔子이상의 인물로 묘사되었다, 따라서 그의 東明王에 대한 파격
적인 대우와, 인격상으로는 Washington과 그리고 공덕상으로는
Alexander에 비유한 廣開土王을 극찬한 사실은 여러 가지로 의미가
있다고 할 것이다.[82]

또한 汕耘의 國家主義思想은 ≪韓國의 魂≫(1957)에서도 廣開土王・
溫達・乙支文德・淵蓋蘇文・張保皐・徐熙・姜邯贊・尹瓘・朴犀・崔瑩・李舜臣・西山大
師 등 外敵退治의 人物의 정신을 높이 평가한 데 단적으로 나타나있
다.[83] 또한 그의 ≪朝鮮十五敎育家≫에서도 李文眞・薛原郎・居柒夫・薛
聰・義天・休靜 등을 포함시키고 있어 그가 갖고 있는 국가주의사상의
의미를 엿볼 수 있다.[84]

---

80) 張道斌, 위의 책, p.26.
81) 汕耘은 10대 위인으로 이들외에 廣開土王을 포함하였다.
82) 張道斌, 「廣開土王」, ≪朝鮮十大偉人傳≫, p.49.
83) 汕耘의 ≪韓國의 魂≫(1957)은 東明王・廣開土王・王建 李成桂 등 10명의 王과 乙支
   文德・尹瓘・李舜臣 등 9명의 장군, 王仁・義天・丁若鏞 등 13 명의 학자・승려등의 전기
   로 되어 있다.

따라서 汕耘은 丹齋를 이어 ≪大韓每日新報≫의 論說을 집필했을 때, 대체로 愛國心에 관계된 글을 썼으며 國家精神의 發揮에 초점을 두고 있었다.85) 그러므로 그는 ≪朝鮮 十大革命家≫에서도 福信·劍牟岑·大延琳등 국가부흥 운동자를 내세움으로써 나라는 멸망치 않는다는 國家精神의 위대성을 높이 평가하였다.86) 특히 국가는 文化와 武力의 幷進에서 홍융하는 것이기 때문에 '新羅는 文化, 高句麗는 武力'을 통해 우리민족의 우수성과 영속성이 보장될 수 있었다는 것이다.

(2) 汕耘의 新羅統一論

新羅가 濟·麗를 멸망시키고, 또 영토야욕의 唐軍을 물리친 후 통일을 완성한 것은 역사적 사건이다. 그리고 이에 대한 평가는 여러 각도로 이루어지고 있다.87) 산운에게 가장 큰 영향을 준 丹齋는 통일의 의미에 대해서는 직접 논평하지 않았으나, 外勢利用과 金春秋·金庚信에 대해서는 극히 부정적으로 평가하였다.

丹齋는 신라의 통일(특히 고구려정벌)을 金春秋 개인의 복수운동으로 생각하였고,88) 金庚信에 대하여서도

> 대개 金庚信은 智勇있는 名將이 아니요 陰險鷲悍한 政治家이며, 그 평생에 대 공이 戰場에 있지 않고 陰謀로 隣國을 亂한 자이다.89)

---

84) 金昌洙, 앞의 論文(1985), p.106.
85) ≪大韓每日申報≫ 1909년 1월 5일 「國家의 精神을 發揮할지이다」 참조.
86) 汕耘의 10대혁명가는 杜魯(侍曰)·明臨答夫(良衣)·倉助利(大國相)·福信(宗室)·劍牟岑(大兄)·弓裔(摩震王)·甄萱(後百濟王)·大延琳(後渤海王)·洪景來(大元帥)·全琫準(東學黨首領)을 뜻한다.
87) 申瀅植, 「三國統一의 歷史的 性格」, ≪韓國史硏究≫ 61·62 合輯(1988) 참조.
88) 申采浩, 「金春秋의 外交와 金庚信이 陰謀」, ≪朝鮮上古史≫, p.316.
89) 申采浩, 위의 책, p.321.

와 같이 사악한 졸장으로 규정하였다. 그러므로 김춘추는 異族을 불러 同族을 멸망시킨 반민족적 죄악을 저지른 罪人이며,[90] 그러한 인물이 주도하였고, 또 음모의 좁장이 기여한 신라의 통일은 민족쇠약의 의미 이상은 아니라는 것이다. 다만, 外援을 빌려 隣敵을 막을 때 백제는 외원을 의존했기 때문에 망했고, 신라는 이를 오로지 믿지 않고 自强策을 마련한 뒤에 이용했기 때문에 성공했다는 논리이다.[91]

그러나 汕耘은 단재가 철저하게 부인하는 金春秋·金庾信을 탁월한 英傑로 묘사하였고, 이들은 화랑도의 투철한 武力·愛國心·團結力으로 국사에 진력하여 신라 전성을 이끌었다고 옹호하고 있다.[92] 다만, 산운은 통일운동이 김춘추의 개인적 복수라고는 보지 않았으나, 삼국의 不和를 통일의 동기로 보면서 民族의 衰弱이라는 면은 단재와 같은 견해를 나타내고 있다.[93]

우선 汕耘의 신라통일론을 구체적으로 구명하기 위해서 그의 통일배경론을 보면

新羅興隆의 遠因은, 종래 첫째로 정치가 현명하여 국가의 실력이 충실한 사, 둘째 교육이 善美하여 인민이 忠良한 사, 셋째 고구려백제의 侵伐을 連受하는 중에 國防이 발달한 사 등에 在한지라. 그런 중에 최대 주의할 점은 곧 인민이 忠良하여 義勇心·團結心이 비상히 강렬한 所以니라[94]

는 것과 같이 신라통일의 원동력을 武烈·文武王 등이 善政을 베풀어 교육제도(화랑도)가 발달하였으며, 金庾信을 비롯하여 斯多含·金欽純·官昌·丕寧子·元述·仇珍川 등의 忠將良卒들의 역할에 비중을 두고 있다.[95] 그러나 그는

---

90) 申采浩, 「金春秋의 功罪」, ≪讀史新論≫, p.500.
91) 申采浩, 위의 책, p.499.
92) 張道斌, ≪國史槪論≫, p.556.
93) 張道斌, 위의 책, p.555.
94) 張道斌, 「新羅의 隆盛」, ≪朝鮮歷史要領≫, p.150.

이 때 百濟는 聖王敗弱한 후로 신라와 讐國이 되어 威德王·武王이
자주 신라 토지를 擊取하였다. 이리하여 신라는 고구려·백제의 침략
을 받아 困難에 빠졌으나 오직 정치가 현명하고 인민이 忠勇하므로
上下가 團結하여 고구려·백제를 당하였다.[96]

에서 볼 때 국민의 단결을 강조하고 있어 신라가 元聖王 때 고유한
선거제도인 弓箭을 폐지할 때까지는 武勇과 尙武精神으로 국민적 유
대감이 컸다고 본다.[97]
　汕耘은 신라의 통일이 무엇보다도 신라인의 愛國心에서 가능하였
다고 생각한다. 仇珍川이 당에서 그 기술을 끝내 가르쳐주지 않은
것도 애국심의 표현이다.[98]

　　나라의 흥망은 國家大小에도 있지 아니하고 오직 國人이 正義를
　　세워 나라를 위하여 일하면 그 나라가 흥하고, 그 국인이 利己主義
　　로 정의를 무시하고 부패한 일을 하여 나라에 해롭게 하면 그 나라
　　가 망하는 것이다.(중략) 고구려인은 어찌하여 망할 일을 하고 신라
　　인은 어찌하여 흥할 일을 하였느뇨. 그는 아래와 같다. 첫째, 신라인
　　은 圓光이 주창한 五戒를 지킨 때문이다. 둘째, 신라인은 화랑도의
　　훈련을 받았는데 화랑도는 곧 正義·愛國·武勇의 교육이다.[99]

와 같이 신라인의 정신적 자세가 통일의 원동력이 되었다는 주장이다.
　그러나 이와 같은 애국심이나 武勇 및 훌륭한 지도자에 의해서 이
룩된 통일이지만, 산운의 그에 대한 의미부여나 평가는
　　신라가 唐兵을 끌어 고구려·백제를 擊滅함으로 당병이 고구려·백제
　　의 인민과 문명을 크게 掃蕩하여 그 掠奪 破壞가 극히 참혹하였음

---

95) 張道斌, 위의 책, pp.150~151. 그외 汕耘은 統一의 背景으로 千步弩·磁石 등 軍需
　　工業이 발달한 사실을 들고 있다(≪國史講義≫, p.485).
96) 張道斌, 「新羅史」, ≪大韓歷史≫, p.462.
97) 張道斌, 위의 책, p.375.
98) 張道斌, 「高句麗史研究」, ≪國史槪論≫, p.534.
99) 張道斌, 위의 책, p.535.

으로 우리 민족이 큰 損失을 당하였나니 이는 우리의 심각한 불행이니라.100)

라는 것과 같이 부정적이며 준엄하였다. 무엇보다도 그는 '外勢의 利用과 濟·麗文化의 破壞'에서 통일의 부정적 평가를 하고 있다.101) 따라서 그는

高句麗는 강대한 國이므로 唐軍을 가끔 粉碎하므로 唐主 世民이 공포하여 신라와 연합하여 고구려를 당하고자 하였는데, 신라는 이것을 기화로 당과 연합군으로 고구려를 망하게 하기로 하여 필경에 이것을 실행한 결과로 고구려·백제가 망하고 당병의 침략이 참혹을 극하여 우리 민족은 근본적으로 損傷을 당하였고, 비록 신라와 발해가 당군을 격퇴하였으나 마침내 우리 삼국시대의 세력을 회복하지 못하였으니 이것은 신라의 큰 失策이다.102)

라는 표현에서 볼 때 결국 산운은 '우리민족의 쇠약'이라는 부정적인 시각으로 통일을 보고 있었다. 따라서 신라인의 줄기찬 對唐抗爭을 높이 평가하면서도 통일 그 자체보다 통일 후에 수반되는 사회모순에 더 큰 문제점을 두고 있었다. 즉, 그는 통일 후 事大主義의 고착으로 인한 우리민족의 痼疾化, 고구려의 계승자인 渤海에 대한 敵對視, 그리고 文弱에 따른 自强政策의 解弛, 상무정신과 국방력의 쇠퇴 등을 무엇보다도 우려하고 있다.103)

汕耘은 통일 후 우리민족의 文明이 극성기가 된 것은 긍정적인 입장이지만, 신라는 小國이었으므로 唐을 섬겨 平和를 보존하였으며,

---

100) 張道斌, 「新羅의 極盛과 文武王의 雄圖」, 《國史講義》, p.486.
101) 이러한 汕耘의 濟麗文化의 破壞라는 입장에 대해서 金哲埈은 '신라가 對唐決戰에서 승리한 것은 한국 고대 문명의 전면적 붕괴를 막은 구실을 하였다'(《한국사》 국사편찬위원회, 1978, p.23)라고 하였다.
102) 張道斌, 「新羅史」, 《大韓歷史》, p.364.
103) 張道斌, 위의 책, p.373.

당과 친하기 위해

唐의 衣冠을 본받고 본국의 관을 버렸으며, 일반 인민과 부녀자까
지 중국 의관을 하였다. 당의 年號를 쓰고 본국 연호를 폐지하였다.
唐의 封爵을 받고 朝貢을 하였다.104)

라는 것과 같이 事大主義·慕華思想을 國策으로 받들었으니, 결과적
으로 自强의 策이 무너지고 人心이 文弱해져 국가민족을 퇴보시켜
왕조가 멸망케 되었다는 것이다.105)

이러한 事大主義의 만연은 결국 국민이 도도히 흐르는 중국문화에
心醉하여 민족문화를 무시하고 외국의 것만 숭상케 되어106) 무서운
결과를 낳게 되었다는 것이다. 汕耘은 慕華思想의 결과는 다음과 같
은 폐해가 따른다고 보았다. 즉,

祖國精神·民族思想이 廢滅하고, 외국에 대하여 奴隷思想을 기르
고, 人民이 모두 非國民化되어 애국심이 없어지고, 文弱이 극도에
달하게 되고, 民族文化가 自滅케 되었다.107)

는 것과 같이 신라가 망하고, 우리 민족이 衰함으로써
첫째로 신라고유의 選擧制度인 弓箭을 폐지하여 元聖王때부터는
漢文으로 試選하게 됨으로써 武勇을 버리고 文弱에 빠졌다. 둘째로

---

104) 唐의 年號와 封爵 및 朝貢이 事大主義나 慕華思想의 표본임은 부인할 수 없다.
   그러나 당시의 中國的 世界秩序의 범주에서는 불가피한 현실이나, 그러한 事大
   속에서 보여진 主體的 立場이나 自主性維持는 주목할 일이다(申瀅植, 앞의 論文
   (1984) 참조).
105) 이러한 경향은 白巖의 「文弱之弊는 必喪其國」(≪朴殷植全書≫(下), pp.93~94)과
   같은 경향이다.
106) 汕耘은 慕華思想胚胎의 원인으로 ① 武烈·文武王代 이후의 事大主義流行 ②
   中世以來로의 儒學의 번성 ③ 唐文化의 世界的 優秀 ④ 당시의 지도자(위 정
   자·학자·문사·종교가·교육가) 등의 사상 능력부족 등을 들고 있다(≪大韓歷史≫,
   pp.374~375).
107) 張道斌, 「新羅史」, ≪大韓歷史≫, p.375.

신라가 渤海와 동족의 和合을 欠하여 도리어 聖德王은 당의 請兵에
응하여 당병과 연합군으로 발해남령(함경도)을 치다가 敗退한 것 셋
째로 신라 말에 崔致遠 등 名文家가 있었으나 그들은 慕華思想을
가진 사람들로서 그 문구에 有唐新羅國이라 하여 신라를 당의 속국
처럼 쓰고 그 결과 고구려 시대에 金富軾의 ≪三國史記≫에 중국을
존숭하여 자국은 貶下한 것을 만들어 國史를 그르쳐 놓은 것이다.
결국 국가 민족을 衰해 놓았다. 넷째로 신라 말기로부터 고려·조선
시대의 爲政者는 대개 다 事大主義에 전염되어 중국 또는 강대국을
섬겨 侵害를 免하기에만 힘써 國防力을 기르지 않고 尙武精神을 폐
지시키고 오직 문자와 虛禮로서 강대국의 환심만 얻으면 得策으로
생각하여 인하여 국가 민족이 정신적 또는 실제적으로 극도의 문약
에 빠졌다.108)

고 설명하고 있다. 즉, 신라가 濟·麗의 멸망 후 당의 야욕을 분쇄
하였음은 높히 평가되지만, 외세이용은 결국 신라의 소득이 상실을
보충할 수는 없는 결과가 되어, 신라가 망하지 않은 것은 다행한 일
이라는 결론이다.109)

V. 結語

이상에서 우리는 汕耘 張道斌의 新羅史觀을 비롯하여 그가 특히
강조하는 國家主義와 新羅統一論을 중심으로 하는 그의 民族主義史
觀의 성격을 살펴보았다. 그는 白巖 朴殷植과 丹齋 申采浩의 歷史認
識을 계승하는 동시에, 양인의 역사관을 결합시켜 새로운 民族主義
史觀을 정립하였다.

---

108) 張道斌, 위의 책, pp.375~376.
109) 張道斌,「新羅史硏究의 大要」, ≪國史槪論≫, p.558.

그러나 汕耘은 丹齋와 달리 ≪三國史記≫의 紀年을 철저히 신봉하
였으며, 韓國史의 體系化에 있어서 中世가 없이 古代·近世·最近으로
서술함으로써 단재와 백암의 구분방법을 절충하고 있다. 무엇보다도
그는 進步史觀에 입각하여 역사에 있어서 '必要過程'을 강조하여 競爭
과 葛藤을 역사발전의 기저로 파악하였다. 즉, 산운은 초기에 있어서는
王朝別 時代區分을 꾀하였으나, 점차 社會進化論의 서술형태로 바뀌고
있다. 다시 말하면 초기] 저술인 ≪國史≫(1916)에서는 王別로 신라를
구분하였으나, ≪朝鮮歷史要領≫(1923)에서는 前·後·南北國時代로 서
술하기 시작하였으며, ≪國史講義≫(1952)에서는 成長－擴張－競爭－
極盛－衰亡의 단계를 설정하여 戰爭과 競爭의 과정을 거친 文明의 高
潮를 강조하였다. 그의 시대구분론을 대표하는 ≪大韓歷史≫(1959)에
서는 進步－抗爭－興隆－擴張－極盛－衰退의 단계를 설정하여 征服과
統一을 수반하는 끊임없는 進步속에서 역사는 발전한다는 논리를 전개
하였다. 특히 極盛과 文化高潮속의 文弱之弊를 주목하여 國史를 통한
祖國之情·愛國心을 고취하는데 심혈을 기울였다.

다음은 산운이 新羅史解釋에 있어서 몇 가지 중요한 업적을 남기고
있다는 사실이다. 우선 그는 ≪三國史記≫와 ≪日本書紀≫를 비교·검
토하여 神功后侵入기사와 昔于老被殺기록을 연결시켜 神功后新羅征伐
을 부인하였으며, 伊企儺侵略과 같은 큰 사건을 외면한 ≪三國史記≫
의 기록누락을 찾아내기도 하였다. 특히 그는 통일신라에는 9州 5小京
이외에 2道(浿西·浿江道)가 더 있기 때문에, 국경선은 淸川江~德源間으
로 해야 한다는 신학설을 내놓았다. 이러한 신라영역의 확대는 통일신
라사의 이해에 큰 반성의 계기를 던져 주었다.

汕耘의 역사인식에서 주목할 또 다른 하나는 歷史發展의 動因을
'外來文化의 傳播'에 둠으로써 內的 發展因子를 否認한다는 점이다.
따라서 신라 문화는 實聖王이 고구려 문화를 수입함으로써 扁堂과
八關法을 받아들여 花郎과 八關會가 되었다는 논리를 폈다. 그러나
그는 고구려의 武와 신라의 文(化)을 동시에 강조함으로써, 丹齋의

文武雙全과 白巖의 國魄·國魂의 融合을 결합시켜 文武의 均衡的 發展을 국가흥망과 역사성쇠의 關鍵으로 이해하고 있다. 산운은 신라 문화의 우수성을 강조함에 있어 개인과 국가·민족을 연결시킨 5戒(특히 臨戰無退와 殺生有釋)를 전형적인, 文武結束의 國民的 德目으로 지적하였다.

셋째로 汕耘은 단재·백암의 민족주의사관을 이어 받아 國史를 民族意識이나 祖國之情의 精髓로 파악하였으며, 백암·단재가 내세운 國魂으로서의 國史와 大我·愛國心으로서의 국사를 바탕으로 國家主義를 절규하고 있다. 그는 국가주의의 내용으로 國防·國粹·國仙·國勢·國敎 등을 제시한 후, 그 외형으로 애국심·대한정신·의용성·단결심을 가져야 하지만, 무엇보다도 國粹·國仙·五戒가 그 핵심체라는 것이다. 이 때 유교·불교·八關·祭天·祭祖 등은 그 외곽개념이 된다는 입장이며, 대표적인 國家主義者로서 眞興王과 開國의 의미부여로서 10大偉人에 檀君·朱蒙·溫祚·赫居世·大祚榮을 들고 있다.

끝으로 그의 新羅統一論은 기본적으로는 단재의 입장을 계승하였으나, 몇 가지의 異見을 갖고 있다. 우선 統一運動을 金春秋 개인의 복수운동으로 생각지 않았으며, 金春秋·金庾信을 英傑로 묘사함으로써 단재의 신라통일론에 반대 의견을 나타냈다. 그는 또한 統一의 評價에 濟·麗人民과 그 文明의 破壞를 우려하였으며, 통일 후 事大主義蔓延으로 신라멸망의 원인을 찾는데 초점을 두고 있다. 즉, 통일 후 조국정신과 민족고유사상이 무너져 慕華思想이 팽배하게 되었음에 주목하여 역사의 쇠퇴에 대한 강한 경고와 교훈을 보여주고 있다.

이러한 통일신라에 대한 부정적 평가에도 불구하고, 汕耘은 白巖의 國魂(민족정신)의 틀에다 丹齋의 애국주의사상 및 文武雙全의 정신을 결합시켜 民族主義史學을 한 차원 높여 주었다. 특히 그는 進步主義史觀의 입장에서 현실극복의 길로 古代文化의 硏究와 世界文化의 輸入을 강조함과 동시에 敎育·殖産·協同을 통해 조국의 밝은 미래를 기약하는 進步的인 發展史觀을 이 땅에 뿌리내려 주었다 할 것이다.

제3절 ≪조선전사≫에 나타난 統一新羅의
敍述과 그 批判

I. 序言

民族의 分斷은 南·北韓의 歷史叙述을 철저하게 兩分시키고 말았다. 무엇보다도 남북한의 정치와 이념의 차이는 결국 역사를 보는 기본 시각을 달리하지 않을 수 없도록 하였기 때문이다. 다만 양쪽의 공통된 과제는 植民地史觀의 克服과 主體的인 歷史認識의 확립이었으므로, 각기 역사연구와 그 서술에 많은 노력을 기울었다. 그 결과는 ≪한국사≫(전 25권, 1975~1981)와 ≪조선전사≫(전 33권, 1979~1983)로 나타났다. 그러나 이 두 서술이 보여주는 해석의 차이는 남북한간의 정치와 이념의 차이만큼이나 크고도 깊다.

더구나 근자에 이르러 무분별한 북한출판물의 범람은 일부 역사 해석이나 인식에 혼란과 오해를 가져올 위험성이 크다. 그러므로 우리는 남북한의 역사서술에서 보여지는 차이점과 문제점을 충분히 검토·비판할 필요성이 절실하다. 이러한 추세에 발맞추어 ≪歷史批評≫ 3호(1988, 겨울)에 "북한에서는 우리 역사를 어떻게 보는가"라는 전문가의 좌담회가 있었고, ≪文學과 社會≫ 5호(1989, 봄)에서도 李基東(고대사편)이 북한 역사학의 현황 및 그 특징을 소개·비판한 바 있었다.

물론 북한의 역사학에 대한 소개나 인용은 고고학에서는 일찍부터 있어 왔다. 또한 북한 역사학의 문제점에 대해서는 최근에 최영호의 연구성과가1) 나온 이후 李光麟이 북한의 연구기관과 金錫亨·朴時

---

1) Yong·ho Choe, 「History in North Korea: It's Role and Characteristics」, ≪Journal of East and West Studies≫ Vol. 5−1(1981).

亭에 대한 연구성과와 동향을 분석함으로써 본격적인 비판의 계기를 이룩하였다. 즉, 그는 북한의 역사편찬위원들과 그 기준 및 과업내용을 밝혔으며, 마르크스-레닌주의에서 '주체사상'으로 전환되는 이른바 1968년의 사상논쟁 이후에 전개된 북한역사학의 실체를 해부함으로써 그 문제점을 지적하였다.2) 특히 국사편찬위원회에서는 공식적인 학술심포지엄을 통해 北韓의 韓國史叙述動向의 分析을 꾀한 바 있다. 여기서 朴性鳳은 「北韓의 古代史硏究成果에 대한 一論評」을 통해 북한고대사서술의 문제점을 지적한 후, 후기 신라사 대신에 '續三國史'를 제시하고 있다.3)

그러나 이와 같은 시도는 북한역사학 이해의 한 부분에 불과하다. 보다 구체적인 문제점과 사실해석에 대한 남북한의 비교가 절실한 것이다. 이에 필자는 ≪조선전사≫ 제5권인 「발해 및 후기 신라편」에서 특히 쟁점이 되는 삼국통일문제, 통치체제문제, 그리고 羅末 사회변동기의 진보적 사상가로 평가된 崔致遠의 儒敎思想 등을 택하여 그 주요 서술내용을 비판하고자 한다. 물론 ≪조선전사≫는 민족사의 悠久性과 正統性, 合法則的인 發展過程을 밝히고 역사발전주체인 '근로인민대중'의 투쟁과정을 해명하는 데 목적을 두었다고 하였으므로,

> ≪조선전사≫는 인민들에 대한 주체사상교양과 혁명교양, 사회주의 애국주의 교양을 강화하고 그들을 사회와 역사발전에 대한 과학적 지식으로 무장시키며 온 사회를 주체사상화 하는데 이바지하게 될 것이다.4)

Yong·ho Choe, 「Reinterpreting Traditional History in North Korea」, ≪Journal of Asian Studies≫ Vol. 40-3(1981) 참조.
2) 李光麟, 「北韓의 歷史學」, ≪東亞硏究≫ 16(1988), pp.38~61.
3) 朴性鳳, 「北韓의 古代史硏究成果에 대한 一論評」, ≪北韓의 韓國史叙述動向과 分析≫(국사편찬위원회, 1989), p.22.
朴性鳳, 「≪조선전사≫ 원시, 고대, 고려편의 분석비판」, ≪國史館論叢≫3(1989). pp.49~51.

라는 사실을 간과해서는 안 될 것이다. 따라서 북한의 역사서술은 철두철미하게 정치적 목적 아래에서 이루어지기 때문에, 사실의 고증과 객관적 서술을 생명으로 하는 우리의 입장과는 근본적으로 비교할 수가 없다. 그러나 北韓의 역사서술과 달리 우리는 ≪한국사≫의 편찬필요성을

> (가) 올바른 史觀을 확립하여 民族文化를 체계적으로 集大成한 韓國
>   史를 편찬한다.
> (나) 民族主體性에 입각한 韓國史를 편찬한다.
> (다) 民族의 歷史와 文化 성장 발달을 중심으로 한 韓國史를 편찬한다.
> (라) 民族의 內在的 發展方向을 인식한 韓國史를 편찬한다.5)

라고 제시하고 있다. 즉, 북한은 '역사의 합법칙적인 발전과정과 인민 대중의 투쟁과정을 해명함으로써' 역사서술의 목적을 사회의 主體思想化에 두었다. 이에 대해 남한은 사실의 '嚴格한 考證을 거쳐 민족사와 문화의 內在的 發展方向에서 연구성과를 종합 체계화하여' 우리 민족사를 정리하는 데 두고 있다.

　여기서 우리는 남·북한의 역사서술과 그 편찬방향의 차이를 극명하게 바라볼 수 있게 된다. 그러므로 民族同質性回復이라는 차원에서 북한역사학의 실체─신라사만이라도─를 직시하여 그 문제점과 왜곡된 해석을 비판해 봐야 할 것이다. 이러한 시도는 한국사의 진정한 正統民族史觀의 定立에 도움이 될 것으로 생각된다.

---

4) 「≪조선전사≫를 내면서」, ≪조선전사≫ 1 (1979), p.4.
5) ≪한국사≫, 「序」 및 「刊行趣旨」, ≪한국사≫ 1 (국사편찬위원회, 1977), pp.2~5.

Ⅱ. 三國統一에 대한 叙述과 그 批判

북한의 역사서술에 있어서 '三國統一'이라는 표현은 찾아볼 수 없다. 고대사서술에 있어서 ≪조선전사≫는 고구려사 중심이기 때문에, 427년의 平壤遷都가 곧 '세 나라 통일의 원대한 이상을 실현'하려 한 것으로 보고 있다.6) 그러므로 신라의 통일을, 신라에 의한 국토 남부의 통합'으로 규정하고 있을 뿐이다. 따라서 ≪조선전사≫에는 삼국통일이라는 항목이 없이 '당나라 침략자들을 반대한 백제·고구려·신라인민들의 투쟁'으로 기술되고 있을 뿐이다. 이에 대해서 '고려에 의한 후삼국의 통일'이라는 표현에서 보듯이, 북한역사학계에서는 고려의 통일을 최초의 민족통일로 설명하고 있다.7) 이러한 입장은 ≪조선통사≫를 비롯한 북한 역사학의 기본노선이 되어, 그들이 말하는 합법칙적 발전과정의 틀을 엿볼 수 있게 한다.

그러나 역사해석은 일방적인 논리로 정당화될 수 없다. 만일 長壽王의 남하가 통일의지의 표현이라면, 近肖故王이나 眞興王의 북진도 통일의 의지가 될 수 있다. 고대사회의 왕은 자신의 정치적 권위와 이상의 표징으로서 영토확장을 우선한다. 그러므로 북방에 자리 잡은 광개토왕과 장수왕은 자연히 남하할 수밖에 없었고, 남방에 터를 닦은 진흥왕은 불가불 북진할 수밖에 없었다.

따라서 통일의지는 장수왕의 전유물이 아니다. 4세기말 廣開土王은 이미 통일의지를 나타내고 있었다. 왕은 永樂이라는 독자적인 연호를 사용하는 한편, 중국의 전통적인 華夷秩序인 朝貢支配를 통해 백제·신라 위에 군림하고 있었다.8) 이러한 통일의식은 中原高句麗碑에도 연결되어 '世世爲願如兄如弟 上下相知守天'으로 표현되고 있었다.9)

6) ≪조선전사≫ 3 (1979), p.150.
7) ≪조선전사≫ 6 (1980), p.29.
8) 徐榮洙,「廣開土王陵碑文의 征服記事의 再檢討(上)」,≪歷史學報≫ 96 (1982), p.36.

이러한 통일지향적인 팽창의지는 진흥왕의 경우에도 엿볼 수 있다. 진흥왕은 磨雲嶺碑에서 북행의 길을 '四方託境 廣獲民土 隣國誓信'하기 위한 것으로 표현하고 있으므로 국가 통합의 뜻으로 풀이할 수 있다.10) 그러므로 동족의식을 갖고 있던 삼국시대 왕들의 영토확장이나 정복전쟁은 곧 통일의지의 표현으로 간주할 수 있을 것이다.

삼국통일의 첫 단계인 백제정복에 대해서 《조선전사》에서는 '당나라 침략자들과 그와 연합한 신라군의 침공을 반대한 백제 인민들의 투쟁'이라는 제목으로 설명하고 있다. 특히 북한의 서술은 신라의 당과의 연합을 영토확장을 실현하려는 범죄적인 反民族行爲로 규정하는 동시에 唐은 내정간섭의 기회로 삼았다고 평하고. 있다.11) 《조선전사》의 전면적인 서술이 '인민들의 투쟁'에 중점을 두기 때문에, 백제의 부흥운동에 큰 비중을 두고 있음도 물론이다.

그러나 신라의 대당군사협조가 반드시 영토확장을 목적으로 한 것인가의 문제는 재검토의 여지가 있다. 신라와 백제는 5세기에 이르러 고구려의 남하에 대항해서 羅·濟同盟을 맺으면서 양국 간에는 어느 정도 서로 선린관계가 유지되었다. 그러나 6세기 중엽 聖王의 敗死 이후 양국관계는 급속하게 냉각되었으며, 특히 大耶城의 함락과 濟·麗聯合軍의 黨項城의 공략(642)으로 원수지간이 되고 말았다. 그리고 이 두 사건은 신라의 국가적 위기로 발전하였다. 이 사실은 결국 백제정벌을 복수심의 발로로 생각할 수 있는 근거로 간주할 수 있지만, 그것은 어디까지나 생존경쟁 속에서의 자기보전수단인 것이다. 그 어느 쪽이든 군사적 대국으로 성장한 신라로서는 '군사적 대응책'이 불가피했던 것이다.

따라서 신라가 처음에 당의 군사적 협조를 구해 백제를 정벌한 목적은 그들 자신의 표현을 빌면, '위로는 祖宗의 遺顧를 위로하고, 아

9) 鄭永鎬, 「中原高句麗碑의 發見調査와 研究展望」, 《史學志》 13 (1979), pp.14~15.
10) 「新羅眞興王巡狩碑」(磨雲嶺碑) 《朝鮮金石總覽》(上), p.9.
11) 《조선전사》 4 (1979), p.86.

래로는 父子의 宿寃을 갚았다' (≪三國史記≫ 卷7 文武王 21년 遺詔)
고 문무왕의 遺詔에 나타나 있다. 즉, 대야성 비극에 대한 보복이었
음은 부인할 수가 없다. 따라서 이러한 사실은 法敏이 백제의 항복을
받는 자리에서 隆을 말 앞에 꿇어앉히고 얼굴에 침을 뱉으면서,

> 전일에 너의 아비가 나의 누이[品釋夫婦]를 원통히 죽여 옥중에
> 파묻은 일이 있다. 그것이 20년간이나 나의 마음을 아프게 하고 골
> 치를 앓게 하였다. 오늘 너의 목숨은 내 손에 달려있다(≪三國史記≫
> 卷5 太宗武烈王 7년 7월조).

고 한 데서 잘 나타나 있다. 백제정벌을 대야성사건의 보복이나 金
春秋 가문의 명예회복으로 간주할 수 있는 것은 사실이다. 그렇다고
신라가 전혀 통일의지도 없이 복수심에 의해 백제를 정벌하였던 것
은 결코 아니다.

신라인의 뚜렷한 통일의지는 皇龍寺 9층탑 조성에 분명히 나타난
이후,12) 김춘추·金庾信에게서 보여진 '一統三韓'의 자세로 확인될
수 있으며,13) 神文王 6년(686)에 세워진 청주雲泉洞寺蹟碑의 '民合
三韓而廣地居臻海而'에서도 역력하다.14) 그렇기 때문에 통일신라는
外位를 소멸시켜가는 과정에서 제·려 유민에게 京位를 주었으며, 9
誓幢의 구성에 양국인은 물론 靺鞨人까지 포용하였던 것이다. 신라
가 단순히 복수를 위해 백제를 징벌했다면 그 나라 사람을 왜 신라
의 제도와 문화에 흡수·동화시켰으며, 유민의 귀화를 받아들였나
하는 문제가 생긴다.15) 더구나 신라에 귀화한 淵淨土를 對唐使節로

---

12) ≪三國遺事≫ 卷4 塔像 4. 皇龍寺九層塔에 '成九層塔 於寺中 隣國降伏 九韓來貢
王祚永安矣…… 樹塔之後 天地開泰 三韓爲一 豈非塔之靈蔭乎'라 하여 강렬한 통
일 의지가 엿보인다(李昊榮, 「三國統一에 대한 再檢討」, ≪史學志≫ 15 참조).
13) ≪三國遺事≫ 卷1 紀異 第1 太宗春秋公조에 '王與庾信 神謀顙力 一統三韓 有大
功於社稷故廟號太宗'이라고 하였다.
14) 「淸州市 雲泉洞寺蹟碑 判讀調査」(湖西文化研究所, 1982)참조.
15) 북한에서는 신라가 백제 유민을 포섭·우대한 것은 한 민족으로서의 융합책이 아

파견했다는 것은 일종의 회유수단이 아니라 민족융합과 통일의지의 실현이라고 볼 수 있는 것이다.16)

다만 백제정벌은 복수심이 앞섰기 때문에 통일의지가 강렬하게 나타나지 않은 것뿐이다. 따라서 신라는 그 정벌의 명분이 있어야 했다. 이러한 명분은

> (가) 백제의 先王이 順逆에 어두워 善을 두터이 하지 않았고, (중략) 동시에 신라를 침해하여 성읍을 노략질하고 성을 무찔러 거의 편안할 때가 없었다. (중략) 백제는 지리가 험난함과 거리가 먼 것을 믿고 天道를 侮慢하므로 황제가 노하여 삼가 弔伐한 것이 다(≪三國史記≫卷6 文武王 5年條).
>
> (나) 김유신이 여러 장수들에게 말하기를 고구려·백제 두 나라가 우리 국토를 침략·유린하고 우리 인민들을 해쳐 혹은 壯丁을 죽이고, 혹은 어린이를 잡아가 노예로 부린 지 오래 되었으니 어찌 통탄할 일이 아니겠는가(중략) 대국의 힘을 빌어 나라의 원수를 갚으려는 것이다(≪同書≫ 卷42 金庾信「中」).

에서 볼 때 (가)는 백제정벌의 명분이 無道에 대한 문책이며 모만에 대한 단죄라는 것을 내세운 것이고, (나)는 국토와 백성의 보호를 위한 조치라고 내세운 것으로 생각된다. 여기서 주목할 것은 蘇定方의 당군은 실제로 泗沘城 함락을 위한 합동작전 이외에 단 한번의 싸움도 한 일이 없었다는 점이다. 그리고 부응운동의 진압도 대개 신라군에 의해서 주도되고 있었으므로, 백제정벌에 한해서 외세(당군)의 도움은 거의 없었다는 사실이다.17)

삼국통일의 제2단계인 고구려 정벌에 대해서 ≪조선전사≫에서는

니라 백제유민들의 항진군에 영향을 주어 장차 백제를 완전히 병합하려는 교활한 책동의 하나라고 파악하고 있다(≪조선전사≫ 4 (1979), p.230).

16) 申瀅植,「三國의 對外關係」, ≪韓國古代史의 新研究≫(一潮閣, 1984), p.317.

17) 申瀅植,「三國統一의 歷史的 性格」, ≪韓國史研究≫ 61·62 (1988), p.82.
    李昊榮, 앞의 論文, p.33.

'당나라 침략자들을 반대한 고구려 인민들의 투쟁'으로 표시하고 있다.[18] 고구려 역시 지배층의 내분과 그에 따른 혼란을 틈타서 羅·唐聯合軍에게 투항하였음을 간단히 서술하고, 부흥운동(유민들의 투쟁)을 장황하게 나열하고 있다. 그러나 여기서 간과할 수 없는 것은 당의 입장이다. 백제정벌시의 당은 신라에 대한 군사지원이라는 것은 명분뿐이었고, 실제로 소극적인 자세였으면서도 義慈王의 투항에 의한 백제정벌을 자신의 공으로 표현하였다. 이에 대해 고구려 정벌시에는 당이 오히려 적극적이었고, 신라는 수동적이었으며 백제정벌 때의 지원에 대한 형식적인 협조였다.[19] 다만 고구려가 멸망한 후에는 당의 영토야욕과 침략의도가 노출됨으로써 신라인의 민족의식이나 통일의지가 강렬하게 분출되었다는 점이다.

삼국통일의 마지막 단계인 당군축출에 대해서 ≪조선전사≫에서는 '당나라 강점군을 몰아내기 위한 인민들의 투쟁'으로 표현하였다.[20] 이 고구려 멸망 이후 그 유민은 침략군을 물리치기 위하여 제·려유민들의 협조를 받아 10년 가까이 대당항쟁을 계속하였다고 한 후,

> (가) 이 시기에 신라통치배들은 우선 백제를 치는 것으로써 당면한 곤경에서 벗어나려고 타산하면서 당나라 침략자들에게 군대를 보내줄 것을 요청하였다. 신라 봉건 통치배들은 나라의 운명에 대해서는 아랑곳하지 않고 저들의 협소한 계급적 이익을 위하여 백제를 완전히 강점한 다음 648년 당나라와의 밀약에 근거하여 패강이남의 고구려 땅까지도 먹으려고 하였다.[21]
>
> (나) 신라의 통치배들은 민족의 내부문제에 외세를 끌어들이어 전쟁을 확대함으로써 인민들에게 헤아릴 수 없는 재난을 가져다주었으며, 고구려 백제 왕조가 망한 후에는 반침략투쟁을 중도에

---

18) ≪조선전사≫ 3 (고구려사) (1979), p.258.
19) 申瀅植, 앞의 論文, p.83.
20) ≪조선전사≫ 4 (백제 및 전기신라사) (1979), p.227.
21) 위의 책, pp.227~228.

서 포기함으로써 국토완성을 위한 당시 인민들의 투쟁에 커다
란 난관을 조성하였으며 그 후 나라의 역사발전에 부정적 영향
을 주는 죄악을 저질렀다.22)

라 하여 신라집권층은 자신의 階級的 利益을 위해 外勢를 이용하여
국토남부를 통합하였고 당나라와 밀약하여 고구려 땅을 잠식하였으
나, 결국 반침략투쟁을 중도에서 포기하였다는 것이다.

그러나 신라의 통일은 丹齋 申采浩니 지적처럼 외세이용은 비난받
을 일이지만, 外援에 전적으로 의존한 것은 아니다. 오히려 '外援을
능동적으로 利用한' 사실은 주요한 의미를 지닌다.23) 더구나 백제정
벌에는 당의 군사적 도움이 전혀 없었고, 隋·唐의 계속적인 고구려
원정실패는 東亞世界秩序樹立의 차원에서 고구려는 그들의 최대장벽
이었다. 그러므로 당의 백제지원은 對高句麗作戰의 일부였고,24) 고
구려 정벌시 背後勢力의 除去가 목적이었다.

그러므로 蘇定方은 형식적으로 신라를 지원하면서 신라의 정세를
예의 파악하였으며, 唐軍은 金庾信軍이 階伯軍을 격파할 때까지 西
海上에서 기다리고 있었다. 더구나 고구려정 벌시에 과중한 軍糧米
를 강요함으로써 신라에게 타격을 주어 韓半島支配野欲을 드러내고
있었다. 이러한 점은 소정방이 凱旋한 자리에서 高宗이 그에게 신라
를 정벌하지 못한 사실을 힐책한 점과25) 「答薛仁貴書」에 보이는 당
의 태도에 역력하게 나타난다. 「答薛仁貴書」에서 신라는 眞德王 2년
(648)에 있었던 金春秋와 唐의 외교적 약속을 파기한 당의 태도를
비난하였으니, 이는 곧 신라인의 자주성에 입각한 일종의 宣戰布告

---

22) 위의 책, p.249.
23) 申采浩는 신라가 당의 세력을 이용한 것은 반민족적 행위임에는 틀림이 없으나,
    결국 신라는 外援에 의거하지 않고 단지 이용하였으므로 멸망치 않았다고 하였다
    (≪讀史新論≫, p.98).
24) 李鍾學, 「新羅三國統一의 軍事的 考察」, ≪軍史≫ 8 (1984), p.188.
25) ≪三國史記≫(卷42, 金庾信 「中」)에서 '何不因而伐新羅'라 했을 때 蘇定方은 '雖
    小不可謀也'라 대답하였다.

文이다.26)

그러나 고구려를 정벌한 이후에는 당의 노골적인 영토야욕이 외면에 노출되면서, 신라인의 잠재적 통일의지는 적극적으로 나타나기 시작하였다. 이것은 민족존망의 위기에서 신라인은 백제·고구려 부흥운동을 적극 지원함으로써 그들도·신라인과 함께 대당항쟁에 참여케 하였다. 결국 신라의 통일은 영토의 축소와 국민의 감소라는 한계점을 지니지만 三韓一家 또는 一統三韓意識에 입각하여 우리 민족이 결정되었으며,27) 당의 동방진출을 저지할 수 있었다는 점에서 의의를 지닌다. 그리고 그 후 신라는 계속적인 北方經營을 통한 국토의 확보와 高句麗遺民의 歸化와 수용을 통해 상실된 영토와 축소된 국민을 확보하는데 정책의 우선수위를 두었다.

다시 말하면 당의 제·려 출병은 隋 이래 거듭된 고구려 원정의 연장이며, 동방에 그 세력을 부식하여 藩屏國을 만들려는 정략이었는바28) 신라는 이를 단연 저지시킴으로써 민족의 독립과 자립을 확인한 것이다. 그러므로 신라의 통일은 우리 고대문화의 전면적 붕괴를 막는 동시에29) 한국사의 자주적 발전의 계기가 되었음은 확실하다. 특히 통일전쟁을 거치면서 일반평민의 참전을 통한 지위향상이 이루어졌으며 제·려유민에 대한 포섭과 관용으로 민족융합에 크게 기여하였다.30) 그러므로 삼국통일은 한민족의 결정과 민족문화 형성에 계기를 이루었다는 민족사적 의의를 갖는다.

---

26) 李昊榮, 앞의 論文, p.33.
27) 孫晋泰, 「朝鮮의 統一과 民族의 決定」, 《朝鮮民族史槪論》(上) (乙丙文化社, 1948), pp.179~180.
28) 李仁榮, 「民族의 統一」, 《國史要論》(乙酉文化社, 1958), pp.53~54.
29) 金哲埈, 「三國統一의 意義」, 《한국사》 3 (1978), p.23.
30) 申瀅植, 앞의 論文, p.85.

Ⅲ. 統治體制에 대한 叙述과 그 批判

國家는 영토와 국민을 보호하고 유지하기 위해 거대한 조직·기구
를 갖고 있다. 동시에 한 국가는 그 가체로만 존재할 수 없으며, 주
변나라들과 끊임없는 교섭(외교)과 충들(전쟁)을 거치면서 발전한다.
그러므로 국가의 통치체제는 어느 특정 계급만을 위한 것이 아니라
국가존속을 위해 다양한 조직이 필요한 것이며, 빈번한 외교와 전쟁
을 관장하는 기구가 있어야 한다.

이에 대해서 ≪조선전사≫의 경우 통치기구의 정비가 국가주권을
쥔 착취계급이 '근로인민대중을 억압·착취하는 과정'이라고만 설명
하고 있다. 모든 기구가 '인민'을 착취하기 위한 것이라는 ≪조선전
사≫의 서술체제는 소위 합법칙적인 발전과정의 표현으로서, 그들
스스로 역사의 폭을 좁혀가는 결과가 되었고 역사의 서술을 정치의
목적에 귀속시키고 말았다. 그 단적인 예가 고구려의 國相이다. 삼국
의 정치제도 설명에 비교적 긍정적인 평가를 한 고구려에 있어서 국
상은 일단 임명되면 죽을 때까지 그 자리에 있었다고 하여,31) 암암
리에 북한의 현 정치상황을 뒷받침하고 있다.

신라의 통치기구에 대해서는 우선 和白을 '귀족민주주의적 평의기
구'로서 6部 문벌귀족들의 협의기관이라고 설명한 후,32) 그 수석인
上大等과의 관계를 다음과 같이 서술하였다.

　국왕이 귀족민주주의적 평의기구인 화백회의의 수석을 상대등으로
　임명하여 그를 국가의 관료체계에 끌어들인데서와 중앙과 지방의 관

31) ≪조선전사≫ 3, p.74.
32) ≪조선전사≫ 4, p.169. 和白에 대해서 필자는 우리나라 初期國家에 있었던 諸加
　會議의 후신으로 간주하였으며, 그것이 반드시 衆智를 모은 원시민주정치의 상징
　으로만 평가할 수 없다고 아녔다. 오히려 그것은 불법적인 承繼이나 簒奪을 美化
　할 때 이용한 Max Weber가 지적한 擬似合法的 代替物로서의 환호 속의 만장일
　치(acclamation)라고 규정한 바 있다(申瀅植, ≪新羅史≫, 梨大出版部 1985,
　p.189).

료기구가 전면적으로 더욱 확대 강화된데서 집중적으로 나타났다. 그
전에 국왕은 화백회의에 의하여 강한 제약을 받았으나 이 시기에 와
서는 그 수석인 상대등의 세력과 결합하여 귀족평의기구를 국왕 정
치에 상당한 정도로 종속시킬 수 있었던 것이다.…… 상대등으로 임
명된 자는 정부의 어떤 관청에도 소속되지 않았으며 정책수행에서
잘못한 일이 있더라도 국왕이나 정부의 추궁을 받지 않았다. 상대등
의 재직기간은 국왕의 재위기간과 대체로 일치하였다.[33]

이와 같은 ≪조선전사≫의 내용은 상대등을 국가의 관료조직 속으
로 끌어들여 왕권강화의 수단으로 삼았으며, 그러한 타협 속에서 상
대등은 정치적으로 책임을 면제받았다는 것이다.

이러한 견해는 북한보다 먼저 李基白의 「上大等考」에서 제시되었
다. 그는

上大等은 어느 官府를 거느린 長이라기보다는 표면상 홀로 서 있
는 외로운 存在로 나타나고 있다.……王權이 部族聯盟長的인 傳統에
서 벗어나서 점차 貴族勢力을 초월하는 보다 專制的인 방향으로 강
화되면, 일반 貴族의 통솔을 위하여 上大等과 같은 존재가 필요하게
되었으리라는 것이다.[34]

라고 설명하고 있다. 즉, 그는 상대등이 귀족의 통솔과 국무의 총괄
이라는 목적에서 설치되었다고 하였다. 그러나 북한의 역사학은 우리
학계의 연구성과를 모조리 전용하면서도 마치 그들 자신의 연구결과
로 표현하고 있는 기만적 서술을 서슴지 않고 있다. 그들은 ≪三國史
記≫·≪三國遺事≫ 및 중국 측 문헌 이외는 단 한편의 연구논문도
소개하지 않고 있다. 따라서 통일 직후의 上大等의 지위변화를 왕권

33) ≪조선전사≫ 4, p.170.
34) 李基白, 「上大等考」, ≪歷史學報≫ 19(1962); ≪新羅政治社會史硏究≫(一潮閣, 1974),
   pp.90~95.

에 종속되는 존재인 하나의 자문기관으로만 설명하고 있으며 통일신라에 있어서는 상대등의 지위약화만을 서술하고 그 이후의 변동에 대해서는 일체 언급하지 않고 있다. 사실 상대등은 中代末에 이르러 지위가 변화하여 정치의 실권을 장악하면서 下代의 정치판도에 중요한 역할을 하였다. 따라서 '봉건통치계급내부에서의 권력다툼'이라는 표현만으로는 상대등의 설명이 불가능하다.[35]

북한의 역사학이 객관적 사실의 엄격한 고증을 외면한 것은 중앙관부의 설명에도 그대로 나타나고 있다. 가령 司正府가 '착취를 반대하여 투쟁하는 인민들을 무마하려는 관청'이라든가, 兵部가 인민의 반항을 폭력으로 억누르는 관청이며, 稟主·倉部·調府 등을 '인민들을 착취하는 기관'으로 서술한 것 등이 그 대표적 예이다.[36] 다만 각 부의 장·차관을 2~3명씩 둔 것은 종전의 귀족합의제의 영향이거나, 그들의 비법행위나 직권남용을 예방하는 수단으로 파악하였으며,[37] 兵部令에 대해서는 몇 명이 있었다고 하나 그 가운데서 군사통치권의 장악자는 한 명일 수 있다고 하였다.[38] 그리고 小京은 봉

---

35) ≪조선전사≫5 (1979), p.269. 李基白은 上大等을 '國王과 귀족세력과의 일정한 타협의 산물'로 간주하였다(≪新羅思想史硏究), 一潮閣, 1986, p.79). 이에 반해서 필자는 上大等과 侍中을 대립적 존재로 보지 않고 中代에도 정치적 실권자로 활동한 것으로 간주하였다.

36) ≪조선전사≫ 4, p.171.

37) 신라가 중앙행정부장관을 복수로 한 이유에 대해서, 井上秀雄은 '貴族의 合議政體'로 파악하였고(≪古代史講座≫ 4. 1962, p.120), 李基白도 이미 1962년의 「稟主考」에서 '가장 유력한 部族의 배려' (李基白, 앞의 책(1974), p.146)로 파악하였다. 金哲埈도 그의 「古代 國家發達史」(≪韓國文化史大系≫ 1, 고려대 민족문화연구소, 1964, p.531)에서 '兵部令 3人은 兵權을 분산시켜 상호 견제'하기 위한 것으로 보았다. 따라서 ≪조선전사≫ 5, p.188의 귀족합의제 영향이며 비법행위, 직권남용을 미리 막는 작용이라는 주장은 이미 60년대 초에 이기백, 김철준의 연구결과를 도용한 것이다.

38) ≪조선전사≫ 5, p.188. 이에 대하여 필자는 「新羅兵部令考」(≪歷史學報≫ 61, 1974)에서 '兵部令 1인은 병부의 책임자로서 2인은 영토확장과 각지의 軍主를 통제하기 위해서, 그리고 3인은 羅唐軍事作戰을 위한 것'으로 보았다. 그리고 통일 후에는 귀족합의제 정신이라고는 볼 수 없으며, 반드시 3인을 두었던 것이 아니라고 했다(같은 論文, p.159).

건적 중앙집권력의 침투를 강화하는 정책으로만 보았다.39) 특히 ≪삼국유사≫(卷5, 孝善9) 向得舍知條에 그가 舍知를 받은 것을 근거로 鄕을 천민의 집단거주지역으로 보지 않았다. 또한 신라 말의 浿江鎭 설치를 가혹한 봉건착취로 제 고장에서 살 수 없게 되어 이 지방으로 많이 이주해간 인민들에 대한 지배와 장악을 강화할 목적으로 하였다고 기술하였다.40)

이러한 편견은 군사제도나 교통체제의 설명에도 마찬가지로 나타나고 있다. 즉, '신라의 봉건통치배들은 통합전쟁 이후 인민들의 반항을 누르고 착취제도를 유지·옹호하기 위한 군사제도를 정비하였다'는 논지이다. 따라서 지방군의 배치도 '고구려, 백제지역과 산간지대 인민들의 항거와 투쟁을 진압하려는 목적을 추구하고 있는 계급지배의 수단이며 폭력기구'라고 주장한다.41) 그밖에 화랑도의 낭도가 私兵이 아니라는 점과 ≪新唐書≫의 '奴僮三千'도 결코 전부 사병일 수 없으며, 따라서 나말에 있어서 사병의 존재가 그렇게 광범한 것은 아니었다는 견해이다.42) 특히 도로나 驛站網도

도로, 역참체계는 수도귀족들의 사치스러운 생활과 향락을 위하여 전국의 물자는 물론 외국상등품을 수도로 집중시키는데 중요한 보급망이기도 하였다.43)

---

39) 小京의 성격에 대하여 藤田亮策은 '중앙 귀족을 이주시켜 州와 竝列에서 주의 관료를 견제하고 首都偏在性을 극복하려는 것'으로 보았으며(「新羅九州五京攷」, ≪朝鮮學報≫ 5. 1953, pp.104~108), 韓㳓劤은 '州는 군사적 거점이나 小京은 정치 문화의 중심지로서 加耶·百濟·高句麗舊領 통치의 거점'이라고 하였다(「古代國家 成長過程에 있어서의 對 服屬民施策(上)」, ≪歷史學報≫ 12, 1960, p.114). 이에 대해 林炳泰는 '武力征服地의 지배층을 연고지에서 유리시켜 그들을 회유·감독하는 경우(國原·西原·南原京)와 점령치 못한 지역을 타 세력권에 휩싸이지 않도록 설치하는 경우(阿尸村·何瑟羅)'로 보았다(「新羅小京考」, ≪歷史學報≫ 35·36, 1967, p.96).
40) ≪조선전사≫ 5, p.199.
41) 위의 책, p.204.
42) 이러한 견해는 나말의 대표적인 '인민투쟁'인 농민폭동과 농민전쟁을, 부각시키기 위해서 가능한 한 많은 농민이 봉기하였음을 뒷받침하려는 의도인 것이다. 일단 私兵化된 농민은 일시에 대규모의 봉기가 불가능하다는 것이다.
43) ≪조선전사≫ 5, p.211.

와 같이 다른 모든 제도와 함께 '인민대중'의 억압·착취기능을 위한 것으로 풀이하였다.

모든 국가조직은 그 국가의 존속을 위한 기구이지, 어떤 특정 계급만을 위한 것은 아니다. 국가가 존재하는 데는 그 기층민이며 收取源인 농민의 생활안정이 전제되어야 한다. 따라서 어느 한 계층만을 위한 조직은 있을 수 없는 법이다. 물론 孟子의 爲民意識이 피치자에게 施惠를 준다 해도 어디까지나 그것은 지배자의 권익보호의 뜻을 지닌다.44) 그러나 피지배자로서의 民은 군왕의 권력에 대한 주요한 근거가 되기 때문에 민은 귀하고 중요한 존재인 것이다.45) 그러므로 民은 勞力者이며 士는 勞心者여서, 전자는 후자의 물질생활을 보장하고 후자는 전체사회의 질서와 윤리의 확립을 통해 전자의 생활을 안정시켜 주는 조화와 균형이 필요한 것이다.46) 여기서 우리는

> 백성들의 즐거움을 같이 즐거워할 줄 아는 임금은 백성들도 임금의 즐거움을 함께 즐거워한다. 백성들의 근심을 같이 근심할 줄 아는 임금은 백성들도 임금의 근심을 같이 근심한다. 천하의 사람들과 같이 즐거워하고 천하의 사람들과 함께 근심하는 임금으로서 백성을 위하는 왕이 되지 못한 사람은 아직까지 없다(≪孟子≫ 梁惠王篇下 ④).

와 같이 왕[지배자]과 백성[피지배자]의 공감대형성이 곧 王道政治의 이상이며, 국가존속의 당위성이 된다. 따라서 국가의 통치조직은 이 두 계층을 하나로 결속시키는 매개체라고 해야 할 것이다. 이러한 유교의 정신은

> 왕이 뜻을 세울 때 백성으로서 나라를 삼는다. 백성이 편안치 않으면 나라는 위태로워지는 법이다. 왕은 항상 백성을 걱정하여 어린애같

---

44) 柳初夏, 「孟子의 爲民意識과 그 性格」, ≪民族文化硏究≫ 14 (1979), p.123.
45) 「孟子」盡心篇(下) '民爲貴 社稷次之 君爲輕 故得乎立民而爲天下'
46) 柳初夏, 앞의 論文, p.133.

이 보살피며 그들의 마음을 잃어서는 안된다(≪大薩遮尼乾子所經≫ 3, 王論品).

라는 불교의 恤民意識과 궁극적으로는 같은 것이다. 따라서 통일신라의 정치적 안정은 이러한 두 가지 사상체계가 결속됨으로써 국민의 상하, 즉 君臣의 調和 위에서 성립된 것이다. 그러므로 우리는 文武王의

병기를 녹여 농구를 만들게 하고 백성들은 仁壽의 터전 위에 살도록 마련하였다. 賦悅를 가볍게 하고 徭役을 덜게 하여 집집마다 인구가 늘고 민생이 안정되었다.…… 邊城·鎭遇 및 州縣의 과세는 필요한 것을 제하고는 폐지하라(≪三國史記≫ 卷7 文武王 21年 7月 遺詔).

는 遺詔가 단순한 상징적 의미만을 지닌다고 볼 수는 없다. 고구려 정벌 직후의 論功에서도 고위관리는 한 등급만 올려 주었으나, 하층 관리나 지방민들에게는 파격적 대우를 한 것도[47] 북한의 서술처럼 억압과 착취를 위한 조치라고 생각할 수는 없다.

통일신라는 7세기 말 이후 적극적인 북변의 개척과 徙民策을 실시하였다. ≪조선전사≫에서는 문무왕 원년의 熊峴城을 비롯하여 憲德王 26년의 浿江長城까지 36개의 성곽축조 사실을 단지 수도보호와 북방방어라는 목적을 위해 이루어진 것으로 서술하였다.[48] 그러나 이에 대해서 李基白은 군사적 목적 이외에도 軍戶的 屯田兵의 성격으로 파악하였고,[49] 李基東은 개척농민을 이곳에 투입하여 이들을 평화 무장하는 조치로 파악하기도 하였다.[50] 필자 역시 이러한 북방

---

47) 申瀅植, 앞의 책, p.124.
48) ≪조선전사≫ 5, pp.207~209.
49) 李基白, 「高麗太祖時의 鎭」, ≪高麗兵制史硏究≫(一潮閣, 1968), p.232.
50) 李基東, 「新羅下代의 浿江鎭」, ≪新羅骨品制社會와 花郞徒≫(一潮閣, 1984), p.221.

경영이 통일전쟁과 무열왕권 확립에 결정적인 역할을 한 고구려잔민
에 대한 경제적 보상책이며, 일종의 爲民政策으로 보았다. 특히 북방
으로 이주한 이들은 경주중심의 구세력을 견제하는 무열계왕권의 배
후세력으로 육성한 것으로 생각하였다.51) 그러므로 농경지확대와 고
구려유민의 수용과 그들에 대한 생활안정책을 통해 국토의 균형적
발전을 꾀할 수 있었다.

> 君은 아비요 臣은 사랑스런 어미시라. 民을 즐거운 아이로 여기시
> 니 민이 恩愛를 알지로다.……군답게 신답게 할지면 나라는 태평하
> 리이다(≪三國遺事≫ 卷2 景德王忠談師).

라는 安民歌의 내용은 곧 8세기 신라사회 모습을 알게 해 준다.

≪조선전사≫의 서술에서 주목할 것은 骨品制度에 대한 내용이다.
북한의 해석은 골품체제는 '골품제와 그에 기초한 벼슬등급[위계]제
를 비롯한 사회 신분적 관계의 총체'로서 반동적인 신분제도라는 것
이다.52) 그리고 그 성립시기를 상당히 소급하였고, 17등급의 位階制
는 2~3세기에 기본 틀이 만들어졌다고 하여 그 기원과 성립 시기만
언급한 후, 7세기중엽 이후 분화 및 변화 과정에 초점을 두고 있다.

≪조선전사≫의 특징은 우선 골품체제의 변화 과정에서 첫째 골품
제의 순수성 약화, 둘째 外位의 소멸, 셋째 벼슬등급의 분화, 마지막
으로 고구려의 영향 등을 강조한다는 점이다.53) 따라서 聖骨·眞骨
의 차이, 六頭品의 역할, 활동상 등에는 일체 언급이 없다. 다만, 신
라가 한 때 고구려와 사실상 종속관계에 있었고, 가장 선진국이고
강대국인 고구려의 제도-道使나 幢을 중심으로-를 그대로 받아들
였다는 것이다. 동시에 골품체제 내부에는 일정한 모순관계를 갖고
있으나 신라의 통치자들은 얼마간의 개편을 통하여 사회계급적 모순

---

51) 李基東, 위의 책, p.126.
52) ≪조선전사≫ 4, pp.174~175.
53) ≪조선전사≫, 5, pp.212~215.

을 다소라도 완화시키면서 봉건통치체제를 강화하려고 하였다는 지적이다. 결국 7세기 중엽 이후 골품체제의 개편은 '인민대중'의 계급투쟁이 강화되었음을 뜻한다고 서술하였다.54)

이에 비해 우리 학계의 연구는 다각적으로 진행되었다. 우선 골품제의 기원은 신라 古代國家 發展過程에서 비롯된 것이며, 그것이 고구려의 영향일 수는 없다.55) 그리고 성골에 대한 여러 가지 견해56)와 진골의 정치적 지위는57) 물론 6두품의 가문과 그 활동상이 구체적으로 해명되었다.58) 그러나 현재 골품제도의 연구에 인류학·사회학이론을 적용하여 큰 진전이 이루어지고 있으나 성골과 진골의 명확한 차이와 骨制·頭品制의 결합과정에 대해서는 아직도 불투명한 부분이 많이 남아 있다. 물론 북한의 연구성과가 전혀 없다는 것은 아니다. 다만 어느 부분에서는 연구가 상당히 진척된바 있으나, 그 의미 부여에 있어서의 획일성과 법칙성이 문제인 것이다.

Ⅳ. 崔致遠의 儒教思想에 대한 叙述과 그 批判

통일신라에 대한 ≪조선전사≫의 서술은 '封建關係의 發展期'로서 신라 말의 사회를 경제발전·정권싸움 그리고 농민전쟁으로 설명한다.59) 특히 이시기에 대한 서술 가운데 주목할 것은 비교적 진보적인 철학사상과 사회·정치적 견해를 제시한 崔致遠과 農民戰爭의 역

54) 위의 책, p.218.
55) 宮崎市定,「三韓時代의 位階制について」, ≪アジア史論考≫(1976), pp.386~417.
56) 李鍾旭,「新羅骨品制研究의 動向」, ≪韓國古代의 國家와 社會≫(1985) 참조.
丁仲煥,「新羅聖骨考」, ≪李弘植回甲論叢≫(1969); 李基東,「新羅奈勿王系의 血緣意識」, ≪歷史學報≫ 53·54 (1972); 申東河,「新羅骨品制의 形成過程」, ≪韓國史論≫ 5 (1979); 李鍾旭,「新羅時代의 聖骨」, ≪震檀學報≫ 50(1980) 참조.
57) 李鍾旭,「新羅時代의 眞骨」, ≪東亞研究≫ 6 (1985).
58) 李基白,「新羅六頭品研究」, ≪省谷論叢≫ 2 (1971).
59)「8~9세기 봉건관계의 발전」, ≪조선통사≫(상), pp.136~172.

사적 성격에 대한 평가이다. 그러나 여기서는 신라 말의 유교사상, 특히 최치원의 사상을 어떻게 평가하였으며, 그들의 역사발전과정에서 여하히 이용하였는가 하는 문제를 중심으로 나말사회변동상에 대한 서술에 비판을 가하려고 한다.

북한의 역사서술에 있어서 불교와 유교에 대한 평가는 매우 부정적이다. 불교는 '봉건지배계급의 이익을 대변하여 근로인민대중의 계급의식을 마비시키고 그들의 반항을 사상적으로 억누르기 위한 반동적인' 사상이라는 것이다.[60)]

특히 元曉의 경우에도

> (가) 당시 국내외적으로 대승불교철학의 두개 큰 조류로 되고 있던 중관종(삼론종)과 유식종(법상종)의 방법론적 오류를 지적하면서………그는 어떤 이론에 대하여 평가할 때에는 반드시 긍정하면서도 스스로 부정하고 또한 부정하면서도 긍정하는 것 이여야 하는데 이것이 가장 옳은 방법이라고 하였다.[61)]
>
> (나) 원효 철학에서의 최고범주는 절대적인 정신실체인 '일심'(본질은 부처의 개념적 표현)이다. ……그는 말하기를 '모든 사람은 그것이 다 일심의 유전(운동변화)이 아닌 것이 없다'라고 하면서 사람을 아무런 자립성과 기력도 없는 존재로, 고통의 바다 속에서 헤매는 무기력하고 가련한 존재로 보기 때문에 사람의 자주성문제란 생각조차도 할 수 없는 것이 있다.[62)]

라 하여 (가)는 중관종과 유식종의 결합을 통해 대립된 상대방의 존재를 전제로 하는 변증법적인 견해를 끌어낸 것이며, (나)는 결과적으로 불교가 '근로인민'의 자주성·창조성을 거세함으로써 '봉건지배계급'에게 무조건 순종하는 노예로 만들려는 반동적·기만적인 관념론이라는 것을 강조한 것이다.

---

60) ≪조선전사≫ 3, p.319.
61) ≪조선전사≫ 5, p.341.
62) 위의 책, pp.341~342.

불교가 수용될 때 앞장선 계층은 왕실과 귀족층이었다. 불교는 원시종교의 폐쇄성과 지역성을 극복하는 국가종교로서 사상적 통일체로, 또는 王權强化의 수단으로 수용된 것은 확실하다.[63] 그러나 불교가 우리 국민의 의식체계를 높여 주었을 뿐 아니라, 문화·예술 발전에 기여한 사실을 외면할 수는 없을 것이다. 국가·민족의 안녕과 수호를 위해 불교는 절대적 역할을 한 바 있으며, 지배계급에 무조건 복종하는 도구로 일관하지 않았다. 오히려 민중을 위해 그들의 입장을 대변해 주었으며, 원효의 和諍은 불교의 평등관에서 민중의 지위를 올려준 것이었다.[64] 불교가 지배계급에게 복종을 강요한 사상이라면, 오늘날까지 동양 각처에서 번창하고 있는 이유를 설명하기가 불가능하다. 元曉의 융합과 會通의 사상을 辨證法的인논리로 해석하는 ≪조선전사≫의 서술은 분명히 역사학이 '정치의 시녀'로서 전락되었음을 보여 준다.

≪조선전사≫를 비롯한 북한의 공식적인 역사서술에는 유교(유학)라는 항목이 없다. 문화면의 해설을 주로 과학·기술, 말과 글, 철학사상, 그리고 예술 등의 순서로 다루고 있으며, 철학사상은 주로 불교를 의미하고 있다. 따라서 유교는 사상이나 문학면에서도 제외되고 있다. 그러나 이에 대한 언급은

봉건지배계급의 특권을 절대화한 대의명분의 정치적 견해와 봉건 도덕질서를 합리화한 삼강오륜의 반동적 윤리관으로 구성된 반동적인 봉건사상체계이다.……봉건유교사상은 봉건적 착취제도를 옹호하고 문약한 기품을 조장하며 사대주의와 교조주의를 고취하는 등으로 하여 막대한 해독을 끼쳤다.[65]

---

63) 李基白, 앞의 책(1986), p.78.
64) 趙明基, 「元曉의 和諍」, ≪新羅佛教의 理念과 歷史≫(新太陽社, 1962) 및 金雲學, 「元曉의 和諍思想」, ≪佛教學報≫ 15(1978) 참조.
65) ≪조선통사≫(상), pp.125~163.

는 것과 같이 유교가 '근로인민'들의 계급의식을 마비시켜 압박의
도구로 이용됨은 물론 민족적 의식을 좀먹고 썩어빠진 봉건윤리 도
덕을 퍼뜨림으로써 우리 민족의 미풍양속을 저해하면서 또 유물론적
인 철학사상의 발전을 막고, 과학·문화발전에 해독을 끼쳤다고 생
각하기 때문에66)항목 자체를 삭제한 것으로 생각된다. 결국 북한의
역사서술에서는 불교와 유교가 허위적인 교리나 사상으로서 계급의
식과 투쟁을 마비시킨 것으로 북한사회에 있어서는 안 될 관념철학
인 것이다.

그러나 儒學(유교)은 한문을 통한 유교경전의 이해와 인간의 윤리
적 덕목을 일깨워 우리 국민의 의식을 높여 주었다. 무엇보다도 유
교규범의 상징적인 가치관인 忠孝思想은 국가와 사회가 요구하는 실
천규범이었고, 가장 숭고한 행동원리였다.67) 우리 역사에 있어서 유
학은 사회질서를 유지하는 社會德目으로서 국민의 실천 도덕을 일깨
워 주었다. 그것은 무엇보다도 종적으로 忠은 왕권과 연결되었고, 횡
적으로 信은 사회적 결속을 통해 국민을 결합시키는 역할을 한 것이
다.68) 즉, 유교는 인간의 자기완성인 동시에 개인과 국가를 연결시
키는 고리 역할을 한 것이다. 그러므로 유교는 온 국민에게 충사 상
을 고양시켜 나라와 민족을 위한 거룩한 회생을 요구할 수 있는 정
신을 길러 주었다고 평가할 수 있을 것이다.

이와 같이 불교의 護國思想과 유교의 報國精神은 국가라는 매개체
를 통해 결합됨으로써 민족을 보존해 온 원동력이 된 것이다. 이것
은 ≪三國史記≫列傳에 등장한 인물 69명 중에서 21명이 滅私奉公,
즉 순국한 인물의 전기라는 사실이 뒷받침한다.69) 그 외에도 유학
[유교]은 王道政治의 이상을 구현하기 위해서 그 덕목을 교육하는

---

66) 위의 책, p.125.
67) 申瀅植, 앞의 책, p.425.
68) 李基白, 앞의 책(1986), p.203.
69) 申瀅植, ≪三國史記研究≫(一潮閣, 1981), p.340.

학교[國學]를 설립케 하여 지식을 보급하고 인물을 양성하게 하였다. 또한 역사를 편찬하게 하여 왕의 정치에 대한 반성과 교훈을 심어 주었으며,70) 특히 엄격한 신분제도 속에서도 실력[漢學]을 통한 인물발탁의 필요성을 일깨워, 사회발전에 크게 기여하였다. 그러므로 한국고대사에서 유학의 역할은 오히려 미풍양속을 저해한 것이 아니라, 그것을 더욱 규범화시켜 주었다는 점에서 의의를 찾아야 한다.

≪조선전사≫에서 가장 크게 취급한 文人은 崔致遠이다. 그는 상층귀족들의 부패·타락한 상태에 대하여 일정하게 폭로한 진보적인 철학자로 설명되고 있다. 무엇보다도 당시 '봉건귀족통치배'들의 부패·타락상·교활성을 지적하면서 '저놈들[귀족관료배]은 파렴치하고 간사한 자들로서(중략) 마치 여우가 미인으로 가장하고 살기가 선비의 가죽을 쓰고 나타난 꼴과 같다'고 한 글을 중시하였다.71)

    (가) 최치원은 우선 세계의 시원문제에 대하여 봉건유학의 견지에서 세계의 사물현상들은 '심'에서 발생한 것이 아니라 '태극'에서 발생한다고 하였다. '태극'이란 '혼돈의 근원', '원기가 분화되기 이전상태'를 가리켜 말한다고 하였다.……하늘과 땅, 음과 양으로 갈라지고 음양의 호상작용에 의하여 세상 만물이 발생된다는 것이다.

    (나) 최치원은 또한 미신에 대해서도 당시로서는 일부 진보적인 견해를 가지고 있었다. 즉 신라의 봉건통치배들은 저들의 국가사회체제를 신성화하기 위하여 이른바 조상신, 하늘신을 비롯하여 잡다한 귀신을 숭배하면서 어용학자를 통하여 허위적이며 기만적인 미신설을 날조하여 퍼뜨렸다.……최치원은 이에 대하여 논박하면서 사람이 신에 의하여 지배되는 것이 아니다 오히려 신은 사람이 있어야 제물을 받을 수 있다고 하였다.

    (다) 그는 인식론에서도 '생지설', 즉 사랑은 나면서부터 안다는 견

---

70) 申瀅植,「新羅人의 歷史認識과 編纂」,≪白山學報≫ 34 참조.
71) ≪조선전사≫ 5, p.353.

해를 반대하면서 사람이 사물을 인식하는 데서 가장 중요한 것
은 후천적인 경험지식, 즉 나서 배워서 아는 것이라 하였다
.……사람이 진리를 인식하는 데는 ≪존귀한≫ 사람과 ≪비천
한 사람이 없으며……누구나 부지런히 배우고 실천하면 사물의
리치를 알 수 있다고 하였다.72)

이 글은 ≪조선전사≫에 서술된 최치원의 사상을 집약시킨 내용이
다. (가)는 그의 宇宙生成論으로서 결국 이러한 太極論은 초자연적인
관념론이 아니라 육체적 활동과 연결된 唯物論의 입장을 내 세운 것
이라고 선명한 것이다. (나)는 인간의 운명에 대한 허위적이고 기만
적인 神秘主義的 迷信論에서 벗어나야 한다는 無神論의 견해를 이끌
어 낸 것이다. (다)는 그의 인식론으로서 선험론을 반대하고 後天的
經驗論의 견지에서 禪宗의 주관적인 관념론을 긍정하는 동시에 지속
적인 교육과 개발을 강조한다는 주장이다. 따라서 최치원의 이러한
사상은 타고난 성인으로 행사하는 승려나 봉건지배층의 '반동적 견
해'에 타격을 주어 그들의 죄행을 폭로하는 진보적 견해를 갖고 있
었다는 주장이다. 그러나 그가 지배계급의 특권을 옹호하는 유교의
입장을 고수하였고 봉건지주계급의 이익을 대변함은 물론, 농민봉기
에 완전히 적대적 태도를 취한 점을 들어 그의 결함과 한계를 지적
하였다.

6두품 출신인 최치원은 진골중심의 골품제도에 불만을 갖고 있었다.
그것은 12세에 유학을 보낸 그 부친의 의도뿐만 아니라 "驥足未展而
沈鬱"(≪東史綱目≫ 卷5 孝恭王 2年 11月條)과 같은 자신의 불우함을
여러 곳에서 탄식하고 있음을 통해서 알 수 있다, 특히 최치원의

가을바람에 처량한 이 마음
온 세상에 알아주는 친구 없고

---

72) 위의 책, pp.351~353.

창 밖에는 구슬픈 밤비 오는데
등불 앞에 어른거리는 만리 타향의 마음이여73)

라는 오인절구 시인 秋夜雨中에서도 자신을 알아주지 않는 안타까움
과 타향[唐]에서의 외로움을 한탄하고 있어, 그의 현실에 대한 불만
을 엿볼 수 있다. 그러나 그는 농민봉기에 대해 적대적인 태도를 가
진 것이 아니라 反豪族的이었을 뿐이다.74) 6두품이라는 신분적 한계
에 대한 불만이 결국 反眞骨的·反骨品制的일 수밖에 없게 하였다.
따라서 그는 이러한 현실극복의 자세로서 몇 가지 사상적·정치적
입장을 취한 것이다. 무엇보다도 그의 사상은 유교의 인도·인본주
의에 입각하여 儒·佛·道를 하나의 사상체계로 수용한 것으로서,75)
인간완성의 문제인 仁으로부터 大同思想을 전개한 것이다. 그는 '道
不遠人 人無異國'이라는 평등사상에 따라,76) 당시의 혼란과 무질서
를 극복하고 새로운 이상 국가를 실현하기 위해 堯舜時代로의 복귀
를 주장하였던 것이다.77) 그러므로 ≪조선전사≫의 태극론이나 유물
론적인 해석은 결국 孤雲의 心學과 口學, 心과 身의 관계를 왜곡한
것에 불과하다.

(가) 心學한 사람은 덕을 닦으며, 口學한 사람은 말[文學]을 주로 한
다. 덕은 말을 통해서만 전달될 수 있으며, 말도 덕에 의하지
않고 서는 존재할 수 없다.
(나) 마음[心]이 비록 몸[身]의 주인이긴 하나, 몸으로 마음의 스승이
되게 할 것이니 너희들이 道를 생각지 않는 것이 걱정이다.78)

73) ≪東文選≫ 卷19, 「秋夜雨中」
74) 李基白, 앞의 책(1986), p.234.
75) 宋桓龍, 「崔致遠思想硏究」, ≪韓國精神文化硏究院論叢≫ 82-2 (1982), p.311. 崔一
凡, 「孤雲 崔致遠의 思想硏究」, ≪柳承國博士 華甲論叢≫(종로서적, 1983), p.310.
76) 「河東雙磎寺眞鑑禪師大空塔碑銘」, ≪朝鮮金石總覽≫上, p.67.
77) 金福順, 「孤雲 崔致遠硏究」, ≪史叢≫ 24 (1980), p.74,
78) 「藍浦聖住寺朗慧和尙白月葆光之塔碑銘」, ≪朝鮮金石總覽≫ 上, p.73.

(가)의 표현은 사상과 문학[언어], 心과 身간의 중용·조화론을 음양관계로 또는 '身要作心師'로만 풀이한 것이다. 孤雲은 결코 한쪽에 치우친 일이 없으며, '永致大同之化'를 주장하였다. (나)의 경우도 육체[身]가 정신[心]을 압도한 것이 아니다 정신이 주체이며, 심신의 상오작용을 통한,79) 도의 실천이라는 것이다. 나아가서 고운은 종교를 부인한 것이 아니라, 종교의 본질과 인간의 내면성회복을 추구하는 도덕적 관념을 내세운 것이다.80) 무엇보다도 고운은 도덕과 仁義가 타락한 나말의 사회를 구제하기 위한 신의·도덕의 회복은 물론, 골품제도의 극복을 위한 실력위주인 銓衡之職[과거제도]의 필요성을 역설하여 새로운 사회로의 전환에 앞장서고 있다. 그것은 「賀殺黃巢表」의

　　정벌은 있으되 전쟁은 없어야 하는 것이 왕도에 부합하는 길이다
　　(중략) 무기[干戈]를 녹여 農器를 만들어 오랫동안 부귀토록 할지이
　　다.81)

와 같이 그는 전쟁을 반대하였으며, 愛民·勸農政策을 통해 몰락하는 백성들의 보호에 적극적인 인물이었다.82) 따라서 최치원은 봉건지주의 이익을 대변하지도 않았으며, 농민을 지배하는 호족의 편에 서지도 않았던 것이다.

---

79) 金福順, 앞의 論文, p.80.
80) 崔一凡, 앞의 論文, pp.313~314.
81) ≪東文選≫ 卷3, 「賀殺黃巢表」.
82) 申瀅植, 앞의 책(1984), p.452.

V. 結語

이상에서 우리는 統一新羅에 대한 ≪조선전사≫의 내용에서 특히 삼국통일문제, 통치형태 및 나말의 대표적인 지성인 崔致遠의 유교사상에 대한 서술을 비판해 보았다. ≪조선전사≫의 서술방향은 그 서문에서 밝혔듯이 '일관되게 社會主義革命을 이룩하는 합법칙적 발전과정을 위한 것이며 역사의 주체로서 근로인민대중의 투쟁상을 부각시키는' 것이다. 따라서 ≪조선전사≫의 내용은 소위 '主體思想'을 역사적으로 증명하려는 것이기 때문에 객관적인 사실의 고증이 아니라 그러한 대전제에 맞추려는 의도적인 왜곡으로 일관하고 있다. 그 단적인 예가 元曉의 思想을 辨證法的인 의미로, 최치원을 無神論과 唯物論者로 해석하고 있는 것이 그것이다.

우선 ≪조선전사≫는 고구려사를 중심으로 서술하고 있으므로, 삼국통일은 민족통일이 아니라 '국토 남부의 통합'이라고 하였다. ≪조선전사≫는 廣開土王·長壽王 등의 통일의지가 신라의 영토확장에 의해 꺾이고 말았으며, '국토 남부의 통합' 이후 봉건관계의 발전으로 '인민대중'에 대한 착취만 가중되었다는 입장이다. 그러나 삼국시대에는 통일한 언어를 바탕으로 동족의식을 갖고 있었으며, 6세기 이후 신라에 의한 一統三韓意識이 국가적 번영에 비례하여 강화되었음에 주목해야 할 것이다.

7세기에 이르러 大耶城의 함락과 濟·麗聯合軍의 黨項城攻略 등 위기의식이 고조된 신라는 金春秋·金庾信의 신흥세력의 등장과 함께 생존경쟁의 단계를 넘어 새로운 자기보존의 군사적 대응책을 모색하였다. 수·당의 연속적인 고구려정벌이 실패함에 따라, 중국으로서는 東方進出의 최후단계인 고구려정벌의 전 단계로서 그 동맹국인 백제정벌이 우선되어야 했다. 따라서 나당연합은 양국 이해관계가 일치한 것으로서 김춘추 가문의 명예회복이란 명분을 충족시킬 수 있었다. 그러므로 나·당 연합의 성립은 당 측이 더욱 절실하였으며,

고구려정벌 이후는 신라로서는 민족생존과 관련한 싸움이 되기 때문에 그들의 영토야욕을 저지시키지 않을 수 없었다.

그러므로 삼국통일은 단순히 '국토 남부의 통합'이 아니라, 民族의 獨立과 自立의 길을 이룩한 것이며, 고대문화의 붕괴를 막아 민족문화의 근간을 마련한 사건이다. 동시에 '외세의 의존과 이용'의 문제를 일깨웠을 뿐 아니라, 국토확장과 국민의 통합에 있어서 큰 반성의 계기가 됨으로써 고려의 후삼국통일에 큰 역사적 교훈이 되었다.

다음으로 ≪조선전사≫에 나타난 신라의 統治組織은 전부가 '인민의 착취기관'으로 설명되었으며, 중앙·지방·군사의 지배기구가 갖고 있는 개별적인 성격에 대해서는 전혀 언급이 없다. 따라서 그에 대한 비판이나 평가는 도대체 불가능하다. 여기서 주목할 것은 ≪조선전사≫에는 개별연구논문이 거의 인용되지 않고 있으며, 서술 또한 필자명이 전혀 없다는 사실이다. 이것은 개별연구 결과를 인정하지 않고 오직 그들의 공식적인 입장만을 허용하는 북한 역사학의 현주소를 반영하는 것이라 생각된다. 그러므로 ≪조선전사≫ 5권(발해 및 후기 신라사)에는 단 한 편의 논문이나 저서의 인용도 없으며, ≪전사≫ 3권(고구려사)에는 ≪조선토지제도사≫·≪고구려사연구≫·≪조선봉건시대농민의 계급구성≫ 등의 저서와 「고구려 벽화무덤의 편년에 관한 연구」 등 단 두 편의 논문이 인용되고 있을 뿐이다. 이것은 고구려사 위주의 서술자세에서 온 결과이며, 고구려사 서술에는 金日成 敎示가 23회나 등장하는 것과 뜻을 같이하고 있다.

도대체 학술연구에 김일성 교시가 왜 필요하며, 그것이 어찌하여 고전이나 문헌으로 인용되어야 하는가라는 의문에 앞서 참담한 북한 역사학의 현실에 아연함을 금할 수 없다. 고구려사에 비해서 백제사에는 11회, 신라사에는 18회(전·후기 각9회), 발해사는 6회에 걸쳐 교시가 인용되고 있음은 고구려사 서술에는 비교적 참고문헌이 풍부하게 인용되고 있는 것과 함께 북한 역사서술의 정치적 의도를 알 수 있게 해준다.

가장 중요한 참고문헌인 ≪三國史記≫가 ≪조선전사≫ 3권(고구려사)에는 97회, ≪조선전사≫ 4권(백제 및 전기 신라사)에는 100회, ≪조선전사≫ 5권(발해 및 후기 신라사)에는 47회나 註로 인용되었고, ≪三國遺事≫는 각각 3회·46회·22회가 인용되고 있다. 다시 말하면 ≪조선전사≫는 ≪三國史記≫·≪三國遺事≫·≪高麗史≫ 등의 국내 문헌과 ≪唐書≫·≪資治通鑑≫ 등 중국문헌 및 ≪日本書紀≫·≪續日本紀≫ 등 일본문헌을 중심으로 하고, 극히 제한된 북한연구물 이외에는 참고 문헌으로 인용하지 않았다. 이것은 중국·일본이나 남한의 연구성과를 이용하면서도 그들의 독창적인 연구결과로 위장 서술하는 기만에 철저하였음을 뜻한다.

끝으로 儒敎와 佛敎를 근로인민대중의 계급의식을 마비시켜 착취제도를 옹호하는 反動的 사상체계로 보았으므로, 崔致遠 역시 봉건지주계급의 이익을 대변한 인물로 파악하고 있다. 그러나 그의 사상을 유물론적인, 입장과 신비주의적 미신론을 벗어난 無神論者의 그것으로 규정하고 있음을 볼 수 있다. 그러나 그는 유·불·도를 하나의 높은 사상체계로 결합한 후, 철학[心學]과 문학[口學], 정신[心과] 육체[身], 無染과 有染, 無爲와 有爲 등을 조화·융합시킨 장본인이다. 따라서 그는 무신론자도 아니고 唯物論者도 아니었다. 더구나 그는 혼란한 나말의 타락상을 극복하기 위해서 신의와 도덕의 재건을 위한 고행과 수행을 강조하였으며, 農本·民本思想을 통해 농민을 보호하고 取民有度의 정책을 제시하였다. 그러므로 그는 봉건지주의 이익을 대변한 자도 아니었고, 農民蜂起를 앞에서 막은 인물도 아니었다.

따라서 우리는 ≪조선전사≫ 내용의 허구성과 북한 역사학의 날조를 직시할 필요가 있다. 역사는 어디까지나 客觀的이고 진실한 서술이어야 한다. 왜냐하면 역사서술에 있어서 일정한 전제가 수반될 때는 역사 해석의 폭이 좁아지거나 왜곡되는 경우가 발생하기 때문이다.

제4절 統一新羅時代 高句麗遺民의 動向

- 王建世系의 出自와 그 南下時期를 중심으로 -

I. 序言

《編年通錄》의 王建先代에 대한 기록은 많은 문제점을 갖고 있음
에도 불구하고,1) 왕건의 世系를 이해하는데 기본자료를 제공하고 있
다. 그러나 우리는 그러한 비현실적인 傳說의 해석과정에서 야기된
異論 중에서도 다음과 같은 두 가지 공통된 견해를 발견할 수 있다.
그 하나는 왕건의 先代가 高句麗系統이었다는 점이고,2) 다른 하나는
그들의 세력 기반이 禮成江 下流一帶의 海商・豪族勢力과 관련이 있
다는 사실이다.3) 다만 王建先代가 開城근방에서 활약한 내용이나 그
들의 무역활동에 대해서는 어느 정도 밝혀진 바 있으나,4) 그들의 실
체와 南下過程 및 정착시기 등은 미결문제로 남아 있다.

현재 학계의 연구경향은 왕건 세력의 기반을 대개 海商・豪族勢力
이라든가, 開京地方의 地政學的 背景에서 찾는 것이 지배적이며,5)
근자에는 後進地帶變革說이 주창되기도 하였다.6) 필자는 이와는 다
른 각도에서 王建世系의 出自와 南下過程을 추적코자 한다. 즉, 필자

---

1) 《高麗史》 高麗世系 末尾(論).
2) 朴漢卨, 《高麗建國의 研究》(高麗大博士論文, 1985), pp.33~52.
3) 河炫綱, 《高麗王朝成立期의 諸問題》(延世大博士論文, 1984), pp.8~23. 李基東, 「
   新羅下代의 浿江鎭」, 《新羅骨品制社會와 花郎徒》(一潮閣, 1984), pp.225~231.
   金光洙, 「高麗建國期의 浿西豪族과 對女眞關係」, 《史叢》21・22(1977), p.140. 金
   哲埈, 「後三國時代의 支配勢力의 性格」, 《韓國古代社會研究》(知識産業社, 1975),
   p.262.
4) 朴漢卨, 앞의 책, pp.81~106.
5) 朴漢卨, 위의 책, pp.63~70.
6) 李基東, 앞의 책, p.230.

는 虎景의 '白頭山遊歷'을 오늘의 백두산에서 찾을 것이 아니라, 營州地方의 白山이나 황해도의 九月山(白岳)으로 比定하려는 입장이다. 그리고, 王建의 출자를 696년 契丹族의 叛亂[李盡忠亂]과 755년 安祿山의 亂과 연결시키려는 가설을 제기하는 바이다.

이렇게 본다면 왕건(877~943)으로부터의 逆算이 어느 정도 가능하여 이들의 남하시기를 추정할 수 있다. 나아가서 왕건 선대의 海商活動을 營州에서 익힌 그들의 경제활동과 연결시킴은 물론, 山東地方의 고구려유민[李正己集團]과 결부시킴으로써 辰義와 唐肅宗의 結緣을 풀이해 보고자 한다. 특히 왕건 선대의 남하과정을 고구려유민의 Nomad現象, 즉 民族의歸屬(巢)復歸慾을 소수민족[고구려유민]에게 적용해 봄으로써,7) 그들의 남하·정착과정을 해명하려는 것이 본고의 주안점이 될 것이다. 나아가서 고구려유민의 남하 또는 高麗에의 歸化를 통해 7세기이후 10세기에 이르는 民族形成의 과정을 고찰하게 될 것이다.

이러한 추리에 나타난 論旨의 비약과 推定은 비판의 여지가 없지 않다. 그러나 왕건 선대의 활동에 대한 史料의 空白을 메우려는 하나의 시도로서 또는 缺史時代의 克服을 위한 방법론의 모색이라는 점에서 위안을 삼고자 한다.

II. 統一新羅時代의 高句麗遺民

현존의 문헌에 의하면 7세기 중엽 고구려의 총호구수는 69만 7천호였다.8) 이것을 인구수로 환산하면 약 350만이 될 수 있다.9) 그러

---

7) 卞麟錫, 《安史亂의 硏究》(螢雪出版社, 1984), pp.295~324.
8) 《三國史記》(卷 22, 寶藏王 27 年條)에는 '69 餘萬戶'라 하였으나, 《舊唐書》 (卷 199, 東夷)에는 '69萬 7千戶'라고 확실한 수치를 밝혔으므로, 후자를 따랐다.
9) 戶當인구를 5인으로 계산한 것은 현학계의 공동된 의견이다. 이러한 계산은 淵淨土의 歸順(문무왕 6년) 때 '763호 3543명' (《三國史記》 卷 6)이라고 되어

나 李玉은 11세기 중엽의 한반도 인구가 210만명, 17세기에도 500
만 명을 약간 넘는 수치이므로 69만 7천호를 곧 인구수로 간주하고
있다.[10] 그러나 당시 고구려의 영토가 한반도와 비슷한 넓이였고,
≪漢書≫의 遼東郡이 5만 5,972戶, 27만 2,539口[11]였음을 참작할 필
요가 있다. 더구나 고구려 멸망 전후에 감소된 70 여 만을 고려할
때, 李玉의 견해는 수긍할 수 없다.

우선 고구려는 7세기 이후 계속된 戰亂으로 많은 인구가 감소하
였다. 전쟁에 희생된 약 12만을 비롯하여,[12] 唐으로의 徙民이 42
만,[13] 捕虜가 8만5천,[14] 그리고 신라에 '귀순이 8만 정도로 추산된
다.[15] 따라서 멸망당시의 인구는 71만 정도가 감소된 280여 만으로
추측할 수 있다.

이 중에서 신라에 귀순한 8만 명 정도의 고구려유민은 禮成江이
북 14郡縣, 즉 浿西地方에 거주하던 원고구려인을 제외한 숫자이다.
이들 가운데 2만여 명(4천여호)의 安勝集團은 益山에 정착한 이후
일부는 碧衿·赤衿誓幢의 구성에 나타나는 것과 같이 신라정부에 협
조하였으나, 神文王 4년(684) 大文의 叛亂으로 國南州郡으로 옮겨

있어 5명이 가능하였다. 그러나 正倉院帳簿에는 호당 10여인이 살았으며, ≪世
宗實錄≫(地理志)에는 201, 853호 692, 475 구로 평균인구수가 적었다. 仁祖 26
년의 경우도 441, 321호 1,531,365구로 3~4인에 불과했으나, 英祖 29년에는
1,588,875호 7,267,709로 5명 정도가 되었다.
10) 李玉, ≪高句麗民族形成과 社會≫(교보문고, 1984), p.17.
11) ≪漢書≫(卷 28) 地理志(下) 遼東.
12) 古代社會에 있어서 가장 큰 人口變化의 動因은 戰爭과 天災地變이다. 여기서 추
산한 12만은 7세기 중엽 주로 對唐戰에서 피살된 인구수를 합친 것이다. 즉, 寶
藏王 4년 4월의 數千人(약 2천)·5월의 4만4천·6년7월의 3천·14년 5월의 1천·20년
9월의 3만, 그리고 27년의 3만 등을 합한 것이다.
13) 당으로 徙民된 수가 42만이 된 것은 寶藏王 4년의 3,500인·4년 10월의 7만·27년 4
월의 14만 5천(28,300호) 및 고구려멸망 당시 포로로 간 20만인 등을 합친 것이다.
14) 이 경우는 보장왕 4년 4월의 2만, 15년의 6만, 그리고 27년 12월의 2천 등을 합
친 것이다.
15) 여기에는 보장왕 27년 安勝集團 2만 (4천여 호)과 기타 2천, 그리고 문무왕 6년
淵淨土의 무리 3,500여 명·8년 6월의 5만 및 고구려정벌 후 귀환시에 데려온 7
천 명을 뜻한다.

져16) 그 후 대부분 활동이 소멸되고 말았다. 이러한 사실은 일부 고구려의 殘民들은 閉鎖的인 신라인의 排他意識으로 말미암아 신라 정부하에서 융합되지 못하고 반발하다가 정치적 탄압으로 분산·격리되어 그 명맥을 잃었다고 생각된다. 따라서 濟·麗遺民의 신분적 차별이나 지방구분으로 나타나 각기 自國民意識의 成長으로 보려는 견해는, 이러한 民族融合의 失敗가 그 후 濟·麗復興運動의 정신적 배경이 되어 나말의 후삼국정립에 정신적으로 연결되기도 한다.17)

한편 淵淨土에 이끌린 3,500여 명과 平壤陷落 때 나포된 7천여 명의 고구려인은 首都[慶州]부근으로 옮겨와 일부는 신라의 하부지배층으로 협조하다가 거의가 신라에 동화되었다고 생각된다. 그러므로 統一戰爭에 적극 협조한 무리는 5만여 명의 규모로 하나의 少數集團化하여 강한 응집력을 유지한 듯 싶다. 비록 수적으로는 적지만 이들의 후예가 신라의 정치적 배려로 어느 정도 京畿道 北部一帶에 살고 있었다고 생각된다. 이들 5만 정도의 고구려유민은 王建代에는 약 10만 정도의 인구로 증가된 것으로 풀이된다.18) 바로 이들이 그 후 왕건세력의 기반이 되었을 것이며, 浿西地方의 원고구려인과의 결합한 것이 곧 高麗王朝의 성립이라고 말할 수 있을 것이다.

원래의 고구려유민은 통일 전쟁기에 신라에 투항해서 신라 측에 협조한 계열과 大同江에서 禮成江一帶에 이르는 지역에 그대로 살고 있었던 구고구려인으로 대별할 수 있다. 전자는 통일전쟁의 수행에 결정적인 역할을 한 계열로서,19) 아마도 文武王 8년(668) 6월에 신

16) ≪三國史記≫(卷 8) 神文王 4年 11月條 참조.
17) 崔根泳,「8~10世紀 地方勢力形成의 諸要因一韓國古代三國人의 '國系' 意識을 中心으로一」, ≪溪村閔丙河教授停年論叢≫ (1988), p.123.
18) 인구증가율에 대한 확실한 근거는 없으나, 대개 17세기 중엽 이전까지는 인구성장률은 연평균 0.02~0.04%가 일반적이다. 따라서 5만(1+0.0002)×230=108,077, 즉 10만 정도가 된다(李壽演, ≪人口地理學≫, 法文社, 1986, p.64). 여기서 230은 670년(고구려멸망)에서 900년(왕건시대)까지의 시차를 뜻한다.
19) 申瀅植,「武烈王系王權의 成立과 活動」, ≪韓國古代史의 新研究≫(一潮閣, 1984), p.126.

라에 투항한 大谷(平山)·漢城(載寧) 등 2군 12 성의 사람들을 지칭
할 수 있다.20) 이들은 고구려말기의 일부 귀족층으로 생각되거니와
신라정부는 그들을 본고장으로부터 이주시켜 臨津江을 넘어 楊州一
帶에 정착케 한 것으로 보인다. 이들을 漢江以地方에 집단으로 거주
케 함으로써 對唐抗爭의 방파제로 이용하기 위해 匕重城·泉城·買
肖城 일대에 집중적으로 거주시켰다고 생각된다.

이들은 고구려말기에 본국의 暴政에 반기를 들거나 정치적 혼란기
에 이탈한 집단으로 결국 統一戰爭期의 武烈王權成立에 일익을 담당
하게 되었다. 무엇보다도 이들은 본국[고구려]을 등진 입장이어서 신
라에 적극 협조하지 않을 수 없었고, 대당전쟁을 통해 血緣的 紐帶
를 강화시켜 나갔던 것이다. 이러한 과정에서 그들은 자신의 지위를
향상시킬 수 있었고, 점차 신라통치권이 미치지 못하던 원거주지인
浿西地域의 고구려인과 연결을 꾀하기 시작하였다. 그것은 신라왕권
[武烈系王室]의 안정과 대외전쟁의 종식에 따라 배타적인 신라정부
의 硬直性이 나타났으므로,21) 고구려계통의 유민으로서는 새로운 활
로의 모색이 필요했기 때문이다. 즉, 이들로서는 少數民族으로서의
自立과 自活策이 불가피했던 것이다. 따라서 신라정부는 양지역을
분리시키는 동시에 고구려계통의 백성을 격리·견제하지 않을 수 없
었다. 즉, 신라정부는

(가) 孝昭王 3년 겨울에 松岳·牛岑…城을 쌓았다(《三國史記》 卷 8).
(나) 聖德王 12년 12월에 開城을 쌓았다(同).
(다) 聖德王 17년 10월에 漢山州 관내의 여러 城을 쌓았다(同).

---

20) 文武王 8년 6월의 大谷·漢城 등 2군 12성의 투항민을 약 5만으로 추산한 근거
는 寶藏王 4 년 10월 (《三國史記》 卷 21) 徙·遼·蓋·巖·三州戶口入中國者
匕萬人에 따라 1주의 인구를 25,000명 정도로 추측하였다.
21) 武烈系王權이 본궤도에 오른 神文王(681~692) 때는 일반귀족에 대한 탄압이 가
속화되었고(金欽純謀叛·金軍官誅殺) 安勝族子 大文의 亂 등에서와 같이 귀화인에
게도 탄압이 가해지고 있었다.

라는 기록과 같이 고구려백성의 격리를 위해 開城一帶에 城을 쌓고
있었다. 이것은 對唐·渤海에 대비한 군사적 필요조치가 아니라, 예
성강 이북의 고구려민에 대한 정치적 대응책이었다고 생각된다. 이
때까지도 패서지방에 대한 領土問題가 당과 마찰을 빚고 있었고, 계
속된 고구려유민의 남하에 따른 복잡한 문제가 시끄러울 때였으므로
예성강을 경계로 이들을 저지시킬 필요가 있었다. 즉, 예성강 이북의
패서지방과 임진강에서 한강유역에 이르는 이주민지역과의 분리·견
제를 위해 그 중간지대에 開城築造를 꾀한 것으로 풀이된다. 그러나
양지역의 분리책은 결국 실패하고 말았다. 그것은 聖德王 34년(735)
이후의 영토문제해결과 武烈系王權의 정치적 안정에 따라 패서지방
에로의 통치권확대가 불가피했으며, 계속된 고구려(또는 발해) 유민
의 歸化와 南下問題를 도외시할 수 없었기 때문이다.

다음으로 대동강에서 예성강일대에 이르는 지역(패서지방)의 구고
구려인의 동태를 살펴보자. 이 지역은 성덕왕 34년(735) 행해진 唐
으로부터 공식적인 浿江以南地域讓渡까지 근 60년간 거의 방치되고
있었다. 이곳은 비록 載寧·平山一帶의 지배층이 신라로 투항함으로
써 큰 손실은 있었으나, 신라의 통치권 밖에서 어느 정도 독자적인
세력을 유지할 수 있었다. 더구나 이들은 통일전쟁에 적극적으로 신
라에 협조한 임진강에서 한강유역에 이르는 지역의 이주민과는 달리
당과 신라의 간극에서 하나의 응집력을 갖는 동시에 고구려에 대한
깊은 향수와 애착을 갖고 있었으리라 생각된다. 따라서 武烈系王權
은 초기에 방치·외면하였던 정책을 바꾸어 적극적인 북방정책을 추
구하지 않을 수 없었다. 그것은 성덕왕 34년 이후 양지역을 한 테두
리로 묶어 신라통치권내로 끌어들이는 정책을 추진한데 잘 나타나
있다. 따라서 武烈王系의 北方經營은 결국 단순한 영토회복의 뜻만
이 아니라, 고구려·발해국민의 적극적 수용이라는 사실이다. 즉, 신
라권외로 이탈되었던 백성들의 再統合運動이다.

(가) 聖德王 35년 11월에 伊湌允忠·思仁, 英述 등을 보내서 平壤·
　　牛頭 2州의 地勢를 검찰케 하였다(≪三國史記≫ 卷 8).
(나) (1) 景德王 7년 8월에 阿湌 貞節 등을 보내 地邊을 검찰케 하
　　　고 大谷城 등 14郡縣을 설치하였다(同, 卷 9).
　　(2) 景德王 21년 5월에 五谷·鵂巖·漢城·獐塞·池城·德谷 등 6城을
　　　쌓고 각기 太守를 두었다(同).
　　(1) 宣德王 2년에 사신을 보내 浿江南의 주군을 按撫하였다
　　　(同).
　　(2) 宣德王 3년 2월에 漢山州에 巡幸하고 浿江鎭에 사람을 이
　　　주시켰다(同).
　　(3) 宣德王 4년, 정월에 阿湌體信을 大谷鎭軍主로 삼았다(同).

라는 위의 기록은 성덕왕 35년 이후 무열계왕실의 對北方政策을 나
타낸 것이다. (가)의 예에서 보듯이 允忠과 思仁의[22] 北邊檢察은 이
지역의 통치권을 확인하는 조치였고, (나)의 경우에서 알 수 있듯이
예성강 연안에서부터 대동강남안의 행정구역편성으로 확인되었다.[23]
따라서 宣德王 3년(782)의 浿江鎭設置는 발해·당에 대한 北邊守備
의 목적이거나,[24] 屯田兵的인 성격,[25] 그리고 무열왕권에 결정적인
도움을 준 爲民政策의 표현일 수도 있다.[26]
　그러나 이러한 일련의 정책이 국방상 필요했다면, 그 위치가 대동

22) 允忠과 思仁의 북방검찰은 특별한 의미가 있다. 允忠이 金庾信의 손자인 允中을
　　뜻한다면(李基白,「新羅執事部의 成立」,≪新羅政治社會史硏究≫, 一潮閣, 1975,
　　p.164), 이것은 庾信系에 대한 정치적 배려인 것이며, 후일 金巖이 浿江頭上을
　　역임한 것과 무관할 수 없다. 또한 思仁은 景德王 4년(745)에 上大等이 된 인물
　　인바, 그는 文王(武烈王의 3자)의 손자였다(金貞淑,「金周烈王系의 成立과 變遷」,
　　≪白山學報≫ 28, 1984, p.164). 따라서 그 때까지는 武烈王系가 유신계나 傍系
　　王族을 도태시키지는 않았다.
23) 李基東, 앞의 책, p.215.
24) 이에 대해서는 李基東(위의 책, p.216)·井上秀雄(≪新羅史基礎硏究≫, 1974, p.138), 金
　　光洙, 앞의 論文, p.136) 등 제씨의 주장이 있다.
25) 李基白,「高麗太祖時의 鎭」,≪高麗兵制史硏究≫(一潮閣, 1968), p.238.
26) 申瀅植, 앞의 책, pp.124~126.

강유역이어야 할 것임은 두말할 필요가 없다. 다만 平山의 위치가 交通上의 分岐點이라든가,[27] 군사적 관문으로서 지정학적 위치를[28] 강조하는 것은 이해되지만, 필자는 패강진의 설치를 구고구려 영토에서의 지배권장악을 위한 정치적 조치인 동시에 고구려유민의 정착을 위한 정치적 배려라 생각한다. 왜냐하면 平山地域은 원고구려지역과 투항한 주민이 거주하는 임진강에서 한강유역에 이르는 중간지점으로써 양지역을 통괄할 수 있는 요충지였고, 또한 고구려유민의 남하에 유리한 지역이기 때문이다. 따라서 이러한 업적으로 보아 宣德王은 기록상 下代의 첫 왕이지만, 그의 王統이나 정치적 노선은 武烈系로 간주할 수 있으므로,[29] 그의 패강진설치는 무열계가 시도한 일련의 대고구려유민책의 일환인 것이다.

더구나 패서지방은 遼西·營州·遼東 등지의 계속된 정치적 혼란에 따라 그곳 주민들이 연달아 南下[이동]했기 때문에,[30] 요동지방의 구고구려인의 활동상이나 小高句麗國의 흥망상황 등이[31] 이곳에 전달될 수 있었다. 이러한 북방 고구려인의 움직임은 한반도 서북일대에 살고 있던 구고구려인들을 고무·자극할 수 있었다. 따라서 신라는 남쪽의 주민을 이곳으로 옮겨 구고구려인을 견제·지배하려 했으나, 결국 下代에 이르러 정치적 지배권의 약화로 반대로 구고구려인에게 동화된 듯싶다. 이러한 사실은

朴氏의 先祖는 雞林人으로 대개 新羅 赫居世의 후예이다. 신라 말에 그 후손인 秦山侯 續古의 아들 直胤大毛達이 平州에 옮겨와 그곳 관할 八心戶의 邑長이 되었다. 그리하여 그 후손은 平州人이 되었다.[32]

27) 李基東, 앞의 책, p.216.
28) 藤田亮策, 「新羅九州五京攷」, ≪朝鮮學論考≫(1963), p.364.
29) 申瀅植, 「新羅史의 時代區分」, ≪韓國史硏究≫18 (1977), p.27.
30) 盧泰敦, 「高句麗遺民史硏究」, ≪韓沾劤博士停年紀念史學論叢≫(知識産業社, 1981), p.97.
31) 白野開三郎, 「小高句麗の建國」, ≪史淵≫ 72 참조.

라는 것과 같이 신라인[朴直胤]을 大毛(模)達로 삼아 平州[평산]에 이
주시켜 고구려 武職을 갖게 했다는 것으로 짐작할 수 있다. 이것은 朴
守卿의 가계[直胤-暹胤-守卿]로 보아 적어도 9~10세기 초까지 고구
려의 遺習과 制度가 패서지역에서 통할 수 있었다는 것을 나타내 준
다. 이러한 신라영토내의 異族意識은 그들을 독자적인 세력으로 성장
케하여 平山勢力과 같은 독자적인 豪族勢力을 낳게 하였을 것이다.

이로 미루어 보아 浿西豪族[평산세력]과 開京勢力(임진강에서 한
강유역에 이르는 지역세력-뒤의 王建세력)의 결합과정은 일반적으
로 對女眞 交易으로 설명하기도 하며,33) 당시자간의 婚姻[作帝建과
龍女]으로 보는 입장도 가능하다. 또는 예성강·강화 일대에서 海上
貿易을 통해 축적된 商業資本의 힘으로 정치권력에 파고들었다고도
할 수 있다.34) 그러나 양지역의 결속은 구고구려인의 재결합이며,
平山을 중심으로 한 內陸的인 호족세력과 開京一帶와 한강이북지역
의 海商·豪族聯合勢力의 정치적 결속인 것이다. 이 양지역의 결합
은 결국 王建先代(作帝建-龍建)의 정치적 승리라 할 것이다.

한편 弓裔의 정치기반이 된 東北地方은 일찍부터 패서지방과는 달
리 신라의 행정력이 미치고 있었다. 이곳은 靺鞨의 침입을 저지하고
북방의 구고구려인을 받아들이는 또 다른 통로가 되는 동시에, 渤海
人의 南下와도 깊은 관계가 있었다.35) 따라서 신라는 일찍부터 동북
지방에 대해

(가) 文武王 21년 沙湌武仙이 精兵 3천을 거느리고 比列忽을 지켰다
(≪三國史記≫ 卷 7).

---

32) 李蘭暎,「朴景山墓誌銘」,≪韓國金石文遺補≫(一志社, 1988), p.143.
33) 金光洙, 앞의 論文, p.147.
34) 李龍範,「處容說話의 一考察」,≪震檀學報≫ 32(1969), pp.18~19.
35) 李鍾明의「高麗에 來投한 渤海人」(≪白山學報≫4, 1968)에 따르면, 발해인의 來投
    經路는 주로 동북로를 이용하였으므로(p.215) 이곳에는 많은 발해인이 거주하고
    있었다고 보인다.

(나) 孝昭王 7년 정월 伊湌體元을 牛頭州摠管으로 삼았다(同, 卷8).
(다) 聖德王 35년 11월 伊湌允忠・思仁・英述을 보내어 平壤 牛頭 2州
　　의 地勢를 살펴보았다(同).

라는 것과 같이 정치적 배려를 잊지 않았다. 그러나 이 지역은 신라
인, 고구려인, 말갈인, 그리고 발해인 등이 混居하는 곳이어서 통치
상 어려움이 있었다. 그러므로 弓裔는 이러한 복합적인 여건을 이용
하여 反新羅旗幟를 통한 고구려 부흥을 꾀했을 가능성이 크다.36) 그
러나 궁예 자신은 고구려계통의 독자적 지지기반이 없었으므로 浿西
나 開京勢力과 연결할 필요성이 컸다.

景德王 7년(748)에는 예성강이북의 고구려 옛 땅에 14郡縣이 설치
되었다. 따라서 이 지방인은 자동으로 신라에 편입되었으며, 宣德王
3년(782)의 浿江鎭의 설치로 고구려영토에 대한 신라의 정치적 지배
권을 강화하였다. 이 곳 주민들은 당의 抽戶・徙民의 주요 대상자들
이지만, 상당수는 그대로 살고 있었음을 생각할 때 그 수효는 35만
정도로 추산할 수 있다.37) 이들은 당시의 자연・인문 조건으로 볼 때
200년 후 왕건 시대에는 100만 정도로 증가되었다고 하겠다.38) 이들
은 주로 黃海道一帶에 집중적으로 거주하면서 신라 하대의 정치적
혼란기에 거의 독자적 세력권을 형성하기에 이르렀다고 보인다. 金憲
昌亂(822) 때에 漢山・牛頭・浿江鎭 등이 擧兵自守한 것으로 보아 이
지역의 세력규모를 가늠할 수 있다.39) 특히 '擧兵自守'의 의미는 정
치・군사적 독립의 가능성을 뒷받침하는 것으로서, 이를 위한 경제적
배경이 왕건선대의 致富와 뜻을 같이 하는 것이 될 것이다.

---

36) ≪三國遺事≫ 王曆 1 弓裔.
37) 이 수치는 寶藏王 4년 10월의 '徙遼蓋巖三州戶口入中國者比萬人' (≪三國史記≫
　　卷 21)에 근거하여 1주의 인구 25,000인을 기준하여 14군을 곱한 것이다. 따라서
　　이 人口數는 어디까지나 추측 이상의 것은 아니다.
38) 7세기에 35만정도라고 할 때 9세기에는 35만×(1+0.0002)×200=1,108,820이 된다.
　　따라서 약 100만 정도로 생각할 수 있다.
39) ≪三國史記≫卷 10 憲德王 14年條 참조.

따라서 憲德王 18년(826)의 漢山以北民의 징발을 통한 浿江長城築
造는 신라정부가 최후로 시도한 對北方政策인 것이다. 따라서 興德
王 3년(828)의 漢山州人(妖人)의 速富之術을 엄히 다스린[40] 이유를
재음미할 필요가 있다. 그만큼 이 지역의 새로운 處世術(致富)은 虎
景의 '家焉富而無子'나 康忠의 '娶西江永安村富人女'와 맥을 같이할
수 있었다. 다시 말하면 신라가 이 지역의 富[경제력]와 勢力[군사
력]을 예의 주목할 정도로 독자적인 세력권을 형성하는 단계에 이르
고 있었다 하겠다.

이와 같이 신라정부의 통제력약화에 따른 고구려유민의 세력강화
는 정치·문화·사상에 있어서 그들의 紐帶感을 고조시킬 수 있었으
며, 민족본연의 歸巢本能을 일으켜 Nomad屬性에 따른[41] 王建의 고
구려의식을 강화시킬 수 있었다. 이러한 고구려에 대한 鄕愁는 그
후 역사에서 고구려계승의식으로 승화되기도 하였다.[42]

Ⅲ. 王建先代의 出自와 南下時期

앞에서 우리는 統一新羅時代에서 高句麗遺民이 어느 정도의 규모
로 존속했으며, 浿西地域·臨津江~漢江下流地方 및 경기동북지방의 성
격과 그 특징을 살펴보았다. 여하간 王建은 경기 동북지방을 제외한
패서, 임진·한강하류지역을 기반으로 한 것은 분명하다. 그렇다면 그
先代가 언제 이 지역에 정착하여 정치적 기반을 닦았으며, 양지역이
언제 결합했는가 하는 문제가 남는다.

王建의 先代가 고구려인이었음은 다음의 기록에서 뚜렷이 알 수
있다.

40) 위의 책, 興德王 3年條.
41) 卞麟錫, 앞의 책, pp.295~324.
42) 河炫綱, 「高麗時代 歷史繼承意識」, ≪梨花史學硏究≫8 (1976) 참조.

(가) 作帝建은 어려서부터 총명하여 神童이라 불릴 정도였다(중략) 商船을 타고 바다 한가운데 이르러 구름과 서리가 앞을 가려 배가 3일간 움직일 수 없었다. 배안에 있는 사람이 점을 쳐보고 말하기를 고(구)려인은 마땅히 제거해야 한다고 하니, 작제건은 활을 들고 스스로 바다에 뛰어들었다.43)

(나) 王氏의 先代는 대체로 高(句)麗의 大族이었다.44)

<表 1> 王建世系

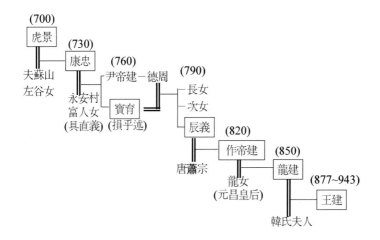

위의 기록 (가)는 作帝建이 16세가 되어 아버지를 뵙고자 商船을 타고 중국에 가던 도주에 있었던 사실로서, 이는 山東地域의 李正己集團과45) 연결을 꾀하려는 것을 반영한 것으로 풀이된다. 기록 (나)는 왕건이 분명히 고구려귀족의 후손임을 나타낸 것으로,46) 虎景의 善射나 作帝建의 百發百中은 고구려왕의 성격과도 통하고 있다.47) 이러한 전제 하에서

---

43) ≪高麗史≫ 高麗世系
44) ≪高麗圖經≫ 卷 2 王氏條.
45) 金鎭闕,「唐代 淄靑藩鎭 李師道에 대하여」, ≪南都泳博士華甲論叢≫(1984), p.766.
46) 朴漢卨, 앞의 책, p.47.
47) 申瀅植, ≪三國史記硏究≫(一潮閣, 1981), p.171.

≪編年通錄≫에 나타난 王建의 世系를 도해하면 「表 1」과 같다.

여기서 虎景이 출생한 연대가 700년 전후가 되어,48) 이들 가계는 고구려멸망 전후 唐으로 끌려간 계통으로 생각된다. 그렇다면 이들이 처음에 옮겨진 지역은 어디일까 하는 의문이 앞선다. 이에 대한 해답은

> (가) 白山部는 원래 高句麗에 소속되었으나, 그 나라가 멸망한 후 많은 사람들이 중국으로 흘러들어갔다.49)
>
> (나) 白山은 본래 고구려의 臣下였으나, 중국(당)이 平壤을 정복한 후에는 많은 사람들이 당으로 들어갔다.50)

라고 하여 이들은 營州一帶로 이주한 것으로 보인다. 원래 이 지역의 白山部는 靺鞨族의 집단이지만, 粟末部가 발해와 연결된 것으로 보아51) 이들이 평양함락 후 이주하여 그곳의 말갈인과 연결됨은 물론 그 지방의 지배권을 장악한 것으로 생각된다. 따라서 ≪編年通錄≫의 白頭山은 오늘의 백두산이 아니고, 營州地方의 白山이나 黃海道에 집중된 白山의 대표적 존재인 九月山[白岳]으로 비정하고 싶다. 그것은 다음 지도에서와 같이 황해도 일대에는 다른 지역과 달리 白山이 집중되어 있기 때문이다. 즉, 長湍[白岳: 左蘇]·豊德[白馬山: 右蘇]·瑞興[白鼠山]·鳳山[白鶴嶺]·永平[白雲山]·坡州[白雲山]·長淵·文化·安岳·殷栗[白岳: 九月山]·遂安[白活山]·牛峰[白界峴]·延安[白石山]·海州[白石處]·載寧[白活山] 등에는 白山이 있으며,52) 이들 지역이 豪族割據地와 거의 일치한

---

48) 朴漢卨은 1대를 30년으로 계산하여 虎景의 出生年代를 727~697로 잡았으며(앞의 책, p.42) 河炫綱은 康忠의 출생시기를 768년(호경은 738)으로 추측하였다(앞의 책, p.12).

49) ≪舊唐書≫ 卷 199 下 列傳, 149 下 靺鞨.

50) ≪新唐書≫ 卷 219 列傳 144 黑水靺鞨.

51) 李龍範, 「高句麗遼西進出企圖와 突厥」, ≪史學硏究≫ 4 (1959), pp.43~49.

52) 여기서 찾은 白山은 ≪新增東國輿地勝覽≫ 卷 11~13(京畿道)과 卷 41~43(黃海道)에서 뽑은 것이나. 물론 타지방에도 白山은 흔히 있으나, 이곳처럼 집중된 지방은 없었다.

다는 사실이다. 이것은 단순히 우연한 일치가 아니라, 地名이 住民의
특수한 文化背景과 관계된다는 사실에 비추어,53) 이들 白山은 고구려
인의 집단 거주지와 관련이 있는 듯싶다. 따라서 浿西豪族 가운데에는
상당한 수의 구고구려인의 후예가 있었으리라 여겨진다. 더구나 ≪高
麗史≫에 白頭山이 정식으로 등장하는 것이 成宗 10년의 일이기 때문
에,54) 王建先代의 백두산은 집중적인 호족중심지인 九月山으로 비정할
수 있다. 따라서 그들이 현재의 백두산 일대의 집단이라면,55) 어떻게
開城一帶로 올 수 있을까 하는 의문이 해결될 길이 없다. 어쩌면 그 가
문의 위엄을 위해서 聖山인 백두산을 假托했을 가능성이 크다.

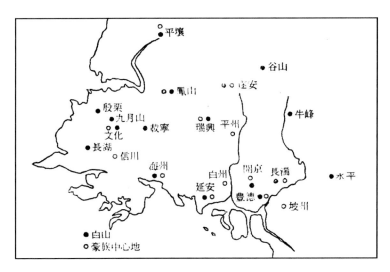

<그림 1> 黃海道 一帶익 白山

---

53) 藤田亮策의 「新羅九州五京攷」(≪朝鮮學報≫5, 1954, pp.83~93)에서도 조선의 郡
縣村里名이 씨족·부족의 명칭에서 유래되었다고 하였다. 실제로 이러한 氏族的 背
景 이외에도 그 지역의 자연조건·문화배경·유적·유물 등과 깊은 관계가 있었다. 예
컨대 溫水里·溫井里 등이 있는 곳은 온천마을이었고(江華.·水安堡), 中原高句麗碑
가 있는 곳은 立石里가 되었다.

54) ≪高麗史≫ 卷3 成宗 10年 10月條.

55) 朴漢卨, 앞의 책, p.41.

이와 같이 7세기 중엽에 黃海道에서 당으로 徙民된 이들은 營州
一帶에서 말갈인 白山部를 지배하는 세력으로 성장하였을 것이다.
이제 백산부의 주인공으로 등장한 고구려인은 王氏를 자칭하여 '遼
東의 王族'으로 군림한 듯하며, 당으로서도 일종의 歸順州에 대한
회유책으로 이를 묵인했을 가능성도 높다. ≪遼東志≫(卷 6)의 人物
條에는 과거출신 이하 立名者가 1,110명이나 되는 바, 그 중에서 王
氏를 칭하는 원고구려인[遼東人・蓋州人]등56)이 93명이나 되어 거의
1할을 차지하는 것에서 요동지방에서의 고구려인의 위치를 가늠할
수 있다. 이 지역에서 활약한 대표적 인물은 ≪唐書≫(列傳)에 立傳
된 李正己와 王思禮이다. 전자는 安祿山의 亂 때 南下하여 山東半島
一帶에서 활약했을 뿐 아니라 江淮地域과 兩京일대의 漕運을 독점하
면서, 그 아들[納]・손자[師古와 師道]등 3대에 걸쳐 활약하였다.57)
후자는 안록산난 진압의 공로자였다.58)

이와 같이 營州地方에서 白山部의 주인공이 된 고구려유민은 일부
가 李盡忠의 叛亂(696)을 피해서 東走하여 渤海를 건국하는데 협조
하였으리라 여겨진다. 따라서 왕건이 발해를 '本吾親戚之國'이라고
표현한 이유를 알 수 있다.59) 원래 영주지방은 고구려유민의 1차 집
결지로서60) 중요한 의미를 갖고 있으며, 唐의 東北關門으로서 교통
상 요지였다. 더구나 이곳은 고구려인・契丹人・말갈인 등 북방민족
의 집결지로서, 또는 商業의 仲介地로서61) 安祿山亂의 근거지였다.
이곳에서 익힌 고구려유민의 탁월한 기민성과 뛰어난 商業術은 결국

---

56) ≪遼東志≫(卷 6) 人物志에는 薦辟・科貢・通事・將選・武擧・忠節・學術・仙釋 등 17부분의
 인물이 등장하고 있다. 「王遵古 蓋州熊岳人 擧進士 官至翰林直學士」와 같이 고구
 려계의 왕씨가 제일 많았고, 다음은 高氏가 큰 비중을 갖고 있었다.
57) 金文經, 「唐代藩鎭의 한 硏究」, ≪省谷論叢≫(1975), p.458.
58) 金奎晧, 「唐代의 異民族系將軍」, ≪邊太燮博士華甲紀念史學論叢≫(三英社, 1985),
 p.1162.
59) ≪資治通鑑≫ 卷 285 後晉紀6 齊王(下) 開建 2年 11月條.
60) 盧泰敦, 앞의 論文, p.97.
61) 卞麟錫, 앞의 책, p.247.

영주일대의 지배권장악은 물론, 왕건 선대의 해상활동에 바탕이 되었음은 주목할 만한 일이다.

755년의 安祿山의 亂은 영주지역에 있던 異民族들이 南遷하는 계기가 되었다.[62] 특히 안록산을 따라 南征한 무리 외에도 많은 고구려유민은 李正己를 따라 靑州[산동지방]로 이주하였다. 이정기 집단은 納, 師古·師道 등 3대 54년간 산동반도에서 漕運을 독점하면서 이 지역의 鐵·絹·鹽業을 바탕으로 상업과 무역에서 크게 활약함으로써[63] 바다[黃海]를 통해 한반도의 서해안[開京一帶]과 연결되고 있었다. 더구나 이곳은 摠章 2년(寶藏王 27년 668)에 江·准以南으로 옮겨진 28,000여 호의 일부가 분산되어 살고 있었기 때문에, 고구려인의 세력은 상당히 컸으리라 여겨진다.

이와 때를 같이하여 白山部 고구려인의 일부는 李正己集團의 南下에 때를 맞추어 이 동란을 피하여 大同江以南으로 남하하기 시작하여 원래의 고향을 찾아 왔으리라 생각된다. 필자는 이들을 王建의 先代라 칭하거니와 이들 주민은 歸巢意識으로 패서지역을 찾았으나 이미 이 지역은 朴守卿등에 의해서 지배되고 있어 계속 남하하였다고 추측된다.

이들은 같은 고구려계통이지만 오랜 세월을 唐의 지배하에 있었던 관계로 패서지역인과는 이질적 요인을 지니고 있었으므로 융합할 수 없었으며, 西海岸을 통해 산동지역과 통할 수 있는 개성일대를 최종 정착지로 택했을 가능성이 크다. 어쩌면 개성일대는 패서지방과 경기북방[임진강~한강지역]의 중간지대로서 힘의 공백장소라는 이점과 양지역을 통제할 수 있다는 전술적 입장이 있었는지도 모른다. 한편, 임진강~한강지역의 구고구려인과는 본국을 떠났다는 공통된 입장에서 쉽게 동화할 수 있었으리라는 생각도 가능하다. 이들 고구려계통의 이주민, 즉 王建先代는 8세기 중엽 康忠·寶育代에 이르러 개성일

62) 盧泰敦, 앞의 論文, p.101.
63) 金文經, 앞의 論文, pp.458~459 및 金鎭闊, 앞의 論文, p.764.

대에 정착했다고 추측된다. ≪高麗史≫(高麗世系)의

　　그때 신라의 監干八元이 風水術을 잘하여 扶蘇郡에 왔다가 郡이 부
소산 북쪽에 자리잡고 있어 山形은 좋으나 나무가 없음을 보고 康忠
에게 말하기를 '만약에 군을 산의 남쪽으로 옮기고 소나무를 심어 巖
石을 드러나지 않게 하면 三韓을 統合하는 者가 태어나리라'하였다.
이에 康忠이 郡人들과 함께 산의 남으로 옮겨 살며 소나무를 심고 그
로 인하여 松嶽郡이라 改名하고 드디어 군의 上沙粲이 되었다.

라는 기록은 이들이 개성일대에 정착했을 뿐 아니라, 어느 정도 그
세력을 장악했던 것으로 풀이 된다. 비록 이들은 토착세력기반은 약
했으나, 營州지방에서 익힌 商業術과 북방유목민족으로부터 배운 뛰
어난 機動力을 앞세운 騎馬術은 새로운 지배시력으로 성장할 수 있
는 조건이 되었다. 특히 오랜 외국생활에서의 어려움과 이동생활을
통한 강력한 連帶意識은 이들을 하나의 조직체로 묶을 수 있었을 것
이다. 따라서 太祖(왕건)는 敬順王 5년 2월에 50餘騎를 거느리고 慶
州를 방문할 수 있었고,[64] 또 ≪高麗史≫의

　　(가) 弓裔는 太祖[왕건]에게 명하여 精騎將軍黔式 등 3천명을 거느
　　　　리고 尙州沙火 鎭을 공격케 하였다. 甄萱과 여러번 싸워 이겼
　　　　다[65]
　　(나) 太祖(왕건)는 친히 精騎 5천을 거느리고 公山에서 甄萱과 싸웠
　　　　다[66]

라는 기록과 같이 太祖 19년의 神劍討伐戰에서 庚黔弼은 9,500의
여진기병을 지휘할 수도 있었다.[67]

---

64) ≪三國史記≫ 卷 12, 敬順王 5年 2月條의 '太祖率五十餘騎 至京畿通謁'이라 하고
　　있다.
65) ≪高麗史≫ 卷 1, 太祖 卽位年條.
66) 위의 책, 太祖 10年 10月條.

이와 같은 王建一家의 군사적 배경 이외에 그들의 세력기반이 된 것
은 탁월한 海戰術과 造船術이다.68) 왕건은 여러 차례 水軍을 거느리고

天復 3년 癸亥 3월에 太祖가 水軍을 거느리고 西海로부터 光州界
에 이르러 錦城郡을 점령하고 10군을 격파하여 錦城을 羅州로 고치
고 군사를 나누어 지키게 하고 돌아왔다. (중략) 태조는 水軍을 거
느리고 光州鹽海縣에 이르러 甄萱이 吳越에 보내는 배를 나포하고
돌아오니 弓裔가 크게 기뻐하여 더 큰 상을 내렸다.69)

라는 사실과 같이 甄萱의 배후를 위협·격파하기도 하였으며, 견훤
의 入朝船을 나포하는 등 騎馬術 못지않은 탁월한 海戰術도 갖고 있
었다. 따라서 그는 견훤의 예봉을 水陸으로 막아 한반도의 새로운
주인공이 될 군사력을 확보할 수 있었다. 특히 수군활동의 중요성을
건의한 장본인이 왕건이었고, 실제 水軍을 지휘했을 뿐 아니라 戰船
의 건조나 수리장소가 바로 자신의 근거지인 貞州였음은70) 여러 가
지로 의미가 있다.

이러한 왕건의 수준활동은 그 先代의 海上活動과 무관하지는 않
다. 虎景의 경우는 '富而無子 善射以獵爲事'라 하여 무역이나 해상활
동은 나타나지 않는 듯하다. 그러나 作帝建代에 오면

이에 漆船을 타고 七寶와 돼지를 싣고 바다를 건너 언덕에 이르니
昌陵窟 앞 江邊 이었다. 白州의 正朝劉相晞 등이 듣고 말하기를 '作
帝建이 西海龍女에게 장가들고 돌아왔으니 참으로 큰 경사이다'라하
며 開[개성]·眞[풍덕]·鹽[연안]·白[배천]의 4州와 江華·喬桐·河陰 3현의
사람을 시켜 永安城을 쌓고 宮室을 지었다.71)

---

67) 위의 책, 卷 2, 太祖 19年條.
68) 《高麗史》(1,2)의 기록에 따르면 太祖는 빈번하게 水軍을 거느리고 海戰에서
   승리를 거두고 있으며, '太祖復修戰艦于貞州'나 '太祖還告舟楫之利 應變之宜 裔喜
   左右日' 등에서 볼 때 그의 뛰어난 水軍活動을 엿볼 수 있다.
69) 《高麗史》卷 1, 太祖 即位年條.
70) 朴漢卨, 앞의 책, p.111.

라 하여 西海와 관계가 컸으며, 그곳을 통해 무역활동을 전개하고
있었다. 특히 昌陵浦[西江]를 중심으로 한 서해안에서의 무역활동은
이미 康忠의 '永安村富人女'이나 '家累千金'도 결국은 서해안에서의
상업활동에서 얻어진 결과일 것이다.72) 다시 말하면 왕건선대의 해
상활동은 山東半島에 있는 세력집단과의 끊임없는 교류에서 얻어진
결과라 생각된다.

당시 산동지방에는 李正己를 중심으로 한 고구려유민이 商圈을 장
악하고 있었으며, 통일신라의 新羅坊과도 깊은 관계가 있어 왕건가
문들도 이와 연결하지 않을 수 없었다. 더구나 圓仁의 ≪入唐求法巡
禮行記≫(卷 3)에는 산동지역의 무역업을 대표하는 王請·王可昌·
王宗 등의 기록이 보이고 있거니와, 이들은 주로 일본을 왕래하던
인물이었다. 여기서 王씨가 王建一家와 어떤 관계가 있는지는 분명
치 않으나, 일단 양자간에 상업상 또는 혈통상 연결이 깊었을 것이
다. 따라서 辰義와 唐肅宗과의 혼인실화는 결국 산동지방의 李正己
集團과의 결속을 의미하는 것으로 풀이할 수 있다.

唐肅宗이 태자로 있을 때 山川을 遍遊하고자 하였다. 明皇天寶 12
년 癸巳年 봄에 바다를 건너 浿江[예성강]의 西浦에 이르렀는데 마침
潮水가 밀려가자 강기슭이 진흙투성이가 되어 後官이 배안에서 돈을
깔고 언덕을 올라갔다. 이에 그 浦口를 鐵浦라 하였다. (중략) 辰義를
대신 薦枕케 하여 1개월 머물다가 임신한 것을 깨닫고 작별할 때 '나
는 大唐의 貴姓이라'하고 弓矢를 주면서 아들을 낳거든 이것을 주라'
고 하였다. 과연 아들을 낳으니 作帝建이라 하였다.73)

라는 作帝建의 설화는 몇 가지 역사적 사실을 시사하고 있다. 즉, 唐肅
宗(실제로 그가 아니지만)이 단순히 周遊山川의 뜻으로 서해안에 온

---

71) ≪高麗史≫ 高麗世系.
72) 朴漢卨, 「王建世系의 貿易活動에 대하여」, ≪史叢≫ 10(1965), p.268.
73) ≪高麗史≫ 高麗世系

것이 아니라, 산동지방의 고구려 유민과 왕건가계와 밀접한 관련이 있다는 사실을 의미한다. 특히 '從官取舟中錢布之'라는 경제적 여유는 왕건가문의 累千金과 맥을 같이하는 것이었다. 또한 '大唐貴姓'은 李正己集團의 세력을 美化한 것으로 보이며, 그가 남긴 弓矢는 어디까지나 고구려왕의 상징이기 때문에 양파는 결속될 수 있었을 것이다. 이와 같이 作帝建은 산동지역의 구고구려세력과 해상활동으로 결속하면서 경제적인 기반확보는 물론, 그 정치적 세력도 크게 신장할 수 있었다.

그러나 9세기 초엽까지도 이들은 고구려유민세력을 대표할 수 없었다. 그것은 浿西地域에는 朴守卿을 대표로하는 平山勢力이 엄존하고 있었기 때문이다. 그러므로 그들의 지배 없이는 지역의 통제가 불가능하였다고 생각된다. 따라서 왕건가문은

　　昕康大王(懿祖)의 妻 龍女는 平州人豆恩站肝의 딸이다.[74]

라는 것과 같이 결국 平山勢力인 童女를 부인으로 맞이함으로써 새로운 계기를 맞게 되었다. 이것은 개경세력과 평산세력의 결속을 의미하는 것으로 그것이 단순히 상업적 관계만이 아니라, 왕건가문의 정치적 야심의 표현이라 하겠다. 이제 왕건가문[作帝建代]은 양지역을 대표하는 세력으로 군림케 되었고, 하나의 통일된 구고구려 세력을 의미하는 입장을 강화할 수 있었다. 따라서 王建先代의 실화 중에서 作帝建의 내용이 가장 풍부한 것도 그의 지위를 가늠케 해 준다. 더구나 바다를 통한 중국의 海戰術과 農業開發의 모색은[75] 왕건가문의 지위와 부력을 높여줄 수 있었다. 이러한 왕건일가의 세력확충은 弓裔時代에 그 위력을 발휘할 수 있었고, 후 삼국의 혼란기와 정벌과정에서 더욱 강화되어 새로운 사회로의 기틀을 마련케 하였다.

---

74) 위의 책, 高麗世系(李齊賢 曰).
75) 魏恩淑,「羅末麗初 農業生産力發展과 그 主導勢力」,≪釜大史學≫ 9(1985) 참조.

Ⅳ. 結語

이상에서 우리는 통일신라時代의 高句麗遺民의 動向과 王建先代의 出自및 그들의 실체와 남하시기 등을 살펴보았다.

우선 고구려유민 중에서 주목되는 집단은 예성강이북의 浿西地方에 '살던 주민과 임진강·한강하류의 경기도북부에 옮겨진 무리로 생각된다. 전자는 오랜 기간동안 방치되었다가 武烈系王權의 강화에 따라 신라의 행정조직 속으로 편입된 사람들이며, 후자는 統一戰爭을 전후한 시기에 신라에 投降·徙民된 계열이었다. 이 양지역주민은 출발의 차이나 신라의 견제로 어느 정도 별개로 존재하였으나, 점차 하나의 高句麗意識을 갖게 되었다. 특히 신라의 정치적 배타성이나 무관심과 혼란에 편승하여 독립된 집단으로 성장하였으며, 북방[요동·만주]의 정치변동이나 고구려유민의 활동[발해·소고구려국의 흥망]을 통해 혈연적 유대의식을 강화시키게 되었다.

다음 王建先代는 원래 패서지방[黃海道地域의 九月山一帶]에 살던 고구려계통으로서 7세기 후엽(고구려 멸망을 전후하여) 營州地方으로 옮겨진 집단으로 생각하였다. 이들은 그곳에서 뛰어난 기동력과 활발한 상업활동으로 그곳 말갈족의 지배하에 있던 白山部를 장악하고 새로운 王族[지배족]으로 군림한 것으로 풀이하였다. 왕건의 王氏는 반드시 姓은 아니지만 요동의 지배자를 자칭한 것으로 보인다. 따라서 遼東에서 활약한 인물이 구고구려계인 왕씨가 중심이라는 사실은 의미가 있는 점이라 하겠다.

王建의 先代는 바로 이들을 지칭하는 것으로, 일부는 李盡忠의 亂(696)때 東走하여 渤海建國에 협조한 것으로 여겨진다. 이어 安祿山의 亂(755)으로 야기된 정치적 혼란기에 이들 주력집단이 남하하여 8세기 중엽 康忠·寶育代에 開城一帶에 정착하였다고 생각된다. 이러한 고구려인의 남하는 歸巢復歸慾의 현상으로 풀이 할 수 있으며, 그들이 개성일대를 택한 이유는 朴守卿家門이 세력을 갖고 있는 浿

西地方보다는 패서지역과 경기북방지역의 중간지대라는 힘의 공백장
소였기 때문이라고 헤아려진다.

이들은 營州地方에서 익힌 商業術과 뛰어난 騎馬術을 통한 富와
힘을 바탕으로 오랜 이주과정에서 강화된 혈연적 응집력을 통해 開
城地域의 주인공으로 등장하였다. 특히 왕건선대는 이러한 상업술이
나 기마술 이외에도 우세한 海上活動을 통해 그들의 세력을 확충할
수 있었다. 즉, 경기북방지역의 원고구려인(徙民된)을 흡수하였으며,
특히 山東半島의 李正己集團과 연결되면서 9세기 초 作帝建代에는
막강한 세력집단으로 군림케 되었다. 따라서 그는 패서지방의 대표
적인 세력인 平山豪族과 혼인을 맺음으로써 실질적인 지배세력임을
확인케 되었다. 이러한 과정에서 왕건 일가는 弓裔下에서 그 힘을
발휘할 수 있었고 고려왕조를 개창할 수 있는 가문이 될 수 있었다.

제 2 장
統一新羅 專制王權의 性格

中代社會는 專制王權의 確立期로 인식되고 있다. 그러나 전제왕권이 中代에만 있었던 정치형태는 아니었고, 中古末부터 고 형태를 갖추기 시작한 후 통일 후에 크게 발달하였으며, 下代의 貴族聯立政治下에서도 꾸준히 계속된 정치체제였음을 간과해서는 안될 것이다. 또한 전제왕권이 왕의 一人獨裁가 아니라, 발달된 官僚制度의 합법적 뒷받침과 소수의 귀족·외척세력의 정치적 지지와 타협 속에서 존속될 수 있었다는 사실을 중시하였다. 특히 上大等과 侍中의 대조적인 성격이라는 기존의 견해를 배격하고, 동시에 中代의 범위를 眞德女王 때부터 宣德王까지의 138년간(647~785)을 지칭함으로써, 하대의 출범에 대한 惠恭王 10년설(李基白)과 景德王 19년설(金壽泰)을 반대하였다.

제1절 中代專制王權의 展開過程은 武烈王室의 成立과정과 함께 神文王·聖德王·景德王의 전제정치의 특징과 차이를 구명하였다. 대체로 전제왕권은 통일전쟁의 열기가 식지 않았던 神文王 10년 전후에 官僚制度의 完備에 따라 이룩되었다고 보았다. 그러나 이 시기의 전제왕권은 愷元을 비롯하여 大莊·三光 등의 인척의 도움으로 유지되었음도 확인하였다. 전제왕권의 절정기인 聖德王은 10명의 中侍와 3명의 上大等을 교체하면서 전제권을 유지하였으나, 그 내면으로는 金順元·允忠(允中)·思仁·忠信[信忠]系 귀족세력과의 정치적 관계가 정권유지의 바탕이 되었다. 한편 성덕왕은 활발한 對唐外交에서 자신의 지위를 강화시키려 하였다. 景德王 역시 信忠·義忠·思仁·邕·良相·周元 및 敬信系등의 정치적 타협속에서 정권이 유지되었으나 石窟庵·佛國寺의 축조를 비롯한 불교와의 연계 속에서 전제정치의 사상적 뒷받침을 꾀하였다.

제2절에서는 中代專制王權의 특징을 王權의 神聖化 측면과 官僚制度의 특질을 통해 살펴보았다. 전제왕권의 절대화는 儒敎의 王道政治具現과 佛敎의 신성한 권위로 뒷받침되었다. 그것은 萬波息笛이나 安民歌의 정신이었고, 文武王·宣德王의 佛敎式 火葬과 律令政治의 遺

詔에서 볼 수 있다. 통일신라의 관료제는 唐의 그것과는 달리 독자적인 제도를 갖고 있었다. 170여 년의 정비과정을 통해 이룩된 중앙정치체계는 특정기관의 越權을 방지하기 위해 중앙행정관부는 王과 직결되었으며, 각 관부간의 牽制와 均衡흘 이루고 있다. 특히 14부의 행정관부와 七寺成典의 균형을 위해 兼職制를 활용하였고, 장·차관의 복수제는 일부 귀족들의 권력 독점을 가능케 함으로써 王權을 견제하였다. 특히 內省역할의 강화는 王室內閣의 기능을 다하였으며, 이러한 신라의 제도는 高麗·朝鮮의 정치 제도에 原型이 되었다.

제1절 新羅 中代 專制王權의 展開過程

I. 序言

新羅의 전성기는 中代[武烈王~惠恭王]의 126년간(654~780)을 지칭
한다. 이 시기는 정치적 안정과 문화의 융성은 물론 활발한 羅·唐關係
를 바탕으로 미증유의 平和가 유지된 한국고대사에서 黃金期로 인식
되고 있다. 무엇보다도 儒敎政治理念의 具現[1]과 律令制를 바탕으로
한 官僚制의 確立에 따른 專制王權이 이룩된 시기로 널리 이해되고
있다.[2] 다만 이러한 전제왕권이 神文王代의 과감한 傍系貴族의 除去
와 발달된 官僚制의 整備에 초점을 두고 서술되어 왔을 뿐,[3] 그 성립
및 전개과정에 대해서는 뚜렷한 연구성과가 없다. 그러나 전제왕권과
佛敎와의 관련이나,[4] 그 붕괴기의 정치적 상황에 대해서 연구가 집중

---

1) 金相鉉, 「萬波息笛說話의 形成과 意義」, ≪韓國史研究≫ 34(1981), pp.18~20.
2) 井上秀雄, 「三國史記にあらわれた新羅の中央行政官制について」, ≪新羅史基礎研究≫
   (東京, 東出版, 1974) 및 「新羅統一王朝」, ≪日本古代史講座≫ 6(東京, 學生社,
   1983).
   木村誠, 「統一新羅の官僚制」, ≪日本古代史講座≫ 6 참조.
3) 李基東, 「新羅中代의 官僚制와 骨品制」, ≪新羅骨品制社會와 花郎徒≫(一潮閣, 1984)
   참조.
4) 王權과 佛敎와의 관계에 대한 주요 업적은 아래와 같다.
   ○ 李昊榮, 「新羅中代王室과 奉德寺」, ≪史學志≫ 8(1974).
   ○ 金在庚, 「新羅阿彌陀信仰의 성립과 그 배경」, ≪韓國學報≫ 29(1982).
   ○ 李成市, 「新羅中代の國家と佛敎」, ≪東洋史研究≫ 42의 3(1983).
   ○ 金相鉉, 「新羅中代專制王權과 華嚴宗」, ≪東方學志≫ 44(1984).
   ○ 金英美, 「統一新羅時代阿彌陀信仰의 歷史的 性格」, ≪韓國史研究≫ 50·51合輯
     (1985).
   ○ 李基白, 「新羅時代의 佛敎와 國家」, ≪新羅思想史研究≫(一潮閣, 1986).

되어 있을 뿐이다.5) 따라서 중대의 전제왕권의 성격을 파악하기 위해
서는 우선 그 成立과 展開 및 變遷過程의 해명이 필요하다.

신라의 專制王權은 우선 中古期(法興王~眞德女王)에 그 특징이 나
타나기 시작하였고,6) 또한 善德王·眞德王代에 준비된 武烈系王權이7)
下代의 첫 왕인 宣德王代까지 계속되었으므로,8) 그 전제왕권의 성립
과 전개과정은 7세기 중엽부터 8세기 말까지의 정치적 변동상황을
분석해야할 것이다. 다시 말하면 武烈系와 庚信系가 등장하는 中古
末의 정치적 변화는 물론,9) 元聖王系王權이 성립될 때까지 전제왕권
을 지탱해 준 貴族勢力의 消長과 安協關係를 고찰하는 것이 필요할
것이다. 무엇보다도 신라 중대의 전제왕권이 정비된 官僚制度에 의
해 뒷받침된 것이라기보다는 소수의 귀족세력과의 협조 속에서 유지
되었기 때문에 '專制王權과 특정한 貴族家門과의 關係'는 결국 중대
전제왕권의 전개과정이 될 것이다. 따라서 본고는 주로 神文王·聖德
王·景德王代의 왕권을 지탱해 준 귀족세력의 분석에 초점을 두게 될
것이다.

필자는 먼저 전제왕권이 中代에만 있었던 정치현상이라든가, 연구
자의 선입견에 따라 景德王이나 惠恭王 등의 왕권에 비판적이면 무

○ 金福順,「新羅中代華嚴宗가 王權」,《韓國史研究》63(1988).
5) 專制王權崩壞期의 정치적 관계를 연구한 주요 성과는 아래와 같다.
　○ 李基白,「景德王과 斷俗寺怨歌」,《新羅政治社會史研究》(一潮閣, 1974).
　○ 李基白,「惠恭王代의 政治的 變革」, 위의 책.
　○ 金壽泰,「統一新羅期 專制王權의 崩壞와 金邕」,《歷史學報》99·100(1983).
　○ 李泳鎬,「新羅惠恭王代 政變의 새로운 解釋」,《歷史敎育論集》13·14(1990).
6) 李晶淑,「新羅眞平王代의 政治的 性格」,《韓國史研究》52 (1986), P.27.
7) 申瀅植,「武烈王系의 成立과 活動」,《韓國古代史의 新研究》(一潮閣, 1984), pp.112~119.
8) 下代의 첫 왕은 宣德王(金良相)이다. 그러나 그를 계승한 왕은 元聖王(金敬信)이었
　으며, 양자 사이엔 奈勿王 10세·12세손이라는 점외에는 깊은 혈연관계가 없다. 또
　한 下代는 원성왕 후손으로 연결되었으므로, 선덕왕은 中代의 왕이라 해도 큰 문
　제가 없다. 더구나 그는 北方經營, 東海火葬의 遺言, 聖德王의 外孫인 점(성덕왕의
　딸인 四炤夫人의 아들)등 을 고려할 때 武烈系王統으로 보아도 무방할 것이다(申
　瀅植,「新羅史의 時代區分」,《韓國史研究》18(1977), p.27).
9) 申瀅植, 앞의 책, pp.245~251.

조건 反專制主義者로 간주하는 학계의 일반적인 견해를 재검토하고
자 한다. 또한 中代는 王權의 전제시대이며 下代는 왕권이 약한 貴
族聯立時代라는 기존의 관념은,[10] 도리어 신라사회의 내면적 실상파
악을 어렵게 할 수 있다는 견해를[11] 주목하고자 한다. 즉, 특정한
고정관념이 반드시 불합리한 것은 아니지만 일정한 前提보다는 당시
의 政治現實把握에 역점을 두고자 한다.

그리고 본고는 전제왕권이 성립되고 전개되는 과정에서 그 왕권을
지탱해 준 貴族勢力의 實體究明에 초점을 두었다. 이들 귀족세력은
王妃를 통해 外戚으로서, 또는 上大等이나 侍中을 통해서 전제왕권을
지탱하거나 반대할 수 있었기 때문이다. 특히 庚信系[三光·允中·巖]와
武烈王의 傍系인 文王系[大莊·思仁·惟正·周元]의[12] 동향은 전제왕권의
존속에 깊은 관련이 있었다. 또한 金愷元·金順貞·金順元·金邕 등에 대
한 상반된 견해는,[13] 결국 이 시대의 성격 해명에 어려움을 줄 수
있으므로 이들에 대한 성격파악에 초점을 두었다. 동시에 景德王 15
년에 있었던 金思仁의 時政得失提起가 上大等의 정치적 지위변동이
라는 측면보다는[14] 外戚勢力間의 권력쟁탈전의 한 단면으로 볼 수

10) 李基白, 앞의 책(1974), 序(p.iv) 및 「學問的 苦鬪의 연속」, 《韓國史市民講座》 4
   (一潮閣, 1989), p.180.
11) 李泳鎬, 앞의 論文, p.358.
12) 新羅下代에 있어서 정치적 비중이 컸던 金憲昌(金周元의 子) 家門은 金仁問의 후
   손으로 파악되어 왔다(崔柄憲, 「新羅下代의 動搖」, 《한국사》 3(국사편찬위원회,
   1978), p.460). 그러나 金文王의 후손으로 밝혀진 연구성과(金貞淑, 「金周元 世系의
   成立과 變遷」, 《白山學報》 28(1984), p.164)에 따라 본고에서도 文王의 직계로
   파악하였다.
13) 이들에 관계된 주요 연구성과는 아래와 같다.
   ○ 李昊榮, 「聖德大王 神鍾銘의 解釋에 관한 몇 가지 問題」, 《考古美術》 125(1975),
     p.13.
   ○ 金壽泰, 「新羅聖德王·孝成王代 金順元의 政治的 活動」, 《東亞研究》 3(1983),
     pp.210~220.
   ○ 鈴木靖民, 「金順貞·金邕論 —新羅政治史의 一考察—」, 《古代對外關係史의 研究》
     (東京, 吉川弘文館, 1985), pp.319~321.
   ○ 金英美, 「聖德王代 專制王權에 대한 一考察」, 《梨大史苑》 22·23 (1988), p.379.
14) 李基白, 앞의 책(1974), p.107.

있다는 견해를 제시해 보고자 한다. 끝으로 전제왕권을 지지·반대한 귀족세력의 消長過程에서 전제왕권의 특징을 찾아보는 동시에 神文王·聖德王·景德王代의 전제정치가 갖는 차이점이나 그 성격구명에 주안점을 두었다.

Ⅱ. 中代 王權專制化의 確立過程

武烈王系의 시조인 眞智王은 眞興王(540~576)의 차남이었다. 그러나 장남인 銅輪이 진흥왕 33년에 사망하였기 때문에 眞智王은 당시 정치적 실권자인 居柒夫의 도움으로 王位를 簒奪했을 가능성이 크다.15) 따라서 그는 재위 4년 만에 銅輪直系派[眞平王]에게 政亂荒淫의 이유로 축출되었다. 그러나 진지왕에게 왕권유지의 결함이 된 政亂荒淫은 ≪三國史記≫에는 구체적 내용이 기록되어 있지 않다.

따라서 무열계 가문의 운명은 축출된 진지왕의 아들인 金龍春의 어깨에 달려 있게 되었다. 그는 眞平王(4촌형)에게 일단 협조한 결과 신설된 私臣을 통해 가문유지를 꾀할 수 있었다. 그러나 김용춘은 金庾信의 부친인 金舒玄과 친교를 맺어 새로운 가문, 즉 新興勢力으로서의 입지를 굳힐 수 있었으므로 이들이 7세기 후엽 정치와 군사의 주역으로 등장할 수 있었다.16) 더욱이 진평왕 때(579~632)는 3국간의 爭覇戰이 치열하게 전개되었으며, 唐의 등장(618)에 따른 새로운 東亞秩序의 樹立이라는 세력변화가 잇달아 신라 내부에서도 이에 대한 대응이 필요하였다.

이러한 격동기에 善德王(632~647)이 즉위하였다. 당시의 신라정세는 對麗·濟戰어 수행이나 對唐關係를 고려하여 신·구세력은 국력낭비

---

15) 申瀅植, 앞의 책, p.113.
16) 申瀅植, 위의 책, p.115.

를 초래하는 불필요한 대립을 계속살 수 없었고 對外戰爭에 있어서 강경파인 신세력이 주도하여 선덕왕을 옹립하게 되었다. 그러나 선덕왕 9년(640)의 3국의 경쟁적인 외교전쟁과 11년의 大耶城事件은 3국의 판도를 바꾸어 놓았고, 金春秋, 金庾信의 결속을 가져와 무열계 등장의 계기가 되었으며, 양인은 신세력을 이끌었으며 외교·군사면의 일선에 나서게 되었다.

善德王 16년(647)에 일어난 上大等 毗曇의 亂은 단순한 上大等王位推戴運動이[17) 아니었다. 이것은 銅輪系가 일으킨 反眞智系運動으로서 난의 진압으로 신·구 세력의 균형이 깨지고 신세력확보의 첫 움직임으로써 眞德女王(647~654)의 즉위를 가져왔다. 따라서 진덕여왕의 재위 8년간은 武烈王系의 政策試驗期였고 庾信系와의 결합으로 전시대[奈勿系의 中古]의 잔재를 극복하려는 무열계의 성립기였다.[18)

眞德女王은 혈통상으로는 奈勿系[銅輪系]의 마지막 王孫이지만 그의 활동은 무열계의 입장을 취하고 있었다. 이 때에 中古殘滓를 대표하는 稟主를 폐지하고 執事部와 倉部를 두었고,[19) 左理方府를 두어 律令政治를 시도하였다. 특히 新正賀禮를 시작하여 전제왕권의 형태를 갖추게 되었고, 宿衛外交를 추진하여 聖德王代에 큰 결실을 보게 되었다.[20)

眞德王이 후사가 없자 金春秋는 金庾信의 도움으로 群臣[和白]의 推戴를 받는 형식을 통해 武烈王이 되었다. 이것은 가문의 시조인 진지왕이 國人[和白]의 결의로 退位한 사실을 역으로 이용한 정치적 행위였다. 太宗 武烈王(654~661)은 이미 왕이 되기 전인 진덕여왕 2년(648)에 직접 入唐하여 군사원조를 받아냈으며 金文王·仁問 등 두 아들을 宿衛로 파견하여 자신의 지위를 국제적으로 높인 바 있었

---

17) 李基白, 앞의 책(1974), p.101.
18) 申瀅植, 앞의 책, p.117.
19) 李基白, 앞의 책(1974), p.157.
20) 申瀅植, 앞의 책, p.370.

다.21) 무열왕은 즉위와 동시에 기존의 律令을 심사한 후 理方府格 60여 조를 개정하였으며, 金庾信을 上大等으로 임명한 후 국력을 百濟征伐에 집중시켰다.22) 무열왕은 구세력을 포함한 불만세력을 對百濟戰의 거족적 참여 속으로 용해시켜 왕권의 확립에 기여하였다.

文武王(661~681)은 백제 정벌 직후 百濟殘民의 도전과 高句麗征伐의 긴급한 상황 속에서 등장하였다. 문무왕은 父王의 遺志를 이어 고구려정벌을 단행하였으며 唐軍逐出에 심혈을 기울였다. 즉, 그는 復興運動을 꾀하는 濟·麗殘民을 포섭하는 한편, 唐의 占領地域에서 逃出하는 다수의 유민에게 피난처를 제공함으로써 자신의 세력을 증강하고 唐의 反攻勢力을 약화시키는데 노력하였다.23) 문무왕 11년 (671)의 石城戰鬪를 계기로 전면전에 돌입한 신라군은 문무왕 15년 (676)의 買肖城[육전]과 16년의 伎伐浦[해전]의 大會戰에서 唐軍을 궤멸시킴으로써 統一戰爭에 종지부를 찍었다.24)

문무왕의 업적은 民族統一課業과 같은 군사적 활동뿐 아니라 濟·麗歸化人의 포섭과 융합, 그리고 하급관리 또는 일반백성에 대한 우대정책 등의 광범한 爲民政策을 왕권 전제화의 바탕으로 삼았다는데 의미가 있다. 그러므로 다음과 같은

> 兵器를 녹여 農具를 삼고 백성[黎民]을 仁壽의 터전에 살게 하였다. 賦稅를 가볍게 하고 徭役을 덜어 가정이 富하고 人口가 늘어 백성이 안정되고 나라에 우환이 없어 倉廩이 산같이 쌓이고 감옥은 풀이 무성하게 되었다. (중략) 邊城·鎭遏 및 주현의 課稅는 필요한 것이 아니거든 모두 폐하고 律令格式에 불편한 것은 곧 개정하라 (≪三國史記≫ 卷 7 末尾)

---

21) 申瀅植, 위의 책, p.359.
22) ≪三國史記≫ 卷 5, 太宗武烈王 1~7年條 참조.
23) John C. Jamieson, 「羅唐同盟의 瓦解」, ≪歷史學報≫ 44 (1969), p.2.
24) 李明植, 「新羅文武大王의 民族統一偉業」, ≪大丘史學≫ 25 (1984), p.26.

는 文武王의 遺詔에서 爲民思想의 전형적인 모습과25) 中代社會의
특징이 될 律令政治의 방향을 알 수 있다. 특히 문무왕의 爲民政策
은 재위 21년 간에 7명의 中侍交替26)[賢士登用]와 5회의 大赦[刑罰
緩和]에도 잘 반영되어 있다.

통일신라 특히 중대사회에서 가장 주목할 일은 官僚制度의 정비에
따른 律令政治의 발달이다.27) 武烈王이 즉위한 직후 良首[左理方府
令]에게 60여 조의 법령을 고치게 한 사실을 이어받아 문무왕은

(가) 7년에 左理方府를 두었고 令 2인, 卿 2인, 佐 2인, 大舍 2 인,
그리고 史 10인을 각각 두었다(≪三國史記≫ 卷 38 職官上).
(나) 13년에 처음으로 外司正을 설치하였는데, 州에는 2명, 郡에는 1
명씩 파견하였다(同, 卷 7).
(다) 15년에 銅으로서 百司 및 州郡의 印章을 鑄造하여 나누어 주
었다(上同).
(라) 18년에 左·右理方府의 卿을 각각 1명씩 더 두었다(上同).

에서 볼 때, 右理方府를 두어 진덕여왕 5년에 설치한 左理方府와 함
께 左·右理方府로 하여금 율령을 관장케 하였으며, 전국의 관청과
州郡에 外司正을 파견하는 동시에 印章을 사용케 함으로써 행정의
법제적 기틀을 마련하였다. 특히 監察業務의 관서가 중앙·지방뿐만
아니라 왕실사무까지 확대된 것은 비록 그것이 唐의 三院制를 모방
한 것으로 생각할 수는 있으나, 신라사회의 현실적 요구에 따른 전
제왕권 수립의 수단이라 생각된다.28)

25) 孟子의 爲民思想은 본질적으로 支配者의 自己權益保護의 입장에서 治者가 被治者
에게 베푸는 施惠의 사상이다. 특히 治者들은 稅制改革·大赦[刑罰緩和]·賢士登
用·福祉增進등을 통해 백성들의 경제·사회적 이익을 옹호하는 형태를 취한다(柳初
夏, 「孟子의 爲民意識과 그 性格」, ≪民族文化硏究≫ 14 (1979), pp.123~139).
26) 李基白, 앞의 책(1974), p.156.
27) 井上秀雄, 앞의 책(1974), p.452.
28) 李基東, 앞의 책, p.126.

이러한 律令政治를 뒷받침하는 官僚制度와 정비는 통일전쟁 과정
에서도 꾸준히 계속되었다는 사실에서 뚜렷하게 나타난다. 즉, 문무
왕은 중대의 어느 왕보다도 많은 官府를 신설, 增置한 장본인이었다.
문무왕 때에는 船府, 左理方府, 左·右司祿館 등 4개의 중앙관부를
신설하였고, 기존의 관부에 실무담당자인 史를 중심으로 많은 官員
을 增置하였다.29)

<表 1>文武王代 始·增置된 官員

官　　　府	官　　吏	人　員	연　　대	내　　용
執　事　部	史	6	11년	增　置
兵　　　部	大　　監	1	15년	增　置
	弩舍知	1	12년	始　置
	史	2	11년	增　置
	史	3	12년	增　置
	弩　　幢	1	11년	始　置
調　　　府	卿	1	15년	增　置
倉　　　部	卿	1	15년	增　置
	史	3	11년	增　置
	史	7	12년	增　置
禮　　　部	卿	1	15년	增　置
乘　　　府	卿　史	1	15년	增　置
		3	11년	增　置
司　正　府	卿	15	15년	增　置
	史		11년	增　置
	外司正	133	13년	始　置
領　客　府	卿	1	15년	增　置
左理方府	卿	1	15년	增　置
賞　賜　署	史	2	20년	增　置

「表 1」에서 볼 수 있듯이 문무왕의 정치개편은 전체 관료제에 대
한 일대 개혁으로서 주로 卿과 史 등 실무직을 완비하려는 것으로 행

---

29) 申瀅植, 앞의 책, p.128.

정제도의 큰 발전을 이룩케 함으로써 神文王代 專制王權의 기반이
된 것이다. 이와 같은 하부 관료제의 정비는 진골위주의 장관[令]중
심제를 견제·통제하려는 왕권절대화의 수단이 될 수도 있었을 것이
다.30)

이러한 王權의 專制化過程에 따른 귀족의 반발은 神文王代에 있었던

(가) 2년 8월에 大幢摠管 眞珠와 南川州摠管 眞欽이 病을 핑계로
한가이 不恤國事하므로 이들을 죽이고 그 일족을 처벌하였다
(≪三國史記≫ 卷 6).

(나) 10년 12월에 漢山州中摠管 藪世가 百濟를 약취하고 (중략) 그
곳으로 가려다 발각되어 大阿飡 眞珠를 보내어 그를 誅하였다
(上同).

와 같이 連坐制를 이용한31) 가차 없는 탄압으로 王統의 권위를 세
워 武烈王權 專制化에 기틀을 마련하였다.

神文王(681~692)은 이와 같이 문무왕을 계승하여 專制王權을 확립
하였다. 3국을 통일한 직후 번영하는 佛國士를 수호하려는 뜻에서
세운 四天王寺의 정신을 계승한 感恩寺가 신문왕 2년에 이룩되었다
는 사실과32) 통일과 전제왕권의 상징인 五岳이 바로 이 시기에 성
립된 것은 우연이 아니었다.33) ≪三國史記≫는 신문왕 1~9년 사이에
다음과 같은 주요한 사실을 상세히 기록하고 있다.

(가) ① 원년 8월 8일에 蘇判 金欽突 波珍飡 興元 大阿飡 眞功등이
謀叛하다가 伏誅되었다(≪三國史記≫ 卷 8).
② 원년 8월 28일에 伊飡 軍官을 誅하였다. 그는 賦臣 欽突 등

---

30) 李基東, 앞의 책, p.128
31) 朱甫暾,「新羅時代의 連坐制」, ≪大丘史學≫ 25 (1984), p.38.
32) 李泳鎬,「新羅中代王室寺院의 官寺的 機能」, ≪韓國史研究≫ 43 (1983), p.85.
    蔡尙植,「統一新羅期의 成典寺院의 구조와 기능」, ≪釜山史學≫ 8 (1984), p.98.
33) 李基白, 앞의 책 (1974), p.205.

과 관계하여 그 역모의 사실을 알고도 不告知하였으므로 憂國·奉公의 뜻이 없는 것으로 생각하여 軍官과 아들 한 명을 自盡케 하였다(上同).

③ 4년11월에 安勝의 족자인 將軍 大文이 金馬渚에서 모반하다가 발각되어 伏誅하였다(上同).

(나) ① 2년 4월에 位和府令 2인을 두고 選擧의 일을 맡게 하였다(上同).

② 2년 6월에 工匠府監 1인과 彩典監 1인을 두었다(上同).

③ 6년 例作府 令 1인을 두었다(上同 卷 38)
6년 정월에 例作府 卿 2인을 두었다(上同 卷 8).

④ 8년 2월에 船府卿 1인을 더 하였다(上同).

(다) ① 5년 봄에 完山州를 復置하고 龍元으로 摠管을 삼았다(上同).

② 5년 居列州를 分立하여 菁州를 둠으로써 九州가 完備되었고 大阿湌 福世를 摠管으로 삼았다(上同).

(라) ① 2년 6월에 國學을 세우고 卿 1인을 두었다(上同).

② 6년 2월에 使臣을 唐에 보내어 禮記와 文章을 청하니 唐主(則天)가 所司로 하여금 吉凶要禮를 서사하고 또 文館詞林 중에서 規誡에 관한 글을 택하여 50권을 주었다(上同).

(마) ① 文武大王을 위하여 東海邊에 感恩寺를 세웠는데, 開耀 2년에 畢役하였다(≪三國遺事≫ 卷 2. 萬波息笛).

② 5년 3월에 奉聖寺가 낙성되었고, 4월에 望德寺가 낙성되었다(≪三國史記≫卷 8).

(바) ① 7년 5월에 왕이 下敎하여 文武官에게 田을 내리되 차등있게 하였다(上同).

② 9년 정월에 下敎하여 中外官吏의 祿邑을 罷하고 매년 租를 차등있게 지급하여 이를 常式으로 삼았다(上同).

(사) ① 2년 정월에 친히 神宮에 제사하고 죄수를 석방하였다(上同).

② 7년 4월에 祖廟에 大臣을 보내어 제사하고 太祖大王·眞智大王·文興大王·太宗大王·文武大王의 靈에 말씀을 올렸다(上同).

위의 기록에서 (가)는 武烈王系의 전제화에 반대하는 귀족에 대한 강력한 제재를 뜻하며 (나)와 (다)는 中央·地方制度의 완비를 의미한다. 法興王 3년(516) 兵部의 설치 이후 神文王 6년(686)의 例作府에 걸친 중앙관제의 완비와 9州 5小京의 정비는 절대왕권을 뒷받침하는 제도적 장치를 마련한 것이다. 특히 9州가 갖는 중국의 天下觀이나 五岳思想이 갖는 정치적 이상은 전제왕권의 형성을 위한 국토통일을 뜻하는 것이다.34) 나아가서 五行思想과의 관련은 물론,35) (라)의 儒敎政治理念의 구현과 맥을 같이 한다. 이러한 현상은 왕 즉위 후 金軍官處刑 다음에 내린 敎書의 '事上之規 盡忠爲本'이라는 내용에서 그 의미가 잘 나타나 있다.(마)는 神文王 4년에 설치한 永興寺와 더불어 7 寺成典 중 3개(영흥사·감은사·봉성사)를 이 때 만들었음을 보여 준다. 이러한 成典이 寺院의 관리감독보다 王室의 願堂으로서36) 왕실의 권위와 정통성을 강조하려는 것임은 확실하다.37) 이러한 유교적 정치이념과 불교적 호국관의 결합이 萬波息笛의 說話인 것이다.38) 따라서 (사)에서 보여 진 5廟制의 완성은 비로소 무열왕통의 親祖觀念과 그 法統性을 공식적으로 완결시킬 수 있었다.39) 그러므로 (바)와 같은 경제적 조치는 불가피한 것이다.

이로 미루어 보아 神文王 1~9년 간의 사회적 변화에서 우리는 신라가 唐風의 中央集權體制를 전면적으로 채용한 동시에 신라의 여러 제도를 재편성하여 보충·강화하면서 중앙집권제의 律令制를 완성하였다는 사실을 발견하게 된다.40) 나아가서 이러한 일련의 변화과정에서 上代[中古]와 中代[下古]의 시대구획이 가능하며 무열왕권의 전제화

---

34) 李基白, 앞의 책(1974), p.210.
35) 申瀅植, 「三國史記 本紀內容의 統計的 分析」, 《三國史記硏究》(一潮閣, 1981), p.57.
36) 李泳鎬, 앞의 論文(1983), pp.104~105.
37) 蔡尙植, 앞의 論文, p.118.
38) 金相鉉 앞의 論文(1984), p.27.
39) 邊太燮, 「廟制의 變遷을 통해 본 新羅社會의 發展過程」, 《歷史敎育》 8(1964), p.73.
40) 井上秀雄, 앞의 책(1974), p.452.

가 일단락되었다고 생각된다.41) 무엇보다도 신문왕 원년에 伏誅된 金欽突은 고구려정벌에 큰공을 세운 당대의 名將이며 신문왕의 장인이었다. 또한 金軍官은 兵部令·上大等으로 당시의 최고 실권자였으나 왕권의 전제화를 위해서는 상대등의 지위나 귀족세력은 문제가 될 수 없었다. 그러므로 왕의 장인이나 상대등의 직위에 있었던 자라도 왕의 전제화에 방해요소가 될 때는 가차 없이 제거되어야 했다.42)

따라서 神文王 元年의 金欽突事件은 무열왕권의 전제화에 결정적인 계기를 마련하였다고 보인다. 이에 상대등도 그 정치적 지위를 상실케 되었고 이 사건을 계기로 정치적 적대세력을 제거하기 위한 방편으로 連坐制를 이용하였다.43) 또한 侍衛府를 개편하여 將軍 6명을 두고 眞骨독점 규정을 폐지하여 6두품에게도 개방함으로써 전제왕권의 무력적 기반을 삼은 것도 사실이다.44)

이와 같은 武烈王權의 전제화 과정에서 간과할 수 없는 것은 왕개인의 獨走가 아니라 왕권의 절대화는 반드시 특정한 傍系王族이나 新金氏(庾信系)의 협조를 외면할 수 없었다는 점이다. 統一戰爭의 주역인 金仁問은 통일 후 唐에서 전 생애를 보내고 孝昭王 3년(694)에 그 곳에서 사망하였으며 그 후손은 알 수가 없다. 또한 金文王은 문무왕 5년(665)에 金庾信도 문무왕 13년(673)에 각각 사망하고 있어 문무왕 후반기에는 통일 1세대는 거의 사라지게 되었다.

그러므로 神文王은 통일 주역의 후손이나 가까운 왕족의 도움이 필요하였다. 여기서 주목되는 인물이 金庾信의 아들·손자인 三光·允中과 文王의 아들·손자인 大莊·思仁 등이다. 신문왕은 王妃인 金欽突의 딸을 出宮시킨 후 次妃를 맞이할 때 三光으로 하여금 맞이하게 하였고,45) 愷元[무열왕의 6子, 신문왕의 숙부]으로 하여금 冊封

---

41) 申瀅植, 앞의 책, p.216.
42) 李基白, 앞의 책(1974), p.107.
43) 朱甫暾, 앞의 論文, p.38.
44) 李文基, 「新羅侍衛府의 成立과 性格」, ≪歷史敎育論集≫ 9 (1986), p.48.
45) 金庾信의 장남인 三光은 文武王 6년(666)에 入唐宿衛한 후, 高句麗征伐에 참여하

케 하였다. 愷元은 孝昭王 4년(695)부터 聖德王 5년(706)까지 上大等을 역임하였고, 三光의 아들인 允中은 성덕왕 24년(725)에 中侍가 된 允忠으로 보인다.46) 따라서 무열왕권의 전제정치는 결국 庚信系와 무열계의 연합 속에서 이룩된 것이 확실하다.

무엇보다도 신문왕에 의해서 시도된 전제정치가 본격적으로 매듭되는 왕 6년(686)에 大莊[文王의 아들]을 中侍로 임명하여 이를 뒷받침하였다. 그리고 그 아들인 思仁은 景德王때(4년~16년)에 上大等이 되었으며, 손자인 惟正은 경덕왕 3·4년에 侍中이 된바 있어 대체로 思仁이 경덕왕 16년 上大等의 지위에서 떠날 때까지 이들 가문은 정치적 영향력을 발휘하였다. 이러한 정치적 입장이 후일에 金周元[惟正의 아들]의 향배와 관계가 된 것도 사실이다.

神文王의 專制化確立은 對唐關係에도 나타나 文武王 8년(668) 이후 朝貢使를 파견하지 않았으며 唐高宗의 冊封에도 謝恩使를 포함한 일체의 答訪조차 없었다.47) 이러한 고압적인 신라외교에 대해서 唐中宗은 太宗廟號改稱要求로 맞섰으나 신라정부는 정중하게 그 부당성을 제시하고 太宗廟號를 바꾸지 않았다. 특히 신문왕은 대당외교에 있어서 自主性을 나타낸 것과 같이 대내정치행위에서도 敎書를 발표하여 전제왕권의 위엄을 나타내었다.48) 결국 신문왕대에 확립된 전제왕권은 庚信系인 三光, 武烈系인 愷元이나 大莊 등 제한된 王族들의 정치적 협조로 어느 정도 유지될수 있었다. 이러한 일부 지배

였다. 그 후 그의 활동에 대한 기록은 거의 없으나, ≪三國史記≫ 裂起傳(卷 47)에 '後庚信之子三光**執權**'이라고 하여 단지 執權이라고만 되어 있다.
이것은 中侍나 上大等을 지칭하는 것으로 단정할 수는 없으나, 이에 준하는 최고의 정치실권자였음은 확실하다.

46) 李基白, 앞의 책(1974), p.164.

47) 申瀅植, 「三國史記를 통해 본 新羅社會」, ≪新羅史≫(梨大出版部, 1985), p.55.

48) 神文王은 재위 12년간에 4차의 敎書를 내리고 있었다. 즉 원년 8월 16일에 金欽突을 伏誅한 후, '下敎曰 賞有功者 往聖之良規'(중략)하였으며, 金軍官處刑後에도 '敎書曰 事上之規 盡忠爲本'하고 있었다. 7년 5월에도 '敎賜文虎官僚田有差'라든가, 9년 정월에도 '下敎 罷內外官祿邑 逐年賜租有差以爲恒式'이라고 한 바 있다. 따라서 聖德王 4년의 '下敎禁殺生'과 같이 唐帝의 詔書形式을 취하였다.

세력의 排他的 支配權의 확립은 統一戰爭으로 분출된 民族意識과 새로 마련된 官僚制度에 의해서 어느 정도 보장될 수 있었다. 더구나 對唐强硬策이라는 國民的 共感帶 속에서 불만을 갖고 있던 귀족의 반대를 극복할 수 있었다.

Ⅲ. 中代 王權專制와 外戚勢力

神文王 1~9년간에 이루어진 中代專制王權은 金庾信의 장남인 三光과숙부인 愷元49)[무열왕의 6子] 및 金文王[무열왕의 3子]의 아들인 大莊[신문왕의 4촌동생]등의 지원으로 어느 정도 본 궤도에 올라설 수 있었다는 사실은 앞에서 언급하였다. 그러므로 비교적 일부의 귀족세력이지만 전제왕권에서는 반드시 親族·外戚勢力이 절대적인 영향력을 행사하고 있다는 사실을 간과할 수 없다.50) 다행히 神文王代는 이러한 제한된 왕족세력과의 정치적 결속이 가능하였지만, 장차 지배세력의 범주에 들 수 없는 다수의 귀족들의 불만은 전제정치 존폐에 중요한 문제가 될 수밖에 없었다. 더구나 統一戰爭의 열기가 식어가면서 唐의 외교적 압력과 극소수의 왕족중심의 정치질서는 도리어 反專制的인 要因으로 작용하기 시작하였다. 그러므로 왕족세력의 범주를 넓혀 그들과의 정치적 타협을 모색하지 않을 수 없었으며,51) 官僚制度의 定着에 따른 귀족세력의 官人化政策의 추진이 필

---

49) 愷元은 文武王 7, 8년에 將軍으로서 高句麗征伐에 큰 공을 세웠으며, 문무왕 11년에 中侍가 되었다(기록에는 禮元인 바, 李基白은 이를 愷元으로 파악하였다(앞의 책, 1974, p.156). 그 후 孝昭王 4년(694)에는 上大等이 되었고, 효소왕 9년 神睦王后 死後에는 상당기간 攝政을 한 것으로 이해된다(金英美, 「聖德王代專制王權에 대한 一考察」, ≪梨大史苑≫ 22·23(1988), pp.378~379).

50) 金壽泰, 앞의 論文(1983), p.229.

51) 이미 神文王 12년에 唐中宗의 太宗廟號改定要求에 대해서 왕은 단독으로 國論을 결정하지 못하고 '王與群臣同議'하였고, 孝昭王 6년 9월에 어떤 명분과 목적도 없이 '宴群臣於 臨海殿'(≪三國史記≫ 卷 8)하고 있다. 이때의 群臣은 貴族의 대

제2장 統一新羅 專制王權의 性格 151

요하였다. 따라서

　聖德王十年十一月 王製百官箴示群臣(≪三國史記≫ 卷 8)

이라는 짤막한 글 속에서의 百官은 귀족적 권력자가 아니라 '官僚로
서의 義務를 강조하는, 말하자면 귀족세력에 대한 경고로 볼 수가
있을 것이다.[52]
　三國統一의 주역(제1세대)들이 사망하는 孝昭王代(692~702)는 신
라 전제왕권의 제1차 시련기가 된다. 특히 神文王을 떠받치고 있던
大莊이 신문왕 8년에 사망한 후 상당한 어려움 속에서 孝昭王
(692~702)이 즉위하였다. 따라서 효소왕은 愷元을 上大等으로 삼아
이들 가문의 협조로 왕권을 유지한 듯하나,[53] 왕 9년의 慶永의 謀叛
事件으로 큰 위기를 맞은 것으로 생각된다. 그것은 왕이 어린 나이
로 즉위하였다는 사실에서가 아니라 새 왕을 둘러싼 귀족들의 세력
개편에 따른 진통이었기 때문이다. 특히 幼弱한 王權을 둘러싼 귀족
세력의 갈등은 이미 神文王의 葬禮行列을 가로막은 鄭恭의 버드나무
와 惠忠의 事件으로 나타났다.[54] 따라서 효소왕 즉위 초에 있었던
國仙 및 萬波息笛의 失踪은 새로운 세력변동에 따른 정치적 불안정
을 의미하는 것이다.[55] 그러므로 神文王代의 金欽突이 謀叛事件으로
被殺된 것과는 달리 順元은 慶永의 모반사건에 연루되었으나 가벼운
파면으로 끝나고 말았다. 이러한 일련의 사건들은 왕위계승을 둘러

표를 뜻하는 것으로 그들의 협조와 지지를 얻기 위한 회유책으로 생각된다.
52) 金壽泰, 앞의 論文(1983), p.215.
53) 神文王 8년 大莊이 사망한 후, 中侍나 上大等에 임명된 인물을 나열하면 다음과
　　같다. 元師(신문왕 8년, 중시), 元宣(효소왕 1년, 중시), 元訓(성덕왕 1년, 중시),
　　元文(성덕왕 2년, 중시)등과, 愷元(효소왕 4년, 상대등), 仙元(신문왕 10년, 중
　　시), 幢元(효소왕 5년 중시), 順元(효소왕 7년, 중시)등이 한 시기에 집중되고 있
　　다. 이 두 그룹은 각기 가까운 親族일 가능성이 크다.
54) ≪三國遺事≫ 卷 5, 惠通降龍條.
55) 辛鍾遠, 「初期佛敎의 思想과 敎團」, ≪산라初期佛敎史硏究≫(高大博士學位論文, 1988),
　　p.223.

싼 갈등이나 權力秩序의 변동으로 간주할 수 있다.56)

聖德王(702~737)은 太子冊封도 없이 國人의 推戴로 왕이 되었다. 그는 中代에 있어서 太子冊封을 거치지 않은 유일한 왕으로서 왕 3년에 金元泰의 딸을 先妃로, 왕 19년에는 慶永의 모반사건(효소왕 9년)으로 파면된 金順元의 딸을 次妃로 맞이하였다. 이것은 당시 정치적 세력의 변동과 무관할 수가 없다. 무엇보다도 김순원은 慶永의 謀叛事件으로 파면된 자신의 딸을 王妃로 삼을 수 있었으니, 마치 愷元이 신문왕의 전제정치확립에 기여한 것처럼, 성덕왕은 順元一派의 지원으로 등장하였을 가능성이 크다.57) 이러한 사실은 성덕왕 5년에 김순원이 왕명으로 皇福寺石塔을 만들었으며, 그의 딸이 孝成王妃[惠明王妃]가 된 것에서 알 수 있다.58) 그러나 성덕왕 즉위 직후에 金元泰가 中侍가 되었으며 그 딸이 王妃[嚴貞王后]가 된 점을 고려할 때 성덕왕 초에는 양파가 어느 정도 세력균형을 유지한 것으로 보인다.

이에 대해 효소왕 4년 이후 왕실의 연장자로서 실권을 장악한 愷元이 성덕왕 즉위에 큰 역할을 하였다는 주장도 있다.59) 그러나 愷元에 대해서는 효소왕 4년의 上大等 任命記事 이후 전혀 기록이 보이지 않는다. 만일 그가 성덕왕 즉위에 결정적 역할을 하였다면 金元泰·金義忠의 경우처럼 성덕왕 등장이후에 中侍나 上大等의 직에 임명되었어야 했다. 실제로 효소왕 4년(695) 이후 성덕왕 5년(706)까지 10년간에 상대등 임명기사가 나타나지 않기 때문에60) 愷元의 정치적 역할은 기대할 수 없다. 慶永의 謀叛 이후 세력을 장악한 金元泰一派는 성덕왕 즉위 초에 일단 정치적 주도권을 쥐게 되었으나 孝昭王代 이후에 세력을 유지해 온 金順元一派의 도전으로 성덕왕

56) 金在庚, 「新羅密敎受容과 그 性格」, ≪大丘史學≫ 14 (1978), pp.19~21.
57) 辛鍾遠, 앞의 책, p.228.
58) 金壽泰, 앞의 論文(1983), p.208.
59) 金英美, 앞의 論文(1988), pp.378~370.
60) 孝昭王 4년(695)이후 聖德王 5년(706)까지 상대등 임명기사가 없지만, 李基白은 愷元이 10년간 上大等에 있었던 것으로 추측하였다(앞의 책, 1974, p.103).

19년 炤德王后(김순원의 딸)가 등장할 때까지 양파는 대립을 계속하였다. 특히 성덕왕 원년(702)에 元訓이 中侍로 임명된 후 24년의 允忠[61])에 이르기까지 10명의 中侍가 교체된 것은 분명히 귀족간의 정치적 갈등이 있었음을 나타낸 것이다. 더구나

(가) 13年 2月 遣王子 金守忠 入唐宿衛
(나) 14年 12月 封王子重慶爲太子
(다) 15年 3月 出成貞王后 賜彩五百匹 田二百結
(라) 18年 8月 太子重慶卒 9月 入唐大監守忠廻
(마) 19年 3月 納伊湌順元之女爲王后
(바) 23年 春 立王子承慶爲太子 冬 12月 炤德王妃卒(≪三國史記≫ 卷 8)

과 같은 王子의 죽음과 王妃의 축출 등으로 이어진 일련의 사건은 金元泰·金順元 兩派의 대립을 말하는 것으로, 결국 15년의 成貞(嚴貞)王后의 축출로 후자가 일단 승리한 것으로 보인다.[62])
  이러한 두 外戚勢力間의 갈등 속에서 성덕왕은 자신의 세력확장에 많은 노력을 경주하게 된다. 專制王權의 상징적인 표징인 11회의 大赦令[63])과 빈번한 救恤措置, 武烈王의 追福을 위한 奉德寺의 창건,[64]) 그리고 두외척 세력을 견제하기 위한 庚信系에 대한 배려는 분명히 새로운 정책임에 분명하다. 그러나 성덕왕의 전제정치는 對唐外交에서 그 특징을 나타내고 있다. 외교정책의 강화로서 詳文司를 通文博

---

61) 金庚信의 嫡孫(三光의 아들)은 允中이다. 그는 '仕聖德大王爲大阿湌屢承恩顧'(≪三國史記≫ 卷 43, 金庚信傳「下」)라 하고 있어 어떤 관직인지는 알 수가 없다. 다만 李基白은 允中이 聖德王 24년에 中侍가 된 允忠과 同一人이라 하였다(李基白, 앞의 책, 1974, pp.163~164).
62) 浜田耕策,「新羅の聖德大王神種と中代の王室」, ≪响沫集≫3(1980), p.36.
63) 儒敎政治의 한 표현으로서 大赦는 8세기에 집중되어 있는 바(22회), 그 절반이 聖德王代에 보여 진다(申瀅植, ≪三國史記硏究≫, 一潮閣, 1981, p.156).
64) ≪三國遺事≫(卷 2, 聖德王)에 '神龍 2年 丙午 歲禾不登 人民飢甚 丁未正月初一日 至七月三十日 救民給租一口一日三升爲式 終事而計三十萬五百碩也 王爲太宗大王 剙奉德寺 設仁王道場七日'이라 하여 神龍 2年(聖德王 5年, 706)에 奉德寺를 세웠다고 하였다.

士로 바꾼 제도의 개혁과 같이 외교가 정치의 제1과제였지만,65) 무
엇보다도 對唐外交의 적극적인 전개로서 소원했던 양국관계를 정상
화함은 물론, 중국의 정치적 지원을 기대하였던 것이다. 그리하여 성
덕왕 13년에는 신라사신이 內殿에서 宴會를 받는 등 신라왕의 국제
적 지위를 높일 수 있었다.66)

성덕왕은 재위 36년간에 43회의 朝貢使를 파견하였고 羅唐交涉횟
수에 있어서도 총 150여 회 중에서 中代에 83회가 집중되고 있어 對
唐外交의 비중을 엿볼 수 있다.67) 특히 성덕왕은 金春秋에 의해서
시도된 宿衛外交와 賀正使의 派遣 및 對日外交의 추진 등에서 신문
왕과 다른 전제왕권의 확립을 꾀하였다. 성덕왕은 귀족세력을 견제하
고 唐帝로부터의 政治的 後援과 東亞秩序에의 參與를 위해 金守忠·金
嗣宗·金志滿·金思蘭·金忠信 등의 宿衛를 파견하여 16명의 숙위 중에 6
명을 이때에 집중 파견하였다.68) 이 시기의 숙위는 통일전의 武將이
니, 下代의 人質이나 文物交流使가 아니라 唐帝의 顧問 내지는 신라
왕의 代理者였다.69) 동시에 왕 13년 朴祐를 賀正使로 보낸 이후 9차
례의 新年賀禮使를 파견하고 있다. 이것은 단순한 儀禮가 아니라 왕
권의 위엄을 나타낸 것으로,70) 日本과의 國交模索도 같은 맥락에서
생각할 수 있다.

聖德王은 仁品·裵賦·思恭 등 3명의 上大等과 元訓 이하 元泰·
思恭·允忠 등 10명의 中侍를 任免한 바 있다. 이러한 빈번한 고위
관직자의 교체는 貴族勢力의 정치적 갈등에서 온 결과였음은 확실하
다. 다만 中代專制王權下에서는 상대등이 정치적 방관자에 불과하였

65) 浜田耕策, 「新羅聖德王代の政治と外交」, ≪朝鮮歷史論集≫上(東京, 龍溪舍, 1979), pp.221~227.
66) ≪三國史記≫ 卷 8, 聖德王 13年條.
67) 申瀅植, 앞의 책 (1985), pp.201~202.
68) 申瀅植, 앞의 책 (1984), p.370.
69) 申瀅植, 위의 책, p.385.
70) 申瀅植, 위의 책, p.339.

고 중시가 정치적 책임자로서 양자를 상반된 존재로 이해하여 왔음
은 사실이었다.71) 그러나 이들이 王의 交替에 결정적인 역할을 하였
고, 「表 2」에서와 같이 기록상으로는 王妃의 父이지만, 그들은 將軍
職으로서 당대의 實權者였다. 특히 思恭・貞宗・思仁등은 將軍으로
서 北方地勢를 검찰 하였고 閱兵을 통해 그들의 권력을 과시한 장본
인이었으므로 失權者는 아니었다.72) 그러므로 그들의 지위를 획일적
으로 설명할 수는 없을 것이다.73) 분명히 上大等이나 中侍는 적어도
中代에 있어서는 상반된 성격에서 설명될 수 없으며 圖式的으로 규
정될 수는 없다. 더구나 그들이 정치적 실권을 장악한 존재가 아니
라면 그처럼 빈번한 교체이유가 성립될 수가 없기 때문이다.

<표 2> 中代의 中侍・上大等의 活動

인 명	관 직	취 임 시 기	정 치 활 동
大 莊	中 侍	신문왕 6년~8년	神文王 전제정치 지원
愷 元	上大等	효소왕 4년~성덕왕 5년	神文王 전제정치 지원
順 元	侍 中	효소왕 7년~9년	炤德王后(성덕왕) 父・惠明王后(효성왕) 父
元 文	侍 中	성덕왕 2~4년	嚴貞王后(성덕왕) 父・
思 恭	上大等	성덕왕 27년~효성왕 7년	將軍(성덕왕 31년)
貞 宗	上大等	효성왕 7년~경덕왕 4년	將軍(성덕왕 31년)・군사지휘(효성왕 5년)
金思仁	上大等	경덕왕 4년~16년	將軍(성덕왕 31년)・군사지휘(효성왕 5년)
金允忠	中 侍	성덕왕 24년	地勢정찰(성덕왕 35년)・將軍(성덕왕 32년)
信 忠	上大等	경덕왕 16~22년	漢化政策의 추진

71) 李基白, 앞의 책(1974), pp.106~108.
72) 金英美, 앞의 論文(1988), p.381.
73) 李泳鎬, 앞의 論文(1990), pp.346~347.

그러나 성덕왕 11년에 金庾信妻를 夫人으로 삼고, 24년에 允忠[김유신의 손자]의 中侍任命 이후 귀족세력에는 새로운 변화가 나타난다. 이미 왕 19년 炤德王后의 등장으로 정치적 지배권을 확보한 順元派의 獨走는 소덕왕후의 사망[성덕왕 23년]과 允忠의 등장으로 견제를 받았으나,[74] 孝成王妃[惠明王后]의 등장과 金順貞・金邕 등으로 이어져 惠恭王代에 정치적 활동을 계속하였다.[75] 따라서 성덕왕 후반기의 정치상황은

   (1) 聖德王 31年 冬 12月 允忠・思仁 各爲將軍
   (2) 聖德王 35年 冬 11月 遣伊飡允忠・思仁・英述 檢察平壤牛頭 二州地勢
   (3) 孝成王 3年 春正月 中侍義忠卒 以伊飡信忠爲中侍
   (4) 孝成王 5年 夏 4月 命大臣貞宗・思仁 閱弩兵(≪三國史記≫ 卷 8)

에서 보듯이 성덕왕 후반기 이후 효성왕대에는 允忠[庾信系], 思仁[文王系─大莊의 子・周元의 祖], 義忠・信忠系 등 3파의 연합으로 정치가 유지된 듯하다. 그러나 「表 3」에서 알 수 있듯이 景德王 초에 三毛夫人이 축출되었다 해도 金順元勢力은 金邕을 중심으로 의연히 계속되었고 金良相과 결속됨으로써 8세기 후반 강력한 세력으로 등장할 수 있었다. 그러므로 경덕왕은 즉위 초에 王妃를 바꾸지 않을 수 없었다. 그러므로 왕비를 둘러싼 정치적 갈등은

---

74) ≪三國史記≫(卷 43, 金庾信列傳, 下)에 金允中의 '屢承恩顧 王之親屬 頗嫉妬之'라 하였고, 開元 21년(성덕왕 32)에는 渤海・靺鞨의 침입저지를 위한 唐의 出兵要求에 允中・允文 형제를 將軍으로 임명하여 발해를 정벌하였다.

75) 金順元의 家系에 대해서는 뚜렷한 기록은 없다. 다만 ≪續日本紀≫(卷 33, 寶龜 5年3月)의 '本國上宰 金順貞之時 舟戢相尋 常脩職貢 今其孫邕 繼位執政 追尋家聲 係心共奉'에서 金邕은 金順貞의 손자로 되어 있다. 이러한 견해는 鈴木靖民(앞의 책, p.320)과 浜田耕策(「新羅の聖德大王神鍾と中代の王室」, ≪响沫集≫3(1981), pp.35~36) 등으로 이어졌다. 그러나 今西龍(「聖德大王神鍾之銘」, ≪新羅史研究≫(近澤書店, 1933), p.533) 이후 李昊榮(앞의 論文, 1975, p.13), 金壽泰, 앞의 論文, 1983), p.135) 등은 金邕을 김순정의 아들로 간주하였다. 필자는 후자의 견해에 따라 「表 3」에서 보듯이 金順貞의 아들로 이해하였다.

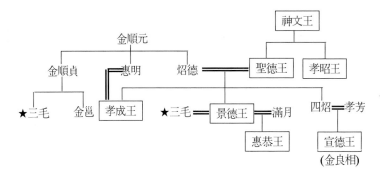

孝成王 4년 8월에 波珍湌 永宗이 謀叛하다가 伏誅되었다. 이에 앞서
永宗의 땅이 後宮으로 들어왔던 바, 왕이 매우 사랑하여 恩寵이 날로 심
해졌다. 王妃는 이를 시기하여 그 族黨과 더불어 그를 죽이려 하니, 永宗
이 王妃族黨을 원망하여 반란을 일으켰다(≪三國史記≫ 卷 9).

와 같이 孝成王 末年에 일어난 일련의 정치파동에서 엿볼 수 있다.
즉, 新王의 교체 전후에는 의례이 세력판도를 결정하려는 貴族間의
충돌이 있기 마련이었다.

  이러한 진통 속에서 景德王(742~765)이 등장하였다. 神文王·聖德
王과 같이 경덕왕도 즉위 초에 王妃의 교체가 있었다. 이것은 새로
운 시력개편에 따른 갈등으로 왕비가 順貞의 딸[三毛夫人]에서 義忠
의 딸[滿月夫人]로 바뀐 것이다.[76] 이로서 경덕왕은 義忠·信忠系와
思仁系의 도움으로 전제정치를 유지할 수 있었다. 그러나 여기서 주
목할 것은

(가) 景德王 3년 3월 伊湌 惟正을 中侍로 삼았다.
(나) 景德王 4년 정월 伊湌 金思仁을 上大等으로 삼았고, 5월 中侍

---

76) 鈴木靖民은 金義忠을 金順貞(金順元의 아들)의 아들로 하여 김의충과 김순정을
   같은 계통으로 간주하였다(앞의 책, p.320). 이에 대해 李昊榮은 김의충과 김순
   정을 전혀 다른 계통으로 파악하였다(앞의 論文, 1975, p.13). 만일 鈴木靖民의
   견해대로 順元-順貞-義忠이 같은 계열이라면 三(김순정의 딸)을 滿月夫人(김의
   충의 딸)으로 바꿀 필요가 없었을 것이다. 따라서 양자는 각기 다른 계열로 볼
   수가 있다.

惟正이 물러났다.

(다) 景德王 7년 8월 阿飡 貞節 등을 보내 北邊을 檢察케 하였고, 大谷城 등 14군현을 비로소 설치하였다.

(라) 景德王 15년 2월 上大等 金思仁이 근래 災異가 나타남을 들어 時政極論의 上疏를 올리니 이를 받아들였다(上書 卷 9).

와 같은 기록이다. 기록 (가)·(나)에서 볼 때 경덕왕 초에는 金思仁·惟正 부자가 정치적 실권을 장악한 듯하였으나, (다)에서 思仁은 檢察北邊에 빠지게 되었으며, (라)에서는 그가 時政得失을 極論하고 있다. 특히 김사인의 時政批判은 일반적으로 경덕왕의 漢化政策을 비판한 것으로 이해하지만,[77] 실은 義忠·信忠系와의 싸움에서 敗退한 것으로 풀이할 수가 있을 것이다. 특히 金忠信(信忠)[78]은 성덕왕 33년에 入唐宿衛活動을 마치고 귀국한 후 경덕왕 측근에서 金思仁系를 견제하였으며 왕 16년의 漢化政策을 주도하였다.

그러나 景德王의 漢化政策은 그 시작부터 祿邑의 復活과 같이 귀족세력의 도전을 받았다. 이에 따라 경덕왕은 비교적 정치일선에서 소외되어 왔던[79] 金邕을 侍中으로 임명하면서 改革政治를 통한 전제왕권유지를 피하게 되었다.[80] 金邕一派는 三毛夫人의 축출 후 그

---

77) 李基白, 앞의 책(1974), p.108.

78) ≪三國史記≫(卷 8) 聖德王 33년(1734)에 入唐宿衛生活을 한 金忠信(申瀅植, 앞의 책, 1981, p.281)에 대해서 末松保和는 景德王 16년(757)에 漢化政策을 주도한 金信忠.과 同一人으로 간주하였다(「新羅の郡縣制, 持にその完成期の二·三の問題」, ≪學習院大學文學部硏究年報≫21(1979), p.67). 이에 대해 金壽泰도 동의하고 있으며 (앞의 論文, 1983, p.222), 필자도 이에 따라 그가 滯唐生活에서 체득한 경험이 王權持支者 또는 後援者로 활동하게 했다고 생각하였다.

79) 李昊榮, 앞의 論文(1975), p.13.

80) 金邕의 정치적 성격에 대하여 鈴木靖民(앞의 책, p.321) 이후 李昊榮(앞의 論文, 1974, p.13), 李基東(앞의 책, p.138) 등은 그가 景德王改革(漢化)政策을 추진한 王黨派로 이해하였다. 이에 대해 金壽泰는 三毛夫人의 축출을 계기로 反專制主義的 人物로 보고 한화정책과는 무관한 인물로 생각하였다(앞의 論文, 1983, p.128). 이에 대해 李泳鎬는 그가 中代王統의 권위를 상징하는 四天王寺成典들의 책임을 맡고 있어 反惠恭的인 인물이 아니라 親王派로 보았나(앞의 論文, 1990, pp.355~357).

세력이 크게 약화되었을 것이나 金良相系와 제휴함으로써 再起할 수 있었고 또한 경덕왕으로서도 金思仁·惟正系의 浮上을 견제할 필요가 있어 지원을 받을 수 있었다. 여기서 주의할 것은 景德王이나 惠恭王을 반대하면 反專制主義的 人物로 간주하는 일부의 주장이다.[81] 즉 金良相은 下代的인 신세력이며 그의 中侍任命을 신라의 주요한 전환점으로 보는 견해는[82] 물론 경청할 만한 주장이다. 그러나 金邕은 景德王, 19년에서부터 22년까지 4년(760~763)가까이 侍中職을 맡은 바 있었고 惠恭王 7년(771)에는 최고의 實權者였다. 따라서 그가 자기 동생인 三毛夫人이 축출되었으므로 反王派는 될 수 있을지언정 反專制主義派나 反中代派는 아니었다. 그와 정치적 입장을 같이 한 金良相[宣德王]은 聖德王의 外孫이었고 咸恩寺成典의 책임자였으며, 東海火葬의 遺言으로 볼 때 金邕[四天王寺·奉德寺·奉恩寺成典와 책임자]과 더불어 中代社會를 떠받치고 있는 王黨派였다. 그가 혜공왕을 반대할 수는 있었으나 中代王統을 부인하지는 않았기 때문이다.

결국 경덕왕이 信忠派와 金邕派의 지원하에서 추진하였던 漢化政策은 이미 한계점에 달하고 있었다. 개혁정치가 추진되던 17년 이후 雷電·虹變·彗星·桃李花·龍變·地震 등 天災地變이 이어지고 있어, 정치적 시련은 물론 사회내부로부터 변모하기 시작한 것은 확실하다.[83] 그러므로 경덕왕은 信忠과 金邕을 동시에 退陣시키기도 하였으나 정치적 실권은 金良相이 侍中이 됨으로써 그들의 수중에 있었다. 이러한 사실은 惠恭王 7년(771)의 聖德大王神鍾의 鑄造와 10년의 金良相의 上大等 就任서 잘 나타나 있다.

景德王의 전제왕권은 漢化政策과 같은 제도의 개혁이 시도되기 전

81) 李基白, 앞의 책(1974), p.285.
　　金壽泰, 앞의 論文(1983), p.143.
82) 金壽泰, 위의 論文, p.142.
83) 申瀅植, 앞의 책(1981), p.63.

에 이미 佛教와의 관련 속에서 새로운 국면을 맞게 되었다. 특히 中
央指向的인 佛國寺는 동쪽의 大雄殿을 중심으로 한 一廓과 서쪽의
極樂殿을 중심으로 한 一廓의 두 伽藍을 並置하여[84] 王室과 貴族間
의 균형된 調和의 美를 나타내 줌으로써 강력한 왕권의 위상을 보여
주고 있다. 특히 불국사와 華嚴寺가 축성되는 경덕왕 10년 전후는
華嚴僧들의 활동이 집중되고 있다는 사실이 주목된다. 무엇보다도
表訓大德과 滿月夫人과의 관계를 비롯하여[85] 三毛夫人의 皇龍寺鍾의
조성,[86] 奉聖寺成典의 重創,[87] 그리고 法海의 華嚴經講經이나 緣起
의 華嚴經寫經 등이 경덕왕의 漢化政策直前에 있었던 것은 의미 있
는 사건이라고 할 수 있다.[88] 그러므로 中代의 華嚴宗이 王權擁護에
직접 관련이 없다 해도[89] 聖德大王神鍾銘에 나타나듯이 金邕이 四
天王寺府令과 眞智大王寺(奉恩寺)使를, 그리고 金良相이 感恩寺使를
겸하고 있는 점은 간단히 생각할 문제는 아니다. 분명히 그들은 眞
智王과 文武王을 끝까지 숭상한 中代의 인물이었고 佛國寺와 石窟庵
은 金氏 王族의 願刹로서 現生과 前世를 연결시켜 불교를 통해 專制
王權을 종교적으로 표현하려는 의도였음이 분명하다.[90]

　　이에 現世의 兩親을 위해서 佛國寺를 세우고 前世의 父母를 위해서
　　石佛寺(석굴암)을 세우고 神琳과 表訓의 두 聖師를 청하여 각각 살게
　　하였다.(중략) 大曆 9년(혜공왕10년, 774) 甲寅 12월 2일에 大城이 죽
　　으니 國家에서 이를 완성하였다(《三國史記》卷 5. 孝善 9, 大城孝二
　　世父母)

---

84) 金正基,「統一新羅時代의 建築」,《考古美術》162·163 (1984), p.25.
85) 《三國遺事》卷 2, 紀異 2, 景德王·忠談師·表訓大德 참조.
86) 위의 책, 卷3, 塔像 第4, 皇龍寺鍾·芬皇寺藥師·奉德寺鍾
87) 蔡尙植, 앞의 論文, p.98.
88) 金福順, 앞의 論文, p.126.
89) 金相鉉, 앞의 論文(1984), p.91.
　　金福順, 앞의 論文, p.128.
90) 黃壽永,「統一新羅의 文化－彫刻」,《한국사》3(1978), p.315.

에서 본다면 金大城이91) 現·前世의 父母를 위해 세운 불국사와 석굴
암을 그가 죽은 후에 국가에서 완성했다는 점이다. 侍中을 사임한
특정한 貴族의 願堂을 국가가 만들어 주었다는 것은 그러한 佛寺를
통해 국가의 안녕과 왕실의 권위를 보장받으려 한 것이다. 따라서
倭賊의 侵入을 저지케 하려는 感恩寺의 정신처럼 東海口一吐含山으
로 이어지는 왜구들의 侵入路인바로 토함산 일대에 이 두 願刹을 세
움으로써 전제왕권을 수호하려는 의지가 역력하였다.92)

Ⅳ. 中代 專制王權의 崩壞

神文王代에 확립된 中代王權의 專制政治는 聖德王·景德王代에 그
절정을 이루었다. 그러나 이러한 전제정치는 강력한 官僚制에 입각
한 律令政治를 바탕으로 한 것도 사실이지만 무엇보다도 그 기저에
는 소수의 귀족세력이 外戚으로 뒷받침하고 있었음을 보았다. 중대
사회의 왕권전제화를 상징하는 위의 3왕은 즉위 초에 先妃를 축출한
공통점을 갖고 있다.93) 그러므로 축출된 王妃와 관련된 세력은 전제

---

91) 金大城은 景德王 4년(745)에서부터 9년(750)까지 中侍에 있던 金大正을 말한다.
　　동시에 그의 부친 文良(文亮도 성덕왕 5~10년간 中侍를 역임했다(李基白, 앞의
　　책, 1974, p.169).
92) 文明大, 「慶州石窟庵·佛像彫刻의 比較史的 研究」, ≪新羅文化≫ 2(1985), p.90.
93) 中代專制王權 確立期의 王妃와 外戚家門의 動向은 아래와 같다.

왕 명	왕 비 명	가 계	동 향
神文王	失 名(先) 神穆王后(後)	金欽突女 金欽運女	出宮·父謀叛事件 연루
聖德王	嚴貞王后(先) 炤德王后(後)	金元泰女 金順元女	出宮·父(中侍) 父(中侍)
孝成王	惠明王后	金順元女	
景德王	三毛夫人(先) 滿月夫人(後)	金順貞女 金義忠女	出宮·父(上宰 ≪續日本紀≫) 父(中侍)

왕권의 희생자였다.94) 동시에 中侍와 上大等도 정치권력을 장악한
귀족세력의 대표적인 존재였다. 따라서 이들 관직은 中代와 下代라
는 사회적 성격에서 이해하기에 앞서 당시 귀족세력의 정치적 지위
와의 관련 속에서 파악되어야 할 것이다.

따라서 專制王權을 유지하기 위해서 왕실은 하나의 특정가문과의
결속보다는 2·3 가문과의 연합이나 타협을 꾀하면서 그 왕통을 유
지할 수 있었다. 동시에 가장 유력한 가문과는 王妃나 侍中·上大等
의 관직을 통해 共存關係를 갖게 된다.95) 그러므로 왕통은 2·3개의
가문과 정치적 협조를 하거나 佛敎關係事業의 추진,96) 景德王의 漢
化政策과 같은 개혁으로 불만귀족세력을 억압하기도 하였다.97) 다시
말하면 왕의 정치적 개혁이나 새로운 정책실시가 특정 가문과의 협
조 내지 타협으로 이룩되었기 때문에 왕위의 교체와 개혁정책의 성
패 및 새로운 귀족세력의 등장은 일정한 관련을 갖게 된다. 동시에
전제왕권의 유지는 2·3귀족세력의 정치적 타협이 우선될 때 가능
하므로 특정가문의 得勢는 도리어 강력한 왕권의 制約的 要因이 되
기도 한다. 여기서 전제왕권기에는 빈번한 侍中의 交替와 王權의 出

---

94) 金壽泰, 앞의 論文(1983), p.137.
95) 神文王은 文王系(무열왕의 셋째 아들)인 大莊을 中侍로 임명한 이후, 그 아들 思
仁은 景德王 때 上大等이 되었고, 손자인 惟正은 中侍가 된 것에서 金周元·憲昌
家門의 등장을 엿볼 수 있다. 또한 신문왕은 愷元(禮元, 문무왕 11년에 中侍, 효
소왕 4년에 上大等)을 우대하였고, 三光(김유신 장남)을 重用한 것으로 보아 신
문왕대는 광범한 武烈系와 庾信系의 협조로 전제왕권이 유지되었다. 聖德王은
金元泰·金順元 양 가문의 지지로 등장한 후 후기에는 允中(김유신 손자)과 思仁
두 가문의 지원으로 왕권이 유지된 듯하다. 景德王은 金順貞系를 비롯하여 金
義忠·信忠系, 思仁·惟正系, 그리고 후기에는 金邕·金良相 계열의 연합·대립·갈등속
에서 정권이 유지된 듯하다. 따라서 惠恭王은 결국 金敬信·金良相·金周元의 3파간
의 갈등에서 희생되었다.
96) 比寺成典의 創設·重創을 비롯하여 寺刹·塔婆·神鍾의 제작, 고리고, 名僧大德의 우
대 등은 단순한 崇佛政策이 아니라 당시의 정치적 세력의 흥망과 깊은 관계가
있다. 그대표적 예는 聖德王 5년(706)에 만든 皇福寺石塔은 孝昭王 9년(701)에
慶永事件으로 파면된 金順元이 王命으로 만든 것이며, 景德王 13년(754)에 만든
皇龍寺鍾은 축출된 先妃인 三毛夫人이 施工가 된 것이다.
97) 李基白, 「韓國政治史의 展開」, ≪韓國史學의 方向≫(一潮閣, 1978), p.177.

宮이 뒤따르게 되었다.

따라서 景德王 19년(760) 金邕의 侍中任命을 漢化政策에 불만을 품은 反專制主義的인 사건으로 간주한 견해는,98) 그가 진골귀족에 대한 전제로서 中代王室의 정통성과 권위를 나타낸 四天王寺·眞智大王寺의 책임자였다든가,99) 中代王統의 마지막 왕인 惠恭王代에 중대왕실의 시조인 眞智王에 대한 崇祖觀念의 高潮라는100) 시대분위기를 주목할 때, 재고할 필요가 있음은 전술한 바와 같다. 더구나 金邕이 갖고 있던 兵部令은 전신라시대를 통해 가까운 王族 이외의 인물이 임명된 사실이 없고, 한결같이 王權의 철저한 支持者였다.101) 그러므로 景德王과 惠恭王을 반대했다고 무조건 反專制主義者는 될 수 없으며 따라서 下代라고 왕권의 전제화 노력이 없다는 논리는 성립될 수 없다. 경덕왕·혜공왕을 반대하면 反專制主義者가 된다는 충분한 논리가 성립되어야 하기 때문이다. 下代의 왕권약화기에도 王權專制化의 改革은 부단히 계속되었다는 사실은102) 주요한 의미가 있다. 다만 景德王 초에 축출된 三毛夫人이 경덕왕 13년에 만든 皇龍寺鍾의 施主로 등장하였고 皇龍寺系의 승려가 이 시기에 큰 활동을 하고 있으나,103) 皇龍寺成典이 中代에는 존재될 수 없으므로104) 음성적인 관계일 뿐 표면적으로 관계한 것으로 보기 어려운 실정이다.105)

그러므로 景德王 19년(760)을 下代의 출범으로 간주한 주장은 惠恭王 10년(774)의 金良相의 上大等就任을 下代의 출발로 규정한 李基白의 견해와는106) 그것이 불과 14년의 시차가 있지만, 거의 같은

98) 金壽泰, 앞의 論文(1983), p.142.
99) 蔡尙植, 앞의 論文, p.99.
100) 李泳鎬, 앞의 論文(1983), p.87.
101) 申瀅植, 앞의 책(1984), p.181.
102) 金東洙, 「新羅 憲德·興德王代의 改革政治」, 《韓國史研究》 39(1982), p.45.
103) 金福順, 앞의 論文, p.126.
104) 李泳鎬, 앞의 論文(1983), p.100.
105) 金福順, 앞의 論文, p.129.
106) 李基白, 앞의 책(1974), p.236.

맥락에서 이해할 수 있을 것이다. 그러나 金良相은 金邕과 같이 聖德大王神鍾鑄造의 책임자로서 그 자신은 주조 당시(혜공왕 7년)에 肅正臺(司正府)令·修城府(京城周作典)令과 感恩寺成典의 책임자(檢校使)였다. 김양상은 聖德王의 外孫이며 奈勿王 10세손으로 마치 武烈·奈勿系의 過渡的 存在로 볼 수가 있으나[107] 그가 5廟制에 있어서 武烈系의 것을 고수하였음에서 볼 때 下代(元聖王系)의 왕은 아니었다.[108] 그는 5廟의 位에 開聖大王(王父)만을 넣었을 뿐이나 元聖王은 聖德大王·開聖大王을 5묘에서 제외시켰다.[109]

그러나 金邕의 侍中就任과 金良相의 上大等任命이 단순한 사건은 아니다. 이것은 경덕왕과 혜공왕을 둘러싼 外戚勢力의 갈등을 의미하는 것이며 王位交替를 전후한 새로운 政治秩序確立을 위한 갈등인 것이다. 동시에 中代에서 下代로 넘어가는 轉換期의 사회적 현상으로 장기간의 혼란기의 진통인 것이다. 이러한 사회변화의 특징은 경덕왕 18년 이후의 天災地變의 폭주현상과 혜공왕 전 시대에 걸쳐 나타나는 怪變記事에서 보여진다. 무엇보다도 경덕왕의 漢化政策이 추진되는 17년에 佛寺 16개에 벼락이 떨어진 점과 18년의 彗星出現은 그것이 거의가 왕의 死亡·謀叛 등 불길한 사건의 징조였음을 알 수 있다.[110] 특히 경덕왕 후반기 이후의 다음과 같은 天災地變이

(가) ① 景德王 2년 3월 主力公의 집소가 한꺼번에 3마리의 송아지를 낳았다(《三國史記》卷 9).
   ② 惠恭王 2년 2월 良里公 집의 암소가 다리가 다섯이며 다리 하나는 위로 향한 송아지를 낳았다(同).
(나) ① 景德王 8년 정월 暴風이 나무를 뽑았다(同).
   ② 景德王 22년 7월 京都에 태풍이 불어 기와가 날아가고 나

---

107) 末松保和,「新羅三代考」,《新羅史の諸問題》(東京, 東洋文庫, 1954), p.31.
108) 申瀅植, 앞의 책(1984), p.119.
109)《三國史記》卷 10, 元聖王 즉위년조.
110) 申瀅植, 앞의 책(1981), p.194.

무가 뽑혔다(同).

(다) ① 景德王 13년 8월 가뭄과 누리가 났다(同).

② 惠恭王 5년 5월 가뭄과 누리가 났다(同).

(라) ① 景德王 14년 봄 望德寺의 塔이 움직였다(同).

② 惠恭王 2년 康州에서 땅이 꺼져 못이 되었는데, 그 너비가 50여 자였다(同).

③ 惠恭王 4년 6월 큰 별이 皇龍寺 남쪽에 떨어졌고 地震이 있었는데 그 소리가 벼락같았다(同).

④ 惠恭王 14년 15년 3월 京都에 地震이 일어나 백성들의 집이 파괴되고 100명이 죽었다(同).

등과 같이 계속되고 있음을 볼 때, 牛禍(1)·大風(2)·蝗害(3)·地震(4)등이 집중되고 있어 5行思想의 '土失其性'과 관계가 컸다.[111] 특히 혜공왕 재위 16년간(765~780)의 7차의 地震(地陷 포함)은

(가) 땅은 陰이다. 따라서 마땅히 安靜을 요하는데, 陰이 德을 넘었으니 응당 땅이 진동을 하게 된다. 이때 鄧太后가 섭정하여 政事를 오로지 하였다.(중략) 2년에 전국 12곳에서 地震이 일어났다.[112]

(나) 眞興王이 7세에 왕이 되었다. 왕이 어렸으므로 太后가 섭정하였다. 원년 7월 地震이 일어나고 10월에 복숭아와 오얏꽃이 피었다(≪三國史記≫ 卷 4).

에서와 같은 太后·王妃의 專橫에 대한 응징이 분명함으로 8세기 후엽의 왕권의 약화에 따른 外戚의 횡포를 암시한 듯하다.[113]

그러나 경덕왕 19년에 侍中이 된 金邕은 4년만에 上大等 金信忠과

---

111) 李熙德, 「高麗以前 儒教思想의 受容과 天文·五行說의 展開」, ≪高麗儒教政治思想의 研究≫(一潮閣, 1983), p.27.

112) ≪後漢書≫ 志 16, 五行 4 地震

113) 申瀅植, 「韓國古代史에 있어서 地震의 政治的 意味」, ≪東洋學≫ 4(1984), p.157.

함께 면직되었으나 김옹과 같은 정치적 입장을 취하는 金良相은 경덕왕 23년에 侍中이 되었다. 三毛夫人派인 金邕과 聖德王外孫인 金良相은 정치적 필요에서 결속되었으며 8세에 즉위한 惠恭王은 太后 [滿月夫人]의 攝政에 따른 義忠·信忠派와 金邕·金良相一派의 세력 균형 속에서 왕위를 유지하게 되었다. 따라서 '二月並出'이나 '牛禍 및 地陷'의 變을 맞게 되었으며 大恭·金融·廉相의 叛亂이 일어났 다. 특히 大恭의 亂이 王宮을 1개월이나 포위할 정도로 왕권을 위협 하였으며,114) 반란가담자를 엄벌에 처했다는 사실은 神文王代의 金 欽突·金軍官處刑과 비슷하였다. 이것은 김양상 일파와 김의충 및 金隱居세력의 정치적 결속을 통해 제3세력에 대해 강한 응징을 가한 것으로 볼 수 있다.

이와 같은 양파의 타협은 혜공왕 7년(772)에 鑄造된「聖德大王神鍾 銘」에 잘 나타나 있다. 이 종의 주조목적은 혜공왕과 태후가 聖德王 의 업적을 찬양함으로써 王室의 權威를 과시하고 中代王統의 연장을 위한 것이었다.115) 이 주조작업에 참여한 인물이 왕·태후뿐 아니라, 金邕·金良相一派도 포함된 점에서 단순히 생각될 문제가 아니다. 그러므로 왕·太后[滿月夫人]와 金邕一派와의 정치적 결속을 통해 왕과 태후로 대표되는 유약한 왕권강화의 명분을 찾고 김옹일파는 出宮된 三毛夫人의 명예회복과 자신의 지위유지에 구실을 찾은 것으 로 생각된다. 그러나 실제로 혜공왕대의 정치적 주도권은 김옹·김 양상 일파가 장악하고 있었다. 이러한 사실은「聖德大王神鍾銘」에

○ 金邕 '檢校使兵部令兼殿中令 司馭府令 修城府令 監四天王寺府令 幷檢校眞智大王寺使 上相大角干'

○ 金良相 '檢校使肅政臺令 兼修城府令 檢校感恩寺使角干'116)

---

114) ≪三國史記≫(卷 9) 惠恭王 3年條에 '秋七月一吉湌大恭與弟阿湌大廉叛 集衆圍 王宮三十三日 王軍討平之 誅九夷'라 하고 있다.
115) 李昊榮, 앞의 論文(1974), p.15.
116) ≪朝鮮金石總覽≫(上), p.40.

이라는 표현처럼 金邕은 上相·殿中令[內省私臣]·兵部令·乘府[司馭府]令·
京城周作典[修城府]令 등을 비롯하여 七寺成典중 四天王寺·奉恩寺[眞
智大王寺]檢校使 등 7개의 최고관직을 갖고, 있었고, 金良相은 肅政臺
[司正府]·修城府令과 7寺成典 중 感恩寺檢校使 등을 겸하고 있었다. 그
리고「神鍾」주조 3년만에 김양상이 上大等이 되었다는 사실은 그의 세
력이 강화되고 있음을 뜻한다.[117]

그러나 이러한 양파의 균형은 오래 갈 수가 없었다. 우선 金庾信
後孫의 동향과 金周元·金敬信 등의 세력향배가 정치권에 새로운 영
향을 주게 되었다. 혜공왕 6년(770)의 金融의 亂은 庾信系의 反惠
恭·親宣德系의 운동이나,[118] 慶州貴族層의 復活運動으로도 볼 수
있다.[119] 그러나 그 운동의 실체로 볼 때는 動亂期에 처한 庾信系의
勢力挽回運動으로서[120] 金融등의 유신계는 그들 자신의 身分의 降等
에 대한 불만으로 김옹 일파의 지원을 통해 反惠恭王的인 반란을 꾀
했으나 실패하였다.[121] 그러므로 이 반란의 책임을 지워 金隱居一派
는 제거되었고 金良相은 金周元[惟正의 아들, 憲昌의 부친]과 金敬信
등과 결속하여 혜공왕 12년(776)에 百官之號를 복구하였다. 이제 이
들 3세력은 또 다른 세력의 지원이 필요치 않았으므로 庾信系인 金
巖은 對日使節로 추방된 후 그 정치적 존재를 상실하게 되었다.

이들 3인은 金志貞亂을 계기로 실력을 경쟁하게 되었고 景德王
후반기 이후 세력을 유지한 金良相이 宣德王으로 등장하였다. 이에

117) 金邕이 侍中에서 물러난 해는 景德王 22년(763)이었다. 그러나 ≪續日本記≫
(卷 33, 寶龜 5年 3月)에도 그가‘機位執政’(혜공왕 10년)하고 있었으며, 聖德大
王新鍾銘(혜공왕 7년)에 上相으로 되어 있어 그는 경덕왕 22년 이후 혜공왕 7
년 까지는 宰相·上相과 같은 保權者였다.
118) 李基白, 앞의 책(1974), p.249.
119) 井上秀雄, 앞의 책(1974), p.385.
120) 井上秀雄, 위의 책, p.458.
121) 庾信系는 金巖에 이르러 6두품으로 강등된 것으로 보인다. 김암은 官等이 伊飡
이었으나, 그가 받은 관직은 太守·侍郞·浿江鎭頭上 등으로 주로 6두품계통
등 관직을 받고 있기 때문이다. 특히 그가 反惠恭的인 입장을 취했다 해도(李
基白, 앞의 책(1974), p.249) 그것이 반드시 親宣德王的인 것은 아니다.

金敬信은 上大等으로, 金周元은 兵部令으로 각기 정치적 지위를 유
지하였으나 선덕왕 사후 김경신·김주원의 대결이 노골화되었다. 그
리고 양자의 경쟁에서 전자가 승리하여 元聖王이 되었으나, 그는 周
元의 아들인 宗基와 자신의 손자인 俊邕[昭聖王]·彦昇[憲德王] 등의
지원으로 元聖王系의 王統을 確立할 수밖에 없었다. 그러므로 下代
초기에 이들은 王統樹立의 공헌도에 따라 王位를 계승할 수 있었다.
이러한 귀족의 대립과 왕권의 약화과정에서도 惠恭王은 빈번한 對唐
交涉을 통해 專制王權維持에 노력을 꾀하였음도 간과할 수 없다.122)

그러므로 下代에 이르러 元聖王系는 왕실내부나 진골귀족집단 내
부의 血族觀念의 分枝化現象이 촉진되어,123) 자신의 家系 이외의 인
물에게 侍中職을 할애함으로써 王位를 유지할 수밖에 없었다.124) 동
시에 仁謙·禮英 양계통의 갈등은 金憲昌亂과 弓福의 亂으로 변화를
일으킴으로써 地方勢力의 結合 내지는 自立의 계기가 되었다.125) 다
시 말하면 귀족세력의 王權에 대한 견제가 이제는 中代와 달리 地方
勢力에 까지 擴大되었다는 점이다. 여기에 中代와 下代의 근본적인
차이가 있었다.

그러나 흔히 貴族聯立時代로 지칭되는 下代에126) 있어서 王權이
전혀 專制權을 행사하지 못한 것으로 이해할 수는 없다. 景文王은
皇龍寺成典의 설치나 皇龍寺 9層塔의 重修와 같은 국가적인 사업을
통해 王權強化의 노력을 부단히 계속하였으며,127) 儒教政治理念의
具現을 위한 개혁이 元聖王代를 비롯하여 哀莊王代에도 法令爲主로
의 개혁시도가 꾸준히 이어졌다.128) 또한 憲德王·興德王代의 改革

---

122) 李基白, 앞의 책(1974), p.234.
123) 李基東, 앞의 책(1984), p.179.
124) 吳星, 「新羅元聖王系의 王位交替」, ≪全海宗博士華甲紀念論叢≫(一潮閣, 1979),
　　　pp.12~13.
125) 井上秀雄, 앞의 책(1974), pp.386~390.
126) 李基白, 앞의 책(1974), p.252.
127) 蔡尙植, 앞의 論文, p.115.
128) 崔柄憲, 「古代國家의 崩壞」, ≪한국사≫ 3(1978), pp.438~444.

政治는 국왕과 귀족간의 정치적 갈등으로 실패하였지만 분명히 王權
專制化의 노력이었다.129) 다시 말하면 下代에도 6두품계열의 협조에
의한 전제정치의 지향은 유교의 정치이념이나 불교에 의한 王權復興
의 기도 및 제도의 개편 등을 통해 계속에서 시도되었다.

이와 같이 전제왕권은 眞骨貴族의 반발과 비대한 귀족세력, 또는
지방세력의 도전으로 중대와 같은 입장은 될 수 없었으며 동시에 이
러한 귀족세력도 또 다른 귀족세력(지방세력)에 의해서 그 정치적
지위를 상실케 되었다. 그러므로 새로 진출하는 지방의 豪族들은 그
들 자신의 지위 확보를 위해 儒學的 素養을 통해 학문적 풍토를 확
대시켰으며,130) 王室은 文翰機構와 近侍職을 통해 國王의 權力集中
을 꾀하기도 하였다.131) 그러나 이러한 시대조류는 신라 왕실의 재
건에 작용하지 못하고 오히려 高麗王朝의 成立을 가능케 한 원동력
이 되고 말았다.

V. 結語

이상에서 우리는 신라의 中代專制王權이 확립되는 과정과 아울러
神文王・聖德王・景德王代의 전제왕권이 갖는 특질을 고찰해 보았
다. 무엇보다도 이 시기의 전제왕권은 律令制를 바탕으로 한 광범한
官僚制度의 合法的 支援뿐 아니라 위의 3왕이 모두 즉위 초에 王妃
를 바꾸었다는 사실과 같이 소수의 貴族勢力과의 정치적 타협에서
유지될 수 있었다.

다만 몇 가지의 결론을 제시하기 앞서 전제해야 할 점이 있다. 우

---

129) 金東洙, 앞의 論文, pp.29~47.
　　申瀅植, 앞의 책(1984), pp.453~459.
130) 金光洙, 「羅末麗初의 地方學校問題」, ≪韓國史硏究≫7(1972).
131) 李基東, 앞의 책, p.263.

선 전제왕권이 中代社會에만 있었던 정치형태라는 기존관념은 배격
되어야 한다는 것이다. 따라서 下代의 貴族聯立社會를 왕권이 허약
한 혼란기라는 견해도 마땅히 시정되어야 할 것이다. 하대에도 元聖
王을 비롯하여, 哀莊王·憲德王·景文王등도 왕권의 전제화개혁을
꾸준히 계속하였던 것이다.

다음으로는 上大等과 侍中을 각기 상반된 존재로서 전제왕권기에
는 상대등이 정치적 방관자였으며 시중은 왕권의 安全瓣이라는 기존
의 학설도 재검토되어야 한다는 것이다. 이들은 각 시대에 귀족의
대표로서 정치·군사적 기능을 다한 존재였다.

끝으로 景德王 19년과 惠恭王 10년을 각각 시대전환점으로 본 일
부 견해도 재고될 수 있다는 점이다. 따라서 中代의 범위는 眞德女
王에서 宣德王까지로 잡아야 한다는 것이 필자의 입장이다.

이러한 전제 하에서 첫째로 中代武烈系王統의 전제왕권은 眞德女
王의 일련의 정치개혁으로부터 전개되기 시작한 후 武烈王·文武王
의 統一戰爭으로 國民的 融合이 이룩되면서 왕권의 절대화가 촉진되
었다. 이러한 전제왕권은 무열·문무왕의 爲民·律令政治에서 크게 고양
되었고 神文王 1~9년 사이에 있었던 官僚制度의 整備에서 법제적 기
틀을 마련하였다. 따라서 전제왕권확립에 방해가 된 세력은 連坐制를
통해 과감히 제거하였다. 신문왕은 새로 확립한 관료제도를 바탕으로
전제왕권을 구축하였고, 통일전쟁에서 배양된 國民的 共感帶속에서
萬波息笛과 같은 사상적인 기반을 마련할 수 있었다. 그러나 金庾信
의 아들인 三光과 신문왕의 숙부인 愷元, 그리고 文王의 아들인 大莊
등 특정귀족의 지지와 협조로 전제왕권이 유지되었다.

둘째로 중대전제왕권의 절정기인 聖德王代는 새로운 貴族勢力의
등장과 함께 그 억압책으로 官人化施策이 추진되었다. 성덕왕대 초
기에는 金元泰·金順元派의 대립을 지나 점차 김순원 일파가 정치적
주도권을 장악하였으며 후기에는 允忠(允中: 三光의 아들)과 思仁(大
莊의 아들), 그리고 金義忠·信忠系의 3파의 세력균형으로 왕권이

유지되었다. 이러한 사실은 성덕왕 재위 36년간에 3명의 上大等과 10명의 中侍가 교체된 점에서 확인할 수 있었다. 그리므로 이 때의 상대등이나 중시는 단순한 政治의 傍觀者나 王權의 安全瓣은 아니었다. 그들이 정치적 실권을 장악하지 않았다면 그토록 빈번히 교체할 필요성은 결코 없기 때문이다. 그러나 성덕왕은 이러한 귀족적 갈등 속에서도 전제왕권의 유지를 위해 적극적인 對唐外交를 추진하였다. 성덕왕은 43회의 朝貢使를 비롯하여 빈번한 宿衛와 賀正使의 파견 등 새로운 東亞秩序의 參與를 통해 신라왕의 국제적 위치를 높일 수 있었다.

셋째로 景德王은 성덕왕과 孝成王의 2대에 걸쳐 外戚으로 활약한 金順元一派의 三毛夫人(金順貞의 딸)을 先妃로, 金義忠派의 滿月夫人을 後妃로 맞는다. 경덕왕 초에 三毛夫人이 축출었다 해도 김순원·김순정파인 金邕은 그 세력이 의연히 계속되어 思仁系의 반대를 물리치고 義忠派인 信忠과 결속되어 경덕왕의 漢化政策을 추진할 수 있었다. 이러한 사실은 聖德大王神鍾의 鑄造에 나타나 있으며 정치적 실권은 金邕·金良相一派의 수중에 있게 되었다. 이들은 景德王이나 惠恭王의 정치를 반대한 反專制主義者가 아니라 혈통이나 五廟制 및 王室寺院(成典)의 책임자 등으로 보아 中代王權支持者였다. 그러나 경덕왕의 전제정치가 추진되는 17년 이후 天災地變은 그 당시에 전개되던 政治的 試鍊의 표징으로서 계속 나타나고 있다. 경덕왕의 전제정치는 漢化政策과 같은 제도의 개혁뿐 아니라 佛國寺와 石窟庵의 창건, 奉聖寺成典의 重創, 華嚴經의 普及 등 불교를 통해 왕실의 권위와 신성함을 고양시키는데 주력하였다. 그는 불국사와 석굴암과 같은 佛寺를 통해 왕실의 권위와 신성함을 보장받으려 한 것이다.

넷째로 中代專制王權의 崩壞는 경덕왕 19년이나, 혜공왕 10년이라는 특정한 시기에서 구할 것이 아니라는 점이다. 그러나 경덕왕 후반기 이후 폭주하는 天災地變記事는 결국 이 시기가 새로운 사회로의 전환기가 되었다는 사실을 반영한 것이다. 이 시기의 주인공인 金邕과 金良相은 中代王權의 最後保壘者였으며, 김양상은 五廟制와 東海火葬을 통해 中代武烈王統을 자처했던 것이다. 혜공왕 10년에 上大等이 된 金良相一派는 일단 金庾信後孫의 도전을 물리쳤으나, 곧 金敬信과 金周元系(思仁의 손자)와 결속하지 않을 수 없었다. 金周元一派와의 대결에서 승리한 김경신은 元聖王系(下代)의 王統을 확립하였다. 이로서 中代專制王權은 붕괴하였으며 새로운 정치질서가 시작되었다. 그러나 그 자신은 宗基(周元의 아들)와 손자인 俊邕(소성왕)·彦昇(헌덕왕) 등의 지원으로 王權을 유지할 수 있었다.

그러므로 下代의 정치체제도 근본적으로는 中代의 그것과 다른 것은 아니었으나, 官僚制度의 合法的 裝置가 무너졌으며, 무엇보다도 地方勢力의 挑戰이 전제정치를 부인하였다는 사실이다. 다만, 下代의 역대왕들은 宿衛學生들을 중심으로 한 知的 集團에 의한 유교정치의 권고나 文翰·近侍機構를 통해 꾸준히 王權의 强化를 꾀하였으나, 이러한 노력은 地方豪族들의 學問的 欲求와 함께 신라왕조의 再建이 아닌 高麗王朝建設의 바탕이 되었다.

제2절 新羅 中代 專制王權의 特質

I. 序言

統一新羅의 전성기인 中代를 專制王權의 確立期로 생각하는 것은 주지의 사실이다.[1] 이 시기는 우리 역사상 최초로 整備된 官僚制度를 마련하였고,[2] 강력한 絶對王權이 유지된 사회였기 때문이다. 동시에 이 때에 이룩된 관료제도는 韓國傳統社會의 原型으로서, 高麗·朝鮮王朝로 연결되었으므로 한국의 官僚制度史에 있어서도 중요한 의미를 갖는다. 다만, 이 때의 전세왕권이 비록 貴族勢力의 강력한 牽制와 支援에 힘입은 것은 사실이나,[3] 그렇다고 당시에 발달한 관료제도의 기반을 소홀히 대할 수는 결코 없다.

그러나 中代專制王權의 본질적인 특성은 외면한 채 현재 학계에서는 막연히 專制政治 또는 專制主義란 명칭을 사용하고 있으며, 단지 견제화가 이룩된 要因說明이 대부분일 뿐이다.[4] 대개의 연구경향은 신라의 관료제가 唐(中國)의 律令制를 모델로 하되, 어느 정도 신라의 獨自的인 제도를 인정하고 있는 실정이다.[5] 한편 신라의 관료제

---

1) 李基白, 「新羅執事部의 成立」, ≪新羅政治社會史研究≫(一潮閣, 1974), p.170.
   井上秀雄, 「新羅政治體制의 變遷過程」, ≪新羅史基礎研究≫(東京, 東出版社, 1974), pp.443~454.
2) 李基東, 「新羅中代의 官僚制와 骨品制」, ≪新羅骨品制社會와 花郎徒≫(一潮閣,1984), p.117.
   木村誠, 「統一新羅의 官僚制」, ≪日本古代史講座≫6(1980), pp.137~148.
3) 金壽泰, 「新羅聖德王·孝成王 金順元의 政治的 活動」, ≪東亞研究≫ (1983).
   申瀅植, 「中代專制王權의 展開過程」, ≪汕耘史學≫4(1990) 참조.
4) 李基東, 앞의 책, p.116.

는 族制的 原理와 불교 및 유교사상과의 관련문제로 그 성격파악에
어려움은 있으나, 확대·강화된 監察制度에 그 특징을 부여하기도
하였다.6) 그러나 이러한 기존의 연구는 신라관료제의 한 특징은 될
수 있으나, 그것이 갖는 본질적 성격은 외면한 결과가 되고 말았다.
여기에 본고를 초한 이유가 있다.

필자는 中代의 專制王權을 지탱하는 두 支柱는 '貴族勢力과의 정
치적 관계'와 '官僚制度'라는 견해를 발표한 바 있다. 앞서 中代專制
王權의 展開過程에서 전제왕권과 귀족세력과의 관계를 해명한 필자
는,7) 신라 전제왕권의 특질과 관료제도문제를 미결로 남겨두었다.
말하자면 본고는 관료제도 문제를 중심으로 신라 전제왕권의 특질을
찾아보려는 것이며, 나아가 王權의 神聖化問題를 佛敎와 儒敎와의
관련을 통해서 구명해 보려는 것이다. 특히 신라의 관료제도가 唐의
그것과 다른 獨自性을 여러 측면에서 정리함으로써, 우리나라의 政
治制度史가 차지한 歷史性을 밝히는데 주안점을 두고 동시에 전제왕
권속에 불교와 유교가 어떠한 기능을 하였는가하는 문제를 구체적으
로 재검토하고자 한다. 따라서 이러한 중대의 專制王權이 이미 中古
末에 그 특성을 나타냈으며,8) 下代에도 꾸준히 계속 되었음으로 해
서,9) 중대에만 있었던 전제왕권이나 專制主義라는 표현 자체는 적절
치 못하다. 그러나 현재는 다른 적절한 代替用語가 없기 때문에 전
제주의란 어휘를 그대로 사용하였음을 밝혀 둔다.

---

5) 井上秀雄, 앞의 책, p.239.
　　木村誠, 앞의 論文, pp.164~165.
6) 李基東, 앞의 책, pp.142~143.
7) 申瀅植, 「中代專制王權의 展開過程」(本書 제2장 제1절) 참조
8) 李晶淑, 「新羅眞平王代의 政治的 性格-所謂 專制王權의 成立과 關聯하여-」, ≪韓
　　國史研究≫ 52(1986) 참조.
9) 崔柄憲, 「新羅下代社會의 動搖」, ≪한국사≫ 3(1978).
　　金東洙, 「新羅 憲德·興德王代의 改革政治」, ≪韓國史研究≫(1982) 참조.

Ⅱ. 專制王權의 特質

統一新羅의 中代武烈王權時代는 專制王權의 確立期로서 韓國古代
史의 전성기로 인정되고 있다. 이 시기의 전제왕권의 특징은 흔히
중국의 律令制에 입각하여 발달된 官僚制로 간주하거니와10) 신라율
령제도의 獨自的인 問題와 더불어 그 구체적 실상파악에는 통일된
견해가 없다. 다만, 왕권의 전제화가 이룩된 요인에 대한 설명이
나11) 전제정치의 특징으로서 金氏王族의 族內婚·長子相續·廟號
制·葛文王制의 廢止 등을 들고 있을 뿐이다. 그러나 이러한 현상들
이 통일이후에 나타난 것이 아니었으므로 그것들이 곧 中代專制王權
의 특징이라고 설명할 수는 없다. 왜냐하면 族內婚문제는 中古이전
에도 흔히 나타났고12) 下代에도 널리 존재하였으며, 長子相續制 역
시 智證王 이후 본궤도에 올라섰기 때문이다.13) 眞興王 27년에는 銅
輪을 太子에 봉하는 등 장자상속제는 中古代에 확립되었으나 廟號制
나 葛文王廢止는 中代에 이르러 확립된 것은 사실이다. 따라서 통일
신라의 전제왕권이 갖는 諸樣相이 이미 中古에 존재한 것은 인정할
수가 있지만,14) 그 형태와 특징이 보다 뚜렷해지고 정돈된 것은 통
일 후라는 점은 看過할수 없다. 또한 中古에 있어서는 對外戰爭이
國政의 대부분을 차지하였지만, 武烈王權의 전성기인 神文王~景德王
代는 羅·唐親善을 축으로 한 國際平和期였으므로 王權의 성격이나

---

10) 池田溫, 「中國律令と官人機構」, ≪前近代アシアの法と社會≫(勁草書房, 1967), p.152.
11) 李基東은 專制化가 이룩된 요인으로서 ① 統一戰爭 완성에 따른 고양된 王室의 權
　威 ② 執事部중심의 행정체계 ③ 唐의 律令과 儒敎的 政治理念의 도입 ④ 광범위
　한 中央貴族의 淘汰 ⑤ 地方勢力의 吸收등을 들었다. 앞의 책, p.116.
12) 眞興王의 어머니는 法興王의 딸(4촌누이)이며 眞平王의 어머니는 할아버지(眞興
　王)의 여동생이었다. 金龍春(무열왕父)은 4촌조카(4촌 동생의 딸·天明)와 결혼하
　였으며, 金庚信은 여동생의 딸(金春秋 딸)과 결혼하였다.
13) 申瀅植, 「新羅王位繼承考」, ≪柳洪烈博士華甲紀念論叢≫(探究堂, 1971), p.74.
14) 申瀅植, ≪新羅史≫(梨大出版部, 1985), pp.102~111.
　李晶淑, 앞의 論文, pp.15~22.

임무가 달라지게 되었다.

그러므로 전제왕권이 확립되는 신문왕 때는 과감한 政策推進意志가 엿보였으나 성덕왕 이후에는 점차 現象維持에 급급하게 되었다. 더구나 중대 무열왕통의 平均在位年이 13.8년에 불과하여15) 집중적인 정치개혁이 어려운 실정이었다. 그러나 비교적 장기간 王位에 있었던 聖德王(36년)과 景德王(24년)은 다양한 정책을 추진할 수가 있었다. 그것은 어느 정도 정치안정과 개혁이 가능할 수 있었다고 생각되기 때문이다. 그러나 卽位年齡層이 불규칙하였고, 귀족세력의 강력한 견제와 太后의 攝政이 간헐적으로 다시 시도되었기 때문에16) 跛行的인 정치가 수반되기도 하였다. 따라서 귀족세력의 극복과 적극적인 국정의 수행을 위해서는 王權의 專制化가 불가피하였다.

주지하는 바와 같이 中代社會의 가장 큰 특징은 王權의 絶對化이다. 그러므로 이를 뒷받침하기 위해서는 王權의 神聖化가 전제되어야 했으며, 그 방편으로 왕의 先天的인 骨相과 外貌, 그리고 특출한 德性 및 智慧가 요구되었다. 그 대표적 예가 濟·麗王의 善射術과 新羅王의 智德이 될 것이다.17) 그러나 무열왕통 시대인 中代는 武烈王과 文武王을 제외하고는 어느 왕도 신체적 특징이나 덕성을 나타낸 일이 없다.18) 그렇다고 왕의 특별한 骨相이나 超人的 能力이 없다는 뜻은 아니다. 下代의 경우이지만,

---

15) 소위 中代(武烈王~惠恭王)는 126년이어서 평균재위년이 15.8년이지만 本稿에서의 武烈王統은 眞德女王부터 宣德王(647~785)의 138년이므로 왕의 평균재위기간 13.8년에 불과하다.
16) 孝昭王과 惠恭王은 각각 6세와 8세에 즉위하였으므로 太后의 攝政이 불가피하였. 또한 武烈王·聖德王·景德王 등은 즉위연령이 낮았다.
17) 申瀅植,「三國時代 王의 性格과 地位」,≪韓國古代史의 新研究≫(一潮閣, 1984), p.88.
18) 中代 8왕 중에서 武烈王은 '王儀表英偉有濟世志'(≪三國史記≫ 卷 5)라든가, '春秋美姿顔善談笑'(≪日本書紀≫ 卷 25, 孝德天皇大化 3年條)와 文武王의 姿表英持 聰明多智略'(≪三國史記≫ 卷 6)뿐이다. 단, 眞德女王은 '姿質豊麗長七尺垂手過膝'(≪三國史記≫ 卷5)라 하였는 바, 女王은 혈통상으로 眞平王女이었으므로 순수 무열계와는 달라야 했다.

　　王(眞聖女王)이 그 아이(嶢, 孝恭王)를 闕內로 불러들여 손으로 등
을 어루만지면서 말하기를 나의 兄弟姉妹의 骨相은 남과 다른 점이
있다. 이 아이도 등위에 두 뼈가 솟아났으니(兩骨隆起) 진짜 憲康王의
아들이라하고 禮를 갖추어 太子로 봉하였다 (≪三國史記≫ 卷11, 眞
聖女王 9年條).

와 같이 신라말까지 역대의 왕은 先天的인 특성을 지니고 있었다.
　　그러나 中代의 왕들은 이러한 외형적인 특징을 강조하지 않았다.
오히려 善政을 강조하고 敎書나 詔書를 통해 王道政治의 표본을 내
세웠다. 神文王은 재위 12년간에 4번의 下敎를 내렸고, 聖德王은 재
위 36년간에 12회의 大赦令을 내려 王權의 위엄과 권위를 나타내었
다. 赦免令의 분포가 7~8세기에 집중된 것은[19] 敎書의 빈도와 같은
맥락에서 이해할 수 있다. 이와 같이 武烈王權은 眞德女王 2년(648)
에 金春秋가 唐의 國學에서 釋奠과 講論을 참관한 이래[20]

　(가) 神文王 2년 6월에 國學을 세워 卿 1인을 두었다(≪三國史記≫ 卷 8).
　(나) 神文王 6년 2월에 사신을 唐에 보내 禮記와 文章에 관한 책을
　　　청하였다. 唐主則天이 所司로 하여금 吉凶要禮를 등사하고 또
　　　文館詞林 중에서 規誡에 관한 글을 선택하여 50권을 만들어
　　　주게 하였다(同).
　(다) 聖德王 16년 9월에 入唐했던 大監 守忠이 돌아와 文宣王 十哲
　　　72弟子의 國像을 바치매, 그것을 國學에 安置하였다(同).
　(라) 聖德王 27년 7월에 金嗣宗을 唐에 보내어 方物을 전하고, 겸하
　　　여 子弟의 國學入學을 청하였다. 唐主가 이를 허락하고 果毅란
　　　벼슬을 주어 宿衛로 머물게 하였다(同).
　(마) 景德王 6년 國學에 諸業博士와 助敎를 두었다(同, 卷 9).
　(바) 惠恭王 원년에 왕이 大學에 行幸하여 博士로 하여금 尙書를 강
　　　의케 하였다(同).

---

19) 申瀅植, 「三國史本紀內容의 個別的 檢討」, ≪三國史記研究≫(一潮閣, 1981). p.156.
20) ≪三國史記≫ 卷 5, 2年 冬條.

(사) 惠恭王 12년 2월에 왕이 國學에 行幸하여 聽講하였다(同).

와 같이 中代의 역대왕들은 國學을 충실히 하고 經典을 강론케 하는
한편, 學生들은 唐國學에 修學케 하는 등 儒敎政治理念의 具現을 위
해 진력하였다, 특히 聖德王·景德王代에 廟學制의 確立은 교육장소
를 神聖化시킴으로써21) 講學과 視學의 儀禮를 통한 專制王權의 권
위를 강조하려는 의도로 파악 할 수 있었다. 여기서 주목할 것은 6
두품출신이 주류를 이루는國學을 왕이 중시하였다는 사실이다. 국왕
도 얽매이는 유교적인 規範과 道德律을 강조한 논리는22) 결국 진골
귀족의 횡포에 대항하기 위한 王權의 專制化努力이라 하겠다. 무엇
보다도 국왕은 6두품계열의 政治的 諮問과 反骨品的인 입장을 통해
귀족세력억압의 논리적 타당성을 구하려는 의도였다고 하겠다.23)
　이와 같은 유교정치이념의 추구는 唐으로부터 같은 文化水準과 仁
義之國임을 인정받음으로써 국왕의 권위를 내세울 수 있게 되었다.
聖德王 30년에 唐帝의 詔書에

　　그대의 二明은 慶祚하고 三韓은 善隣이니, 때로 仁義之鄕의 칭이
　　있고, 대대로 勳賢의 業을 나타냈다. 그 文章과 禮樂은 君子之風을
　　드러냈고, 納款과 輪忠은 勤王의 節을 다하였다. 참으로 藩維의 鎭衛
　　요 忠義의 儀表이니 殊方·遠俗과 때를 같이하여 말할까 보냐(≪三
　　國史記≫ 卷 8)

라고 하였다. 즉, 당으로부터의 '仁義之鄕'이나 '君子之風'이라는 칭
송에서 新羅專制王權의 合理的 根據를 제공받을 수 있었다. 그러므
로 통일신라의 왕도 중국의 天子와 같은 絶對君主로서의 자격을 지
니고 있다는 것을 확인케 되었음을 뜻한다. 이에 唐帝의 持節使에도

21) 高明士,「羅·麗時代 廟學制的 創立與展開」,≪大東文化硏究≫23(1989), pp.263~265.
22) 李基白,「新羅骨品體制下의 儒敎的 政治理念」,≪新羅思想史硏究≫(一潮閣, 1986),
　　pp.228~229.
23) 李基白, 앞의 책 (1974), pp.62~63.

歸崇敬과 같은 당대의 文豪, 碩學이 파견되었고,24) 당의 冊命使로 온 韋丹·元季方 등도 대표적인 儒學者로 선발되었다.25) 이러한 경우는 唐의 賓貢科에 合格한 유학생이 신라가 가장 많다는 사실에서도 엿볼 수 있다.26)

따라서 신라의 왕은 이러한 儒敎政治의 지도이념인 智와 德으로서 經世方法인 禮·樂·政·刑을 베푸는 형태를 취하게 된다. 원래 儒家의 본성이 道德의 實踐에 있는 만큼,27) 그 도덕의 내적 기준인 仁과 외적 기준인 禮를28) 결합시켜 하나의 보편적 원리를 통해 國民敎化의 명분을 찾을 수 있게 하였다. 다시 말하면 유교적인 理想世界인 平天下를 이룩하여

> 大道가 행해졌을 때는 天下가 공평하게 되고, 참으로 어질고 능력 있는 사람을 選擇하여 信儀를 강론하고 親睦을 도모하게 되므로 자기 부모만 부모로서 섬기지 않고, 자기 가식만 자식으로서 사랑하지는 않는다. 그리하여 늙은이는 편히 쉴 수 있고, 젊은이는 일할 수 있고, 어린이는 잘 자랄 수 있다. 과부·홀아비·고아 등 불쌍한 사람들은 잘 보호받을 수 있다. 財貨를 함부로 쓰는 것을 싫어하되, 혼자 간직하지 않으며, 노력하지 않는 것을 싫어하되, 자기만을 위해서 일하지는 않는다. 그러므로 陰謀는 없어지고 도둑은 생겨나지 아니한다. 그리하여 門을 닫지 아니하니, 이를 大同이라 부른다.29)

와 같은 大同世界의 구체적 실상을 中代專制王權社會에서 찾으려 한 것이다. 그러므로 謀叛罪를 응징하였고, 國學에서 論語·孝經을 필수과목으로 부과한 것이다.30) 더구나 神文王 6년에 入唐使가 禮記와

---

24) 申瀅植,「韓國古代의 西海交涉史」, ≪國史館論叢≫ 2 (국사편찬위원회, 1989), p.37.
25) 李基東, 앞의 책, p.292.
26) 申瀅植, 앞의 책(1984), p.445.
27) 李完栽,「儒敎의 精神」, ≪東方思想論攷≫(逍原柳承國博士華甲紀念論叢刊行委員會, 1983), p.13.
28) 李漢龜,「儒敎倫理의 本質的 構造」, 위의 책, p.29.
29) ≪禮記≫ (禮運篇).

文章에 관한 책과 吉凶要禮의 書를 요구한 것은31) 신문왕 7년의 5 廟制를 마련한 후에

> 四時의 節候를 고르게 해주시고 五事의 徵을 잘못함이 없도록 하여
> 주시며, 곡식이 잘되고 질병이 없어지고 衣食이 충족하며, 禮義가 갖
> 추어져 中外의 平和속에 도둑이 사다져 후손에 寬裕를 내리어 길이
> 多福을 누리게 해주십시오(≪三國史記≫ 卷8, 神文王 7年 4月條)

라는 祭文의 정신과 같이 곧 民本에 바탕을 둔 유교정치의 이상적인
실현과정을 보게 된다. 이러한 사실은 神文王의 즉위 뒤에 있었던
金欽突 亂에 연루된 金軍官을 처형하는 敎書에서 '事上之規 盡忠爲
本 居宮之義 不二爲宗'이라고 한 기록에 잘 나타나 있다.
   그러므로 神文王은 中代社會를 平天下의 大同社會로 만듦으로써
平和와 富貴의 세계를 이룩하겠다는 자세를 보였다. 여기서 우리는
儒敎의 정치이념인

> 禮는 민심을 절제하고 樂은 민심을 和하게 하며 政은 禮樂을 행
> 하는 것이며 刑은 어긋남을 막아 주는 것32)

임을 확인할 수 있게 되었으며, 곧 이어

> 백성은 가장 중요한 것이며, 社稷(나라)은 그 다음이다. 왕은 세
> 번째로서 백성들의 마음을 얻으면 天子가 될 수 있다.33)

라는 王道政治의 규범을 나타낼 수 있었다. 이러한 유교정치의 규범
은 百濟征伐 직후 蘇定方이 唐帝에게

---

30) 李基白, 앞의 책(1986), p.226.
31) ≪三國史記≫ 卷 8, 神文王 6年條.
32) ≪禮記≫ (樂記篇).
33) ≪孟子≫ 제14 盡心(下).

新羅의 국왕은 어질고 백성을 사랑하며, 그 신하는 충성으로 나라
를 섬기고, 아랫사람이 윗사람을 섬기기를 父兄과 같이 한다(≪三國
史記≫ 卷 42, 金庚信「中」).

라는 표현에서 우리는 신라사회에 뿌리내린 유교정치이념을 엿볼 수
있다.

中代專制王權을 뒷받침한 또 하나의 정신적 기반은 佛敎이다. 불
교를 수용하는데 앞장선 왕실로서는 이를 통해 王權의 强化는 물론
神聖化의 도구로 삼았다. 그만큼 불교는 절대왕권에 필요한 것이었
다. 따라서 專制王權과 華嚴宗의 관계를 論外로 하더라도,34) 불교가
王權의 神聖化를 촉진시킨 것은 사실이다.35) 眞平王 30년에 乞師表
를 隋에 바친 圓光의

자기가 살려고 남을 죽이려는 것은 僧侶의 도리는 아니다. 그러나
자신이 大王의 땅에 살고 왕의 水草를 먹고 사는데 어찌 감히 王命
을 거역하겠는가(≪三國史記≫ 卷4, 眞平王 30年條)

라는 표현에서 볼 때, 국가와 왕실, 개인과 국가는 불교라는 公的
倫理를 통해 결합되었으며, 왕이 양자간의 교량역할을 하였다. 다시
말하면 불교는 왕실과 귀족 간에 공동의 대화창구나 광장의 역할을
한 것이다.36)

王室과 佛敎와의 관련은 여러 가지 형태로 이루어졌다. 法空(법홍

---

34) 華嚴宗이 專制王權의 사상적 배경이 되었다는 견해는 安啓賢(「新羅佛敎」, ≪한
   국사≫ 3, 1976, p.216), 金文經(「儀式을 통한 佛敎의 大衆化運動」, ≪史學志≫
   4, 1970, p.102), 그리고 李基白(앞의 책,1986, p.261) 등이다. 이에 반해 전제왕
   권이 화엄종과 직접 관련이 없다는 주장은 金相鉉(「新羅中代專制王權과 華嚴宗」,
   ≪東方學志≫44, 1989, pp.64~65)과 金福順(「新羅中代 華嚴宗과 王權」, ≪韓國史
   硏究≫ 63, 1989, p.128) 등이다.
35) 洪潤植, 「三國時代의 佛敎受容과 社會發展의 諸問題」, ≪韓國佛敎史의 硏究≫(敎
   文社, 1988), p.40.
36) 洪潤植, 「新羅皇龍寺經營의 文化的 意味」, ≪三國遺事와 韓國古代文化≫(圓光大出
   版局, 1985), p.255.

왕)이나 法雲(진흥왕) 등 佛教王名을 비롯하여, 巡幸時에 반드시 高
僧(沙門道人)을 대동하는 것은 불교를 통해 王權의 신성함을 뒷받
침하려는 것임이 분명하다. 中古王室을 대표하는 皇龍寺와 그 부대
시설이 진흥왕에서 善德王代에 이르러 완성된 후, 百座講會와 看燈
이 그 곳에서 이루어졌고 寺主가 國統으로서 그곳에 거주하였다.[37]
그 후 中代王室과 奉德寺, 下代王室과 皇龍寺가 仁王道場이 되었다
는 것은 불교와 왕실과의 깊은 관련을 설명해 준다. 특히 황룡사의
창건이 法興王代의 貴族集團의 사회를 극복하고 王權支配體制를 확
립하려는 전환기 사회를 배경으로 한 사실도 큰 도움이 될 것이
다.[38] 따라서 당시의 불교가 王室(官廷)佛教였고, 中代에 이르러 國
家佛教가 되었다는 견해는[39] 불교의 발전과정의 설명은 될 수 있
으나, 정당한 견해라고는 볼 수가 없다.[40]

古代國家에서 王은 단순한 支配者나 執權者는 아니다. 왕은 超人
的인 權威로 人道와 天道를 조절하는 존재로서 국가 그 자체인 것이
다. 따라서 왕실과 국가는 구별될 수 없으며, 王事는 곧 國事였다.

　(가) ① 能死於王事 幸矣(≪三國史記≫ 卷 5, 武烈王 7年條)
　　　 ② 能死於王事 無所悔矣(同卷 47, 官昌)
　(나) 父子勇於國事 可謂世濟忠義矣(同, 素那)

에서와 같이 (가)는 官昌이 武烈王 7년에 對百濟戰에서 희생되었을
때 그 부친 品日이 한 말이며, (나)는 素那가 부친[沈那]과 함께 戰
功[백제와의 싸움]을 세우고 순국했을 때 왕이 한 말이다. 즉, 개인
이 말할 때는 王事라 하였고 국왕이 말할 때는 國事로 표현한 것이
다. 따라서 양자는 구별될 수 없었고,[41] 왕에 대한 복종의 뜻인 忠

---

37) 李基白, 앞의 책(1986), pp.55~62.
38) 洪潤植, 앞의 책(1985), p.251.
39) 李成市, 「新羅中代の國家と佛教」, ≪東洋史研究≫ 42-3(1983), pp.67~72.
40) 李基白, 앞의 책(1986), p.255.
41) 李基白, 위의 책, p.252.

은 동시에 報國의 정신이었다. 여기서 왕은 불교를 매개로 하여 왕
실과 국가를 하나로 연결시킬 수 있었다.

<表 1>七寺成典의 性格42)

구분 명칭	설치연대	목 적
四天王寺	文武王 19(679)	唐軍逐出
奉 聖 寺	神文王 5(685) 景德王 때 重創	神印宗 惠通의 降龍사상 信忠의 宿怨조처
感 恩 寺	神文王 2(682)	文武王遺業계승
奉 德 寺	聖德王 6(767) 孝成王 2년 완성	武烈王追福 聖德王 追福
奉 恩 寺	惠恭王 7(771) 元聖王 10년重創	眞智王追福
靈 廟 寺	善德王 4(685)	星神숭배
永 興 寺	神文王 4(684)	국가태평기도

眞興王과 皇龍寺와의 관계는 文武王과 四天王寺, 神文王과 感恩寺,
聖德王과 奉德寺, 그리고 惠恭王과 奉恩寺로 확대되었다. 무엇보다도
무열왕실은 王室寺院(成典)을 세워 왕실의 정통성과 권위를 강조함
은 물론 眞骨王族에 대한 견제를 꾀하였다.43) 中代王權과 깊은 관계
를 맺고 있는 七寺成典을 도표화하면 <表 1>과 같다. 七寺成典의 首
府인 四天王寺를 비롯하여 각 성전은 寺院의 감독·관리나 王室의
願堂으로서44) 百座法會를 통해 왕실과 국가의 안녕·보호를 위한
정신적45)기반이 되었다. 그러므로 왕들은 수시로 이곳을 찾았다. 그

42) <表 1>은 蔡尙植의 「新羅統一期의 成典寺院의 구조와 기능」의 p.98과 李泳鎬의 「
   新羅中代 王室寺院의 官寺的 機能」의 p.99의 「表」를 종합해서 작성하였다.
43) 蔡尙植, 「新羅統一期의 成典寺院의 구조와 기능」, ≪釜山史學≫ 8(1984), p.99.
44) 蔡尙植, 위의 論文, p.116.
45) <表 1>은 蔡尙植의 「新羅統一期의 成典寺院의 구조와 기능」의 p.98과 李泳鎬의 「
   新羅中代 王室寺院의 官寺的 機能」의 p.99의 「表」를 종합해서 작성하였다.

리고 下代에 이르러 왕의 出幸場所가 주로 皇龍寺였고, 정치적 혼란 기에는 國難克服의 精神的 慰勞를 위해 왕이 寺刹을 찾았다는 점도 같은 뜻으로 생각할 수 있다.46) 그러므로 永興寺에 成典을 둔 神文 王 4년(684)을 전후하여 成典體制를 완비한 것과47) 전제왕권의 확립 은 불가분의 관계가 있는 것이다.

이러한 통일신라의 專制王權은 고대의 東方的 專制主義(oriental despotism)나 서양의 絕對主義(absolutism) 또는 獨裁政治(dictatorship) 그리고 全體主義(totalitarianism) 등과 같을 수는 없으나, 이들의 정치 적 특징을 고루 갖춘 專制君主制였다. 통일신라의 왕은 중국의 天子와 같이 超人的인 權威와 신성한 德性으로 天道와 人道를 조절할 수 있 었고,48) 武力의 合法的 使用과 강력한 行政力을 행사할 수 있었다. 다 시 말하면 신라의 전제정치는 官僚制와 貴族勢力의 견제를 받고 있으 나, 儒敎와 佛敎의 사상적 배경으로 合法化될 수 있었고, 그 권위를 보 장받을 수 있었다. 특히 전제왕권은 統一戰爭을 수행하는 과정에서 國 民的 總和와 忠孝思想으로 더욱 무장될 수 있었음도 간과해서는 안될 것이다. 이와 같이 武烈系王統은 七寺成典과 같은 願刹을 중심으로 한 불교를 통해 그 신성함을 보장받을 수 있었고, 유교의 王道政治의 具 現에서 현실적 권위를 인정받을 수 있었다. 이것이 萬波息笛의 정신인 것이다.49) 나아가서 華嚴思想이 갖고 있는 圓融思想은 調和와 平等을 바탕으로 국민을 한데 묶는 精神的 共感帶를 형성하였으며,50) 愛民思 想을 통해 君·臣·民을 하나의 廣場으로 통합할 수 있었다. 여기에 安民歌의 정신이 있는 것이다.

(가) 이 피리를 불면 敵兵은 물러가고 病이 낫고, 가뭄에는 비가 오

46) 申瀅植, 앞의 책(1981), p.177.
47) 李泳鎬, 「新羅中代 王室寺院의 官寺的 性格」, ≪韓國史硏究≫ 43(1983), p.108.
48) 崔文煥, ≪막스웨버硏究≫(三英社, 1976), p.41.
49) 金相鉉, 「萬波息笛說話의 形成과 意義」, ≪韓國史硏究≫ 34(1981), p.27.
50) 金相鉉, 앞의 論文(1984), p.63.

고 비가 올 때는 개이며, 바람은 가라앉고 물결은 잔잔해진다
(≪三國遺事≫ 卷 2, 萬波息笛).
(가) 君은 아비요 臣은 사랑스런 어머니라 民을 즐거운 아이로 여기
시니 民이 恩愛를 알지로다.(중략) 君답게 臣답게 民답게 할찌
면 나라는 太平하리이다(同 景德王 忠談師 表訓大德).

이 두 노래는 중대의 전제왕권이 지향하는 理想國家의 모습을 나
타낸 것이다. (가)는 萬波息笛에서 護國龍으로 승화한 文武王의 神聖
함과 萬波를 다스리는 超越性으로 전제왕권을 설명하였다. (나)의 安
民歌에서는 만파식적에서 나타난 天地의 조화를 다스리는 유교의 禮
樂思想과 신비적이고도 전능한 佛陀의 진리가 결합되어 이상적인 국
가상을 제시하고 있다. 이와 같이 중대의 전제왕권은 君・臣・民의
同心圓속에 융합될 수 있는 平和의 정신까지 포용하고 있었다.

내가 듣기로는 佛敎는 世外敎(來世의 교)이다. 나는 俗世 사람인데 어
찌 佛道를 배우겠는가. 儒敎의 도를 배우겠다(≪三國史記≫ 卷46, 列傳
6, 强首).

와 같이 불교는 來世의 敎이며 유교는 現世의 敎이다. 전자는 절대
왕권을 지원해 준 정신적 기능을 다하였고, 후자는 그러한 전제왕권
을 지탱해준 현실적 정치기능을 다했던 것이다. 그러므로 역대 왕들
은 양자를 통합하여 자신의 지위를 正當化하였고, 또한 자신들이 超
越的인 存在임을 과시할 수 있었다. 이러한 단적인 예를 文武王과
宣德王의 遺詔에서 엿볼 수 있다. 즉, 문무왕은 불교식 火葬을 遺言
하였으며, 유교정치의 기본형태인 律令格式의 실시를 부탁하고 죽었
다. 선덕왕 역시 불교식의 葬法과 天心의 순응하는 道德政治의 遺言
을 남긴 바 있다. 이와 같은 유교와 불교의 조화와 융합은 崔承老가
제시한 ‘佛敎는 修身之本이요, 儒敎는 理國之源’이라는 時務策의 정
신으로 연결되어 갔다.51)

Ⅲ. 統一新羅의 權力構造

中代의 專制王權은 카리스마적인 왕의 권위와 신성함을 수반하고 있다. 그러나 특정한 貴族이나 外戚의 견제와 王道政治理念의 규제를 받지 않을 수 없었다 해도 중대의 전제왕권은 발달된 官僚制度라는 合法的 裝置를 통해서 존속되었다. 말하자면 絶對王權도 관료제라는 틀 속에서 유지되고 집행됨으로써 그 權能을 보장받을 수 있었다. 따라서 신라의 관료제도는 唐의 律令制를 답습하였다 해도 신라의 독자적인 제도는 여러 부분에서 보여지고 있다.

統一新羅의 권력구조에서 먼저 지적할 것은 독자적인 官僚制度의 발달이다. 法興王 3년(516)에 설치된 兵部로부터 神文王 6년(686)의 例作府를 끝으로 중앙의 14관부가 설치되기까지는 170년의 기간이 소요되었다. 모든 官府가 일시에 성립된 것이 아니라 기존의 관부가 국가의 발전과정의 필요성에서 分化·整備되어 왔다는 점이다. 「表 2」에서 보듯이 신라관부는 최초의 관직인 大輔가 上大等과 兵部令으로 분리된 후,[52] 禀主는 執事部와 倉部로,[53] 理方府와 司祿館의 左·右 分置, 그리고 禮部와 領客府, 乘府와 船府의 분리 등을 통하여 직능상으로 분화·정비되었다. 이러한 관직의 분화 또는 官府의 細分化는 특징기관에의 권력독점을 막고 왕권의 中央集中을 꾀하려는 조치인 것이다. 따라서 통일 후에는 唐의 6典制의 5단계를 모방한 듯하지만,[54] 전 시대를 통해 신라의 독자적인 관료제를 유지한 것

---

51) ≪高麗史≫ 卷 93, 列傳 6(崔承老).
52) 申瀅植, 앞의 책(1984), p.184.
53) 李基白, 앞의 책(1974), p.151.
54) 李基東, 앞의 책, p.123.

<表 2> 統一新羅의 中央官府

명 칭	별 칭	설 치 연 도	장관(수)	정비과정
兵 部		법흥왕 3년(516)	令(3)	초창기
司正部	肅正臺	진흥왕 5년(544)	令(1)	
位和府	司位府	진평왕 3년(581)	令(3)	
調 府	大 府	진평왕 6년(584)	令(2)	
乘 府	司馭府	진평왕 6년(584)	令(2)	발전기
禮 部		진평왕 8년(586)	令(2)	
領客部	司賓府	진평왕 43(621)	令(2)	
執事部		진덕여왕 5(651)	侍中(1)	「稟主에서 분리」
倉 部		진덕여왕 5(651)	令(2)	정리기
左理方府	議方府	진덕여왕 5(651)	令(2)	
右理方府		문무왕 7년(667)	令(2)	
船 府	利濟府	문무왕 18년(678)	令(1)	
工匠府	典祀署	신문왕 2년(682)	監(1)	완성기
例作府	修例府	신문왕 6년(686)	令(1)	

우선 신라는 중앙행정관부에 있어서 部와 府의 구분을 분명히 하고 있다. 14개의 중앙관부 중에서 執事部・倉部・兵部・禮部 등 4部만을 제하고 10개의 관청을 10府로 표시한다. 4部는 大輔나 稟主에서 분화된 부족적 전통을 지닌 것으로 府보다는 한 단계 높은 기관이다. 따라서 10府는 4部보다는 격이 한 단계 낮은 입장에서 4部의 지휘・통제를 받을 가능성이 크다. 즉, 位和府와 例作府는 執事部의 감독을 船府와 乘府는 兵部의 통제를, 領客府와 工匠府는[55] 禮部의 지휘를, 그리고 調府는 倉部의 지휘를 받았다고 생각된다.[56] 그리고 七寺成典을 비롯하여 19典과 賞賜署・大道署등 6署, 左・右司祿館 등이 각기 전문적인 직능을 맡고 있었다. 특히 兵部令과 같은 중앙

---

55) 工匠府는 神文王 2年에 監을 우두머리로 하여 설치한 관부이나, 책임자가 他府의 令과 달리한 단계가 낮은 監(卿)이었다. 그러나 景德王때에 典祀署로 바꾼 것으로 보아 공장부는 土木・營繕의 기관이 아니고, (토목・영선의 일은 例作府에 이관) 5廟祭나 기타 祭儀事務를 맡은 기관으로 생각된다(申瀅植, 앞의 책(1985), p.130).

56) 申瀅植, 앞의 책(1985), p.127.

최고의 관직자가 王室의 願堂인 七寺成典의 책임자를 겸직함으로써
양자간의 원만한 관계를 유지케 한 것도 특기할 일이다. 특히 당의
6典制와 근본적으로 다른 것은 兵部의 지위가 位和府(吏部)의 그것
보다 훨씬 높다는 점이다.[57] 따라서 통일 후 당의 6전제를 모방하여
5단계의 조직으로 편성되었다 해도 兵部의 경우를 보더라도 당의 그
것과는 다른 조직과 특징을 갖고 있었다.

<표 3> 新·唐의 兵部組織比較

	1단계		2단계		3단계	
신 라	令	1~5위 3인	大監(侍郎)	6~8위 3인	弟 監 (大舍)	11~13위 2인
당	尙 書	정3품 1인	侍 郎	정4품하 2인	郎 中	2인

	4단계		5단계		6단계	
신 라	努舍知 (司兵)	12~13인 1인	史	12~17위 17명	弩 幢 (小司兵)	12~17위 1위
당	員外郎	2인	主 事	10인		

<표 3>에서 보듯이 宮職名도 신라고유의 官名을 유지하였고 타관
부가 5단계조직을 갖고 있으나, 신라는 6단계를 고수하였다. 대부분
의 宮員이 兵部의 것을 기준으로 하고 있으며,[58] 官員數도 집사부와
같이 27명으로 구성되어 있다. 특히 兵部令이 侍中으로 승진된 일이
없으며 오히려 侍中을 거쳐 兵部令이 되었으므로,[59] 시중이 위로 王
命을 받들어 諸官府의 장을 거느리는 首相은 될 수 없었다.[60] 오히

57) 申瀅植, 위의 책. p.127.
58) ≪三國史記≫의 中央官制(卷 7, 職官)의 설명에 있어서 그 기준을 兵部의 것으로
삼고 있다. 調府의 경우에 '郎二人 文武王 15年加1人位與兵部大監同이라 하였고,
倉部·禮部·例作府 등도 兵部의 官等이나 職制를 따른다고 하였다.
59) 申瀅植, 앞의 책(1984), p.164.
60) 李基白, 앞의 책(1974), p.171.

려 병부령은 官等이 가장 높았고 宰相과 私臣을 겸할 수 있는 上臣
의 위치에 있었다. 따라서 병부령인 異斯夫와 魏弘이 國史編纂과 皇
龍寺塔改造의 주역이 될 수 있었다.61)

특히 신라의 중앙행정체계는 특징기관의 越權을 防止하기 위해 전
관부가 王과 直結되어 있어 高麗의 都兵馬使制나 朝鮮의 議政府와
같은 중간기구를 허용치 않았다. 이것은 中代專制王權의 가장 단적
인 모습이다.

<表 4> 中央官府와 七寺成典의 官職比較

		1단계	2단계	3단계	4단계	5단계
官府	명칭	令	卿(侍郎)	大舍(主簿)	舍知	史
	관등	대아찬~이벌찬	사찬~아찬	사지~대나마	사지~대사	조위~대사
成典	명칭	衿荷臣(令)	上堂(卿)	赤位(判官)	赤位(錄事)	史(典)
	관등	대아찬~이벌찬	나마~아찬		사지~나마	

다음으로 통일신라의 권력구조에서 주목되는 것은 專制王權의 維
持를 위한 官府상호간의 牽制와 均衡이다. 중앙의 행정관부인 14官
府와 7寺成典을 포함한 19典이 각각 300명 정도의 관리를 갖고 있
었고 行政官府와 內廷官府도 비슷한 관리로 균형을 이루고 있었
다.62) 무엇보다도 14관부와 7寺成典은 각기 직능이 다르지만 전자가
唐의 5단계행정조직을 답습한 것처럼 「表 4」에서 알 수 있듯이 후
자에도 똑같이 5단계의 官吏를 두고 있었다.63) 이것은 전제왕권을
지탱하는 행정조직과 아울러 왕실의 권위를 인정하는 願堂과의 조화
된 의미를 나타낸 것이며 七寺成典이 寺院의 감독·통제라는 외형적
임무보다 王室의 奉禮機關으로서의64) 내면적 기능을 강조함으로써

---

61) 申瀅植, 앞의 책(1984), p.179.
62) 申瀅植, 앞의 책(1981), p.331.
63) 邊善雄, 「皇龍寺 9層塔誌의 研究」, 《國會圖書館報》 10-10(1973), p.53.
64) 井上秀雄, 앞의 책, pp.140~141.

왕권의 신성한 권위를 보장해 줄 수 있었다. 그러므로 大道署가 國家的 佛敎統制機關이 아니라 王廷의 佛寺를 관장하는 관청이라고 할 때,65) 兵部令·殿中令인 金邕이 四天王寺府令과 眞智大王寺(奉恩寺)使를 겸했다던가, 肅正臺(司正府)令인 金良相이 感恩寺使를 겸한 사실은66) 매우 뜻깊은 사실이 아닐 수 없다. 결국 成典寺院을 통해 王室의 追福과 國家의 安泰를 기원케함과 동시에 귀족세력에 대하여 王統의 權威를 강조할 수 있었다. 더불어 그러한 成典에 王權이 침투할 수 있도록 행정책임자가 그 곳을 지휘·통제하게 하였다.

　이러한 다양한 기관의 增設과 官僚群의 팽창에 따라 이에 대한 감독이 필요하였다. 그러므로 무엇보다도 司正·監察機能을 강화시켜야 했으며 조기의 司正府設置와 理方府의 分置, 그리고 外司正의 파견 등으로 나타났다. 이러한 律令制와 감찰업무의 강화는 法典整備라는 차원에서 王權의 合法化의 목적도 있었지마는,67) 官史상호간의 감독과 견제의 의미도 배제시킬 수는 없다. 특히 執事部의 中侍를 1인으로 하여 귀족세력의 침투를 배제한 것처럼 신라의 14개의 중앙관부에 있어서 총 300 여 명의 官員중에서 하급관리인 史가 200정도에 육박하는 것은 단순한 事務重點主義가68)아니라, 진골귀족의 세력을 견제하려는 의도로 간주할 수도 있을 것이다.69) 또한 貴族的 傳統을 지닌 3等官 이상의 官僚陣과 하급관리의 實務陣을 구분함으로써70) 관료체제의 운영이 미를 이룩할 수도 있었을 것이다. 그리고 신라의 司正官廳의 필요성이 증대하여 중앙·지방관청뿐 아니라, 景德王 5년에는 內省까지 內司正典을 두게 되었다.

65) 田村圓澄, 「僧官の僧官制度」, ≪飛鳥佛敎史硏究≫ (吉川弘文館, 1969), pp.54~100.
66) 「新羅聖德大王神鍾銘」, ≪朝鮮金石總覽≫(上), pp.139~140.
67) 李基東, 앞의 책, p.121.
68) 田鳳德, 「新羅의 律令考」, ≪서울大論文集≫ 4(1956), p.336.
69) 「表 5」에 의하면 고급관리는 각부에 5~8명에 불과하지만, 최하급의 실무직인 史는 10~30명선을 유지하고 있다. 그러나 당시 업무관리상 고급·하급관리수의 수는 정치적 의미가 있다고 생각된다.
70) 井上秀雄, 앞의 책, pp.290~291.

<表 5> 統一新羅 14官府의 官員數

		執事部	兵部	調府	倉部	禮部	乘府	船府	司正府	例作府	領客府	位和府	左理方府	右理方府	工匠府	계
고급관리	令	1	3	2	2	2	2	1	1	1	2	3	2	2		24
	侍郎(卿)	2	3	3	3	3	3	3	3	2	3	3	3	2	1	37
	郎中(大舍)	2	2	2	2	2	2	2	2	6	2	2	2	2	2	32
하급관리	舍知(司兵)	2	1	1	1	1	1	1	2	2	1		2		2	17
	史	20	17	10	30	11	12	10	15	8	8	8	15	10	4	178
	小司兵		1					2								3
전체관리수		27	27	18	38	19	20	19	23	19	16	16	24	18	7	291

다음으로 신라의 권력구조에서 특기할 점은 장·차관의 複數制와 高位官職의 兼職制이다. 신라의 중앙최고 14행정관부에서 장관이 1인인 경우 執事部, 司正府, 船府 및 例作府 등 4부만이며, 兵部와 位和府는 3인의 令을 두고 있다. 「表 5」에 의하면 신라의 장관은 거의 가 복수제를 취하였고, 차관은 전부가 2~3명으로 되어 있다. 이러한 복수제의 성격이 主要國事에 대한 貴族合議制라든가,71) 가장 유력한 及梁部와 沙梁部출신에 안배한 것으로 설명하기도 한다.72) 특히 兵部令 3인에 대해서는 慶州內部, 경주이외의 지방, 그리고 전체의 통일조직의 3분야를 分掌하는 것이라든가,73) 兵權分散에 따른 상호견제의 의미로도 파악하기도 한다.74) 7~8세기의 왕권전제화과정 속에서도 王妃나 侍中·上大等을 위요한 대표적인 귀족세력에 의연히 존재한 것은 사실임으로, 외척세력은 주로 侍中·上大等, 兵部令·司正府令 등 주요 관직을 독점할 수밖에 없었다.

---

71) 井上秀雄, 앞의 책, pp.266~267.
72) 李基白, 앞의 책(1974), p.146.
73) 井上秀雄, 앞의 책, p.266.
74) 金哲埈, 「韓國古代國家發達史」, ≪韓國文化史大系≫ I (고대 민족문화연구소, 1964), p.531.

그러나 전행정부장관이 정치적 실권을 행사한 것은 아니었기 때문에 복수제는 行政的 次元보다 정치적 의미가 있는 것으로서,[75] 職能의 分化와 權力의 牽制 및 分散을 통한 전제왕권의 유지책일 가능성이 높다. 따라서 兵部令의 3인은 처음부터 3인을 둔 것이 아니요 정치적 필요성에서 증원된 것으로 봐야 할 것이다. 즉, 法興王 3년의 初置는 官府의 책임자로서, 眞興王 5년의 增置는 對加耶戰의 원활한 수행을 위해서 그리고 武烈王 6년의 제3병부령은 對百濟戰과 唐軍과의 군사적 협조를 위해 둔 것으로 생각된다. 왜냐하면 원래 병부령은 宰相과 私臣을 겸할 수 있기 때문에 반드시 3인을 동시에 둘 필요는 없기 때문이다.[76]

통일신라의 권력구조에서 특기할 兼職문제가 또한 주목을 끈다. 이러한 겸직제가 權力集中·行政能率의 向上 및 財政問題의 타개책일수도 있고,[77] 眞骨貴族의 合坐制度의 證左일 수도 있으며,[78] 武烈系의 권력장악수단으로 창안된 것으로도 생각할 수 있다.[79] 그러나 오랜 운영과정에서 겸직제는 그 성격이 바뀔 수밖에 없었다 해도 결국은 王室과 가까운 또는 권력을 장악하고 있는 소수의 王族一派의 권력독점을 가능하게 하였다. 또한 겸직의 사례가 兵部令을 비롯하여 上大等, 侍中·司正府令 등에 집중되고있어 2·3가문의 외척·귀족세력과의 타협 속에서 專制王權이 보존될 수 있는 현실 속에서는 절대왕권유지의 수단일 수밖에 없다. 원래 신라에 있어서 兼職制는

(가) 奈解王 25년 3월에 伊伐飱 利흡이 사망하였다. 이에 忠萱을 伊
    伐飱으로 하여 兵馬事를 겸직케 하였다(≪三國史記≫ 卷 2).

(나) 訖解王 2년 정월에 急利를 阿飱을 삼고 중요한 政治를 위임하

---

75) 李基東, 앞의 책, p.137.
76) 申瀅植, 앞의 책(1984), p.161.
77) 李文基,「新羅時代의 兼職制」, ≪大丘史學≫ 26(1984), p.2.
78) 李基東, 앞의 책, p.138.
79) 李文基, 앞의 論文, p.13.

는 동시에 內外兵馬事를 겸직케 하였다(同).

에서 보듯이 그 기원이 상당히 오래 되었다. 그리하여 王權의 성장과 관료제의 발달과정에 따라 제도화되었을 것임은

> 兵部令 1인은 法興王 3년에 처음으로 두었고, 眞興王 5년에 1인을 가하였으며, 太宗王 6년에 또 1인을 더하였다. 관등은 大阿湌에서 太大角干까지로 하였으며, 宰相과 私臣을 겸할 수 있게 하였다 (≪三國史記≫ 卷 38, 職官).

에서 알 수 있다. 무엇보다도 겸직의 주역은 兵部令이며,[80] 私臣이 설치된 것은 眞平王 44년(622)이고 보면 이러한 겸직제도 역시 일반적인 중앙관직체계가 확립되는 眞平王代에 제도화되었을 것이다.[81] 그러나 이미 法興·眞興王代의 기사인

> ① (가) 法興王 16년(繼體紀 23년) 신라는 上臣인 伊叱夫禮智干岐(異斯夫)를 다시 보냈다(≪日本書紀≫ 卷17, 繼體紀 23년 4월).
>   (나) 眞興王 2년 3월 伊湌異斯夫를 兵部令으로 삼고, 中外의 兵馬事를 맡게 하였다 (≪三國史記≫ 卷 4).
>   (다) 眞興王 6년 7월 伊湌異斯夫가 '國史란 君臣의 善惡을 기록하여 褒貶을 萬代에 보이는 것이라(중략)'하였다(上同).
> ② (가) 眞興王 6년 7월 大阿湌 居柒夫등에 명하여 널리 文士를 모아 國史를 편찬케 하였다(上同).
>   (나) 眞興王 12년 辛未에 王은 居柒夫를 비롯하여 仇珍大角食·耽知迊湌(중략) 8장 군에 명하여 百濟와 더불어 高句麗를 침공하였다(上同, 卷 44, 居柒夫).

---

80) 李文基, 위의 論文, p.13.
81) 이에 대해 木村誠은 兵部令이 宰相을 겸직하는 것은 宰相職이 설치된 眞德女王代라는 주장을 하고 있다(「新羅의 宰相制度」, ≪人文學報≫ 118, 1977, p.34).

　　　(다) 眞智王 원년 伊飡居柒夫를 上大等을 삼아 國事를 총괄케
　　　　 하였다(上同 卷 4).

는 사료에서 볼 때, 異斯夫는 兵部令으로서 國史編纂을 건의했다면
그는 분명히 다른 관직을 겸하고 있었다고 생각된다. 그렇다면 《日
本書紀》의 上臣은 上大等일 가능성이 있으나, 그것이 法興王 18년
의 설치 이전이므로 大臣・大等으로 간주할 수밖에 없다. 또한 居柒
夫도 上大等이 되기 전에 이미 將軍과 또 다른 관직을 겸하고 있었
다. 따라서 신라의 겸직제도는 上古代 유력부족장의 복합적 전통이
후대까지 존속된 현상으로 볼 수도 있다. 따라서 제도상으로는 眞平
王때 확립되었으나, 이미 眞興王때의 異斯夫에서 구체적인 겸직사례
를 찾을 수 있다.

　통일신라의 兼職制는 결국 本職과 겸직문제로 나눌 수 있으나,[82]
대체로 본직은 兵部令이었음은 사실이다. 다만 양자의 구별이 분명
치 않기 때문에 이러한 겸직제가 고려시대의 判事制의 起源이 되었
다는 사실[83]이외에는 단정지을 수는 없다. 「表 6」에서 볼 수 있듯이
兵部令은 法制的으로 上大等을 대부분 겸직한 것으로 보이며 七寺成
典의 衿荷臣(檢校使)를 겸대하고 있었다. 이러한, 겸직사례에서 주목
할 것은 이들 兵部令(또는 겸직자)들은 예외 없이 近親王族이거나
外戚으로서 實權을 장악한 인물이라는 점이다. 동시에 중앙행정책임
자가 대체로 七寺成典의 책임자를 겸직케 함으로써 양자간의 정치적
조화와 成典의 지위를 格上시키려는 의도가 엿보이고 있었다. 따라
서 眞骨獨占官職에서의 겸직제도의 근본목적이 王權專制化의 手段이
며 특권의 排他的 獨占의 方法이었음이 확실하다. 그러므로 執事部
의 장관인 中侍를 1人으로 하여 귀족세력의 침투를 배제한다는 견해
는[84] 마땅히 시정되어야 할 것이다. 즉, 中侍는 專制王權을 지지해

---

82) 李文基, 앞의 論文, pp.17~28.
83) 李基東, 앞의 책, p.137.

준 王妃族[외척]이나 특정귀족의 대표가 차지한 관직이기 때문에 전
제왕권의 유지를 위해서는 中侍의 정치적 협조가 필요했던 것이다.
따라서 왕권이 크게 강했던 聖德王과 景德王代는 빈번한 中侍의 교
체가 있었다. 그러므로 겸직제의 사례가 왕권이 약화되는 景德王末
年 이후에 많이 보여지는 것도 같은 맥락에서 이해된다.

<표 6> 兵部令의 他職兼職事例([ ]는 推定)

兵部令	겸직내용	겸직시기	王과의 관계	典 據
異斯夫	[將軍]·國史編纂官	眞興王 6년	奈勿王 4世孫	《三國史記》 卷 4
[居柒夫]	將軍·上大等	眞智王 1년	奈勿王 5世孫	上 同
金龍樹	大將軍·私臣	眞平王 44년	眞平王從弟·金春秋父	上 同
金軍官	將軍·上大等	神文王 1년	王族	上同 卷8
金 邕	殿中令·司馭府令修城府令·馭四天王寺府令·眞智王寺使	惠恭王 7년	景德王先妃 오빠	聖德大王神鍾銘
金忠廉	上大等	元聖王 1년	王族	上同, 卷10
金俊邕	太 子	元聖王 11년	元聖王孫(昭聖王)	上 同
金彦昇	上大等·私臣	哀莊王 1년	昭聖王弟(憲德王)	上 同
金獻貞	修城府令	侍 中	王族(元聖王)	斷谷寺神行禪師碑
金魏弘	上大等	憲康王 1년	王族	皇龍寺九層木塔刹柱本記

이와 같은 겸직사례는 兵部令 이외에도 몇 가지 다른 기록이 있으
니 그것은 아래와 같다.

84) 李基白, 앞의 책(1974), p.155.

① 檢校使 肅正臺令兼修城府令 檢校感恩寺使 角干臣金良相[85]

② (가) 魏昕(중략) 授蘇判兼倉部令 轉侍中兼兵部令 唐聘問(≪三國史記≫
卷 44, 列傳 4, 金陽)

(나) 文聖大王·與檀越秀 舒發翰魏昕爲南北相 各 居其官猶左右相[86]

(다) 善德王 6년 秋 7月 拜閼川爲大將軍 眞德王元 年 2月 拜伊飡
閼川爲上大等(上同卷 5)

(라) 善德王 11年 王命大將軍 金庾信 領死士一萬人赴地(중략) 拜
庾信爲押梁州軍主武烈王 7年 春 正月 拜伊飡金庾信爲上大等
(上同)

위의 자료에서 볼 때, 金良相은 肅正臺(司正府)令으로서 修城府(京
城周作典)令과 感恩寺使를 겸하였고(가), 魏昕(金陽)은 본직은 몰라도 처
음에는 倉部令을 겸직하였으며, 위에 侍中(文聖王 9~10년)으로서 兵部令
을 겸하고 있었다(나). 다만 金陽이 誼靖과 南北相(左右相)을 하였다면,
결국 下代에 있어서 대표적인 겸직사례가 될 것이다. (다)·(라)는 閼川과
金庾信이 將軍으로서 上大等을 겸한 中古末의 사실인바, 당시의 긴급
한 상황에서 온 불가피한 현상으로 보인다. 결국 진골독점의 宰相職兼
帶는 특권층의 독점적 수단으로서, 中古나 下代에 이르러 광범하게 나
타나고 있어 중대에 있어서는 상당히 제한·규제한 듯한 인상을 받는다.
다시 말하면 제도적으로 허용된 兼職制는 中代王權專制下에서는 정치
적으로 어느 정도 규제되었을 가능성이 높으나, 下代에 이르러 더욱
일반화됨으로써 일부 특권층 귀족과의 연합에 따른 王權維持手段이 되
었으리라 본다.

한편, 下級官職에서의 겸직은 文翰職·近侍職이나 寺院成典의 判
官 등에서 많이 나타나고 있었다.[87] 이와 같은 비행정적인 관직의
겸대는 전문직의 능력보유자가 부족함에서 연유될 수도 있으나,[88]

---

85) 「新羅聖德大王神鍾銘」, ≪朝鮮金石總覽≫ 上, p.40.
86) 「聖住寺朗慧和尙白月葆光塔碑」, 위의 책, p.77.
87) 李文基, 앞의 論文, pp.47~50.

오히려 非眞骨出身, 특히 6두품계열의 불만을 해소하고 그들의 정치
적 진출을 보장하려는 의도가 있었을 것이다. 하위직 겸대사례가 전
적으로 신라말기에 나타났으며 그들의 거의가 宿衛學生 또는 賓貢出
身의 知的 集團이고,[89] 또한 그 관직이 翰林郞・崇文臺郞・瑞書院學
士 등임을 고려할 필요가 있다. 이것은 결국 儒敎政治理念에 따른
王權强化의 방편으로서 文翰 및 近侍機構를 통한 側近政治指向의 수
단이라고 알 수도. 있다.[90] 이것은 결국 진골귀족층의 견제를 벗어
나려는 왕의 정치적 노력일 수도 있기 때문이다. 동시에 近侍・文翰
職을 중심으로 한 하위직의 전문관직자들은 그러한 특수한 입장을
통해 자신들의 지위확보를 위한 수단일 수 있으며, 眞骨貴族에 대한
대응방편일수가 있다. 결국 같은 귀족의 세력영향을 받으면서도 中
代는 겸직제를 어느 정도 제한할 수 있었다는 것이 專制王權의 維持
수단이었으며, 그러한 다양한 겸직허용은 결국 王權沒落의 계기가
되고 말았다. 다시 말하면 강력한 왕권확립의 방편이였던 겸직제는
도리어 王權制限의 要素가 되고 말았다.

그러므로 신라에 있어서의 宰相制度는 이러한 겸직제도에서 그 성
격파악이 가능하다.[91] 신라의 최고관직으로 재상제도는 法制的으로
존재하지 않는다. 다만, 兵部令이 宰相을 겸할 수 있도록 규정되어
있으며,[92] ≪三國史記≫나 ≪唐書≫에 간헐적으로 재상에 대한 기록
이 있을 뿐이다. 문헌이나 金石文에 나타난 宰相기록을 정리하면 아
래와 같다.

---

88) 李文基, 위의 論文, p.52.
89) 申瀅植,「羅末麗初의 遣唐留學生再論」, ≪邊太燮博士回甲論叢≫ (三英社, 1985), p.601.
90) 李基東, 앞의 책, p.263.
91) 木村誠, 앞의 論文(1979), pp.20~36.
92) ≪三國史記≫(卷 38, 雜誌 7, 職官上)에 '兵部令 1人 法興王 三年始置 眞興王 五年加一人太宗王六年加一人(중략)**又得兼宰相 私臣** 하고 있다.

(가) 眞德王薨無嗣 庚信與**宰相**閼川伊飡 謀迎春秋伊飡卽位(≪三國史記≫
卷 42, 金庚信, 「中」)

(나) 金彦昇十年爲侍中 十一年以伊飡**宰相** 十二年 爲兵部令 哀莊王 元年
爲角干 二年 爲御龍省私臣 未機爲上大等 至是卽位(上同 卷10,
憲德王 元年)

(다) 景文王五年夏四月唐懿宗降使(중략)賜**大宰相**錦彩五十匹(중략)賜次
宰相錦彩二十匹(上同, 卷 11)

(라) 伊飡金周元 初爲**上宰** 王爲角干 居**上宰**(≪三國遺事≫ 2, 元聖大王)

(마) 文聖大王亦遣**宰相** 魏昕 謂昕諸居 因錫焉(聖住寺事續碑)

(바) 命觀弟**上宰相**伊干魏弘爲臣(皇龍寺九層木塔刹柱本記)[93]

이상에서 볼 때, 宰相으로 기록된 閼川・金彦昇・金周元・魏昕(金
陽) 등은 결국 上大等 또는 兵部令에 있는 자가 그것을 겸직했음을
본다. 재상이외에도 大臣・冢宰라는 관직명이 나오고 있으나 결국 재
상은 왕권의 강화를 위해서 최고 실권자에 붙여진 정치적인 배려라
하겠다. 그러므로 中代의 전제왕권하에서는 그 존재가치가 거의 무시
될 수밖에 없었다. 이러한 기록과 같이 중국측 문헌에도 「表 7」에서
와 같이 金良相(宣德王)・金敬信(元聖王)・金彦昇(憲德王) 등을 비롯
하여 乙祭・金隱居 등 당대의 최고 실권자들을 宰相으로 표현하고
있다. 그런데 특기할 사항은 이들 대부분이 下代의 인물이라는 사실
이다. 그러므로 乙祭나 閼川 등은 中古末의 인물이었으나, 결국 대부
분 재상으로서의 활동은 下代의 왕권약화시기에 그 권한을 행사할
수 있었다. 결국 재상제도는 제도상으로 나타난 것이 아니라 貴族勢
力의 영향하에 있는 신라전제왕권으로서는 당시 정치적 실권을 장악
한 인물이나 王族에게 준 관직임에 틀림이 없다. 따라서 하대의 왕권
은 宰相의 정치적 지원으로 유지되었을 가능성도 배제할 수가 없다.
끝으로 통일신라의 권력구조에서 간과할 수 없는 것은 專制王權을

---

93) 申瀅植, 앞의 책(1985), p.134

뒷받침하려는 많은 제도적 장치를 들 수 있다. 전제왕권확립의 방편으로 활용한 連坐制를 비롯하여,[94] 王權에 직접적인 武力挑發에 대한 대응책으로서 侍衛府를 진골세력침투의 저지기관으로 私兵的 性格으로 개편한 것도 그 대표적인 예가 될 것이다.[95] 그 단적인 사실은 兵部의 官員이 27명(令을 포함하여)에 불과한데 侍衛府의 인원은 180명이나 되었으며,[96] 王의 巡幸時에 隨駕臣이 40여 명이 된다는데 잘 나타나 있다.[97]

<표 7> 唐書에 나타난 宰相

인 명	관 직	정 치 활 동	典 據
乙 祭	大 臣	上大等(善德王 1~5년)	≪新唐書≫ 220
金隱居	大 臣	遣唐使(惠恭王 3년), 中侍(혜공왕 4~6년)	≪舊唐書≫ 199
金良相	宰相·上相	中侍(景德王 23년~惠恭王 4년), 上大等(혜공왕 10~16년·宣德王)	上同
金敬信	上 相	上大等(宣德王 1~5년)·元聖王	上同
金崇斌	宰相·大宰相	中侍(元聖王8~10년), 上大等(憲德王 1~11년)	≪舊唐書≫199
金彦昇	宰相·大宰相	遣唐使(원성왕 6년), 侍中(원성왕 10~12년), 上大等(哀莊王 2~10년), 憲德王	≪舊唐書≫ 15

신라전제왕권의 제도적 특질은 다양한 內廷官府의 기능에 가장 잘 반영되어 있다. 우선 ≪三國史記≫(職官上)에 나타난 중앙행정관부가 총 44개에 불과하지만,[98] 內廷官府가 115개에 이르고 있다. 여기에

94) 朱甫暾, 「新羅時代의 連坐制」, ≪大丘史學≫ 25(1984), pp.33~42.
95) 李文基, 「新羅侍衛府의 成立과 性格」, ≪歷史敎育論集≫ 9(1986), pp.48~49.
96) 申瀅植, 앞의 책 (1984), p.86.
97) 王의 隨駕臣은 정확히 규정되어 있지 않다. 다만, 磨雲嶺碑文에 따르면 沙門道人 (僧統) 2인, 大等 7인, 近侍集團 11인, 堂來客·裏內容 등 5~10인, 그리고 外官과 助人 몇명 등 총 30~40명 정도로 추측할 수 있다(申瀅植, 앞의 책, 1985, pp.23~24). 그러나 李文基는 堂來客·裏內客 각각 50인으로 생각하고 있으나(「新羅中古의 國王近侍集團」, ≪歷史敎育論集≫ 5, 1983, p.72), 이렇게 되면 왕의 수행인원이 140명 정도가 된다. 따라서 신라의 중앙행정관리의 수를 보아 불가능한 일이다.
98) 申瀅植, 앞의 책(1981), p.330.

는 內省계통의 71관부, 御龍省계통의 35관부, 그리고 東宮官계통의 10관부 등으로 나뉘어 각기 특징적인 職員構成의 일면을 나타내고 있다.99) 이들 기관에 대한 ≪三國史記≫의 기록이 비록 8세기 후엽 9세기 초엽에 작성된 것으로 볼 수도 있겠으나,100) 內省이 眞平王 7년(585)에 3宮에 私臣 1人씩 두었으며, 진평왕 44년에 3宮統合의 內省私臣을 임명한 점으로 보아 中代專制王權下에 그 기구를 대폭 확장 정리하였을 것이다.

　다시 말하면 설치연도가 표시된 것이 神文·聖德王代이며, 대부분이 景德王때 개칭되었으므로 많은 궁정관부는 성덕왕 전후에 확립되었다고 생각된다. 성덕왕 때의 빈번한 對唐交涉으로 당의 殿中省·內官·宮官制를 받아들였을 것은 물론이다. 다만, 唐의 殿中省은 그 최고관직인 監이 從3品에 불과하였고, 그 부속기관도 尙食局·尙藥局·尙衣局·尙舍局·尙乘局·尙輦局으로 구성되고 있어 신라제도와는 전혀 다른 모습을 하고 있다.101) 그러나 신라의 宮廷官府는 그 관부의 지위를 최고행정관부와 같은 수준으로 하였으며, 그 官員의 구성도 「表 8」에서와 같이 執事部와 內省 은 같은 5단계의 官吏를 두고 있다. 이는 적어도 양기관의 지위를 같게 함으로써, 당의 殿中省이 이라는 6개의 직능에 한정한 것과는 근본적으로 달랐다

---

99) 三池賢一, 「新羅內廷官制考上」, ≪朝鮮學報≫ 61(1971), pp.4~14.
100) 三池賢一, 위의 論文, p.9.
101) ≪舊唐書≫ 卷 44, 志 24, 職官 3.

<表 8> 執事部와 內省의 比較[()는 人員數]

官府 \ 官員	장 관	차 관	3 등 관	4 등 관	5 등 관
執事部	中侍(1) 大阿湌~伊湌	侍郎(2) 奈麻~阿湌	大舍(2) 舍知~奈麻	舍知(2) 舍知~大舍	史(20) 先沮知~大舍
內 省	私臣(1) 衿荷~ 太大角干	卿(2) 奈麻~阿湌	監(2) 奈麻~沙湌	大吉(1)	舍知(1)

殿中監掌天子服御 · 總領尙食 尙藥 · 尙舍 · 尙乘 · 尙輦六局之官屬
(≪舊唐書≫ 卷 44, 職官 3)

그러나 신라의 內廷官府는 다양한 직능을 갖고 있었다. 신라의 內
省이 당의 尙乘局이나 尙輦局 등의 직능을 행정부에 이관한 대신,
洗宅을 御龍省과 東宮官에 각각 설치함으로써 그것이 신라후반기에
있어서 宣敎省과 더불어 국왕의 侍從이나 秘書機關을 강화시켰다.
더구나 이 기관에 學士들이 배치된 瑞書院 崇文臺 등과 함께 國王權
强化의 노력에 기여한 사실은 주목할 일이다.[102] 이것은 羅末의 유
교정치이념의 追求와 함께 약화돼가는 왕권의 재확립의 수단이 아닐
수 없었다.

특히 兵部令이 私臣과 宰相을 겸직케함으로써 國家行政과 王室行
政의 원활한 운영과 균형을 이룩케 하였으며, 성덕왕 13년에는 詳文
師(通文博士翰林)를 內省에 두는 한편, 崇文臺를 御龍省에 부설시켜
외교문제를 담당케 한 것은, 단순히 외교관계업무만은 아닐 것이다.
오히려 그것이 景德王때 翰林으로 개칭된 것으로 보아, 學士들로 하
여금 政治諮問役割을 하게 한 전제왕권의 강화수단으로 생각된다. 또
한 天文(司天)博士나 醫學과 藥典 등도 內廷機關으로 하여 爲民政策
을 꾀한 점과 대부분의 궁정관계기관을 성덕왕때 설치하거나 경덕왕
때 改稱한 것도 전제왕권의 유지와 같은 맥락에서 설명될 수 있다.

---

102) 李基東 앞의 책, p.233 및 263.

또한 궁정관부에 內司正典·律令典과 같은 사법기관, 詳文師·倭典과 같은 외교기관, 引道典·寺典·祭典과 같은 제사기관 등을 두어, 중앙행정관부의 司正府·理方府나 領客府 및 禮部와의 관계를 고려하여 王室內閣의 성격으로 활용할 수 있게 하였다. 이러한 제도는 고려시대의 中樞院이나 조선시대의 承政院制度를 가능케 한 制度的 始源임이 분명하다. 여기서 통일신라의 제도가 고려와 조선의 제도에 起源이 되었음을 알 수 있으며, 韓國傳統社會의 原型이 되었음을 확인할 수 있다.

IV. 結語

이상에서 우리는 中代專制王權의 성격과 統一新羅의 權力構造, 특히 官僚制度의 특성을 살펴보았다. 통일신라 전반기에 확립된 專制王權과 관료제도는 우리나라 傳統社會의 原型을 이룩하였기 때문에 이 시기에 보여진 王權의 모습과 관료제도의 틀은 주요한 의미를 갖고 있다. 결국 전제왕권은 외형적으로 중국의 그것과 거의 같은 형태를 취했으나, 관료제도는 중국의 그것과 달리 新羅의 獨自的인 특성을 끝까지 유지하였다. 다만, 이러한 전제왕권은 이미 中古末에 그 초기형태가 나타났지만, 統一戰爭이라는 국력의 집중과 王權의 권위를 요구하는 현실적 필요성과 새로 등장하는 武烈王權의 確立過程에서 보다 구체화되었다.

우선 中代武烈王權은 왕권의 神聖化에 입각한 絶對君主制였다. 儒敎的王道政治理念을 표방하여 빈번한 敎書와 赦免令을 통해 전제군주의 德性을 강조하였고, 國學의 충실과 經典의 강론을 통해 君子之風과 仁義之道를 내세워 君主의 規範을 밝힘으로써 전제군주제의 논리적 타당성을 확인하였다. 동시에 신성한 전제왕권은 佛敎를 통해 정신적 뒷받침을 마련하였다. 불교는 개인과 국가, 개인과 왕실을 연결시키는 公的 倫理가 되었고, 불교행사는 國家的 事業으로 승화되

었다. 四天王寺나 感恩寺 등의 成典은 왕실의 正統性과 權威를 확인
해 주었고, 百座講會와 같은 불교집회는 국가의 안녕과 보호를 위한
의미를 더해 주었다. 다시 말하면 유교의 왕도정치의 구현에서 전제
왕권의 현실적 권능을 제공받았고, 불교의 종교적 권위에서 그 신성
함을 보장받을 수 있었다. 이것이 萬波息笛의 정신이며 安民歌의 사
상이었다. 그러므로 文武王과 宣德王의 佛敎式火葬과 유교적인 律令
政治의 遺詔가 바로 중대전제왕권의 상징적 표현이 될 수 있었다.

다음으로 統一新羅의 權力構造나 官僚制度는 唐의 그것을 모방 하
였으나 전시대를 통해 신라의 독자성을 유지하였다는 점이다. 이러
한 신라관료제의 특성을 정리하면 아래와 같다.

첫째로 신라의 관료제도는 170년이란 장구한 整備期間을 요하였
으며, 神文王 10년 전후에 완비되었다. 중앙행정조직은 4部와 10府를
기간으로 직능상 분화·정비되었으며, 특정기관의 越權을 防止하기
위해 全體官職體制가 王과 直結되어 議政府와 같은 중간 기구를 두
지 않았다. 따라서 執事部는 중앙행정을 총괄하는 최고관부도 아니
고, 侍中도 首相으로서의 기능이 거의 없었다. 그러므로 制度上으로
없었던 宰相이 정치적 차원에서 존재하였으며, 兵部爲主의 행정체제
가 유지되어 兵部令이 실질적인 執權者가 되었다.

둘째로 신라의 권력구조는 각 기관의 相互牽制와 均衡을 특징으로
한다. 14관부와 7寺成典을 비롯한 19典의 특수기관은 각기 5단계의
행정조직과 官員數에 있어서 상호균형을 유지하였다. 전자는 정치적
실무를 담당하였고, 후자는 王室의 願堂이나 특수직능을 맡아, 상호
간의 독자성을 지켰으며, 그 책임자는 兼職케 함으로써 양자간의 원
활한 운영을 꾀할 수 있게 하였다. 이러한 균형과 견제 속에서 전제
왕권을 보장하는 장치가 마련되었다.

셋째로 신라관직제의 또 다른 특징은 長·次官의 複數制와 고위직
의 광범한 兼職制이다. 이러한 복수제는 貴族合議制의 정신에 입각
한 사실일수도 있으나 정치적 의미가 컸다. 또한 겸직제도는 정치적

실권을 장악한 일부 귀족세력의 權力獨占手段으로 이용되었음을 확인할 수 있었다. 겸직제도는 관료제의 발달과정에서 나타났으며, 高麗의 宰相·判事職이나 朝鮮의 堂上官의 겸직제의 기원이 될 수 있었다. 그러므로 신라의 재상제도는 專制王權下의 귀족세력존재와 관계가 있으며, 下代에 이르러 더욱 활성화된 것도 사실이다. 이러한 겸작제는 下級官吏의 경우에도 나타나 近侍·文翰職을 중심으로 眞骨貴族에 대응하며, 王權强化에 기여하기도 하였다.

넷째로 신라의 관료정치제도에 특기할 것은 115개나 되는 宮廷官制에도 보여진다. 唐의 殿中省이 尙乘局이나 尙輦局 등 제한된 기능만을 갖고 있으나, 신라의 궁정관직은 內省·御龍省·東宮官으로 3분되어 광범하고 다양한 직능을 갖고 있었다. 즉, 신라의 경우는 尙乘局과 尙輦局 등의 기능은 일반행정관부에 이관시켰으나, 洗宅·宣敎省·文翰職의 직능은 물론,司正·外交기능까지 갖고 있음으로써 王室內閣(kitchen-cabinet)의 의미까지도 나타내고 있었다. 그러나 內省의 私臣과 행정관부의 최고관직자가 겸직됨으로써 奪權과 越權을 방지하였으며, 왕권이 양기관에 합법적으로 침투될 수 있었다.

이와 같이 통일신라의 관료제도는 그 명칭이나 직능에 있어서 唐의 그것을 모방하였으나, 각 부분에는 신라의 독자성을 견지하였다. 특히 행정관부와 內廷官府의 제도적인 균형을 통해 전제왕권을 보필하였으며, 韓國傳統社會의 制度的 原型을 마련하였다. 따라서 이러한 제도는 거의 고려·조선시대로 연결될 수 있었다.

제3장
統一新羅의 儒教政治思想

統一新羅는 儒教政治理念이 크게 발달한 시대였다. 따라서 國學에서의 필수과목이 論語와 孝經이었고, 讀書出身科의 시험과목에서 曲禮와 孝經·論語등이 우선하였으며, 歷代王들은 王道政治의 具現에 심혈을 기울였다. 신라시대의 유교사상을 발달시키는데 큰 역할을 한 宿衛學生들의 활동을 통해서 유교정치이념과 國史編纂의 가능성을 찾을 수 있으리라 여긴다. 특히 天災地變에서 가장 큰 정치적 영향을 주는 地震의 의미를 통해 유고사상의 한 측면을 살펴보고자 한다.

제1절에서는 ≪三國史記≫에 나타난 117회의 지진기록을 정리한 후, 그것이 85년의 주기로 발생되고 있음을 확인하였다. 동시에 지진에 대한 기록을 비판하여 弱震·中震·强震·烈震·激震등의 구분을 꾀하였고, 그것을 五行思想과 결부시켜 戰爭·死亡·政治批判의 예고적 기능을 구명하였다. 특히 지진은 단지 女主의 專橫, 빈번한 宮廷의 修築, 王의 失政의 경고만이 아니라, 治者의 정치적 반성과 정치발전의 계기가 된다는 사실을 밝힐 수 있었다.

제2절에서는 三國時代에도 國史編纂이 있었는데, 통일신라에 그것이 없다는데 일단 의문을 품고 통일신라의 專制王權下에서는 국사편찬이 가능했다는 논리를 전개하였다. 국사편찬이 王權의 强化와 유교정치구현의 표현이라고 할 때, 武烈王權의 確立속에서의 국사편찬은 당연히 있어야 했다. 眞德王 2년에 金春秋의 史書搬入과 神文王 2년 國學의 設置, 武烈系王權의 권위의식, 그리고 唐의 史館制度의 수용 등은 國史編纂의 가능성을 제기해 줄 수 있으며, 崔致遠이 중국에서 읽은 鄕史의 존재를 주목하였다. 여기에 더하여 宿衛學生들이 歸國 후의 翰林院, 瑞書院 등 文翰職에 종사하여 國史編纂의 정착화에 기여하였음을 밝혔다.

제3절에서는 宿衛學生들의 遣唐·修學方法과 그들의 滯唐活動 및 귀국 후 활동을 정리함으로써 이들이 나말여초에 있어서 學問保存과 儒教政治의 구현에 기여한 사실을 확인한 것이다. 특히 이들의 활동을 통해 高麗建國의 사상적·학문적 연계과정을 확인할 수 있었고, 여초

의 王權强化나, 國史編纂 및 科學制度創設 등의 배경설명을 가능케 할
수 있었다. 이것은 필자의 「宿衛學生考」(≪歷史敎育≫ 11 · 12, 1969
및 ≪韓國古代史의 新研究≫一潮閣, 1984)의 부분적 보완이다.

제1절 韓國古代史에 있어서 地震의 政治的 意味

I. 序言

古代社會에서 인간은 절대적으로 自然의 支配를 받고 있었다. 그러므로 自然現象(天災地變)은 인간과 사회를 지배하는 魔力으로 평가되었다. 따라서 자연현상은 人間能力을 초월하는 政治的 意味를 갖게 되었으며, 점차 支配者의 능력과 연결되어 갔다. 이것은

> 옛 부여의 풍속에는 가뭄이나 장마가 계속되어 五穀이 영글지 않으면 그 허물을 王에게 돌려 왕을 마땅히 바꾸어야 한다거나 죽여야 한다고 하였다.[1]

라는 夫餘의 풍습에 나타나 있다.

이러한 古代의 自然觀은 삼국시대에도 계승되었으며, 그 후에도 오랫동안 이어져 왔다. 따라서 왕이 정치를 어지럽히면

> 왕은 어려서 즉위하여 成長함에 따라 聲色에 빠지고 수시로 遊幸하여 紀綱이 문란하고 災異가 屢現하며, 인심이 離反하고 社稷이 불안하여 伊飡 金志貞이 叛하였다 (≪三國史記≫ 卷 9 惠恭王 16年).

라는 기록과 같이 天災地變이 이달은 것으로 생각하게 되었다. 그러나 原始的인 自然觀은 儒敎의 天人合一說이나 五行思想의 영향으로 점차 德治主義의 規範으로 전개되어 갔다.[2] 따라서 삼국의 정치적 성

---

1) ≪三國志≫ 卷 30 「魏書」30 東夷傳(夫餘).

장이 보여진 4~5세기 이후 天災地變은 하나의 자연현상을 벗어나 "歷史叙述의 한 部分"이 되어 정치적 의미를 강조하기에 이르렀다.3)

天災地變 중에서 정치적인 영향을 가장 크게 미치는 것은 地震이다.4) 지진은 '土失其性'이라는 五行的 說明 이전에 고대사회에서 가장 주목을 받았던 變異였기 때문에, 그것이 갖고 있는 내면적 성격은 주요한 의미를 갖는다. 따라서 地震의 정치적 성격파악은 古代社會理解의 한 방편이 될 수 있다는데 本稿의 주안점이 있다. 이미 필자는 天災地變이 갖고 있는 성격에 대한 槪括的 檢討를 한 바 있어,5) 이를 토대로 하여 구체적으로 地震의 성격구명을 꾀하려는 것이다. 따라서 우리는 韓國古代社會에서의 地震이 차지한 정치적 의미는 물론 당시의 自然觀 내지는 天文觀을 통해서 고대의 政治思想을 찾아볼 수 있으리라 여긴다.

Ⅱ. ≪三國史記≫ 地震記事의 檢討

≪三國史記≫(本紀)의 기록은 크게 政治·天災地變·外交 및 戰爭記事로 대별된다. 이들 항목은 시대에 따라 그 비율을 달리하고 있어 당시의 사회상을 이해하는데 기준이 될 수가 있다.6) 「表 1」에 의하면 삼국시대의 歷史叙述은 '自然의 變化[천재지변]와 人間活動[정치·외교·전쟁]의 相關關係'로서 역사에 있어서 자연변화의 중요성을 찾을 수 있다. 따라서 天災地變은 일정한 自然現象으로서가 아니라, 그것은

---

2) 李熙德, ≪高麗儒敎政治思想硏究≫ (一潮閣, 1984), p.51.
3) 申瀅植, 「三國史記本紀內容의 統計的 檢討」, ≪三國史記硏究≫ (一潮閣, 1981), p.20.
4) 申瀅植, 위의 책, p.190.
5) 申瀅植, 위의 책, pp.184~209.
6) 申瀅植, 위의 책, p.153.

<表 l> ≪三國史記≫(本紀)의 內容比較(%)

내용＼＼나라	政　治	天災地變	外　交	戰　爭
新　　羅	48.3	26.8	14.8	10.1
高　句　麗	36.4	24.1	21.2	18.3
百　　濟	29.8	31.3	18.3	20.6
평　　균	38.2	27.4	18.1	16.3

近仇首王 6년에 疾病이 크게 유행하였다. 5월에 地震이 일어나 깊이 5丈, 너비 3丈의 地裂이 생겼는데 3일후에는 합쳐졌다. 8년 봄부터 6월까지 가뭄이 들어 백성들이 굶었다. 10년 2월에 3중의 해무리가 들었고, 宮中의 나무가 저절로 뽑히였다. 4월에 왕이 돌아갔다(≪三國史記≫ 卷 24).

와 같이 近仇首王은 빈번한 천재지변, 즉 疾病－地震－旱魃－日暈－大樹拔[지진]직후에 薨去하였음을 알 수 있다. 이러한 현상은 단순한 自然變化이겠지만, 王이 天上과 地上의 秩序[均衡]를 破壞한 씀徵에 대한 책임에 따른 죽음으로써 不均衡의 正常化가 온다고 믿었던 것이다. 이와 같이 古代社會에서 天災地變은 단순한 자연변화가 아니라, 그에 따른 政治的意味가 수반되기 때문에 자연현상으로만 설명할 수는 없다. 다시 말하면 天災와 地變은 相應하는 현상으로 하늘[自然]과 땅[人間]사이의 觀念的 思考에서7) 볼 때에도 특정한 사건을 유발하는 동시에 '事件의 豫告'라는 의미를 갖고 있었다.8) 따라서 이러한 自然變化에 대한 책임을 지닌 왕으로서는

　　왕은 風雲을 占치어 미리 水災·旱災와 豊·凶이 있을 것을 알고,
　　또 남의 邪正을 아는 까닭에 사람들이 이르기를 聖人이라 하였다
　　(≪三國史記≫ 卷 2, 伐休尼師今).

---

7) Wolfram Eberhard, 「The Political Function of Astronomy and Astrono－mers in Han China」, ≪Chinese Tought and Institution≫(1957, John K. Fairbank, ed.,), p.33.
8) Wolfram Eberhard, *Ibid.*, p.23.

라고 하였음은 당연하다.

이러한 天災地變에 대해서 ≪增補文獻備考≫(象緯考)에서는 天變 [日食·月掩犯五緯·星變 등 15종]과 物異[風異·旱蝗·地異·獸異 등 24종] 등으로 나누고 있다. 다만 여기서 주목할 것은 이러한 자연변화를 단순히 羅列했을 뿐이며, 그것이 갖는 정치적 의미부여는 제외하였을 뿐 아니라, 事實에 대한 뚜렷한 근거가 없는 것을 문제점으로 지적할 수 있다.9)

한편 井上秀雄氏는 천재지변을 天災와 凶兆로 나누고, 전자를 544회, 후자를 225회로 총 769회로 파악하였다. 그는 천재지변을 단순한 자연변화의 현상이 아니라 왕의 죽음과 연결시켜 3국의 凶作對策을 여러 각도로 설명하고 있다.10)

이에 대해 朴星來氏는 천재지변을 咎徵(omens)과 祥瑞(auspices)로 나누어, 전자를 日食 이하 龍까지 17종으로, 후자를 一産三男·動物變異 이하 舍利까지 6종으로 정리하였다. 특히 여기서 96개의 徵候에 대한 세기별 통계와 그 災異의 사상적 의미를 추구함으로써 그것이 갖는 정치적 성격을 파악하고 있다.11)

최근에 李熙德氏는 ≪三國史記≫에 나타난 天災地變을 [洪範五行傳]의 체계에 따라 ≪後漢書≫(五行志)와 비교하면서 그것이 지닌 정치적 의미로 中侍의 任免과 연결시켰다. 이것은 결국 儒敎의 도덕 정치사상으로 발전되어, 高麗 이후 儒敎政治思想의 확립에 커다란 계기가 되었음을 지적하였다.12)

---

9) ≪增補文獻備考≫(象緯考 10)에는 '地異'의 내용을 地隙·地裂·地陷·地燃·地鏡 등으로 분류하고 있다. 다만, ≪文獻備考≫의 내용에서는 ≪三國史記≫에 기록되지 않은「文聖王 1年 5月」·「己婁王 13年 10月」등이 있으며, 반대로 ≪三國史記≫에 있는「己婁王 35年 10月」의 지진은 빠지고 없다. 또한 ≪三國史記≫에는「興德王 6年 1月」의 지진기록이 있으나, ≪文獻備考≫에는「興德王 1年 1月」로 되어 있다.

10) 井上秀雄, ≪古代朝鮮史序說: 王者와 宗敎≫(寧樂社, 1978), p.296.

11) 朴星來,「Portentography in Korea」, ≪*Journal of Social Sciences and Humanities*≫ Vol 46 (The Korean Research Center, 1977), pp.46~57.

12) 李熙德, 앞의 책, pp.20~8.

이에 대해서 필자는 ≪三國史記≫에 나타난 전체의 자연현상을 天災와 地變으로 대별하여 전자는 天變과 天災로, 후자는 地變·動物變 등 6가지로 대별하였다. 특히 天災에는 星變·日月變 등 252외의 天變과 가뭄·우박 등 352회의 天災가 있었으며 地變에는 地震 이하 330여 회의 變異가 있었다.13) 이로써 삼국·통일신라시대에는 930여 회의 天災地變이 있었던 바 天災가 배정도의 횟수를 나타내고 있어 古代社會에서 그것이 갖고 있는 의미를 강조하였다.

이러한 天災地變 중에서 가장 큰 비중을 갖고 있는 天變의 경우는 星變(彗星·五緯·隕星)과 日食이며, 天災의 경우는 旱魃이다. 그리고 地變의 경우는 地震이 대표적인 바, 전체의 지변 중에서 지진이 차지한 비율은 3할에 미치고 있다. 따라서 단일 종류의 자연변화현상에서는 地震이 가장 큰 사건이며 다음이 가뭄이었다.

地震에 대한 최초의 정리기사인 ≪增補文獻備考≫(象緯考 10, 地異)에는 지진에는 地隙·地裂·地陷·地燃·.地鏡을 포함한 地異現象으로 풀이하고 있다. 필자 역시 ≪三國史記研究≫에서 지진을 火災·門自壞·石變·塔變 등 광의로 해석하였으나,14) 이에 대한 보다 구체적인 검토를 기할 필요가 있다. 우선 ≪三國史記≫에는 地震·地動·地裂·地陷·山崩을 비롯하여 二塔相擊(戰)·石自行(積)·門自壞(毁) 등 여러 가지 표현을 하고 있다. 그러나 이러한 地裂現象이 모두 지진은 아니었다.

(가) 武烈王 4年初 7月 東吐含山地燃 三年而滅 興輪寺自壞 □□□北
    巖崩
    碎爲米 食之如陳倉米(≪三國史記≫ 卷4)0
(나) 慈悲王 8年夏 4月 大水 山崩一十七所(≪三國史記≫ 卷3)
(다) 聖德王 19年夏 4月 大水 山崩十三所(≪三國史記≫ 卷8)
(라) 脫解王 24年夏 4月 京都大風 金城東門自壞(≪三國史記≫ 卷1)

---

13) 申瀅植, 앞의 책, pp.184~191.
14) 申瀅植, 위의 책, p.190.

(마) 阿達羅王 7年夏 4月 暴雨 閼川水溢 漂流人家 **金城北門自壞**
　　(≪三國史記≫ 卷2)

(바) 眞德王 6年 3月 京都大雪 **王宮南門無故自毀**(≪三國史記≫ 卷5)

위의 기록은 地震으로 간주될 몇 개의 事例를 지적한 것이다. (가)
는 火山[地燃]에 따른 지진[興輪寺自壞]으로 볼 수 있다. (나)와 (다)
는 山崩으로서 얼핏 지진으로 간주할 수 있으나,15) 실제는 暴雨로
인한 산사태인 것이다. 따라서 慈悲王 8년과 聖德王 19년의 山崩은
분명히 지진이 아니었다.16) (라)·(마)의 門自壞(毀)도 지진의 일종인
地變으로 생각되기 쉽지만, (라)는 폭풍에 의한 城門破損이며 (마)는
暴雨에 따른 성문파괴인 것이다. 끝으로 (바)의 경우는 지진현상으로
볼 수 있을 것이다. 그러므로 9회의 門自壞현상도17) 전부 지진으로
생각할 수는 없다.

　≪三國史記≫에는 113회의 지진기사가 있다. 즉, 新羅는 64회의
지진(地裂·地動·地陷·山崩포함)과 3회의 門自壞(毀), 4회의 石頹,
그리고 5회의 塔動(二塔相戰) 등이 그것이다. 高句麗는 19회의 지진
기사를 갖고 있으며, 百濟는 18회(1회의 石頹와 1회의 門自壞 포함)
의 지진기록을 갖고 있다. 또한 ≪增補文獻備考≫에는 4회의 추가기
사가 있어,18) 삼국·통일신라는 총 117회의 地震이 있었다고 하겠다.
　<표 2>에 의하면 통일이전의 삼국시대는 거의 비슷한 기록을 갖
고 있었다. 그러나 7세기 이후 특히 8·9세기에 집중된 기록을 갖고

---

15) 李熙德, 앞의 책, p.28.
16) ≪增補文獻備考≫(卷 10) 象緯 10)에도 慈悲王 8年 4月과 聖德王 19年 4月의 出崩
　　은 地震으로 취급하지 않고 있다.
17) ≪三國史記≫에는 9회의 門自壞(毀)記錄이 있다(申瀅植, 앞의 책, p.207). 그러나
　　기록상의 門自壞 중에서 「脫解王 24年 4月 京都大風 金城東門自壞」,「訥祇王 42年
　　春 2月 地震 金城南門自毀」 등과 같이 暴風이나 地震에 의한 破毀는 地震現象이
　　아니다. 따라서 阿達羅王 7年 4月, 武烈王 4年 9月, 文咨王 27年 3月 등 회의기록
　　은 지진이 아니다. 그러므로 9회의 門自壞중 지진에 해당하는 것은 4회 뿐이다.
18) ≪文獻備考≫에 기록된 것 중에서 ≪三國史記≫에 보이지 않는 지진기록은 「文武王
　　3 年 5月」·「文聖王 1年 5月」·「文聖王 6年」·「己婁王 13年 10月」등 4기사이다.

있어 당시의 天文學의 발달상을 이해할 수도 있지만,[19] 그 속에는
또 다른 의미가 포함된 듯하다. 武烈王權의 確立過程에 수반된 儒教
政治理念의 推進은[20] 五行思想의 광범한 유통을 수반하였을 것이다.

<表 2> 三國 · 統一新羅의 世紀別 地震分布

세기\나라	新 羅	高句麗	百 濟	合 計(內容)
1	3	2	7	12[石頹(1)]
2	4	5	3	11[門自毁(1)]
3	2	7		9
4	4	2	3	9[大樹自拔(1)]
5	5	1	1	6
6	2	2	2	6
7	15		3	18[門自毁(2) · 石頹(1)]
8	24			24[塔動(2)]
9	14			14[石頹(2) · 塔動(2)]
10	5			5[塔動(1)]
합 계	79	19	19	117[石頹(4) · 門自毁(4) · 塔動(5)]

개구리는 노한 형상으로 병사의 형상이며, 玉門은 女根이니 女子는 陰이요 그
색이 희고 또 흰 것은 서쪽이므로 군사가 서쪽에 있음을 알 수 있다(≪三國遺
事≫卷 1, 紀異 2, 善德王 知幾三事).

에서 이미 통일 전에 五行思想에 대한 영향을 고려할 수 있었고 통
일 후 5小京 · 5廟制 및 5岳思想도 결국은 5행사상과 연결된다고 하
겠다.[21] 따라서 ≪後漢書≫(志 16)의 5行(4)에 나타난 地震 · 山崩 ·
地陷 · 大風拔樹등은 天災地變의 성격파악에 기준이 되었을 것이다.

---

19) 新羅의 30회 流星記錄이 7세기 중엽 瞻星臺가 만들어진 직후 이후에 집중되어 있
　다. 이것은 이 시기를 전후한 天文技術의 發達과 연결될 수가 있다(全相運, ≪韓國
　科學技術史≫, 科學世紀社, 1976, p.117).
20) 申瀅植, 「武烈王權의 成立과 活動」, ≪韓國史論叢≫ 2(1977), p.17.
21) 申瀅植, 앞의 책, p.48.

Ⅲ. 三國 및 統一新羅 地震의 性格

古代社會[三國 및 統一新羅時代]에 있어서 地震은 단일 현상으로 서는 가장 큰 災殃이었다. 그러나 지진은 잦은 頻度에서가 아니라 그것이 갖고 있는 내면적인 성격에서 주목을 요하는 것이다. 일찍이 지진의 정치적 의미에 대해서

> 五行傳에 말하길 宮室을 수리하고 臺榭를 치창하고 안으로 음란 하며 親戚을 犯하고 父兄을 업신여기면 稼穡(농사) 이 이루어지지 않는 즉 땅이 그 성품을 잃어 災殃이 된다.[22]

라 하여 지나친 宮殿의 축조나 장식과 犯親·淫亂行爲는 思心不容과 함 께 결국 地震·山崩·大風拔樹·蝗 및 牛疫(牛禍)을 가져온다는 것이다. 특 히 ≪後漢書≫에서는

(가) 女王의 세력이 크면 신하가 정치를 좌우한다. 이에 따라 땅이 흔들리고 地震이 일서나 산이 붕괴된다. 이 때 竇太后가 섭정 하고 그 형인 竇憲이 정치를 오로지 하였다.

(나) 建北 원년 9월 乙丑 全國의 35곳에 地震이 있었다. (중략)이 때 安帝가 정사에 능하지 못해 宮人을 믿고 阿母聖 등을 讒하였다.

(다) 和帝 永元 5년 2월 戊年 隴西에 地震이 있었다. (중략) 凶奴의 임금이 除鞬에서 叛하였다. 使臣을 보내어 변방의 병사로서 토 벌하였다.[23]

라 하여 왕의 불찰이나 女主[太后·宮人·왕의 乳母]등의 횡포를 경 고하거나, 전쟁·반역 및 攝政의 예고로 地震을 설명하고 있었다. 이 와 같이 지진은 특정사건의 유발이나 예고의 뜻으로서[24] 받아 들였

---

22) ≪後漢書≫ 志16 五行4.
23) ≪後漢書≫ 志 16 五行 4.
24) Wolfram Eberhard, *Ibid.*, p.23.

으나, 삼국사회의 입장에서는 中國正史의 天災地變과는 관련이 없이
도25) 그 나름대로의 성격부여가 시도된 것이다.

특히 天災地變은 儒敎의 德治思想에 입각한 天人合一說에서만이26) 아
니라, 天上·地上의 秩序維持를 위해서도 일정한 원칙을 요하게 되었다.

(가) 祗摩尼師今 17年 8月 長星竟天 10月國東地震 11月雷 18年秋伊
  飡昌永卒 以波珍飡王權爲伊飡以參政事(≪三國史記≫ 卷 1)
(나) 近仇首王 6年 大疫夏 5月 地裂 8 年春 不雨至 6月 民饑 10年
  春2月 日有暈三重 宮中大樹自拔 夏4月 王薨(同 卷24)
(다) 榮留王 23年 秋九月 日無光 經3日復明 25年 冬10月 蓋蘇文弑王
  (同 卷 20)
(라) 聖德王 15年 春正月 流星犯月 月無光 三月 出成貞王后 賜彩五
  百匹(中略) 大風拔木飛瓦 崇禮殿毀 夏 6月 旱 又召居士理曉祈
  禱則雨 救罪人(同 卷 8)
(마) 眞平王 52年 大宮庭地裂 53年 春2月 自狗上于宮墻 夏5月 伊
  飡石品謀叛 秋7月 白虹欲于宮井 土星犯月 54年 春正月 王薨
  (同 卷 4)

위의 사례 중에서 (가)는 星變[長星竟天]-地震은 곧 天上과 地上
의 질서가 파괴됨으로써 伊飡 昌永의 죽음으로 나타났으므로 新任者
[玉權]를 伊飡에 임명하여 정상화를 꾀한 것이다. (나)는 大疫·地震
-햇무리-大樹自拔의 결과는 왕의 薨去르 귀착되었음을 보게 된다.
(다)는 淵蓋蘇文의 專橫으로 왕이 허약해진 것을 나타낸 것이며 (라)
는 王后의 廢黜을 예고한 것으로 결국 왕의 不德과 不敏에 대한 克
己와 善政(救罪人)을 꾀한 것이다. (마)는 地震이 謀叛과 王의 사망
을 가져오는 變怪임을 나타낸 것이다.

---

25) 李熙德, 앞의 책, p.33.
26) 李熙德, 위의 책, p.39.

<表 3> 新羅時代의 地震

種類	發生時期	年代	地 震 前 後 의 事 件
地震	脫解王 8년 12월	64	百濟攻狗壤城(8년 10월)－地震(12월)－無雪(12월) －百濟攻蛙山城(10년)
	婆娑王 14년 10월	93	巡幸古所夫里(2월)－京都地震(10월)－加耶侵馬頭城 (15년 2월)
	婆娑王 21년 10월	100	雨雹(7월)－京都地震(10월)－築城名月城(22년 2월)
	祇摩王 17년 10월	128	長星竟天(17년 8월)－國東地震(10월)－雷(11월)－ 伊湌昌永卒(18년秋)
	阿達羅 17년 7월	170	重修始祖廟(17년 2월)－京師地震(7월)·霜雹害穀－ 百濟寇邊(10월)
	奈解王 34년 9월	229	蛇鳴(34년 4월)－地震(9월)－大雪(10월)－王薨 (35년 3월)
	助賁王 17년 11월	246	白氣(17년 10월)－京都地震(11월)－王薨(18년 5월)
	基臨王 7년 8월	304	旱(5년夏)－地震(8월)
	基臨王 7년 9월	304	地震(7년 8월)－京都地震(9월)
	奈勿王 33년 4월	388	京都地震(33년 4월)－地震(6월)－無氷(冬)
	奈勿王 33년 6월	388	地震(33년 4월)－地震(6월)－無氷－(冬)－大疫 (34년 1월)－蝗(7월)
	實聖王 5년 10월	406	蝗害(5년 7월)－京都地震(10월)－無氷(11월)－倭人 侵東邊(6년 3월)
	訥祇王 42년 2월	458	隕霜(41년 4월)－地震－(42년 2월)－金城門自壞 (2월)－王薨(8월)
	慈悲王 21년 10월	478	夜赤21년 2월)－京都地震(10.)－王薨(22년 2월)
	智證王 11년 5월	510	隕霜(10년 7월)－地震(11년 5월)－雷(10월)
	眞興王 1년 10월	540	太后攝政(1년 8월)－地震(10월)－桃李華－雪害·拜 異斯夫爲兵部令(2년 3월)
	眞平王 37년 10월	615	王妃死(36년 2월)－地震(37년 10월)－百濟來攻 (38년 10월)

種類	發生時期	年代	地 震 前 後 의 事 件
地震	善德王 2년 2월	633	旱(1년 5월)-大赦(2년 1월)-京都地震(2월)-百濟侵西邊(8월)
	文武王 3년 1월	663	眞珠詐稱病逐誅(7년 8월)-築富山城(1월)-地震(1월)-攻取百濟城-(2월)
	文武王 4년 3월	664	百濟殘賊攻破(4년 3월)-地震(3월)-攻高句麗城(7월)
	文武王 4년 8월	664	攻高句麗城(4년 7월)-地震(8월)-禁人擅以財貨田地施佛寺(8월)
	文武王 6년 2월	666	立太子(5년 8월)-京都地震(6년 2월)-靈廟寺災-大赦(4월)
地裂	儒理王 11년	34	京都地裂·泉湧-大水(6월)-樂浪犯境(13년 8월)
	慈悲王 14년 3월	471	築芼老城(14년 2월)-京都地裂-大疫(10월)
	眞平王 52년	63	侵娘臂城(51년 8월)-大宮庭地裂(52년)-石品謀叛(53년 2월)-旱(54년 1월)
地陷 (山 崩)	祇摩王 12년 5월	123	隕霜(12년 4월)-地陷(5월)-日食(13년 9월)
	實聖王 15년 5월	416	獲怪魚(15년 3월)-山崩(5월)-王薨(16년 5월)
	武烈王 4년 7월	657	大水(4년 7월)-火山(7월)-興輪寺自壞(7월)-北巖崩(7월)-侍中任命(5년 1월)
石頹	善德王 7년 3월	638	拜閼川爲將軍(6년 7월)-石頹(7년 3월)-雨黃花(9월)-高句麗侵地邊(10월)
門 自 壞	婆娑王 32년 4월	111	蝗(30년 7월)-城門自毀(32년 4월)-旱(7월)-王薨(33년 10월)
	眞平王 36년 2월	614	旱·霜(35년 4월)-永興寺佛自毀(36년 2월)-眞興王妃卒(2월)
	眞德王 6년 3월	652	大雪(6년 3월)-王宮南門自毀(3월)-王薨(8년 3월)

따라서 위와 같은 自然觀의 입장에서는 戰爭·叛逆 및 王의 죽음
과 연결된 지진의 의미는 다른 어떤 현상보다도 중시되었던 것이다.
이에 지진의 정치적 성격파악을 위해 古代社會에 나타난 지진의 체
계적 정리를 꾀해 보았다. 이러한 地震의 정치적 의미는 삼국사회의
성격을 이해하는 한 면이 될 것이라 생각된다.

地震에는 앞에서 언급한 바와 같이 지진을 비롯하여 地裂·山崩·地動·
地陷·門自壞(毀)·石頹·塔動 등이 있었다. 그러나 石頹(石自行)나 塔動
(兩塔相戰)은 지진현상의 구체적인 모습이라고 하겠으나, 각기 진동의
강약표시라 하겠다. 다만, 地震·地裂·地陷의 차이는 불투명하지만 아마
도 地動은 弱震으로,27) 地震은 中震으로 간주할 수 있을 것이다. 따라
서 地裂은 强震으로 地陷과 山崩은 烈震 또는 激震으로 생각할 수 있
다. 그리고 石頹는 강진으로, 塔動과 門自毀는 中震정도로 추측할 수
있다.

新羅時代(통일이전)에는 「表 3」에서 보는 바와 같이 32회의 地震이
있었다. 이 시기에는 地震[22회]을 비롯하여 地裂[3회]·地陷[山崩:3
회]·石頹[1회]·門自壞[毀:3회] 등의 구별이 있었다. 앞서 언급한 바
와 같이 天災地變은 당시의 정치현상을 비판[경고]하는 동시에 事件
의 豫告라는 양기능이 있었다. 그러나 지진은 日食이나 星變이 주로
'사건의 예고'임에 비해서,28) 지진은 현실비판의 면도 상당히 컸다.

> (가) 慈悲麻立干 11년 9월 何瑟羅人 15세 이상을 징발하여 泥河에
>   城을 쌓았다. 13년에 三年山城을 쌓았다. 14년 2월 芼老城을
>   쌓았다. 3월 서울에서 땅이 갈라졌다 (≪三國史記≫ 卷3).
> (나) 眞興王이 즉위하니 諱는 麥宗이며 그때 나이는 7세였다. (중략)
>   왕이 어리므로 王太后가 섭정하였다. 10월에 地震이 일어났으
>   며 桃李에 꽃이 피었다(同 卷4).

위의 예문에서 (가)는 慈悲王의 빈번한 築城에 대한 비판[경고]이
며, (나)는 太后攝政에 대한 간접적인 비난의 뜻으로 생각된다. 빈번
한 土木工事나 女主의 專橫을 地震의 원인으로. 생각한 단면은

---

27) 地鳴에 대한 ≪三國史記≫의 기록은 없다. 그러나 高麗時代 이후에는 地鳴에 대한
    기록이 있거니와 그것은 微震으로 생각된다.
28) 申瀅植, 앞의 책, p.204.

地는 陰이다. 마땅히 安靜을 해야 하는데 이에 陰의 職分을 넘어
서 陽의 정사를 오로지하는 고로 地震으로써 응하니 이 때 鄭太后가
섭정하여 정사를 오로지하였다. (중략) 2년 郡國의 12곳에 지진이 있
었다.29)

의 경우로 볼 때 5세기 이후 어느 정도 五行思想의 영향이 크게 작
용되었으리라 생각된다. 그러나 地震도 역시 '사건의 예고'에 더 큰
의미가 있었으니 대표적인 사건은 아래와 같다.

(가) ① 奈解尼師今 34년 9월에 地震이 있었고, 10월에 大雪이 5尺
　　　이나 쌓였다. 35년 3월에 왕이 死亡하였다(≪三國史記≫卷 2).
　　② 訥祇麻立干 42년 2월에 地震이 있었고, 金城南門이 스스로
　　　무너졌으며, 8월에 死亡하였다(同 卷3).
　　③ 眞平王 52년 大宮廷에 地震이 있었고, 53년 5월에 伊飡柒
　　　宿과 石品이 叛亂을 일으켰다. 54년 정벌에 왕이 死亡하였
　　　다(同 卷4).
(나) ① 阿達羅尼師今 17년 7월 京都에 **地震**이 있었고, **서리**와 우
　　　박이 곡식을 망가뜨렸다. 10월에 百濟가 변방을 **침략**하였다
　　　(同卷2).
　　② 善德王 2년 2월 京都에 地震이 있었고, 8월에 百濟가 西邊
　　　을 **침략**하였다(同卷5).
　　③ 善德王 7년 3월 七重城의 남쪽에서 큰 돌이 스스로 **움직여**
　　　35보를 걸어갔으며, 10월에 고구려가 地邊의 七重城을 **침**
　　　략하였다(同).

위 사건에서 (가)는 지진이 죽음을 예고한 사건이며30) (나)는 戰爭을
예고한 재난이다. 다만, 여기서 주목할 것은 지진전후에 발생되는 天災의

---

29) ≪後漢書≫ 志16 五行4.
30) 地震의 가장 큰 정치적 의미는 죽음의 예고였다. 32회의 신라 지진 중에서 10회가
　　死亡(王妃와 大臣의 죽음 각 1회)을 예고하였으며, 11회가 전쟁을 가져왔다.

종류이다. 그것은 대개가 地震[地變]과 상반되는 天災로서 가뭄·우박 [서리] 등 주종을 이루고 있어 天災와 地變은 언제나 感應關係를 통해 자연의 질서[조화]를 유지할 수 있었다. 그러나 「表 3」에서 가장 눈에 띄는 것은 지진이 왕의 죽음[7회]과 전쟁 [10회]을 예고하고 있다는 점이다.

다음으로 高句麗의 地震은 19회의 기록이 있다. 「表 4」에 의하면 고구려는 지진의 형태[종류]가 단조로웠으며 3세기에 집중된 것이 특이하다. 특히 고구려의 경우는 신라와 달리 일정한 원칙이나 공통된 의미를 갖고있지 않았다. 오히려 出獵이나 任命 직후에 잦은 지진이 보이고 있어 五行思想과는 직접 연결된 것 같지는 않으나,[31] 당시의 秕政에 대한 강한 警告[批判]로 볼 수가 있다. 따라서 지진 직후 巡狩나 大赦 및 遷都 등과 같은 정치행위가 수반되었으며, 전쟁과 죽음과 같은 豫告의 의미도 간헐적으로 보여지고 있다.

百濟의 地震은 「表 5」에서와 같이 19회의 기록이 있다. 고구려와 달리 地裂[2회]과 石頹·門自壞가 나타나고 있어 비교적 五行思想의 영향이 보이고 있다. 그러나 신라와 같이 五行思想과 깊은 연결이 불가능하였으며, 특정한 정치적 기능을 나타내지는 못하였다. 다만, 地震 다음에 전쟁이나 사망보다 外交[朝貢]가 나타나고 있어, 그것이 정치적 경고의 뜻을 갖고 있음을 알 수 있다.

統一新羅의 地震은 「表 6」에서와 같이 地動[2회]·地震[36회]·地陷[1회]·塔動[5회] 그리고 石頹[3회] 등 47회의 기록이 있다. 특히 8세기에 절반[24회]이 집중되고 있어, 대부분이 7~8세기에 관측되었다는 점이 주목된다. 이러한 현상은 流星의 기록도 이 시기에 집중되고 있어 天文學發達과 관계가 있는지도 모른다. 그러나 武烈王權의 儒教政治의 推進은 五行思想의 광범한 이해를 가져왔을 것이므로 德治思想의 입장에서도 自然觀이 크게 바뀌었음은 당연하라.

---

31) ≪後漢書≫(志 13, 五行1)에 따르면 「田片不宿」은 淫雨·旱·訛言등의 원인으로서 五行 1로 간주하였다.

<表 4> 高句麗時代의 地震

種類	發生時期	年代	地 震 前 後 의 事 件
地震	瑠璃王 21년 8월	2	豕逸(21년 3월)-巡幸(4월)-地震(8월)-巡幸(9월)-遷都(22년 10월)
	大武神王 2년 1월	19	京都震(2년 1월)-大赦·百濟民來投(1월)-立始祖廟(3년 3월)
	太祖王 66년 2월	118	日食(64년 3월)-雪(12월)-地震(66년 2월)-攻華麗城(6월)
	太祖王 72년 11월	124	日食(72년 9월)-朝貢(10월)-地震(11.)
	太祖王 90년 9월	142	丸都地震(90년 9월)-王夜夢(9월)
	次大王 2년 11월	147	誅(2년 3월)-任命(7월)-地震(11월)-王弟自縊(3년 4월)
	次大王 8년 12월	153	隕霜(8년 6월)-地震(12.)-客星犯月(12월)
	山上王 21년 10월	217	雷(21년 10월)-地震(10월)-星孛(10월)-日食(23년 2월)
	中川王 7년 7월	254	國相任命(7년 4월)-地震(7월)-立太子(8년)
	中川王 15년 11월	262	巡幸(15년 7월)-雷·地震(11월)
地震	西川王 2년 12월	271	國相任命(2년 7월)-地震(12월)-隕霜(3년 4월)旱-(6월)
	西川王 19년 9월	288	巡幸(19년 8월)-地農(9월)-王至(11월)
	烽上王 1년 9월	292	殺安國君(1년 3월)-地震(9월)-慕容廆來侵(2년 8월)
	烽上王 8년 10월	299	鬼哭(8년 9월)-客星犯月(9월)-雷·地震(12월)-地震(9년 1월)-旱(2~7월)
	烽上王 9년 1월	300	地震(8년 12월)-地震(9년 1월)-旱(2~7월)
	故國壤王 2년12월	385	慕容農來侵(2년 11월)-地震(12월)-立太子(3년 1월)-伐百濟(9월)
	文咨王 2년 10월	493	朝貢(1년 10월)-地震(2년 10월)-扶餘王來投(3년 7월)
	文咨王 11년 10월	502	蝗(11년 8월)-地震(10월)-百濟犯境(11월)
	安原王 5년 10월	535	大水(5년 5월)-地震(12월)-雷·大疫(12월)-旱(6년)

<표 5> 百濟時代의 地震

種類	發生時期	年代	地 震 前 後 의 事 件
地震	溫祚王 31년 5월	13	徙民(31년 1월)－雹(4월)－地震(5월)－地震(6월)
	溫祚王 31년 6월	13	地震(31년 5월)－地震(6월)－旱(33년夏)
	溫祚王 45년 10월	27	旱(45년夏)－地震(10월)－王薨(46년 2월)
	多婁王 10년 11월	37	任命(10년 10월)－地震(11월)－穀不成(11년)－巡幸(10월)
	己婁王 13년 10월	89	日食(11년 8월)－地震(6년)－旱(14년 3월)
	己婁王 35년 3월	111	旱(32년夏)－靺鞨侵(7월)－地震(35년 3월)－地震(10월)
地震	己婁王 35년 10월	111	地震(35년 3월)－地震(10월)－外交(37년)
	肖古王 34년 7월	199	地震(34년 7월)－侵新羅邊境(7월)
	近肖古王 27년7월	372	侵攻平壤城(26년)－冬朝貢(27년 1월)
	毗有王 3년 11월	429	朝貢(3년秋)－上佐平任命(10월)－地震(11월)－大風・無氷(12월)
	武寧王 22년 10월	522	巡幸(22년 9월)－地震(10월)－築城(23년 2월) 王薨－(5월)
	威德王 26년 10월	579	長星竟天(26년 10월)－地震(10월)－朝貢(28년)
	武 王 19년 11월	616	攻新羅城(17년 10월)－地震(11월)－新羅來侵(10년)
	武 王 38년 2월	637	旱(37년 8월)－地震(38년 2월)－地震(3월)
	武 王 38년 3월	637	地震(38년 2월)－地震(3월)－朝貢(12월)
地裂	己婁王 13년 6월	89	日食(11년 8월)－地裂(13년 6월)－旱(14년 3월)
	近仇首王 6년 5월	380	大疫(6년)－地裂(5월)－旱(8년春)
石頹	己婁王 17년 8월	93	日食(16년 6월)－石頹(17년 8월)－龍(21년 4월)
門自壞	近仇首王 10년 2월	384	旱(8년夏)－日暈(10년 2월)－大樹自拔(2월)－王薨(4년)

<表 6> 統一新羅時代의 地震

種類	發 生 時 期	年代	地震前後의事件
地動	聖德王 24년 10월	725	雪(24년　3월)−雹(4월)−侍中交替(4월)−地動(6월) −朝貢(25년 4월)
	孝昭王 7년 2월	698	任命(7년 1월)−京都地動·大風折木(2월)− 中侍交替(2월)−大水(7월)
地震	文武王 10년 12월	670	土星入月(10년 12월)−地震(12월)−侍中退(12월) −眞珠誅(12월)
	文武王 21년 5월	681	天變(21년 1월)−地震(5월)−流星(5월) −天狗落坤方(6월)
	孝昭王 4년 10월	695	任命(4년)−京都地震(10월)−中侍交替(5년 1월) −旱(4월)
	聖德王 7년 2월	708	地震(7년 2월)−鎭星犯月(4월)−大赦(4월)− 旱(8년 5월)
	聖德王 9년 1월	710	天狗隕(9년 1월)−地震(1월)−大赦(1월)− 大雪(10년 5월)−中侍卒(10월)
	聖德王 16년 4월	717	創新宮(3월)−地震(4월)−太子卒(6월)
	聖德王 17년 3월	718	中侍任命(17년 1월)−地震(3월)−震皇龍寺塔 (6월)−星變(10월)
	聖德王 19년 1월	720	震彌勒寺(18년 8월)−地震(19년 1월)−上大等卒(1월)
	聖德王 21년 2월	722	中侍卒(21년 1월)−京都地震(2월)−給丁田(5월)
	聖德王 22년 4월	723	朝貢(22년 4월)−地震(4월)−立太子(23년 1월)
	孝成王 1년 5월	737	上大等任命(1년 3월)−地震(5월)−太星(9월)− 朝貢(12월)
	孝成王 6년 2월	742	地震(6년 2월)−流星(5월)−王薨(5월)
	景德王 2년 4월	743	納妃(2년 4월)−地震(8월)−朝貢(12월)−侍中任命(3 년 1월)
	景德王 24년 4월	765	流星(23년 12월)−地震(24년 4월)−流星(6월)− 王薨(6월)
	惠恭王 3년 6월	767	天變(2년 10월)−地震(3년 6월)−星變(7월)
	惠恭王 4년 6월	768	彗星(4년)−雨雹(6월)−地震(6월)−虎入宮中(6월)− 大廉謀叛(7월)
	惠恭王 6년 7월	770	彗星(6년　5월)−虎入執事省(6월)−金融叛(8월)−京 都地震(11월)−侍中交替(12월)

種類	發 生 時 期	年代	地 震 前 後 의 事 件
地震	惠恭王 13년 3월	777	京都地震(13년 3월)－地震(4월)
	惠恭王 13년 4월	777	地震(13년 3월)－地震(4월)－時政極論(4월)－ 侍中 交替(10월)
	惠恭王 15년 3월	779	侍中任命(14년 10월)－京都地震(15년 3월)－ 太白入月·百座法會(3월)－謀叛·王薨(16년 4월)
	元聖王 3년 2월	787	旱(2년 9월)－京都地震(3년 2월)－大赦(2월)－ 太白(5월)·蝗(7월)·日食(8월)
	元聖王 7년 11월	791	雪(7년 10월)－侍中交替(10월)－京都地震(11월) －上大等卒(8년 8월)
	元聖王 10월 2월	794	大風(9년 8월)－地震(10년 2월)－太子卒·侍中交替 (2월)
	哀莊王 3년 7월	802	定後宮(3년 4월)－地震(7월)－創海印寺(8월)
	哀莊王 4년 10월	803	外交(日本:4년 7월)－地震(10월)－侍中任命 (5년 1월)
	哀莊王 6년 11월	805	封大王后·王后(6년 1월)－律令(8월)－地震(11월) －下敎(7년 3월)
	興德王 6년 1월	831	王不豫(5년 4월)－地震(6년 1월)－侍中交替 (6년 1월)
	文聖王 1년 5월	839	地震(1년 5월)－大赦(8월)－上大等任命(2년 1월)
	文聖王 6년	844	五虎入宮(5년 7월)－日食(6년 2월)－太白犯鎭星
	景文王 10년 4월	870	重修朝元殿(8년 8월)－朝貢(10년 2월)－京都地震 (10년 4월)－王妃卒(7월)－大水(7월)
	景文王 12년 4월	872	重修月上樓(11년 2월)－京師地震(12년 4월) －蝗害(8월)
	景文王 15년 2월	875	重修月正堂(14년 9월－國東地震(15년 2월)－星孛 (2월)－龍(5월)－王薨(7월)
	神德王 2년 4월	913	上大等任命(1년 5월)－霜(2년 4월)－地震(4월)－ 霜(3년 3월)
	神德王 5년 10월	916	甄萱攻大耶城(5년 8월)－地震(10월)－太白犯月 (6년 1월－王薨(7월)
	敬順王 2년 6월	928	戰爭(2년 1월)－地震(6월)－戰爭(8월)
	敬順王 6년 1월	932	戰爭(5년 2월)－外交(8월)－地震(6년 1월)－ 外交(4월)

種類	發 生 時 期	年代	地 震 前 後 의 事 件
地震	神德王 2년 4월	913	上大等任命(1년 5월)－霜(2년 4월)－地震(4월)－霜(3년 3월)
	神德王 5년 10월	916	甄萱攻大耶城(5년 8월)－地震(10월)－太白犯月(6년 1월－王薨(7월)
	敬順王 2년 6월	928	戰爭(2년 1월)－地震(6월)－戰爭(8월)
	敬順王 6년 1월	932	戰爭(5년 2월)－外交(8월)－地震(6년 1월)－外交(4월)
地陷	惠恭王 2년 2월	766	二日並出(2년 1월)－牛禍(2월)－康州地陷(2월)－天變(10월)
塔動	景德王 14년 春	755	旱蝗·侍中交替(13년 8월)－穀貴(14년봄)－望德寺塔動(春)－時攷極論(15년 2월)
	元聖王 14년 3월	798	蝗·大水·侍中交替(13년 9월)－南樓橋災(14년 3월)－望德寺塔相擊(3월)－旱(6월)－王薨(12월)
	哀莊王 5년 9월	804	伏石起立·水變血(5년 7월)－望德寺塔戰(9월)－地震(6년 11월)
	憲德王 8년 6월	816	石頹(8년 1월)－望德寺塔戰(6월)－侍中任命(9년 11월)
	景哀王 4년 3월	927	전쟁(4년 1월)－皇龍寺塔搖動北傾(3월)－전쟁·王薨(11월)
石頹	憲德王 8년 6월	816	年荒(8년 1월)－石頹(6월)－塔動(6월)－侍中任命(9년 1월)
	憲德王 13년 7월	821	旱(12년夏)－侍中卒(13년 4월)－二石戰(7월)－雷(12월)－樹木枯(14년 2월)－金憲昌亂(3월)
	眞聖王 2년 2월	888	無雪(1년冬)－石頹(2년 2월)－王與魏弘通(2월)

(가) ① 哀莊王 5年 夏 5月 重修臨海殿 新作東宮萬壽房 9月 望德寺
　　　二塔戰(≪三國史記≫ 卷 10)

　　② 景文王 7年 春正月 重修臨海殿 8年 秋 8月 重修朝元殿 10年
　　　夏 4月 京都地 震五月 王妃卒 11年 春 正月 王命有司 改造
　　　皇龍寺塔 2月 重修月上樓 12年 夏4月 京師地震(同卷 11)

(나) ① 景德王 2年 夏 4月 納舒弗邯 金義忠女爲王妃 秋8月 地震
　　　(同卷 9)

　　② 哀莊王 6年 春正月 封母金氏爲大王后 冬11月地震(同卷10)

　　(다) 惠恭王立(中略) 王卽位時 年八歲 太后攝政 2年春正月 二日並出
　　　　大赦(中略) 康州地陷成池 縱廣五十餘尺(同卷 9)

　이상의 예문에서 볼 때, (가)는 ≪後漢書≫(五行 4)의 '治宮室飾臺
榭'와 같은 과도한 宮殿改修에 대한 응징이며, (나)는 부당한 冊妃에
대한 하늘의 벌로 생각할 수 있다. (다)는 太后攝政과 왕의 不能明察
에 따른 '謂之不聖'의 결과로 나타난 土性의 喪失 바로 그것이다. 따
라서 이러한 五行的인 自然觀은 통일신라의 47회 지진 중에서 13회
의 死亡事件과 직결되고 있었고, 下代 王權의 墜落이나 失政과는 깊
은 관련을 맺고 있었다.
　그러나 통일신라의 地震은 위와 같은 五行的 解釋으로 설명할 수
없는 일면이 있다. 무엇보다도 地震직후에 大臣[上大等·侍中] 任命
[交替]이 14회나 된다는 사실이다. 이러한 가능성은 13회의 大臣任命
이 지진직전에 보여졌다는 기록과 일치한다. 물론 잘못된 大臣任命도
王의 失政이고보면 결국 지진도 王의 失政에 대한 경고이기 때문에
지진직후에 새로운 交替가 따르기 마련이었다. 무엇보다도 聖德王의
재위 36년간[702~737]의 8회와 惠恭王의 재위 16년간[765~780]에 7
회의 지진이 주목된다. 따라서 전자는 유교의 道德政治具現을 위한
정치적 성격이, 후자는 정치적 혼란의 경고라는 의미가 있었다고 생
각된다. 여기에 신라 유교정치사상의 본질이 있다. 그러나 惠恭王代
는 大恭·大廉의 謀叛(4년)을 비롯하여 金融[6년], 廉相·正門[11년], 志
貞[16년] 등이 반란을 일으켰음에 비추어 빈번한 地震은 이것들과 관
계가 있었다고 생각된다. 다만, 王의 交替가 되는 직접동기에 있어서
는 天災가 압도적이지만, 侍中의 경우는 지진이 큰 비중을 갖고 있었
다.32) 이러한 사실은

　　惠恭王 6年 4월에 彗星이 五車의 북쪽에 나타났고, 6월 29일에 호

---

32) 申瀅植, 앞의 책, p.170.

랑이가 執事省에 들어왔으므로 捉殺시켰다. 8월에 大阿飡 金融이
반란을 일으켰으므로 잡아 죽였다. 11월에 地震이 있었고, 12월에 侍
中이 退職하였고 伊飡 正門을 侍中으로 삼았다(≪三國史記≫ 卷 9).

는 기록에서 볼 때 우리는 彗星－叛亂－地震－侍中交替의 연속적 과
정의 결과를 살필 수 있다. 그러므로 하나의 자연변화는 그것으로
끝나는 것이 아니라 상호 연결되어 있어 天災地變은 五行思想과 더
불어 항상 복합성을 띠기 마련이다. 결론적으로 통일신라의 지진은
五行思想과도 깊은 관련이 있음도 사실이지만, 13회의 지진이 大臣
任命直後에 일어났다는 점을 주목해야 할 것이다. 그러므로 지진 다
음에 14회의 大臣交替가 이어졌다는 사실을 주목하면서 13회의 死
亡事件을 예고한 기록도 간과할 수는 없다.

Ⅳ. 古代社會에서의 地震의 政治的 意味

삼국·통일신라시대의 地震은 앞에서 살펴본 바와 같이 정치적 영
향이 가장 컸던 天災地變이었다. 특히 지진은 정치전반에 절대적인
영향을 주는 彗星·日食 등과 같은 天變인 동시에 旱魃·洪水 등과
같은 天災가 되었다. 그만큼 지진은 變異와 災殃되는 까닭에 그것이
지닌 兩面性에 따라 정치적 의미도 컸다.
　儒教의 영향을 받은 삼국시대 이래 地震은 五行思想에 따른 해석
도 가능해졌다. 그러나 高句麗나 百濟의 경우 지진과 오행사상의 뚜
렷한 연결은 어려운 편이며, 대개 왕의 정치행위(任命·巡幸·祭祀)
에 대한 비판의 의미가 강했다. 이러한 사실은 고구려의 경우 19회
의 지진에서 6회가 왕의 정치행위(任命과 狩獵) 직후에 발생한 것에
서 입증된다. 동시에 제·려는 대개가 지진이 죽음이나 전쟁의 예고
라는 정치적 의미를 갖고 있었다.

그러나 신라는 5세기 이후 어느 정도 五行思想이 보급되어 太后攝政
이나 빈번한 築城·修宮을 비판하는 경우에 지진이 일어나고 있다. 왕
의 失政에 대한 경고와 死亡과 戰爭의 예고로서의 의미는 예외 없이 나
타나고 있었다. 통일신라의 경우에는 무엇보다도 王의 政治行爲[任命]에
대한 비판의 뜻이 강했으며, 따라서 지진직후 새로운 大臣의 交替를 단
행함으로써 정치적 반성을 꾀하게 하였다.[33] 그리고 유교의 德治主義에
입각한 정치사상은 五行說에 입각한 女主의 專橫과 宮殿의 重修에 대한
土失其性의 뜻을 분명히 나타내 주고 있었다. 동시에 전쟁이 없던 統一
新羅時代는 거의가 지진이 王의 죽음과 연결되고,[34] 失政에 대한 비판만
이 아니라 爲民政治의 계속적 추진을 위한 자극제로서도 존속되었다.

<表 7> 三國·統一新羅의 地震發生 月別分布(%)

달 \ 나라	新 羅	高句麗	百濟	統一新羅	合	計(4季 %)
1	1	2		4	7	34 (29.1)
2	4	1	2	9	16	
3	4		2	5	11	
4	2			7	9	25 (21.4)
5	2		2	3	7	
6	2		2	5	9	
7	2	1	2	3	8	19 (16.2)
8	2	1	1	1	5	
9	2	3		1	6	

---

33) 統一新羅의 47회 지진기록에서 지진직후에 大臣(太子 1명 포함)을 交替한 사실은
   14회에 이르고 있다. 「孝昭王 七年 二月 京都地震 大風折木 中侍幢元退老 大阿湌
   順元爲中侍」라든가, 「興德王 6年 春正月 地震 侍中祐徵免 伊湌允芳爲侍中」 등이
   그 대표적 사례이다.
34) 統一新羅의 47회 지진 중에서 死亡과 연결된 횟수는 13회에 이른다. 그 대표적인
   예는 「文武王 21年 夏 5月 地震 秋 7月 1日 王薨」 과 15年 春 2月 京都及國東地震
   秋 7月 8日 王薨」 등이다.

제3장 統一新羅의 儒敎政治思想 231

10	7	5	5	4	21	35
11	1	3	3	2	9	(29.9)
12	1	3		1	5	
不　明	2			2	4	4(3.4)
合　計	32	19	19	47	117	117

한편 地震發生의 시기[月別]를 살펴보면 「表 7」에서와 같이 전시기에 분포되어 있다. 그러나 3국이나 통일신라의 경우 10월이 가장 많았으며, 대개 봄철과 겨울에 집중되어 있다.[35] 이러한 사실은 역대왕의 정치적 행위가 春·冬季에 집중된 것과 관련이 있는지도 모른다. 지진기록이 가장 많이 나타나고 있는 聖德王代의 경우 任命·朝貢·官府設置 등의 거의가 이 시기에 나타나고 있다.[36] 특히 巡幸의 시기가 春季[1~3월]·冬季 [10~12월]에 집중된 것과 같이,[37] 古代國家에서의 정치는 주로 추운 계절에 행해지고 있었다. 이것은 다른 天災地變과는 다르게 지진이 갖고 있는 특성이어서 당대의 정치적 의미를 갖는다 하겠다.

다음으로는 地震發生地域의 문제가 있다. 중국의 경우는 ≪後漢書≫ 이후 발생지역의 표시가

　(가) 世祖建武 22年 9月 郡國四十二地震 南陽尤甚
　(나) 章帝建初元年 3月 甲寅 山陽 東平地震
　(다) 永和 3年 3月 乙亥 京都 金城隴西地震裂[38]

등과 같이 구체적인 地名이 기록되어 있다. 그러나 우리의 경우는

---

35) 이러한 사실은 1920년도의 6회 지진기록 중에서 1회(12月)만 제외하고 전부 1~4 月에 발생한 것도 이에 도움이 될 것이다. 그러나 그의 발생시기는 일정치 않았다.
36) 聖德王代는 7年 2月~24年 10月사이에 8회의 지진기록이 있었다. 이 시기의 왕의 정치 기록을 볼 때 大赦(春2회 冬2회), 巡幸(春1회·冬1회), 官府設置(春3회·冬1회), 任命(春8회·冬2회), 築城(冬3회) 등이 봄과 겨울철에 실시되었다.
37) 申瀅植, 앞의 책, p.180.
38) ≪後漢書≫志 16 五行 4.

대개 '京都地震'으로 되어 있어 首都附近에 집중되어 있다. 이러한
사실은 지진측정이 宮城一帶만이 가능할 수밖에 없었던 당시의 문화
수준에서 불가피했던 것이며 지방의 경우는 지진발생 이후 피해상황
이 보고 된 경우에 한할 것이다. 그 예로

> (가) 文武王 4년 8월에 백성들의 집이 무너졌는바, 특히 南方이 심하
> 였다(≪三國史記≫ 卷6).
> (나) 惠恭王 2년 2월에 康州에서 땅이 무너져 못을 이루었는데 그
> 넓이가 50여 尺이나 되었다(同卷9).

는 것이 있다. 그러므로 지진의 구체적 피해상도 기록될 수가 없었
다. 다만, '倒(壞)民屋有死者' [婆娑王 21年, 基臨王 7年]와 같이 死
傷者가 있었다는 기록뿐이다. 다만

> 景德王 15년 3월에 京都에 지진이 일어나 집이 파괴되고 사망자가
> 100여 명이 되었다(≪三國史記≫ 卷9).

라 하여 人命被害相을 표시하고는 있으나 대부분의 지진은 발생기록
뿐이다. 따라서 지진은 그러한 현실적 피해에서가 아니라 그것이 갖
고 있는 潛在的 機能에서 중요한 역할을 한 것이다.

앞에서 본 것처럼 지진은 土失其性으로 '女主의 專橫, 王의 失政,
빈번한 治宮室의 警告'와 '叛逆, 戰爭, 죽음의 예고'로서 큰 의미가
있었다. 따라서 통일신라의 경우는 侍中交替의 직접적인 동기와 왕
의 죽음과 연결시켰음을 알 수가 있었다.

> (가) 惠恭王 13年 春3月 京都地震 夏4月 又震 上大等良相疏極論時
> 政冬10月 伊湌周元爲侍中(≪三國史記≫ 卷9)
> (나) 惠恭王 15年 春正月 京都地震(中略) 太白入月 設百座法會 16年
> 2月 伊湌志貞叛夏4月 上大等金良與伊湌敬信擧兵 誅志貞等 王與
> 后妃爲亂 兵所害(同)

라 하여 (가)는 惠恭王의 失政을 비관한 것으로 時政極論으로 나타
나게 되었으므로 侍中을 교체하여 그 책임을 묻도록 한 것이다. (나)
는 정치적 실정을 百座法會로 극복하려 했으나 결국 왕은 謀叛으로
被殺되고 말았음을 알 수 있다.

　이와 같은 지진은 五行思想의 입장에서만이 아니라 실제로 국가
기반이 흔들린 것으로 생각하였다. 여기서 우리는

　　景哀王 4년 3월 皇龍寺塔이 搖動하여 북쪽으로 기울어졌다. 太祖
　　가 친히 近巖城을 깨뜨렸다. (중략)(甄)萱은 그 군사들을 놓아 왕을
　　핍박하여 自盡케 하였다(≪三國史記≫卷12).

라는 사실에서 고대사회에서 지진이 갖는 정치적 의미를 단적으로
찾을 수 있다.

V. 結語

　이상에서 우리는 韓國의 古代社會에서 地震이 갖고 있는 정치적
의미를 찾아보았다. 지진은 삼국·통일신라시대에 있어서 가장 큰 天
災地變으로서 그것은 天變인 동시에 天災도 되었다. 그러나 그것은
災殃으로서만이 아니라, 天變으로서의 兩面性을 지녔기 때문에 다른
天變보다 큰 의미가 있었다. 더구나 儒教의 天人觀이 수용됨에 따라
고대의 政治思想理解의 한 면으로 확대되어 복합성을 띠게 되었다.
따라서 우리는 地變을 五行思想의 범주 속에서가 아니라 삼국시대의
정치·사회와의 관련 속에서 설명해야 할 것임을 강조하였다.

　우선 필자는 ≪文獻備考≫(象緯考)의 기록과 ≪三國史記≫의 지진
기사를 대조하면서 총 정리하여 117회의 지진기록을 확인하였다. 따
라서 지진은 8.5년의 주기로 발생된 地變으로서, 山崩·地陷·地裂·地動·

門自壞(毀)·塔動·石頹 등 다양한 표현을 갖고 있었다. 필자는 이러한 기록을 지진의 강약에서 나온 결과로 보면서 우선 地動을 弱震으로 간주하였다. 이어 地震은 塔動과 門自壞와 함께 中震으로, 地裂은 强震으로 생각하였다. 그리고 地陷과 山崩은 烈震 또는 激震으로 파악하였다. 특히 지진발생기록이 7·8세기에 집중된 사실을 天文學의 發達보다 광범한 儒敎政治理念의 具顯으로 풀이하였다.

다음으로 지진의 정치적 의미는 무엇보다도 五行思想의 "土失其性"에서부터 찾을 수 있었다. 따라서 그것은 女主의 專橫, 빈번한 宮廷의 修築, 그리고 王의 失政에 대한 警告였다는 점이다. 동시에 道德的인 儒敎政治具顯의 계속적인 권장으로도 지진은 발생되었다. 이것은 전형적인 정치안정기인 聖德王代의 8회의 지진기록에서 찾을 수 있었다. 이러한 특기할 사실은 지진을 五行思想의 범주안에서 설명할 수 없는 이유가 된다. 신라의 독자적인 정치사상의 발전에 따라 지진은 무엇보다도 당대 정치에 대한 批判과 警告로 간주되는 것이며, 동시에 政治的인 反省의 계기가 된다는 점이다. 이러한 근거는 47회의 統一新羅의 지진에서 13회는 王의 大臣任命後에 발생했으며, 지진직후에도 14회의 大臣交替가 단행되었다는데 있다.

그러나 地震의 政治的 意味는 이러한 왕의 정치적 반성과 함께 죽음과 戰爭의 예고였다는데 있다. 新羅의 경우는 10회의 사망과 11회의 전쟁과 연결되고 있으며, 통일신라는 13회가 죽음을 전제하는 天變이었다. 특히 지진발생시기가 春·冬季에 집중된다는 사실과 왕의 정치행위[任命·巡幸·官府設置·大赦]가 이 시기와 거의 일치하고 있음을 연결시킬 필요가 있다. 여기서 우리는 지진의 발생에 따른 治者의 정치적 반성이 단순한 象徵的 意味가 아니라 古代의 政治發展의 계기가 되었다는데 주목을 할 수 있는 것이다.

제2절 新羅人의 歷史認識과 國史編纂

I. 序言

삼국시대에는 각기 國史編纂이 있었다. 그러나 統一新羅에는 그것이 있었다는 기록이 없으며 金大問·崔致遠 등 私撰의 歷史叙述만이 보일 뿐이다.[1] 따라서 이 시기의 역사서술이나 歷史認織에 대해서는 金大問이나[2] 崔致遠의 역사서술에[3] 집중되고 있을 뿐이다. 그러나 국사편찬이 중앙 집권적 귀족국가의 文化的 紀念塔인 동시에 대표적인 국가편찬사업임을 고려할 때,[4] 통일신라에서 그것이 있어야 했음은 당연하다. 그러므로 이 시기에 專制王權의 確立과 儒敎的 王道政治의 具現이라는 사실로 미루어 보아 官撰史書가 편찬되었을 가능성이 일찍부터 제시되었다.[5]

그러나 하나의 가능성 제기였지 그에 대한 구체적 근거 제시는 불가능하였다. 이에 필자는 이러한 기존의 연구성과를 토대로하여 7세기 말에서 8세기에 이르는 시기에 國史編纂이 실제로 있었다는 사실 논증에 초점을 두고자 하였다.[6] 특히 眞德女王 2년의 金春秋入唐, 5

---

1) 李基東, 「古代國家의 歷史認識」「韓國史의 意識과 叙述」, ≪韓國史論≫ 6(國史編纂委員會, 1979).
   趙仁成, 「三國 및 統一新羅의 歷史叙述」, ≪韓國史學史의 硏究≫(乙酉文化社, 1985) 참조.
2) 李基白, 「金大問과 그의 史學」, ≪歷史學報≫ 77(1978); ≪韓國史學의 方向≫(一潮閣, 1978) 참조.
3) 趙仁成, 「崔致遠의 歷史叙述」, ≪歷史學報≫ 94, 95(1982).
   李賢惠, 「崔致遠의 歷史認識」, ≪明知論叢≫ 1(1983) 참조.
4) 李基白(外), 「우리역사를 어떻게 볼 것인가」, ≪韓國史大討論≫ 1(1976), pp.11~21.
5) 李基東, 앞의 論文, p.13 및 趙仁成, 앞의 論文, p.21.

년의 官制改革과 神文王 2년의 位和府·工匠府·國學 등의 설치가
갖는 의미를 국사편찬과 연결시켜 보았다. 무엇보다도 8세기의 ≪鄕
史≫의 존재와 翰林院·瑞書院 등 文翰機關의 확장은 국사편찬과 연
관이 될 수 있다는 논지를 전개하였다. 그리고 이 시기에 보여진 私
撰史書가 官撰國史의 편찬을 전제한다는 사실과 宿衛學生들과 翰林
院과의 관계를 金石文에서 추적하여 이들이 麗初의 국사편찬에 기여
했을 것이라는 점을 주목하였다.7)

　　國史編纂이 王權强化와 儒敎政治理念의 具現이라고 할 때, 필자는
統一後 武烈系의 專制王權의 確立過程에서도 그것은 불가피한 일이
아닐 수 없었음을 확인하려고 하였다. 특히 국사편찬도 결국은 유교
의 王道政治의 한 과정이기 때문에, 그것은 나말의 혼란기에서도 王
權을 수호하려는 역사인식으로 확대되어 고려 초 역사편찬의 바탕을
이룩하였음도 지적할 수 있었다.

　　본고에서 필자는 崔致遠·崔彦撝·金廷彦 등 나말여초의 宿衛學生
출신의 翰林學士들이 국사편찬의 주역이 되었을 뿐 아니라, 그들이
고려초에 傳統史學을 定立시키는데 크게 기여하였을 것이라는 사실
을 밝힐 수 있으리라 생각된다. 이러한 견해는 여초의 王權强化나
科擧制度의 설치와 같은 政治·文化連續性이라는 맥락에서 역사편찬
의 의미부여에 초점을 두고자 한다.

---

6) 唐나라에 있어서도 史官制度는 독자적인 기구라기 보다는 3省·御史臺·秘書省·
　　國子監·東宮등 중앙관부의 兼職制로 운영하였다(張榮芳, ≪唐代的史館與史官≫, 民
　　國 73, 臺北, pp.146~149).
7) 崔濟淑, 「高麗翰林院考」, ≪韓國史論叢≫4(1981), p.28.

Ⅱ. 新羅人의 社會變遷意識

新羅人들은 濟·麗人과는 달리 그들의 왕을 居西干이래 次次雄·
尼師今·麻立干이라고 바꾸어 불렀다. 이러한 초기의 固有王號를 崔
致遠은 鄙野하다고 비판했지만,8) 상고에 보여진 國號9)의 변경과 王
號의 변화는 분명히 신라사회가 바뀌고 있다는 의미가 될 것이다.10)
더구나 신라가 중국과 교섭이 없던 上代에 있어서 빈번한 王號의 改
稱은 그에 상응하는 時代變遷을 뜻하는 것이어서 ≪三國史記≫(本
紀) 내용의 변화와 그 뜻을 같이 한다고 할 것이다.11)
이와 같은 신라사회의 시대변천을 뒷받침하는 내용은 奈勿王 26
년(381)에 前秦에 파견된 衛頭와 符堅의 대담에서

> 海東의 일이 옛과 같지 않다는 것은 무엇을 뜻하는가.
> 이는 마치 중국의 時代變革이나 名號改易과 같은 것이니 어찌 옛
> 날과 같으리오(≪三國史記≫ 卷 3, 奈勿尼師今 26年)

라는 것은 당시 신라사회가 기존의 상황과 질적으로 달라졌음을 반
영한 것이다. 다시 말하면 奈勿王代를 신라사에 있어서 歷史的 轉換
期로 간주하는데는 반대하면서도,12) 奈勿王~炤知王代가 신라사회 발
전에 한 분수령이 될 수 있다는 사실은 인정한다.13) 왜냐하면 특히

---

8) ≪三國史記≫ 卷 7 智證王元年(論).
9) 新羅의 國號는 원래 徐羅伐이었으나, 基臨王 10년에 新羅로 고쳤다고 되어 있으나
   ≪三國史記≫ 卷 2) 여전히 斯盧 斯羅 등으로 쓰였다. ≪梁書≫에 신라라고 되어
   있으며 智證王 4년에는 '德業日新網羅四方之義'란 의미로 新羅로 확정하였다(≪三
   國史記≫ 卷 4).
10) 申瀅植,「新羅史의 時代區分」,≪韓國史硏究≫ 18(1977), p.5.
11) ≪三國史記≫(本紀) 기록내용 중 4~5세기(奈勿王·實聖王·訥祇王·慈悲王·炤知王)는
   정치기사 48.5%, 외교기사는 4.4%이었으나, 6세기(智證王·法興王·眞興王·眞智王)는
   정치기사 68.3%, 외교기사는 11.6%로 증가되고 있다(申瀅植,≪三國史記硏究≫,
   一潮閣, 1981, pp.35~40).
12) 金貞培,「韓國古代國家의 起源」,≪白山學報≫ 14, p.82.

王位交替의 主因이 自然變異에 있었던 것이 炤知王때 끝나고, 智證王 이후는 그와 관계가 없어진 것이 신라사회의 內的 變動을 의미하는 것이며,14) 이 때에 ≪三國史記≫(本紀)의 政治記事가 暴增한 사실과 맥을 같이하기 때문이다.15) 다시 말하면

　　종전에 王位交替에 自然的인 요인이 크게 작용하였다는 것은 영역내의 思想的 求心點을 확보하지 못했다는 것이며, 神宮을 설치하여 天地神에 親祭함으로써 사상적 통일을 기하여 왕위교체에 自然變異의 영향력을 극복할 수 있었던 것16)

으로 생각된다.

　그리고 新羅의 宗廟之制를 살펴보면

　　제2대 南解王 3년 봄에 시조 赫居世廟를 세우고 4月에 제사를 드렸고, 제22대 智證王 때 시조의 誕降之地인 奈乙에 神宮을 두고 제사를 돌렸으며, 제36대 惠恭王 때 5廟를 세웠다(≪三國史記≫ 卷 32 雜志 1 祭祀).

는 것과 같이 신라는 남해왕대에 始祖廟를 세웠으나, 다시 智證王 때는 奈乙神宮을 설치하였고17) 또 다시 惠恭王 때는 5廟를 두었다는 것이다. 동시에 廟主가 智證王·神文王·元聖王 때 바뀌었다는

---

13) 金哲埈,「韓國古代國家發達史」,≪韓國文化史大系≫1. (고대민족문화연구소, 1964), p.509.
14) 申瀅植,「新羅王位繼承考」,≪柳洪烈博士華甲記念論叢≫(探求堂, 1971), p.77.
15) ≪三國史記≫(本紀)의 奈勿王기록은 정치기사가 17.6%, 天災地變기사가 58.8%인데 비해서 智證王기록은 정치기사가 75%, 천재지변기사는 20%로 큰 변화가 있었다(申瀅植, 앞의 책(1981), pp.35~40).
16) 崔光植,「新羅의 神宮設置에 대한 新考察」,≪韓國史硏究≫ 43(1983), p.75.
17) 神宮의 설치연대는 炤知王代(≪三國史記≫卷 3)와 智證王代(同卷 32)의 두 기록이 있다. 전자는 邊太燮이 따르고(「廟制의 變遷을 통하여 본 新羅社會의 發展過程」,≪歷史敎育≫ 8(1964), p.59), 후자는 필자가 지지하고 있다(「新羅의 時代區分」,≪韓國史硏究≫ 18(1977), p.38). 그러나 崔光植은 두 기록이 의미 있다고 전제한 후, 소지왕 때 親祀를 행한 것이며, 지증왕 때는 제도적으로 정착된 것으로 파악하였다(崔光植, 위의 論文, pp.62~64).

것은 단순한 王統의 變化가 아니라 신라사회의 발전과정을 의미하는 것이다.18)

新羅人의 사회발전의식은 곧 時代區分意識으로 나타나게 된 것이 므로, 羅末의 三代目編纂이 바로 그것을 뒷받침한다고 하겠다. 분명 히 신라인들은 신라의 고유성을 강조하던 上代와 華風의 영향으로 仁義之國·君子之國을 내세우던 中代를 크게 구분하였으며,19)

> 나라사람들은 始祖로부터 이 때[敬順王]까지를 3代로 나누었다. 처 음부터 眞德王까지 28왕을 上代라 하고, 武烈王으로부터 惠恭王까지 8왕을 中代, 그리고 宣德王부터 敬順王까지 20왕을 下代라 불렀다(≪ 三國史記≫ 卷 12 末尾).

와 같이 國人[신라인]들의 時代區分意識은 주로 王統에 입각한 것이 라 해도 당시에는 어느 정도 시대구분에 대한 뚜렷한 인식을 갖고 있었다고 생각된다.

이와 같은 신라인의 사회변천의식은 金富軾의 견해에도 계승되고 있다. 즉, 신라인은 武烈王과 宣德王을 시대구획의 인물로 파악하고 있었으나, 金富軾은 이와는 달리 크게 進一步한 시대감각을 가지고 있었다. 그는 奈勿王과 武烈王을 크게 주목하지 않은 반면.20) 智證 王·神文王·元聖王을 時代變革의 주인공으로 파악하고 있다. 지증 왕의 國號와 郡縣制實施, 神文王·元聖王의 儒敎政治理念의 구현을 강조함으로써 宣德王보다는 원성왕에 큰 의미를 부여하고 있다. 이 것은 신라인들이 생각했던 막연한 王統보다는 구체적인 直系의 血緣 連織性과 사회변천상에 주목하였음을 뜻한다.

---

18) 邊太燮, 위의 論文, p.65.
19) ≪三國史記≫ 卷 8 聖德王 30年條 참조.
20) 內勿王에 대한 金富軾의 평가는 前王인 起解王과 다음 왕인 實聖王과 기록상 큰 차이를 두지 않았으며 (新瀅植, 앞의 책 (1981), pp.31~35), 金慶信 더불어 크게 추앙되던 武烈王을 亡國之兆로 본 眞德女王末尾에 기록하고 있다.

이에 비해 一然도 ≪三國遺事≫에서 신라를 3분하고 있다. 그의
구분은 佛敎와 王統을 고려한 것으로 보이나, 김부식과 같이 武烈王
과 文武王을 시대구분의 분수령으로 삼은 것은 일치한다. 특히 김부
식은 文武王과 같이 5廟의 不毁之祖로 신라인이 가장 존경하던, 武
烈王을 不幸之事로 혹평하던 女王 다음에 간략히 기록하고 있는바,
일연도 金春秋를 紀異 1권의 末尾에 附記하고 제2권의 서두를 文武
王에서 시작하고 있어 ≪三國史記≫의 中代나 ≪三國遺事≫의 下古
가 갖는 의미를 엿볼 수 있다. 특히 ≪삼국유사≫[中古]의 法興王은
불교와의 관련만이 아니라 정치체제·정복전쟁의 수행·大王制의 실
시21) 등과 더불어 독자적인 年號使用으로 보아 전시대와는 달리 큰
변화가 수반된 것으로 생각된다. 따라서 이 시기의 對外的인 自主意
識과 신라의 歷史的 正統性의 確認은 결국 眞興王代의 歷史編纂의
배경이 될 수 있을 것이다. 다시 말하면

　　國史編纂이 국가의 위신을 내외에 과시하려는 의도에서라고 믿어
　　진다. 따라서 국사의 편찬은 中央集權的 貴族國家 建設의 文化的 紀
　　念塔22)

이라고 할 수 있기 때문에 국사는 현실의 中古王統의 正統性을 천명
하고 儒敎的 政治理想에 입각하여 王者의 위엄을 과시하는 성격이
되는 것이다.23)
　그러므로 고구려멸망은 上下衆庶가 不睦한 당연한 결과였고,24) 백
제멸망 역시 非道와 內紛에 있었으니,25) 一統三韓意識은 당연한 사
회추세라는 것이다.26) 따라서

---

21) 坂元義種, ≪古代東アジアの日本と朝鮮≫(吉川弘文館, 1978), pp.65~194.
22) 李基白, ≪韓國史新論≫(一潮閣, 1976), p.75.
23) 李基東, 앞의 論文, p.9.
24) ≪三國史記≫ 卷 22 寶藏王 27年 末尾(論).
25) 위의 책, 卷 28 義慈王 20年 末尾(論).

신라가 浮屠의 法을 받들어 그 폐를 알지 못하고, 巷間에는 塔廟가 즐비하여 平民들은 寺刹로 도망하여 僧侶가 되매 兵·農은 점점 줄어들고 국가는 날로 쇠하여가니 어찌 망하지 않으랴(중략) 敬順王이 太祖에 歸依함과 같은 것은 비록 마지못하여 한 일이지만 또한 가상하다 하겠다(≪三國史記≫ 卷 12 末尾).

라는 것은 新羅滅亡을 필연적 과정으로 생각하는 동시에, 高麗에의 歸屬을 사회발전의 한 과정으로 풀이한 金富軾의 史論임을 엿볼 수 있다.27) 이러한 사회변천의식은 사회 또는 시대계승의식의 일환으로서 崔致遠의

馬韓은 高麗이고 卞韓은, 百濟, 그리고 辰韓은 新羅이다.(중략)高句麗의 殘民들이 서로 모여 북으로 太白山下에 의거하여 國號를 渤海라 하였다(≪三國史記≫ 卷 46, 列傳 6, 崔致遠).

라는 견해는 신라인들이 갖고 있는 사회계승 및 그 변천의식을 설명하는 것이 될 것이다. 일찍이 자신들의 先祖를 朝鮮遺民으로 생각했던 신라인들의 인식체계는 崔致遠의 위와 같은 馬韓－高句麗說로 연결되었으며, 그 후 ≪三國遺事≫·≪東國輿地勝覽≫ 및 ≪芝峰類說≫로 계승됨으로써 星湖의 正統論에 큰 영향을 주게 되었다.28)

---

26) 邊太燮, 「三國統一의 民族史的 意味」, ≪新羅文化≫ II(1985), p.64.
27) 申瀅植, 앞의 책, p.75.
28) 申瀅植, 위의 책, p.350.

Ⅲ. 新羅人의 國家意識의 成長과 國史編纂

新羅는 엄격한 身分社會였다. 특히 신라는 部族的 痕跡을 극복하지 못하고 고대국가로 성장하였으므로 排他的인 血緣意識을 늦게까지 간직하게 되었다.

> 이 나라에서는 사람을 쓰는데 먼저 骨品을 따졌으므로 정말 그 족속이 아니면 비록 큰 재주와 뛰어난 功이 있어도 限度를 넘지 못한다(≪三國史記≫ 卷 47, 列傳 7, 薛罽頭).

라는 薛罽頭의 표현처럼 신라는 그가 속한 家門과 血統의 尊卑에 따라 사회적 지위가 결정되었다. 이러한 閉鎖的 集團意識은 신라사회의 기반이 되었지만 동시에 그것은 사회발전에 抑制機能을 하기 때문에 국가성장에 따라 族的 閉鎖性克服이 요구되었다. 그러므로 우선 부단한 對外戰爭과 강력한 王權의 확대과정에서 국가와 개인을 연계시키는 公的 倫理가 필요하였다. 왕에 대한 義務的 行爲인 忠은 국가유지의 이상으로서 儒敎의 德目과 佛敎의 正法思想이 결합됨으로써, 신라의 傳統的 價値觀이 형성된 것이다.[29]

> 이 나라에 玄妙한 道가 있으니 이를 風流라 부른다. 敎를 설한 유래는 仙史에 자세히 실려 있지만, 실은 敎를 포함한 것으로 민중을 敎化하는 것이다. 즉, 안[가정]에서는 孝하고 밖[국가]에서는 忠誠을 다하니, 이것은 魯司寇[孔子]의 主旨요 無爲之事에 처하여 不言之敎의 이행은 周柱史[老子]의 宗旨이며 모든 악한 일을 하지 않고 착한 일을 행함은 竺乾太子[釋迦]의 敎化이다(≪三國史記≫ 卷 4 眞興王 37年).

---

29) 申瀅植, 「韓國古代史에 나타난 忠孝思想」, ≪韓國古代史의 新研究≫(一潮閣, 1984), p.418.

라는 崔致遠의 설명이 유교와 불교가 결합해가는 과정을 단적으로
나타내준다. 그러므로 修己治人의 유교철학은 滅私奉公의 國家意識
으로 승화되어 갔다. 따라서 이러한 신라인의 국가관은 이미 5세기
초 朴堤上의 다음과 같은

> 王이 근심이 있으면 신하가 욕되고 임금이 욕되면 신하가 죽는다.
> 만일 難易를 가려서 행한다면 그것이 不忠이요 生死를 가려서 움직
> 이면 그것이 無勇이다(≪三國史記≫ 卷 45 列傳 5 朴堤上).

라는 절규에서도 알 수 있듯이, 국가에 대한 報國은 自己犧牲과 동
의어로 사용되었다. 王權이 강화될수록, 그 권위가 클수록 백성들의
義務的 行爲로서 忠은 國民的 德性으로 고착되어 갔다.

특히 6세기 法興王(514~540), 眞興王代(540~576)는 신라의 왕권강
화와 제도정비가 촉진되었고 백제, 가야와의 싸움이 격렬해졌으며 巡
狩碑에서 보듯이 領土擴張이 크게 추진되었다. 더구나 빈번한 對外交
涉의 전개,[30] 大王制의 사용,[31] 독자적인 年號制定은 대외적인 自主
意識과 歷史的 正統性을 반영한 것이라 생각된다.[32] 그러므로 眞興王
6년(545)의 國史編纂은 築城에 관한 기록으로 본다든가,[33] 王室의 正
統性을 내세우는[34] 동시에, 奈勿王族의 血緣意識을 고양함으로써 中
古王統의 정통성을 천명하려는 것으로도 생각할 수 있다.[35]

그러나 國史編纂의 필요성을 건의한 주역이 兵部令 異斯夫였고,
그것을 편찬한 인물이 奈勿王 5대손인 居柒夫있으므로 기록의 내용

---

30) 法興王이전에 거의 對中交涉이 없었던 신라가 眞興王代는 陳(6회)·北齊(3회)·梁
   (1회)과 외교관계기록을 갖고 있다(申瀅植, 앞의 책(1981), p.40).
31) 坂元義種, 앞의 책, pp.66~194.
32) 金瑛河, 「新羅中古期의 對中認識」, ≪民族文化研究≫ 15(1980), p.159.
33) 井上秀雄, ≪古代朝鮮≫ (1972), pp.146~149.
34) 金杜珍, 「古代의 文化意識」, ≪한국사≫ 2(1979), pp.285~286.
35) 李基東, 「新羅奈勿王系의 血緣意識」, ≪歷史學報≫ 53, 54(1972); ≪新羅骨品制社
   會와 花郎徒≫(一潮閣, 1984), pp.23~29.

은 대부분 領土擴張이나 戰爭記事에 대한 것이 중심이 되었다는 추리도 가능하다. 또한 巡狩碑에서 보여진 忠思想과 王道政治의 指向의 자세가 뚜렷하지만,[36] 국사편찬 당시 眞興王의 나이가 13세였기 때문에[37] 왕의 개인견해 보다는 異斯夫·居柒夫등 당대 정치실권자의 입장도 무시할 수는 없었을 것이다. 따라서 국사편찬은 여린 왕의 정치적 취약성을 보강하는 한편, 王權의 神聖함을 강조하려는 목적이 있었을 것이다.

다시 말하면 신라의 국사편찬은 北齊나 陳 또는 梁에 대하여 대외적으로 獨立國家로서의 象徵을 나타낸 것이니 왕 12년(551)에 開元[開國]함으로써 이를 내외에 선포한 것으로 풀이할 수 있다.[38] 이를 확인하기 위해 왕은 建元직후 巡幸을 단행하여 征服國家로서의 면모를 과시하게 된다. 이어 비로소 太子(銅輪)를 책봉하여 皇龍寺工役을 마침으로써 國力의 대외적 과시의 뜻으로 大昌이라 改元할 수 있었다.

그러나 이 시기의 국사편찬은 중국과 밀접한 관련이 없었으므로 중국의 것을 전적으로 모방했을 가능성은 적다. 역사서술체제나 편찬목적은 중국의 그것을 채택했을지 몰라도, 서술방법은 아마도 독자적인 형태를 취했을 가능성이 크다고 하겠다.

신라의 벼슬이름이 시대에 따라 변천하였으므로 그 명칭이 같지 아니하여 중국과 동방[신라]의 것이 서로 섞였다. 그 중의 侍中·郎中이라고 한 것은 중국의 官名이어서 그 뜻을 詳考할 수 있지만, 伊伐湌·

---

36) 金哲埈, 「三國時代의 禮俗와 儒敎思想」, ≪大東文化硏究≫ 617(1970); ≪韓國古代社會硏究≫(知識産業社, 1975), pp.285~286.
37) ≪三國史記≫ 卷 4에는 眞興王이 즉위한 연령이 7세라 하였으므로 왕 6년 (편찬시)에는13세가 되지만, ≪三國遺事≫(紀異 1)에는 즉위시의 연령이 15세라 되어 있으므로 편찬당시는 21세가 된다.
38) 眞興王의 3차에 걸친 開元에 대해서, 필자는 12년(551)의 開國은 斗溪의 견해에 따른 親政으로 보았다(李丙燾, ≪韓國古代史硏究≫, 博英社, 1976, p.669). 그리고 29년(568)의 大昌은 國力의 對外的 誇示, 33년(572)의 鴻濟는 강력한 王權의 표현으로 생각하였다(申瀅植, 앞의 책, 1984, p.247).

伊湌이라고 한 것은 우리나라 말로서 그 命名의 뜻을 알 수 없다(≪
三國史記≫ 卷 38 雜志7 職官上).

와 같이 ≪三國史記≫에는 大輔・上大等・大等・角干 및 17官等名
등 고유명칭이 많기 때문에 아마도 眞興王 당시의 ≪國史≫에는 이
러한 관직명이 많이 기록되어 있었을 것이다. 동시에 王의 업적을 年
代記的으로 서술하였을 것이어서 羅末 崔致遠이 저술한 ≪帝王年代
曆≫의 모체가 되었을 것이며,[39] 그 후 ≪三國遺事≫의 王曆편이 진
흥왕때에 만든 ≪국사≫의 원형에 가장 가까운 모습으로 추측된다.
동시에 이 때의 ≪국사≫에 수록된 나라를 위한 忠臣과 逆臣의 言行
및 전쟁과정에서 공을 세운 '인물의 전기'가 ≪三國史記≫列傳에 그
일부가 남았으리라 생각된다. 결국 王 및 忠臣의 기록과 逆臣의 자세
가 곧 '記君臣之善惡하여 示褒貶於萬代'가 될 것이다.[40] 이와 같은
역사서술은 점차 중국의 傳統的인 歷史敍述의 영향으로 規範化・類
型化되었으리다 생각된다.

   (가) 자기가 살려고 남을 죽이는 것은 僧侶의 도리가 아니다. 그러
      나 貧道(자신)가 왕의 땅에 살고 왕의 祿을 먹고 사는데 어찌
      王命을 어기겠는가(≪三國史記≫ 卷 4眞平王 30年).
   (나) 남의 臣下가 되어서는 忠을 다해야 하고 남의 자식이 되어서는
      孝를 다해야하는데, 국가의 위급함을 보고서 목숨을 내놓는 것은
      忠孝를 함께하는 인간의 도리니(≪三國史記≫ 卷 5, 太宗武烈王7
      年조).
   (다) 이때에 집사람들은 모두 문밖으로 나와 장군이 오는 것을 기다
      렸다. 그러나 金庾信은 문 앞을 지나면서 돌아보지 않고 가다
      가 50보쯤 되는 곳에 이르러 말을 멈추고 從者에게 집에 가

---

39) 崔南善은 ≪三國遺事≫의 王曆은 崔致遠의 ≪帝王年代曆≫을 참작, 축소한 것으로
   생각하였고(≪新訂三國遺事≫, 1941, p.23) 李佑成도 양자를 비슷한 체제로 파악하
   였다(「우리역사를 어떻게 볼 것인가」, p.10).
40) ≪三國史記≫卷 4 眞興王 6年條.

서 醫水를 떠오게 하고 그것을 마신 후에 그냥 戰場으로 떠났
다 (≪三國史記≫ 卷41, 列傳 1, 金庾信「上」).

위의 (가)는 圓光이 승려의 몸으로 隋에 乞師表를 바칠때 한 말로
서 7세기초 신라인의 國家意識을 나타낸 것이며 (나)는 신라의 統一
戰爭期에 金令胤의 生死觀을 보여 준 것이다.(다)는 金庾信이 실천한
至公無私의 忠節을 설명한 것으로서 신라인의 '能死於王事는 곧 能
死於國事'라는 국가의식을 표현한 것이다. 이것은 국가의식이 곧 國
史編纂의 배경이라는 사실을 반영한 것이며 統一後 신라인이 歷史認
識의 擴大를 통해 새로운 ≪國史≫의 편찬을 가능케 할 수 있었다는
뜻이 될 것이다.

Ⅳ. 統一新羅의 發展과 歷史認識의 變化

新羅의 濟·麗征服과 唐軍逐出은 신라사회에 큰 변화를 가져왔다.
신라가 百濟征伐을 꾀한 것은 처음부터 統一意志를 갖고 시도한 것
은 아닌 듯싶다. 그것은

　法敏이 隆을 말 앞에 꿇어앉히고 면상에 침을 뱉으며 꾸짖어 가
로되, '前日의 너의 아비가 나의 누이를 원통히 죽여 獄中에 파묻은
일이 있다. 그것이 나를 20년간 마음을 아프게 하고 머리를 앓게
하였다. 오늘 너의 목숨은 내 손에 달려 있다.'고 하니隆은 땅에 엎
드려 말이 없었다(≪三國史記≫ 卷 5, 太宗武烈王 7年 7月條).

에서와 같이 신라의 백제정벌은 大耶城悲劇(641)의 보복으로 결행된
듯한 인상이 깊기 때문이다. 따라서 신라의 백제정벌은 金春秋·金
庾信系의 結束을 통한 신흥세력의 세력확보작업 일수가 있다.[41] 이
러한 견해는 백제·고구려정벌 후 그 遺民의 반발이 심해지자

신라와 백제는 累代의 큰 원수인데 지금 백제의 형세를 보면 따로 일국[부흥운동]을 自立할 모양이니, 백년 후에는 신라의 자손이 呑滅될 것이다(≪三國史記≫ 卷 7, 文武王 11년 答薛仁貴書).

에서와 같이 濟·麗遺民에 의한 報復[신라멸망]을 두려워한 것도 사실이다.

그러나 제·려의 멸망으로 民族이 存亡의 심각한 위기에 처함에 따라 民族統一이라는 현실문제에 부딪치게 되었다. 백제정벌에 군사적 협조를 받았던 신라로서는 唐의 고구려정벌에 협조를 외면할 수 없었지만,

전후에 보낸 곡식이 數萬餘斛으로 남쪽으로는 熊津에 수송하고 북쪽으로는 平壤에 供出하여 조그만 신라가 두 곳으로 이바지하기에 人力이 極疲하고 牛馬가 死盡하여 田作이 때를 잃고 곡식이 잘 익지 않아 倉穀은 수송이 다하였으므로 신라의 백성들은 草根도 오히려 부족하였으나, 漢兵은 양식의 여유가 있었다(上同).

라 하여 신라의 고충과 어려움은 극한상태에 이르렀던 것이다. 더구나 이러한 피해보다도 당의 領土野欲에 직면한 신라인의 民族的 覺醒과 울분은 결국 統一意志로 승화되었고, 민족적 자각으로 성장하였다. 특히 唐은 文武王 11년에 신라에 정식으로 百濟舊地의 반환을 요구하였으며,42)

들리는 소식에 따르면 그 나라(唐)는 船艦을 수리하고 밖으로 倭國을 친다 핑계하고 실상은 신라를 공격하려 하였으므로 백성들은 이를 듣고 불안해하였다.(중략) 당은 일개의 使人을 보내 원인을 묻지도 않고 수만의 무리를 보내어 巢穴을 뒤엎으려 樓船이 滄海를 덮고 兵船이 河口에 연하였으며, 熊津으로부터 신라를 치니 슬픈 일

41) 申瀅植, 앞의 책(1984), p.115.
42) ≪三國史記≫ 卷 7 文武王 11年「答薛仁貴書」'安圖披檢百濟舊地 摠令割還.'

이다. 양국(濟·麗)이 未定하였을 때는 언제나 우리가 당의 驅馳를
입었고, 野獸(제·려)가 정복된 뒤에는 도리어 烹宰의 侵逼을 보게
되었다. 殘賊의 백제는 도리어 驅齒 의 賞을 받고 漢(당)에 희생한
신라는 이미 丁公의 誅를 당한 꼴이 되었다(≪三國史記≫ 文武王
11年 答薛仁貴書).

에서와 같이 領土野欲이 없다고 했던 당이 실제로 濟·麗故土를 차
지하라는 노골적인 자세를 나타내자 신라인들의 敵愾心과 울분은 일
시에 폭발하게 되었다. 여기서 잠재하고 있던 신라인의 一統三韓意
志는 民族意識으로 분출된 것이다.[43]

蘇定方의 凱旋慰勞宴에서 唐高宗이 신라정벌을 못한 질책이후,[44]
신라는 文武王 10년 安勝의 歸附를 받아들이면서 정면으로 당과 대
결을 결심하였다. 문무왕 11년 石城의 大勝이후 나·당양국은 전면전
에 돌입하게 되었다. 문무왕 11~16년간에 신라군은 陸海戰에서 連勝
을 거두게 됨으로써 자신감을 심어 주었으며, 濟·麗殘民을 포섭하는
한편 唐占領地에서 逃出하는 다수의 유민에게 避難處를 제공함으로
써 당의 反攻勢力을 약화시켰다.[45]

　　高句麗의 遺臣 淵開淨土가 12城 763戶의 3,543명을 거느리고 항
　　복해 왔으므로 왕은 그와 그 從官 24명에게 의복·양식 및 집을 주
　　어 각 都城·州府에 살게 하였다(≪三國史記≫ 卷 6, 文武왕 6年條).

와 같이 신라는 歸化人을 적극 포섭하는 한편, 濟·麗遺民을 官吏나
外交官으로 起用함으로써, 寬容과 同盟으로서 왕에 충성을 서약한 9
誓幢과[46] 함께 民族의 融合과 統一에 결정적인 계기가 마련된 것이

---

43) 盧泰敦,「三韓에 대한 認識의 變遷」, ≪韓國史研究≫ 38(1982), p.133.
44) ≪三國史記≫ 卷 42 列傳 2 金庾信「中」.
45) John C. Jamieson,「羅唐同盟의 瓦解」, ≪歷史學報≫ 44(1969), p.2.
46) 末松保和, ≪新羅史の諸問題≫(東洋文庫, 1954), p.357.

다. 이와 같은 統一에 따른 民族의 自我·自主意識은 강력한 武烈系 王統의 確立에 따라 그 권위와 정통성을 고양시킬 필요가 있었기 때문에 새로운 歷史認識의 擴大는 眞興王代처럼 國史編纂이 필요했으리라 생각된다.47)

善德女王 末年(16년, 647) 毗曇의 亂으로 실권을 장악한 金春秋는 다음해에 宿衛外交를 통해 자신의 지위를 국제적으로 확인하였다.48) 이 때 김춘추는 請兵에 앞서

春秋는 國學에 가서 釋奠과 講論을 참관하기를 청하니 太宗이 이를 허락하고 자신이 지은 溫湯碑와 晉祠碑 및 新撰晉書를 하사하였다(≪三國史記≫卷 5, 眞德王 2年條).

와 같이 釋奠과 講論 및 太宗御撰[일부이지만]의 晉書를 접함으로써, 새로운 王家建設의 야심을 갖고 있던 그로서는 역사편찬의 필요성을 느꼈을 것이다. 더구나 당의 衣冠制를 받아들이기로 결심한 이래 經學과 視學의 儀禮로서의 廟學制創立은49) 유교정치이념을 더욱 강화함은 물론, 眞德王 5년(651)의 新正賀禮·執事部의 신설과 같은 武烈王統準備作業이 본격화됨에 따라 國史編纂이 절실하였으리라 여겨진다. 왜냐하면 그것은 銅輪系王室에 대한 정치적 평가가 전제되어야 했기 때문이다. 따라서 이 때 설치된 國學의 大舍와 工匠府의 主書[大舍]는 국사편찬의 사전준비업무를 담당하였으리라 생각된다. 그러므로 武烈王은 즉위 직후 理方府格 60여 조를 발표하였던바, 그 안에는 정치제도·율령제도뿐 아니라 국사편찬의 필요성과 내용이 포함되었으리라 추측된다. 따라서 文武王은 統一戰爭의 와중에서도 꾸준히 14官府 31개 官員을 증가시키면서 律令政治를 추진함으로

47) 李基東, 앞의 論文(1979), p.13 및 趙仁成, 앞의 論文(1985), p.21.
48) 申瀅植, 앞의 책(1984), p.359.
49) 高明士, 「羅麗時代 廟學制的創立 與展開」, ≪大東文化硏究≫ 23(1989), pp.264~265.

써50) 神文王代의 유교정치이념확립에 박차를 가하게 되었다.

이러한 유교정치의 발전이 神文王 2년(682)의 國學設置로 나타난 것이며, 그 설치가 軍官이 逆事不告之罪로 처형된 직후였다는 사실은 주목할 만하다. 그것은 正統王家에 도전한 귀족의 과감한 도태를 뜻하는 것으로서 왕실권위를 확인하는 조치였기 때문에 神文王 6년에 眞智王·龍春·武烈王·文武王으로 연결되는 무열계왕통의 位階秩序는 공적으로 확립된 것을 뜻한다. 때문에 국사편찬은 새로운 五廟制의 성립직전에 있어야 했던 것이다. 특히 國學에서는 유교경전 뿐 아니라, 三史·諸子百家書 등을 강의하였을 것이니, 그것은 讀書出身科에서 3史·5經에 능통한 자를 特採하는 과정이 있다는 데서 알 수 있다. 그러므로 진덕여왕 이후 강화된 유교의 정치이념과 武烈王室의 王族意識은 신문왕때에 와서 결합될 수밖에 없었고, 그러한 역사인식의 확대과정에서 국사편찬은 가능할 수 있었다.

통일신라의 歷史認識을 넓히는 데는 聖德王代의 정치적 성숙도 큰 몫을 하였다. 그는 유례없이 빈번한 對唐交涉으로 정치·문화전반의 영역을 확장시키는 동시에 渤海討伐을 위한 唐의 군사적 협조를 통해51) 왕 33년(734) 浿江以南의 땅을 외교적으로 확보할 수 있었다. 동시에 渤海에 대한 견제와 爲民政策의 입장에서 꾸준히 北方經營을 추진함으로써 民族國家로의 발전적 계기를 이룩하였다.52)

(가) 文武王 21년 沙湌 武仙이 精兵 3천으로 比列忽을 鎭守하였다(≪三國史記≫ 卷 7).

(나) 孝昭王 3년 겨울에 松岳·牛岑의 2城을 쌓았다(同卷 8).

(다) 聖德王 35년 겨울 伊湌允忠·思仁·英述등을 보내서 平壤과 牛頭 2주의 地勢를 檢察케 하였다(同卷 8),

---

50) 申瀅植, 앞의 책(1984), pp.127~128.
51) ≪三國史記≫ 卷 8 聖德王 32年條.
52) 申瀅植, 앞의 책(1984), pp.125~126.

(라) 宣德王 3년 2월 王이 漢山州에 巡幸하여 民戶를 浿江鎭으로 옮겼다.(同卷 9).

위의 기록들은 武烈系王室이 추진한 北方經營의 대표적 사례이다. 이것은 통일로 축소된 國土를 擴張하고 渤海와의 대결에서 능동적으로 正統王朝로서의 입장을 나타내려는 것이었다. 이러한 北方進出은 고구려멸망 후 위축된 國力을 신장시키고 濟·麗遺民에게도 신라의 전통을 심어주어야 할 입장이기 때문에 北方政策의 강력한 지지자였던 金大問을 漢山州都督으로 임명함으로써 신라의 전통과 권위를 계승·발전시키려는 것으로 이해할 수 있다.[53] 따라서 金大問은 反專制主義的 경향을[54] 띨 수가 없으며, 오히려 전제정치의 절정기인 聖德王代에 군사적 요충지였던 漢山州都督이 될 수 있었던 것은 전제정치를 지지하였기 때문이라는 사실[55]이 타당 할 것이다. 국방요지는 專制主義에 반대하는 인물을 책임자로 보낼 수 없으며, 신라의 전통은 王卽國家라는 논리로 보아도 당연한 사실이다. 당시 신라의 전통은 강력한 專制政治였고, 유교적 정치이념이 강조되었으므로 왕권을 옹호하고 그를 뒷받침할 필요성에서 ≪鷄林雜傳≫이 저술되었고, 또 읽혀졌다고 생각된다. 이와 같은 김대문의 專制王權의 옹호는 羅末 崔致遠에까지 연결됨으로써[56] 韓國傳統史學의 기본적인 潮流를 형성하였으리라 생각된다.

신라인의 역사인식변화의 또 다른 현상은 對外意識의 變化이다. 統一戰爭의 完遂는 자연히 신라인에게 자신감과 긍지를 심어 주었을 것이며, 8세기 이후 盛唐文化의 영향과 日本政策의 변화는 신라인에게 自我意識을 강화시켰다. 즉, 白村江戰役(663)이후 羅·日關係는

---

53) 李基白, 앞의 책 (1978), p.13.
54) 李基白, 위의 책, p.14.
55) 趙仁成, 앞의 論文(1985), p.24.
56) 李基白, 「新羅骨品制下의 儒敎的 政治理念」, ≪新羅思想史硏究≫(一潮閣, 1986), p.233.

급속히 냉각되었으나 統一新羅의 정치·문화에 대한 일본귀족의 선호
도는 7세기말~8세기 초에 집중적인 신라접근으로 나타났다.57) 이러
한 일본의 정책에 대해서 孝昭王 7년(698)과 聖德王과 2년(703)에는
일본사절을 받아 들였으나, 그것은 어디까지나 외교적 움직임에 불
과하였다. 神文王을 이은 孝昭王은 則天武后의 先王(신문왕)에 대한
弔祭와 冊封에 외교적 대응조차하지 않았으며,58) 神文王 12년(692)
에 唐으로부터 唐太宗과 같은 太宗武烈王의 廟號改定要求의 勅書에
대하여

　　우리 先王(春秋)의 諡號가 우연히 聖祖의 廟號와 서로 부딪치게
되어 勅命으로 그것을 고치라고 하니, 어찌 감히 명을 좇지 아니하겠
습니까. 그러나 돌이켜 보면 先王 春秋도 자못 賢德이 있었고, 더구
나 生前에 金庾信이란 良臣을 얻어 정치에 同心戮力하여 三韓을 통
일하였은즉 그 공이 많지 않다고 할 수 없습니다. 그리하여 別世하던
때 온 나라 臣民이 哀慕를 견디지 못하여 그 追尊한 號가 聖朝의 그
것과 서로 저촉됨 을 깨닫지 못하였습니다. 지금 改號敎勅을 들으매
두려움을 이기지 못하겠으나, 사신 이 唐廷에 復命하여 사실대로 아
뢰기를 바랍니다(≪三國史記≫ 卷 8, 神文王 12年).

와 같이 정중하게 사절함으로써 자주적인 對唐關係의 자세를 나타내
고 있었다. 그러므로 聖德王 11년(712)에도, 재차 廟號變更을 요구하
였으나,59) 신라는 그대로 太宗의 묘호를 사용하였다. 더구나 이 시
기, 즉 文武王(661~681)·神文王(681~691)·聖德王代(701~737)에 있어
서 일본은 天智(662~671)·天武(672~686)·持統(687~697)·文武(679~707)·元

57) 遣新羅使의 경우 668년 이후 750년까지 18회나 파견하였으며(鈴木靖民, ≪古代對
外關係史의 硏究≫, 1985, pp.614~615), 685년~707년까지에는 新羅學問僧이 14명
이 파견되고 있었다(田村圓燈, 「半跏思惟像과 聖德太子信仰」, ≪韓日古代文化交涉
史硏究≫, 1974,p.86). 이와 같은 일본의 신라접근에 대해서 신라의 강경한 海禁政
策은 결국 聖德王 30年 兵船侵入事件으로 나타났다(本書 제4장 제2절 참조).
58) 申瀅植, 위의 책, p.327.
59) ≪三國史記≫ 卷 8 聖德王 11年 3月條.

明(707~715)·養老(717~724)·神龜(725~729)·太平代(729~748)에 해당하는바, 飛烏時代를 지나 奈良時代 天平文化의 절정기를 이룩하는 때였다. 무엇보다도 676년(天武 5) 遺新羅使의 파견이후 빈번한 일본 사신과 新羅學問僧들의 내왕은 신라인에게 國家意識을 더욱 고취시켜 준 것은 사실이다. 그러므로 聖德王 2년(703)의 단 1회 日本使臣을 받아들인 것 이외 日本賊路를 막기 위한 毛伐城의 축조나 無禮하다는 이유로 일본사신을 거절한 데 잘 나타나 있다.60) 그러므로 성덕왕 30년(731) 日兵船의 침입사건으로 보여진 羅·日의 緊張關係는 신라인의 對日强硬政策에 기인한 것이 사실이다.61) 더구나 이때에 풍미하던 신라에 대한 付庸國·蕃國觀으로 일본 본위의 國家意識에 입각한 國際意識을 내세운 일본의 고압적인 對新羅外交는62) 그것이 無禮하고 傲慢하게 보여 졌을 것이며, 對唐朝貢外交 속에서도 끝까지 國家的 獨立과 民族的 自我意識을 잃지 않았던 신라인에게 큰 저항을 받았을 것임은 확실하다. 그러므로 이와 같은 자주적인 對外意識은 신라인에게 文化自尊의 矜持를 갖게 한 것이다.

　　신라는 人君이 어질고 백성을 사랑하며 그 신하는 충성으로 나라를 섬겨 아랫사람들이 윗사람 섬기기를 父兄과 같이하니 비록 나라는 적지만 함부로 도모할 수 없었다(≪三國史記≫ 卷 42, 列傳 2 金庾信「中」).

라는 蘇定方의 고백이 이를 뒷받침하고 있다. 그러므로 聖德王 30년에 唐玄宗이 賀正使 金志良에게 준 詔書에

　　그대 二明은 慶福하고 그대 나라는 善隣이다. 때로 '仁義之鄕'의 稱이 있고 대대로 勳賢의 業을 나타냈으며 文章과 禮樂은 '君子之風'을 드러내었다.(≪三國史記≫ 卷 8, 聖德王 30年條).

---

60) ≪三國史記≫ 卷 9 景德王 元年 12年條.
61) 鈴木靖民, 앞의 책, p.169.
62) 石母田正,「日本古代における國際意識について:天皇と諸著」, ≪日本古代史論≫(1973), pp.312~359 및 鈴木靖民, 앞의 책, p.191.

와 같이 신라는 唐과 대등한 문화수준을 이룩하였다는 것이 당의 생
각이었다. 일찍이 善德王 이후 당으로부터 신라는 濟·麗나 일본 등
東夷族과는 문화수준이 다르다는 것을 인정받고 있었으며,63) 宿衛學
生의 경우도 渤海나 日本에 비해 월등히 많았던 것이다.64)

따라서 孝成王 2년(758)이 吊祭使로 온 당의 사진 邢璹이후, 당의
신라사절은 거의가 대표적인 碩學·文人들이 발탁되었음도 주목할만
하다. 즉, 歸崇敬(惠恭王 4년)·韋円(哀莊王 원년)·元季方(哀莊王 6
년) 등은 당대를 풍미하던 儒學者요 文章家였다.65) 특히 羅末의 崔
致遠의 詩友였던 顧雲의 送別詩에

> 12살에 배를 타고 건너온 뒤
> 그 문장 중국을 감동시켰고,
> 18살에 戰詞苑(과거시험장)을 누비며
> 단 한번의 화살로 金門策(과거)을 꿰뚫었네
>
> (≪三國史記≫ 卷 46, 列傳 6 崔致遠)

에서 보듯이 文章으로 중국을 감동시킨 것은 물론 최치원의 文才이
지만, 이것은 신라문화의 높은 수준을 설명하는 것이라 하겠다. 무엇
보다도 최치원은 新羅를 海東의 중심체로서 東方世界의 주도세력이
라는 신라의 역사적·문화적 위치에 대한 뚜렷한 인식체계를 확립하
고 있었다.66) 이와 같은 통일신라의 儒學의 번성과 詩文의 발달은
王道政治理念의 확장과 더불어 國史編纂의 중요성과 그 가능성을 한
층 높여 줄 수 있었다.

---

63) ≪三國遺事≫ 卷 3, 塔像 4, 皇龍寺九層塔.
64) 申瀅植, 앞의 책(1984), p.445.
65) 李基東, 앞의 책 (1984), p.292.
66) 李賢惠, 앞의 論文, p.7.

V. 統一新羅의 國史編纂

통일신라의 一統三韓意志는 통일전쟁과정에서 민족의식으로 승화되었고 專制王權을 확립한 武烈系王室은 儒教政治理念의 구현 속에서 國史編纂을 추진했으리라 생각된다. 더구나 8세기를 전후하여 중국과 일본세력의 변화 속에서 對外意識은 民族的 自存과 文化的 矜持를 강조함으로써 역사서술의 필요성을 더욱 가능케 할 수 있었다.

그러나 통일신라시대에 國史編纂이 있었다는 기록은 없다. 다만 그것이 가능하리라는 추측은 이미 오래전에 제시되었다. 즉, 李基東은 羅末에 翰林臺, 崇文臺 등 文翰機構가 확장되었고 唐의 史官制度의 영향으로 역사편찬이 있을 수 있다는 가설을 제기하였다.67) 그러한 근거로 星漢－奈勿型의 시조전승이 中代에는 전제왕권의 권위를 높이기 위해 閼智－味鄒型으로 전승되었다면 이를 뒷받침할 역사서가 편찬되었을 것으로 추정하였다.68) 趙仁成 또한 專制王權을 뒷받침하기 위해서 역사서가 필요하였는데, 그 근거로서 ≪三國史記≫ㆍ≪三國遺事≫의 기록이 신라가 제ㆍ려보다 건국연대가 오래되었다는 사실에서 찾고 있다.69)

필자 역시 통일 후 武烈系王權이 본궤도에 오른 神文王代는 적어도 武烈王ㆍ文武王의 歷史는 편찬되었을 것으로 믿는다. 그러한 근거는 眞德王이후 金春秋와 그 아들(文王ㆍ仁問ㆍ法敏)의 빈번한 당의 왕래과정에서 歷史編纂의 필요성을 목도하였을 것이며, 특히 김춘추는 唐太宗으로부터 御製晋書(일부이지만)를 받음으로써 역사편찬의 중요성을 발견하였을 것이다. 그러므로 그 자신의 영향력 속에서 추진된 眞德女王 5년의 정치개혁에서 大舍(國學) 2인의 임명은 國學에 대한 준비이외에도 歷史編纂과 관련이 있으리라 추측된다. 따라서 그는 즉위 직후 律令改定에 역사편찬에 관계된 규정을 포함

---

67) 李基東, 앞의 論文(1979), p.12.
68) 李基東, 위의 論文, p.13.
69) 趙仁成, 앞의 論文(1985.), p.21.

시켰을 것이며, 神文王 2년(682)의 國學設置는 단순한 교육기관의 의미외에도 國史編纂을 위한 자료수집이나 준비작업의 일환으로 생각할 수가 있다.

따라서 신문왕 2~7년경에는 적어도 先王(무열왕·문무왕)의 역사편찬이 이루어졌다고 믿는다. 그러한 추측은 신문왕 2년에 설치된 工匠府는 土木·營繕의 관청이 아니라, 典祀署란 명칭과 같이 武烈王統의 廟制나 祭典에 관계된, 즉 五廟制를 주관하는 관청으로 생각할 때,[70] 여기서 무열왕통에 대한 자료수집의 임무까지 갖게 하였을 것이다. 따라서 진덕여왕 5년에 설치한 國學의 大舍, 工匠府의 主事(大舍), 典祀署의 大舍 등은 국사편찬의 실무를 맡아 보는 기능을 대행했으리라 생각된다.

더구나 神文王代에 역사편찬의 가능성을 뒷받침하는 또 하나의 근거는 聖德王代에 金大問의 ≪花郞世記≫나 ≪鷄林雜傳≫과 같은 私撰이 있었다는 사실이다. 왜냐하면 傳統史學의 발전과정에서 官撰의 國史가 우선하는 것이고 먼저 이룩되는 것이며, 기존의 官撰國史의 토대위에 私撰國史가 가능한 것이기 때문이다. 統一大業과 專制王統을 성취한 武烈·文武王事績을 바탕으로 國史가 이룩되기 전에 花郞의 이야기 ≪花郞世記≫나 佛敎受容의 이야기 ≪鷄林雜傳≫이 먼저 서술될 수는 없다.

≪三國史記≫에는 金大問 말을 몇 군데 남기고 있는바, 그것이 반드시 ≪鷄林雜傳≫의 내용이라고 볼 수 없다.[71] 김대문은 특히 王號의 변천(次次雄－尼師今－麻立干)과 그 의미해설에 중점을 두었는데, 그것이 眞興王代의 國史나 神文王代의 國史編纂과 무관하지는 않았으리라 여긴다. 어쩌면 金大問이 신문왕대의 역사편찬이 직접 참여한 장본인일 수도 있다. 그러므로 이 때 만든 역사(武烈·文武王史를 위주로 한)에 빠진 내용을 재정리한 것이 ≪鷄林雜傳≫일 수가 있으리라 생각된다. 신문왕대에 만들어진 것이 正史이기 때문에, 그

---

70) 申瀅植, ≪新羅史≫(이대출판부, 1985), p.130.
71) 李基白, 앞의 책(1978), p.4.

는 逸事·野史를 모아 ≪계림잡전≫이라는 新羅雜史를 편찬하였다고 추측된다. 그러나 이것은 어디까지나 가정이며 추정이다.

이 시기에 國史編纂의 또 다른 가능성은 史官制度의 설치와 중국 역사편찬의 모방 등이 고려되어야 할 것이다. 중국에서 史官制度가 확립된 唐의 제도에 따르면 그 명칭이 수시로 변하였으며, 대개 兼職 官으로서 3省·秘書省·御史臺·國子監·東宮 등 13官府의 관리로 구성되어 있었다.[72] 따라서 史館·史官이라는 공식명칭이 없다해도 國史編纂이 가능한 것이며 그 品階도 일정치 않고 있어 王權의 强化와 '官僚制가 발달하면 자연히 국사편찬이 수반되는 것이 통례이다. ≪三國史記≫(雜志)에서 우리는 眞德女王 5년과 神文王 2년의 빈번한 官員의 增置를 주목할 필요가 있다.

「表 1」에 의하면 眞德女王 5년에는 執事部·倉部·左理方府의 설치뿐 아니라, 禮部·領客府의 次官(卿)을 비롯하여 大舍와 같은 중간 기구를 중심으로 官僚制를 정비함으로써 律令政治와 歷史編纂의 기반을 제공하였다고 생각된다. 이에 비하면, 神文王 2년은 舍知와 같은 하급관직을 중심으로 설치하였으며, 工匠府와 位和府에 치중을 하였다. 무엇보다도 타관부에는 없는 位和府의 衿荷臣과 上堂이 결국 역사편찬의 책임을 맡아 보았을 것이다. 다만 그 실무는 國學의 卿을 비롯하여 執事部·調府·禮部·國學·位和府 등의 舍知와 內省·洗宅·御龍省·東宮衙 등의 大舍가 史官으로서의 직능을 다했을 것이다. 그러나 위와 같은 추측에도 불구하고 이 시기에 國史編纂의 적극적인 근거는 없다. 다만 羅末에 이르러 中事省·宣教省 등 近侍機構은 발달과 瑞書院·崇文臺·翰林院 등 文翰機構의 擴張은 側近政治의 志向이나 王權强化의 길을 촉진해 주기 때문에[73] 역사편찬의 구체적 가능성을 배제시킬 수가 없다. 唐의 史官이 門下侍郎 등 3 省의 관직이 압도적으로 많으며, 다음이 秘書省·國子監 및 東宮

---

72) 張榮芳, 앞의 책, pp.147~148.
73) 李基東, 앞의 책(1984), pp.247~264.

官임을 고려할 때74)

崔致遠: 守兵部侍郎 知瑞書監(≪三國史記≫ 卷 46)
崔彦撝: 執事侍郎 瑞書院學士(同)
毗克一: 崇文臺郎 兼春宮中事省(皇龍寺九層木塔刹柱本記)
金 薳: 儒林郎守兵部郎中兼崇文館直學士(沙林院 弘覺禪師碑)

위의 4인은 史官이라고 단정할 수 있다. 따라서 統一期에 남아 있는
金石文을 통해 그 실상을 엿볼 수 있다.

<표 1> 眞德女王・神女王代의 官職設置 「()는 人員數」

官 府	眞 德 王 5年	神 文 王 2年
執 事 部	中侍(1)	舍知(2)
調 府	令(2), 大舍(2)	舍知(1)
倉 部	卿(2), 大舍(2), 史(1)	
禮 部	卿(2), 大舍(2), 史(8)	
例 作 府		令(1), 卿(2), 史(8)
領 客 府	令(2)	
位 和 府		衿荷臣(2), 上堂(2)
左 理 方 府	卿(2)	
賞 賜 署	大舍(2)	
國 學	大舍(2)	卿(1)
工 匠 府	主書(2)	監(1)

우선 聖德大王神鍾銘에 나타난 朝散大夫口太子口議郎翰林郎金弼
口는 당시에 翰林臺가 설치되었음을 알려준다. 8세기 이후 金石文에
는 10명의 翰林郎이 등장하고 있어75) 瑞書院과 함께 이 관직이 國
史編纂에 관련이 있다고 생각된다. 국사편찬과 관계가 있으리라는
인물을 ≪朝鮮金石總覽≫(上)에서 찾아보면 아래와 같다.

---

74) 張榮芳, 앞의 책, pp.148~149.
75) 李基東, 앞의 책, p.149

<表 2> 羅末麗初의 國史編纂關係人物 ≪金石總賢≫上

人 名	官 職	典 據
金 薳	儒林郎 守武州昆湄縣令	≪朝鮮金石總覽≫(上)寶林寺普照禪師　彰聖塔碑, p.61
金 穎	朝請郎 守錦城郡太守	同, 月光寺 圓郎禪師大寶禪光塔碑, p.83
金國炷	前國子監郎沙干	同, 開仙寺 石燈記 p.87
崔致遠	朝請大夫 前守兵部侍郎 充瑞書院學士	同, 鳳巖寺 智證大師 寂照塔碑, p.88
崔仁渷	朝請大夫 前守執事侍郎	同, 鳳林寺眞鏡大師寶月凌空塔碑, p.97
崔 賀	入唐謝恩兼宿衛判官 翰林郎	同, 大安寺寂忍禪師照輪清淨塔碑, p.117
權知國	元輔檢校尙書左僕射兼御史大夫	同, 廣照寺 眞澈大師寶月乘空塔碑, p.125
崔彦撝	太相 檢校尙書左僕射兼御史大夫	同, 菩提寺 大鏡大師玄機塔碑, p.130
貝足達	沙粲前守興文監	同, 淨土寺法鏡大師慈燈塔碑, p.150
崔仁渷	翰林學士 守兵部侍郎知瑞書院事	同, 太子寺郎空大師白月栖雲塔碑, p.181
金廷彦	通直郎正衛翰林學士	同, 玉龍寺 洞眞大師寶雲塔碑, p.189
金 遠	前翰林學生	同, 龍頭寺幢竿記, p.195
孫仁謙	大舍學院郎中	同, p.195
李夢游	翰林學士 前守兵部郎	同, 鳳巖寺 靜眞大師圓梧碑, p.196
張端說	文林郎翰林院書博士	同, p.196
金廷彦	光錄大夫 太丞 翰林學士內奉令 前禮部使 參知政事 監修國史	同, 高達寺 元宗大師惠眞塔碑, p.207

　　위에 열거한 人物들은 羅末麗初에 활동한 學者들로서 國子監卿, 侍郎, 翰林郎, 學院郎中, 御史大夫 등을 역임하였다. 唐의 史官이 侍郎・御史大夫・國子司業 등이 중심이 되고 있으며, 中期以後 外官에서도 발탁되고 있어[76] 적어도 8세기에는 신라자체가 제도적 정비는 되지 않았으나 歷史編纂이 가능했으리라 생각된다. 특히 光宗 26년

(975)에 세워진 高達寺元宗大師惠眞塔碑의 撰者인 金廷彦은 翰林學士였는 바 그 후에 參知政事와 監修國史가 된 것을 보면 신라말기에 제도의 성립 가능성을 지적한 李基東의 견해에 찬동하고 싶다.[77]

다시 말하면 神文王代에 國史編纂이 있었으리라는 가설에 입각할 때, 聖德王代는 어느 정도 制度의 설치가 가능했을 것으로 추측된다. 이러한 역사편찬에 힘입어 金大問은 ≪鷄林雜傳≫이나 ≪花郎世記≫ 등을 저술할 수 있었고, 그외 ≪仙史≫나 ≪金庚信行錄≫등 사찬의 傳記가 출현할 수 있었다. 나아가서 崔致遠이 종래에 있었던 신라의 年代記를 정리하여 ≪帝王年代曆≫을 저술할 수 있었으며,[78] 新羅의 興亡史는 연대기적으로 摘記할 수 있었다고 하겠다.

신라말기에 와서 國史編纂이나 史官制度의 설치에 큰 역할을 한 인물은 宿衛學生들이다. 이들은 賓貢科及第者일 뿐 아니라 儒學者들이어서 儒敎政治 주창자였으며, 歸國後 대거 文翰職에 참여하고 있었다. 문한기관은 나말에 中事省과 함께 近侍職으로서의 활동뿐 아니라, 麗初에 국왕측근에서 정책의 고문역할을 담당했을 만큼[79] 신라말기 王權强化의 보조자였다는 사실은[80] 국사편찬의 필요성과 그 뜻을 같이 할 수 있을 것이다. 宿衛學生들이 文翰職을 맡은 경우는 金立之이하 9명의 기록이 보인다.[81]

「表 3」에 의하면 渡唐留學生들이 王權强化를 위한 유교정치의 주장속에는 科擧制와 國史編纂의 필요성이 포함되었을 것임은 의심할 여지가 없다.

---

76) 張榮芳, 앞의 책, 149.
77) 李基東, 앞의 論文(1979), p.12.
78) 崔南善, ≪新訂 三國遺事≫(1941), p.23.
79) 邊太燮, 「高麗初期의 政治制度」, ≪韓㳓劤博士 停年記念論叢≫(民衆書館, 1981), p.174.
80) 李基東, 앞의 책, p.263.
81) 申瀅植, 「羅末麗初의 遺唐留學生再論」, ≪邊太燮博士華甲論叢≫(三英社, 1985), p.600.

<表 3> 宿衛學生의 女翰職進出

人 名	入唐年代	文 翰 職	典 據
金立之	憲德王 17(825)	翰林郎	無垢淨塔願記
崔 賀	景文王 12(872)	翰林郎	大安寺寂忍禪師塔碑
崔致遠	景文王 8(868)	侍讀兼翰林學士	桂苑筆耕
朴居勿	827이전	侍讀右軍大益	皇龍寺九層木塔刹柱本記
朴仁範	876이전	翰林學士, 瑞書學士	興寧寺澄曉大師室印塔碑
朴 邕	881이전	侍讀翰林	桂苑遺香
崔愼之	孝宗王 1(891)	瑞書院學士	≪三國史記≫(卷46)
金仁圭	884이전	守翰林郎	桂苑筆耕
金 遠	884이전	崇文館直學士	沙林寺弘覺禪師碑

최치원 자신이 書史를 즐겨 읽었고 또 ≪帝王年代曆≫과 같은 역사책을 편찬한 사실이 이를 뒷받침할 수 있다.

統一新羅時代 특히 8세기 이후에 국사편찬이 실제로 있었다는 사실을 뒷받침할 수 있는 기록은 崇福寺碑銘의 다음과 같은 내용이다.

가만히 생각해 보면, 서쪽에 가서 벼슬할 적에 일찍이 柳子珪의 東國事를 기록한글을 보았으나 그 서술한 바가 바르고 조리가 있어 王道가 아님이 없다. 지금 **鄕史**를 읽어보니 완연히 聖祖(元聖王)大王代의 사적이었다.[82]

이 자료에서 나타난 ≪鄕史≫가 元聖王의 史蹟을 기록한 實錄 비슷한 성격으로 볼 수 있어,[83] 8세기 元聖王代(785~798)에 國史가 實存했음을 확인할 수 있다. 따라서 이 기록의 내용으로 미루어 볼 때 下代에는 각 왕별로 역사(실록)가 편찬되었을 가능성이 높아 崔致遠의 ≪帝王年代曆≫은 그가 滯唐時에 읽어본 東國事와 ≪鄕史≫를 바탕으로 쓴 중국과 신라의 연대기일 것으로 추정된다.[84]

82) ≪朝鮮金石總覽≫(上) 「慶州崇福寺碑銘」, pp.123~124.
83) 趙仁成, 앞의 論文(1985), p.22.

그러나 비록 나말에 이르러 역사편찬이 있었다 해도 그것은 王室中心의 事蹟羅列이었을 것이 확실하다. 따라서 ≪帝王年代曆≫은 8세기에 이룩된 신라專制王權의 國王中心의 史蹟을 중시하였을 것이므로 이것이 ≪三國遺事≫의 王曆에 직접 관련이 없다 해도,[85) 자연히 국가중심·국왕중심의 王曆篇이 될 수밖에 없었다.[86) 이러한 역사편찬은 傳統史學을 이 땅에 정착케 하는 계기가 되어 崔致遠을 거쳐 高麗王朝로 연결되면서 麗初의 實錄編纂에 밑거름이 되었음은 물론이다. 다만, 王室中心의 官撰國史에 대한 비판으로 간헐적인 私撰歷史叙述이 대두된 것도 사실이지만 이와 같이 官撰·私撰의 역사편찬은 상호 補完機能을 통해 역사서술의 발전을 가져올 수 있었다.

다시 말하면 武列系王權의 專制化와 王道政治의 具現에 따라 歷史編纂은 더욱 발전되었으나 下代의 빈번한 王立交替와 王統의 變化에서는 많은 문제점을 안게 되었다. 王權의 권위와 신성함은 부단한 王位簒奪에서 그 존재가치를 잃게 되었으며, 국사편찬의 어려움을 가져오고 말았다. 따라서 下代는 私撰이 발달하게 되었으니 그것이 崔致遠의 역사서술이라 하겠다.

그는 景文王 8년(868)에 入唐하여 景文王 14년(874)에 賓貢合格한 후 18년만인 憲康王 11년(885)에 귀국하였다. 따라서 그는 장기간의 滯唐生活에서 唐의 史官制度를 비롯하여 歷史叙述體制와 그 방법론을 체득하였음은 물론, 崇福寺碑銘에서와 같이 柳子珪의 東國事나 胡公歸의 ≪見聞記≫를 통해[87) 신라사정이나 입장을 객관적으로 살

---

84) 李基白(外), 「우리 歷史를 어떻게 볼 것인가」, p.29.

85) ≪三國遺事≫의 王曆編이 崔致遠의 ≪帝王年代曆≫을 참작한 것으로 이해하였으나(崔南善, ≪新訂 三國遺事≫, 1941, p.23) 金相鉉은 ≪삼국유사≫의 왕력은 一然이 쓴 것이 아니며, 최치원의 年代曆을 참고한 것이 아니라고 하였다(「三國遺事 王曆編 檢討」, ≪東洋學≫ 15(1985), pp.14~17). 한편 李基白은 양자의 관련성을 인정하되, 왕력편이 국가중심·국왕중심의 기사로서 새로 작성하였을 가능성이 크다고 하였다(「三國遺事 王曆編의 檢討」, ≪歷史學報≫ 107, 1985, pp.4~12).

86) 李基白, 위의 論文, p.12.

87) ≪朝鮮金石總覽≫(上), p.124.

필 수 있었을 것이다. 더구나 그는 羅末의 사회비판세력으로서 6頭品의 신분에서 새로운 역사인식을 가지고 있었을 것이며, 현실모순을 자각한 轉換期의 人物이라는 사실을 주목할 필요가 있다.[88] 그러므로 그의 列傳에 보여진 '侍讀·翰林學士·守兵部侍郎·知瑞書監' 등의 관직은 史官으로서 충분한 근거가 될 것이다. 더욱이 그가 海印寺에 隱居할 때 '枕籍書史嘯吠風月'이란 기록에서의 枕籍書史는 유교경전이나 국내외의 史書를 뜻하는 것으로서 자신의 史觀을 정리하는 저술구상의 순간을 반영한 것으로 풀이할 수 있다.

따라서 격심한 王位爭奪戰에 따른 王道政治의 타락에 대한 정치비판으로서의 그의 時務策도 결국은 그의 史觀形成의 한 단계였다고 하겠다. 무엇보다도 그는 기존의 國史가 갖는 문제점을 지적함은 물론 王權을 옹호하고 王道政治의 提唱을 통해 傳統史學을 정착시켜 高麗王朝의 역사서술에 기반을 조성하였다고 생각된다. 이러한 근거는 麗初에 翰林院令으로 활약한 崔彦撝를 비롯하여, 金遠·李夢游·金廷彦 등이 한림학사였기 때문에 翰林院3品이하의관리가 修撰官이 되었다는 ≪高麗史≫의 기록에서도 증명된다.[89]

Ⅵ. 結語

이상에서 필자는 신라인의 社會變遷意識이 시대구분의식으로 발전되어 歷史編纂의 기반이 되었음을 강조한 후, 통일 후 民族意識의 발달과 武烈王權의 유교정치확립에 따라 神文王·聖德王代에 실제로 國史編纂이 있었을 것이라는 논지를 전개하였다. 동시에 신문왕때의 제도적 완비와 빈번한 對唐交涉, 특히 宿衛學生들의 翰林院學士進出에 주목하여 史官制度의 모색과 원성왕대의 鄕史 및 金大問의 私撰

---

88) 申瀅植, 앞의 책(1984), p.453.
89) ≪高麗史≫ 卷 76 百官志(春秋館).

史書의 등장을 국사편찬의 근거로 제시하였다.

제1절에서는 신라인의 사회변천의식을 구체적으로 찾아보아 ≪三國史記≫에 나타난 3代의 시대구분의 의미를 역사편찬의 기반으로 풀이하였다.

제2절에서는 신라의 국가적 성장에 따라 自主意識과 王權의 正統性을 강조하려는 眞興王 때의 국사편찬은 어린 왕의 정치적 취약성을 보강하고 왕권신성화 및 독립국가의 상징을 위한 조치라고 생각하였다. 그리고 당시가 중국과 교섭이 별로 없던 때인 만큼 國史의 내용은 우선 왕의 업적을 연대기적으로 서술하고, 다음에 나라를 위한 忠臣과 逆臣 그리고 戰士들의 전기가 중심이 되었을 것으로 보았다. 따라서 崔致遠의 ≪帝王年代曆≫이나 ≪三國遺事≫의 「王曆」은 전자를, ≪三國史記≫의 列傳은 후자를 계승한 듯하다.

다음으로 통일신라에 있어서 국사편찬의 필요성을 고조시킨 역사인식의 변화과정을 찾아 보았다. 우선 당의 영토적 야욕에 직면한 신라인의 민족적 각성과 자주의식, 武烈王統의 확립이 따른 정통성 확인과 律令政治의 전개 및 神文王·聖德王代의 정치적 성숙, 唐과 日本에 대한 자주적인 대외의식의 성장과 文化自尊의 矜持 등을 통하여 역사인식은 크게 확장되었음을 밝혔다. 특히 儒學과 詩文의 발달 그리고 宿衛學生들로부터 수용된 唐의 文化와 史官制度는 8세기를 전후한 시기에 국사편찬이 가능하였다고 생각하였다.

끝으로 국사편찬의 구체적 기록은 없으나 眞德王 2년의 金春秋入唐과 太宗의 御制晉書의 접수, 진덕왕 5년의 제도개편 및 무열왕의 律令改定등도 국사편찬의 필요성과 연결시켜 보았다. 그리고 神文王 2년의 國學과 工匠府의 大舍는 位和府의 衿荷臣과 上堂의 관할하에 국사편찬의 실무를 담당하였다고 생각하였다. 이리하여 신문왕 2~7년간에 國史(적어도 武烈王·文武王의 역사)는 편찬되었다고 추정하였으며, 聖德王때 그에 대한 제도적 완비가 이룩된 것으로 이해하고자 하였다.

이에 필자는 金大問의 ≪鷄林雜傳≫·≪花郎世記≫등 私撰의 역사편찬은 官撰國史의 편찬을 전제하지 않고서는 불가능하다는 사실을 강조하였다. 무엇보다도 崔致遠·崔愼之·金薳·金廷彦 등 宿衛學生들은 史官制의 수용에 큰 도움을 주었을 것이며 그들이 주로 翰林院·瑞書院 등 文翰職에 종사함으로써 國史編纂의 정착화에 기여하였을 것임을 아울러 지적하였다. 그리므로 8세기 말 ≪鄕史≫의 존재를 우리는 당시 실증적인 국사편찬의 근거로 제시할 수 있었다.

그러므로 우리는 國史編纂이 王權强化와 王道政治具現의 표시라고 할 때 이러한 사실은 武烈王系의 正統性 確認過程에서 가능한 것임을 입증할 수 있었다. 그러므로 이러한 국사편찬은 그후 全新羅時代를 통해 王權擁護의 手段으로써 유지된 후 고려왕조초기에 나타난 實錄編纂으로 연결된 것이라 이해하였다. 이러한 과정에서 우리나라 傳統史學의 기반조성을 규찰할 수 있어 羅末麗初의 文化連續性의 일면을 밝힐 수 있었다.

제3절 宿衛學生의 修學과 活動

I. 序言

羅末麗初의 전환기를 이해하는데 宿衛學生은 큰 비중을 차지한다. 왜냐하면 이들 遣唐留學生은 新羅와 高麗를 연결시켜 준 知的 集團으로서, 신라를 정신적으로 극복하고 고려를 학문적으로 성립시켜 준 주역이기 때문이다. 따라서 이들의 활동이나 사상적 추이는 ≪三國史記≫나 ≪東史綱目≫등에서 크게 주목되었다.

필자는 일찍이 「宿衛學生考」에서 이들의 활동상과 思想的 變化를 분석한 바 있다. 특히 그들의 儒·佛·仙을 포용한 종교적 결합에서 訓要十條를 비롯한 麗初의 사상적 흐름을 이해하였으며, 그들의 실력위주의 풍조는 科擧制度 및 王道政治의 구현에 바탕이 되었음을 지적하였다.1) 이러한 주장은 어느 정도 학계에 받아들여지고 있으며, 지금도 필자의 입장인 것이다.

그 후 李基東·金世潤의 보충연구가 잇달아 그에 대한 보다 명확한 성과가 나타났다. 이기동의 연구에서는 全唐詩·金石文을 광범하게 수렴하여 36명의 留學生名單을 확인하였다.2) 이어 김세윤의 연구에서는 52명의 유학생을 官·私費留學生으로 구분하여 그들의 활동을 정리하였으며, 학생들의 身分을 달리 해석하고 있다.3) 그리하여

---

1) 申瀅植, 「宿衛學生考─羅末麗初의 知識人의 動向에 대한 一考察─」, ≪歷史教育≫ 11·12 합집(1969); ≪韓國史論文選集≫2 (一潮閣, 1976) 참조.
2) 李基東, 「新羅下代 賓貢及第者의 出現과 羅唐文人의 交驩」, ≪全海宗博士華甲紀念論叢≫ (一潮閣, 1979); 新羅骨品制社會와 花郎徒≫(一潮閣, 1984) 참조.
3) 金世潤, 「新羅下代의 渡唐留學生에 대하여」, ≪韓國史研究≫ 37(1982) 참조.

우리는 이러한 연구과정에서 渡唐留學生에 대한 성격이나 개념에 일
부 혼선을 빚게 된 것이다.

이에 필자는 그들의 신분이나 활동 그리고 성격구명에 있어서 보
다 분명히 밝혀야 할 부분이 있음을 느꼈다. 다시 말하면 기존의 연
구에서 특히 소홀히 다루었던 留學生의 派遣背景과 그들의 修學方法
및 活動(國內·外)을 정리할 필요가 있었다. 그러므로 本稿에서는 유
학생 파견의 배경과 수학방법을 주로 다루었고 滯唐活動이나 국내에
서의 동향은 3인의 기존의 연구성과를 종합·정리한 것에 불과하
다.4) 여기서 필자의 입장을 재천명함은 물론, 宿衛學生의 성격을 보
다 뚜렷하게 파악할 수 있으리라 생각된다. 이에 필자는 古代韓中關
係史의 한 부분으로서 遣唐留學生의 위치를 선명하게 부각시키려는
의도에서 본고를 정리하였다. 다만 그들의 활동이나 사상적 추이에
대해서는 필자의 舊稿의 내용과 차이가 없음을 밝혀 둔다.

Ⅱ. 宿衛學生 派遣의 背景

우리나라 역사상 처음으로 중국(唐)에 유학생을 보낸 사실은 다음
과 같은 ≪三國史記≫의 기록에서 발견된다.

善德王 9년(640) 5월에 王이 子弟를 唐에 보내어 國學에 입학하
기를 청하였다. 이때 太宗은 천하의 名儒를 초빙하여 學官을 삼고
자주 國子監에 행차하여 그들에게 講論케 하였다. 학생 중에서 大經
(禮記와 春秋左氏傳) 하나 이상에 능통한 자는 관리로 삼았으며, 學
舍 1,200칸을 증축하여 학생정원을 3,260명으로 증원하였다. 이에 4

---

4) 宿衛學生 또는 渡唐留學生에 대한 연구는 이미 嚴耕望의 「新羅留學生與僧徒」,
≪中韓文化 論集≫ 1 (1955)이라는 선구적 업적이 있었고, 李基東·金世潤 외에
도 浜田耕의 「新羅の 國學と遣唐留學生」, ≪响沫集≫ 2 (1980)이 있다.

방의학자들이 京師에 구름같이 모여들어 高句麗·百濟·高昌·吐蕃
등도 역시 자제를 보내어 입학시켰다(≪三國史記≫ 卷 5).

이러한 간략한 내용에서 우리는 몇 가지 중요한 사실을 발견할 수
있다. 첫째로 신라가 유학생을 파견한 바로 그 해(榮留王 23년, 武王
14년)에 고구려·백제도 똑같이 유학생을 보내어 입학하였다는 점5)
둘째 '王遣子弟於唐請入國學'의 子弟들에 대한 신분이 무엇인지 불
명료한 점 그리고 이러한 신라의 유학생파견에는 唐의 崇文·開放策
의 영향이 크게 작용하였다는 점 등이다. 이러한 세 가지의 문제점
을 뚜렷하게 분석하는 것은 그들에 대한 파견배경이나 성격변질의
이해에 도움이 될 것이다.

우선 3국이 왜 같은 해에 入學을 요청하였는가 하는 문제가 주목
된다. 중국과 그 주변국가간에는 朝貢을 비롯하여 다양한 교섭이 있
었다. 특히 隋의 등장 이후 이른바 天下秩序의 一元的 完成은6) 통일
을 지향하는 3국의 입장으로서는 새로운 정치·외교의 구심력으로
작용하기 시작하였다. 따라서 隋와 3국간의 競爭的인 外交交涉은7)
麗·隋戰爭 이후 신라에 의해서 주도되기 시작하였으며, 唐의 건국
과 더불어 첨예화된 外交戰爭으로 3국의 대당접근이 가열되어갔다.
그러나 당은 이러한 3국의 입장을 견제하기 위해서 같은 해(624)에
冊封을 한 것이다.8) 원래 朝貢이 중국의 傳統的인 中華思想이나,9)

---

5) 이러한 사실에 대해서 중국측 문헌도 비슷하게 기록되어 있다. 우선 ≪新唐書≫
卷 44,選擧志 上에 '貞觀十三年 東宮置崇文館 自天下初定 增築學舍至千二百區 雖
匕營飛騎 亦置 生 遣博士爲授經 夷若高麗 百濟 新羅 高昌 吐蕃 相繼遣子弟入學 逐
至八千餘人'이라 하였고, ≪唐會要≫ 卷 35, 學校에도 '貞觀五年以後 太宗數幸國
學 太學 逐增築學舍一千二百間 國學 太學 四門亦增生員…… 高麗 百濟 新羅 高昌
吐蕃 諸國酋長 亦遣子弟 請入國學 于是國學之內八千餘人國學之威 近古未有'라 하
고 있다.

6) 高明士, ≪從天下秩序看古代的 中韓關係≫(臺北, 1983), pp.108~109.

7) 申瀅植, ≪韓國古代史의 新硏究≫(一潮閣, 1984), p.215의 表 40 참조.

8) 3국의 對唐接近競爭은 3국의 對唐朝貢使派遣年代에 나타나 있다. 당이 건국한 해
가 618년인 바, 고구려(榮留王)는 619년, 백제(武王)는 621년 (≪冊府元龜≫에는

西周의 宗法的 封建制度에 나타난 君臣之禮이었음은 사실이다.10) 그러나 그것이 중국의 주변국가의 대외정책에 결정적인 拘束力을 갖는 것으로 볼 것이 아니라,11) 오히려 冊封을 받은 3국의 이익과 自存을 도모하는 과정에서 유지·전개되었음을 주목할 필요가 있다.12)

그러나 6세기 중엽 이후 3국은 각기 정치·사회의 모든 영역에 있어서 國家體制를 완수하였으며, 강력한 王權이 확립되고 있었다. 때문에 3국은 그러한 사회에 부응할 儒敎政治理念의 수용에 적극적일 수밖에 없었으니, 그것이 유학생파견을 비롯한 文化外交인 것이다. 또한 3국은 唐을 축으로 하는 새로운 東亞文化圈의 형성에 참여를 할 필요가 있었다. 여기에 3국의 對唐接近은 각기 내부사정이 얽혀 있어 더욱 촉진되었음을 알 수 있다.

고구려의 경우는 陽原王(545~559)·平原王(559~590)대의 빈번한 天災地變13)과 大政亂14)을 체험한 嬰陽王(590~618)에 의해서 정치·사회적 안정책이 모색되고 있었다. 더구나 이 때는 南北朝의 분열이 隋에 의해서 통일된 시기여서 새로운 東亞秩序를 설정하기 위한 조치가 필요하였다. 그러므로 영양왕은 안으로 실추된 王權을 回復하기 위한 방법으로 國史編纂(新集)과 같은 유교정치의 추구가 나타났으며,15) 밖으로는 對隋强硬策에 따른 遼西先攻을 꾀하였다. 이러한 麗·

620년), 신라는 (眞平王) 621년(≪冊府元龜≫에는 620년)에 각각 朝貢使를 보냈던 것이다. 그러나 唐의 冊府은 3국이 똑같이 624년에 이루어졌다(≪冊府元龜≫ 권 964, 外臣部9 冊封2에 武德七年 正月 封高麗王 高建武爲遼東郡王 百濟王 扶餘璋 爲帶方郡王 新羅王金眞平爲樂浪郡王).

9) 金庠基, 「古代의 貿易形態와 羅末의 海上發展에 대하여」, ≪東方文物交流史論攷≫ (1948),p.4.
10) 李春植, 「朝貢의 起源과 意味」, ≪中國學報≫ 10 (1966) 참조.
11) 唐代史研究會, ≪隋唐帝國と東アジア世界≫(1979) 참조.
12) 盧重國, 「高句麗·百濟·新羅 사이의 力關係 變化에 대한 一考察」, ≪東方學志≫ 28(1981), p.46.
13) 申瀅植, 「三國史記 本紀內容의 統計的 分析」, ≪三國史記研究≫(一潮閣, 1981), p.107.
14) 盧泰敦, 「高句麗의 漢江流域喪失의 原因에 대하여」, ≪韓國史研究≫ 13 (1976), pp.31~54.
15) 金杜珍, 「古代의 文化意識」, ≪한국사≫ 2 (1978), pp.286~287 및 趙仁成 「三國 및

隋戰爭 이후 격앙된 양국관계 속에서 東亞情勢는 바뀌었다.16) 唐이 건국한 해(618)에 榮留王이 즉위하였다. 따라서 영유왕은 격앙된 중국과의 마찰을 피하려고 우선 捕虜交換17)을 비롯하여 적극적인 親唐策을 추진하였다. 즉,

> (가) 7년 2월에 왕이 사신을 보내 曆書의 班給을 청하였다. 刊部尙書沈叔安을 보내 왕을 上柱國遼東郡公高句麗國王으로 책봉하였다. 이에 道士에게 명하여 天尊像과 道法을 가지고 老子를 講하니 왕과 국민이 모두 들었다(≪三國史記≫ 卷 20).
>
> (나) 8년에 왕이 사람을 보내 佛·老의 教法을 求學케 하니 唐帝가 허락하였다(同).
>
> (다) 11년 9월에 당에 사신을 보내 太宗이 突厥의 頡利可汗을 사로잡은 것을 축하하고, 겸하여 封域圖를 바쳤다(同).
>
> (라) 14년에 당이 廣州司馬 長孫師를 보내 隋代戰士의 해골을 파묻고 제사를 지낸 후 京觀을 헐어버렸다(同).

등에서 보듯이 榮留王은 對唐警戒(천리장성)를 게을리 하지 않는 한편,18) 적극적인 對唐親善을 모색하려는 文化的 接近을 꾀하였으니 그것이 國學入學要求인 것이다.

百濟의 경우도 威德王(554~598)과 武王(600~641)대의 빈번한 天災地變도 문제이지만,19) 신라와의 극한적인 대립에 따른 측면적 지원의 필요성에서도 대당접근은 불가피하였다. 특히 무왕대의 遊樂記事는 禮와 德을 우선하는 王道政治의 입장에서는 유교정치를 위하는 최소한의 시도가 있어야 했다. 무왕 35년·7년·39년의 歡樂記事20) 직후인 41년에

統一新羅의 歷史認識」, ≪韓國史學史의 研究≫(乙酉文化社, 1985), p.15.
16) 盧泰敦, 「5~6世紀 東아시아의 國際情勢와 高句麗의 對外關係」, ≪東方學志≫ 44 (1984),p.56.
17) ≪三國史記≫ 卷 20, 榮留王 5年條 참조.
18) ≪三國史記≫ 卷 20, 榮留王 14年條의 "春二月 王動衆築長城 東北自扶餘 西南至海 千有餘里 凡一十六年畢功"이라는 데서 알 수 있다.
19) 申瀅植, 앞의 책(1984), p.141.

나타난 入唐求學의 기록은 그에 대한 반성의 의미도 포함되었을 가능
성이 크다.

新羅의 경우는 濟·麗와는 다른 입장에 있었다. 眞興王의 漢江流域
進出로 변모된 한반도의 새 정세는 신라로 하여금 대중국접근을 필
요로 하였다. 따라서 眞平王(579~632)은 隋·唐과의 친선이 더욱 절실
하였고, 그 자신은 眞智王으로부터 되찾은 血統의 守護를 위한 강력
한 王權維持가 급선무였다. 그러나 진평왕 후기는—44년 龍春의 私
臣就任 이후—제도의 개편, 濟·麗와의 衝突 그리고 對唐朝貢이 전보
다 활발히 전개되고 있음을 주목할 수 있다. 이것은 龍春·舒玄兩系의
결속에 따르는 新興勢力의 정책모색과 그 맥을 같이하는 것이다.21)
이들 신흥세력은 對濟·麗强硬策을 쓰는 한편, 겸허한 대당접근책을
추진한 것이다. 그러므로 진평왕을 계승한 善德王(632~647)은 이러
한 신흥귀족의 정책을 계승할 수밖에 없었고, 文化之國에 수반되는
학문과 유학의 수용을 위한 國學入學要請으로 나타날 수 있었다.

한편 이 시기에 당이 추진하고 있는 對外政策도 고려되어야 할 것
이다. 즉, 당의 대외정책 가운데 文化政策에

> 貞觀 5년 이후 太宗은 國學과 太學에 여러번 행차를 하였으며, 學舍
> 1,200칸을 증축 하였다. 國學·太學·四門學 역시 학생을 증원하였다
> ……이에 고구려·백제·신라·高昌·吐蕃 등 제국의 酋長들이 자제를
> 보내서 國學에 입학을 청하였다. 이 때에 이르러 국학에는 8천여 명의
> 학생이 있었으며 그 번성함이 미증유의 것이었다.22)

라든가, 또는

---

20) ≪三國史記≫ 卷 27, 百濟本紀 5.
21) 申瀅植, 앞의 책(1984), p.115.
22) ≪唐會要≫ 卷 35, 學校.

貞觀 원년에 群臣들과 破陳樂曲을 연주하여 연회를 열게 되었는
데, 그 때 이르기를 朕은 武力으로 천하를 지배하였으며 文德으로
세상을 편케 하겠노라고 하여 學舍 수 백칸을 건립하여 마침내는 4
방의 생도들을 모아들이니, 주변 여러 나라의 酋長들이子弟를 파견
하여 공부하기를 청하므로 이를 허락하였다.23)

에서 알 수 있듯이 신라(3국)의 國學入學도 결국은 당의 崇文策 또
는 羈縻策에 따르는 文藝振興策의 일환이었다. 이러한 당의 문예진
홍책은 中原을 통일한 후, 적어도 주변 국가를 文化的으로 唐에 同
化시켜 새로운 東亞秩序를 수립함은 물론,24) 突厥·鞦鞨·吐蕃까지
도 포용하는 唐中心의 天下秩序를 꾀하려는 웅대한 계획이었다. 나
아가서 문화대국으로서의 唐은 스스로 先進國임을 과시할 필요가 있
었음은 사실이다.25)

Ⅲ. 宿衛學生의 修學過程

(1) 留學生의 遣唐·修學方法

宿衛學生의 선발·파견 및 수학방법에 대해서는 구체적으로 설명
한 문헌은 없다. 유학생에 대해 가장 많은 기록을 가진 ≪三國史記≫
(卷12末尾)에는

항상 子弟를 入朝시켜 宿衛로 삼았고, 또 國學에 입학하여 講習케
함으로써 聖賢의 風化를 이어 받아 鴻荒의 風俗을 고쳐 禮儀의 나
라가 되었다.

---

23) ≪東文選≫ 卷 47, 「遣宿衛學生首領等入朝狀」
24) 高明士, 앞의 책, pp.110~111.
25) ≪新唐書≫ 卷 44, 志 34, 選擧志(上)

는 것과 같이 막연히 子弟를 파견하여 入學修業을 하였다고 되어 있
다. 이에 대해서 ≪東史綱目≫(券 5 上 眞聖女主·己酉 3年)에는

　新羅는 唐에 朝貢한 이래 항상 王子를 宿衛로 파견하였고, 또 學
生들을 太學에 입학시켜 학업을 닦게 하였는바, 그 기간은 10년이
었다. 그 외 학생들로서 그곳에 입학한 자들이 100여 명에 이르렀
다. 이 때 책 살 돈은 본국[신라]에서 지급하였고, 그 외 책값이나
숙식비는 唐의 鴻臚寺에서 공급하였으므로 유학생의 수가 끊이지
않았다.

라 하여 子弟[유학생]들이 당의 國學에 입학하여 10년간 수학하였는
바, 그들은 양국정부의 재정지원으로 공부한 것으로 되어 있다. 이로
볼 때 이 시대의 유학생은 거의가 官費留學生으로서 宿衛學生이라
할 수가 있다. 다만, 金世潤의 지적처럼,26) 金雲卿·金可紀·崔致遠
등을 私費留學生으로 설명할 수는 없을 것이다. 우선 金雲卿은 최초
의 賓貢合格者로서 唐의 勅使로 귀국한 인물이며, 엄격한 선발기준과
제한된 數의 학생에서 볼때27) 사비유학은 거의 불가능하였다. 비록
學費의 조달이 개인적으로는 전혀 고려될 수 없는 그 시대에 있어서
선발과정에서 빠져 개인자격으로 入唐했다 해도, 일단 唐의 國學에
입학했을 땐 정부보조를 받지 않을 수 없었을 것이다. 다만 崔致遠의
경우 "將隨海船入唐來學"으로 그를 사비유학생이라 하였으나,28) 아마
도 景文王 9년(869)에 進奉使 金胤을 따라간 李同 등 3인 중에 그가
포함되었을 가능성이 크다.29) 더구나 "顧文考選國子 命學之 康王視國
士禮待之 若宜銘國師以報之"30)라 하여 그 자신이 王命에 의해서 유

―――――――――――――――

26) 金世潤, 앞의 論文, pp.157~159.
27) 金世潤, 위의 論文, p.156.
28) 李丙燾, ≪韓國史≫ 古代篇(乙酉文化社, 1959), p.672 및 金世潤, 위의 논문, p.157.
29) 申瀅植, 「崔致遠의 思想」, ≪新羅史≫(梨大出版部, 1985), p.222.
30) ≪朝鮮金石總覽≫ 上, p.73, 「聖住寺朗慧和尙白月葆光塔碑」.

학하였다고 되어 있다. 이것을 金世潤은 金石文作成의 형식적 표기로 해석하였으나,31) 오히려 6두품 신분으로서는 자신에 대한 푸대접과 떳떳한 私費留學을 숨길 리가 없다. 더구나 양국에서 私費留學生을 官費留學生보다 우대할 하등의 이유가 없다. 따라서 필자의 생각은 신라시대에 있어서 사비유학생은 존재하지 않았다는 입장이다. 여기서 주목되는 것은 '子弟'라는 표현의 해석문제이다. 원래 중국의 中華思想에 입각한 羈縻政策에 따른다면 자제는 王族이나 고위층 자제인 것은 틀림이 없다. 이러한 사실은

(가) 神龍元年九月二十一日勑 吐蕃王及 可汗子孫欲習學經業 宜附國
子監讀書32)

(나) 蕃王及可汗子孫願入學者 附國子監讀書33)

(다) 文武王 15년 秋 .9月 薛仁貴以宿衛學生 風訓之父 金眞珠 伏誅
於本國引風訓爲鄕 導來攻泉城34)

에서 볼 때, 入學子弟란 결국 王子이거나 (가)·(나), 貴族(眞骨) 신분의 인물(다)이었음을 확인해 준 근거가 될 것이다. 이러한 견해는 子弟를 人質(宿衛)로 간주하여 정치적 이용을 꾀한 중국(당)의 입장에서 가능할 수 있었다.35) 그러나 宿衛學生이 집중된 下代에 있어서 그들은 거의가 6頭品이었다는 점은 이미 지적한 바 있다.36) ≪東史綱目≫이나 ≪全唐文≫을 중심으로 하여 확인된 金氏(19人)·崔氏(9人)·朴氏(10人) 등 52명의 名單에서 볼 때도37) 그들은 거의가 6두

---

31) 金世潤, 앞의 論文, p.157.
32) ≪唐會要≫ 卷 36, 附學讀書.
33) ≪新唐書≫ 卷 44, 卷 34, 選學志(上).
34) ≪三國史記≫ 卷 7, 文武王(下)
35) 申瀅植,「新羅의 對唐交涉上에 나타난 宿衛에 대한 一考察」,≪歷史敎育≫ 9 (1966) 및 앞의 책(1984), p.381.
36) 申瀅植, 앞의 책(1984), p.445 및 李基白「新羅六頭品硏究」,≪新羅政治社會史硏究≫ (一潮閣, 1974), p.59.
37) 金世潤, 앞의 論文, p.161(表 1 참조).

품계열이었다. 그러나 朴氏의 유학생을 下代의 朴氏王妃와 연결시킬
수는 없으며,38) 金巖과 崔致遠의 경우로 보더라도 그들은 6두품이었
다.39) 더구나 진골귀족들의 政治的 獨占과 優位는 6두품계열에게 學
問的 進出로 활로를 개척할 수밖에 없었으며, 그들이 진골신분이라
면 귀국 후 그처럼 낮은 대우를 받을 수는 없기 때문이다. 그러므로
하대의 宿衛學生들은 일반귀족이나 6두품계열의 政治的 追放의 의미
로 확대되었다고 하겠다.

다음으로 留學生의 파견방법을 살펴보면 다음과 같다.

(가) 新羅당국은 宿衛學生과 首領을 뽑아 入朝하면서 동시에 國子監
에 부속하여 공부할 수 있게 요청하였다. 이에 人名數와 姓名
을 갖추어 아뢰는데, 학생은 崔愼之 등 8명, 大首領은 祈綽 등
8명, 小首領은 蘇恩 등 2명이었다.40)

(나) 景文王 9년 王子蘇判 金胤 등을 謝恩使로 入唐시켰다.……또
學生 李同 등 3인에게 胤을 따라서 國學에서 공부하게 하여
학자금 300냥을 주었다. 그 후 李同은 賓貢에 합격하였다.41)

(다) 聖德王 27년 7월 王弟인 嗣宗을 入唐시켜 方物을 바친 후, 동
시에 子弟의 입학을 요청하니 詔로서 이를 허락하였다. 嗣宗은
果毅의 벼슬을 받고 宿衛로 머물게 하였다.42)

(라) 開成 원년 6월 신라의 宿衛王子 金義琮 등이 학생을 대동하고
머물러 공부하기를 청하니 舊例에 의거하여 2인을 머물게 하고
衣服과 食糧도 관례에 따라 지급하였다.43)

이상의 4개 기록에서 우리는 어렴풋이 유학생 파견방법을 엿볼 수
있다. 우선 (가)·(나)의 기록은 일반 朝貢使(謝恩使포함)가 入唐하여

---

38) 金世潤, 위의 論文, p.161.
39) 申瀅植, 앞의 책(1984), p.439 및 450.
40) ≪東文選≫ 卷 47, 「狀遣宿衛學生首領等入朝狀」.
41) ≪三國史記≫ 券 11, 景文王 9年條.
42) ≪三國史記≫ 卷 8, 聖德王 27年 7月條.
43) ≪唐會要≫ 卷 36, 附學讀書.

중국 측에 유학생명단을 제시하여 수학케 하는 것이며, (다)·(라)의 경우는 宿衛가 유학생(宿衛學生)을 대동하여 입학을 안내한다는 것이다. 이 때 파견된 학생의 수는 그리 많지는 않았으나, 3~16명의 기록으로 볼 때[44] 일정치 않은 것 같다. 그러나 유학생이 신라 외에도 吐蕃·日本 등 여러 나라로 확대되었으며, 또한 唐으로부터 재정적 지원이 있었기 때문에 그 수를 제한받았으리라 생각 된다. 따라서 入唐한 학생들은 간단한 시험을 거쳐 입학이 허용됐을 것임은

> 渤海國은 賀正使로 王子 大俊明에 16명의 학생을 따라 入朝케 하였다. 이에 唐帝는 靑州 觀察使에게 6인만 上都에 오게 하고 나머지 10인은 되돌려 보냈다.[45]

에서와 같다. 이러한 경우는 新羅도 마찬가지였을 것이며, 당으로서도 주변국가에 대한 牽制와 均衡의 뜻도 배제할 수는 없었다.[46] 그러나 이러한 나라 중에서

> 高昌·高麗·百濟 등은 이미 멸망하였으며 吐蕃은 자신의 힘을 믿고 唐에 저항하였다. 그러나 신라와 당은 서로 친선을 교류하는 동시에 慕華의 기운이 가장 번성하였으며 유학생도 가장 많았다.[47]

와 같이 신라유학생이 수적으로 가장 우세하였다. 따라서 다수의 유학생을 보유한 신라는 그만큼 내적 충실과 문화적 성숙을 기할 수 있었다고 생각된다.

이렇게 입학한 학생들은 그곳에서 10년간 수업하면서 학문을 닦고 선진문물을 익혔다. 이들은 賓貢料에 합격함으로써 비로소 文人

---

44) 金世潤, 앞의 論文, p.156.
45) ≪唐會要≫ 卷 36, 附學讀書.
46) ≪高麗史≫ 卷 92, 崔彦撝傳.
47) 嚴耕望, 앞의 論文, p.68.

으로서나 宿衛學生으로서의 자격과 대우를 받게 된다. 金雲卿이 憲
德王 13년(821)에 처음으로 합격한 이후[48]

> 賓貢料는 매월 別試를 치러 합격자를 榜尾에 붙였는데, 雲卿 이후
> 唐末까지 58인, 5代에 32명이 합격하였다. 그 중에 대표적 인물은 崔
> 利貞・金叔貞・朴季業・金允夫・金立之・李同・崔靈・金茂先・楊
> 穎・崔渙・崔匡裕・崔致遠・崔愼之・金紹游・朴仁範・金渥・崔承
> 祐・金文蔚 등으로 이들은 이름을 떨친 바 있다(《東史綱目》 卷 5
> 上 眞聖女主 3年).

에서 볼 때 신라는 다수의 登科者를 배출하고 있었다. 그러나 이 시
험이 중국에서 큰 의미를 갖는 것이 아니었고, 합격자에게도 별다른
혜택이 없어서 科擧 자체가 지니는 뜻은 별로 없었다. 다만 그들이
先進社會에서 오랜 생활을 통해 얻은 識見은 그들이 본국에서 받은
輕微한 官職 이상의 가치가 있었다 하겠다.
  끝으로 그들의 귀국방법을 본다면

> 敬宗寶曆 원년에 신라국왕 金彦昇(헌덕왕)이 먼저 가있던 大學生
> 崔利貞・金叔貞・朴季業 등, 4인의 귀국을 요청하였다. 동시에 새로
> 金允夫・金立之・朴亮之 등 12명을 國子監에 배치하여 학업을 닦게
> 하였다.[49]

와 같이 신라정부는 유학생의 入學 때와 마찬가지로 사절을 보내서
그들의 귀국을 요청한 것이다. 官費로 修學한 학생을 公的으로 귀국
케하는 것은 당연하다. 그것은

> 신라당국은 먼저 갖추어 준 宿衛學生으로 공부가 끝난 4사람은
> 지금 年限이 만료되었음을 알려주는 동시에 歸還을 청하며 삼가 金

---

48) 《王海》 卷 116, 選擧3 成平賓貢.
49) 《冊府元龜》 卷 999, 外臣部 43 請求.

茂先・楊穎・崔渙・崔匡裕 등 명단을 제출하는 바이다.……지금 이
들은 이미 10년의 기한을 채웠으니……文德 원년에 만기 로 귀국
한 金紹游 등의 예에 따라 金茂先 등과 아울러 首領들을 賀正使 金
穎의 배편에 수행하여 귀국시켜 주시기 바랍니다.50)

와 같이 入朝使 또는 宿衛의 귀국길에 그들의 船便으로 데려오고 있
었다. 그러나 기한이 초과한 유학생의 상당수가 귀국치 않고 있었기
때문에

　　唐文宗은 鴻臚寺에 명하여 質子와 기한이 넘은 학생 105인을 귀
　　국토록 하였다(≪三國史記≫ 卷 11, 文聖王 2年)

와 같이 당에서 追放을 당하기까지 하였다. 이리한 유학생의 귀국거
부 사건은 결국 양국간에 큰 문제가 되었음도 사실이다.

(2) 留學生의 滯唐活動

　우선 賓貢料에 합격한 유학생들은 당으로부터 일정한 자격과 지식
을 인정받았다. 따라서 당의 빈공과는 羈縻政策의 일환으로 그 나라
의 국내 과거가 아니었으며 외국인에 대한 禮儀的인 것이어서 賓貢
合格者에 대한 당의 대우는

　　이른바 賓貢科란 매번 別試를 榜尾에 이름을 붙이는 것으로 모든
　　사람과는 병열할 수는 없다. 더구나 벼슬을 제수 받음에 있어서도
　　卑官이나 冗官이 많아 혹은 그대로귀국하기도 한다.51)

와 같이 신통치 않았다. 그러나 초기와 달리 점차 유학생이 6두품계
층이 많아 그들의 본국에서의 입장을 고려할 때 당에서의 官職除授

---

50) ≪東文選≫ 卷 84, 「送奉使李中父還朝序」.
51) 위의 책.

는 그런대로 그들의 活路가 될 수 있었다. 즉, 당의 官職除授는

> 哀莊王 원년 8월에 앞서 入唐宿衛學生인 梁悅에게 豆肹縣 小守로
> 임명하였다. 처음 德宗이 奉天에 피난갔을 때 梁悅이 從難의 功이
> 있어, 帝가 그를 右贊善大夫의 직을 주어 돌려보냈으므로 왕이 그를
> 발탁하였다(≪三國史記≫ 卷 10).

에서 본다면 梁悅은 皇帝측근에서 從難之臣이었음을 알려준다. 이것
은 宿衛와의 혼동에서 야기된 것이지만, 유학생을 때로는 人質的인
존재(宿衛)로 이용했음을 알 수 있다. 그러므로

> 文武王 15년 9월에 薛仁貴는 宿衛學生 風訓의 부친인 金眞珠가
> 본국에서 伏誅된 것을 이유로 풍훈을 향도로 하여 泉城을 공격해왔
> 다(≪三國史記≫ 卷 7).

에서와 같이 金風訓은 본국에서의 謀逆事件에 이용되었다. 이 점으
로 미루어 보아 留學生을 人質的인 存在로 규정한 李丙燾·金世潤의
주장도 일리가 있다.52) 더욱이 金允夫의 경우 ≪冊府元龜≫(卷 976,
外臣部 襃異 3)에는 開成 원년 12월 "新羅國質子試光祿卿 賜紫金魚
袋金允夫"라고 되어 있어 宿衛學生을 質子로 표시하였다. 당시에 宿
衛로는 金義宗·金忠臣이 있었을 때인만큼,53) 어디까지나 質子로서
의 의미는 唐側의 편의적 표현이라고 하겠다. 따라서 숙위학생의 질
자적 개념은 일반현상이 아닌 예외적 사실로 생각할 수 있다.
　둘째로 유학생들은 賓貢合格後 그곳에서 관직생활을 하는 경우가
많았다. 金雲卿이 充兗州郡都督府司馬·淄州麗史가 된 이후54) 상당
수의 宿衛學生들이 말단이나마 당의 官職을 받고 있었다.

---

52) 李丙燾, 앞의 책, p.672 및 金世潤, 앞의 論文, p.156.
53) 申瀅植, 앞의 책(1984), p.378.
54) ≪三國史記≫ 卷 11, 文聖王 3年條.

<표 1> 宿衛學生의 唐職除授表

人　名	唐 의 官 職	典　據
金雲卿	充兗州郡都督府司馬・淄州長史	《三國史記》 卷11
裵　光	光祿主導兼 監察御史	《三國史記》 卷11
崔致遠	宣州漂水縣尉・承務郞侍御史內供奉	《三國史記》 卷 46
金文蔚	工部員外郞・沂王府諮議參軍	《三國史記》 卷12
金　裝	海州縣刺史	《東文選》 卷 47
金　穎	守定邊府司馬	「普照禪師碑銘」

<표 1>에 의하면 賓貢料를 합격한 대표적인 유학생들이 일부 末端의 外職에 임명되고 있어 그들의 식견과는 상반된 감이 크다. 이러한 당에서의 外官受職은 그들의 본국에서의 활동에 시사하는 바크다. 그러나 이것은 거의가 형식적인 관직부여에 불과하다고 할 것이며, 외국인에 대한 儀禮的인 것으로 생각된다.

셋째로 宿衛學生들의 활동 중 가장 뚜렷한 것은 그들이 外交官의 역할을 하였다는 점이다. 그것은

　　唐武宗은 앞서 귀국한 宣慰副使 充兗州郡都督府司馬 賜緋魚袋金雲
　　卿을 淄州長史로 삼고 곧 勅使로 삼아 신라왕을 開府儀同三司檢校太
　　尉使……新羅王으로 삼고, 妻朴氏를 王妃로 삼았다(《三國史記》 卷
　　11, 文聖王 3年).

는 것과 같이 在唐新羅人, 특히 宿衛學生을 외교사절로 발탁하여55) 즉, 金文蔚56)・金藺中57)・裵光58) 등이 당의 冊封使나 당 측 副使로 귀국하고 있다.59) 이러한 유학생의 외교사절발탁은 그들에 대한 당

---

55) 申瀅植,「羅唐間의 朝貢에 대하여」,《歷史敎育》 10 (1967), p.111 및 앞의 책
　　(1984), p.347.
56) 《三國史記》 卷 12, 孝恭王 10年條.
57) 《慈覺大師入唐求法巡禮行記》 卷 4, 大中元年 閏 3月條.
58) 《三國史記》 卷 12, 景文王 5年條.

으로부터의 능력과 식견을 충분히 인정받았다는 근거가 될 것이다. 그러나 이러한 유학생의 外交官起用도 실은 만기가 된 그들에게 준 귀국선물 이상의 뜻은 없다.

넷째로 이들은 외국에서의 활동제약과 한정된 外職에 대응하여 스스로 활로를 개척하는 방편으로 당의 文人과의 交友를 맺음으로써 자신의 존재를 확인하고 있었다. 즉, 朴仁範이 馮氏一派와의 관련을 비롯하여,60) 崔致遠·朴充·金夷魚·崔承祐 등은 당의 文人·詩人 등과 詩友를 맺어 신라인의 학문·문장수준을 그들에게 일깨워 주었다. 특히 崔致遠은 高騈이외에 顧雲·羅隱·張喬 등과 문장을 겨룰 수 있었고,61) '文章感動中華國'이란 顧雲의 離別詩를 제하더라도 羅隱의 고자세를 꺾을 수 있었다.62) 이러한 그의 詩才는 결국 ≪全唐詩≫에까지 수록될 수 있었다.63)

끝으로 일부에 관직생활자나 詩名을 남기지 못한 대부분의 宿衛學生들은 자신들의 진로에 어려움을 겪었다. 특히 이들은 외국에서의 차별을 잊으려고 귀국해 정치적 진출을 모색하였으나 崔致遠과 같이 '驥足未展而沈鬱'이거나,64) '自傷不偶 無復仕進意 逍遙自放 山林之下 江海之濱'65)의 예로 보아 그것도 여의치 않았던 것이다. 그러므로 이들은 金可紀의 경우와 같이

> 金可紀는 신라인이다. 賓貢進士가 되었으며, 특히 道教에 깊은 뜻을 가져 번거로운 사치를 싫어하였다.……특히 博學多識하고 문장이 깨끗하며 자태가 너그러워 擧動言談이 중국의 풍을 하고 있었다. 홀

---

59) ≪冊府元龜≫ 券 976, 外臣部 褒異 3에 金允夫는 開城 元年(837)에 興德王의 宣慰 및 僖康王의 冊封副使로 귀국하고 있다.
60) 李基東, 앞의 책(1984), pp.294~295.
61) 李基東, 위의 책, pp.298~301.
62) 申瀅植, 앞의 책(1984), p.451.
63) ≪全唐詩≫ 卷 182, 및 ≪新唐書≫ 卷 224 下 高騈 참조.
64) ≪東史綱目≫ 卷 5, 孝恭王 2年 11月條.
65) ≪三國史記≫ 卷 46, 列傳 6 崔致遠.

연히 終南山의 午谷에서 허술한 집을 짓고 우거하면서 조용한 생을
보냈다.……그 후 3년에 귀국의사가 있어 배편으로 왔다가 다시 와
서 道服을 입고 終南山에서 陰德을 쌓고 일생을 보냈다.66)

하여 그는 다시 入唐한 후 道敎에 뜻을 두고 餘生을 그곳에서 보냈다.
이와 같이 당대의 文章家(知識人)가 그 뜻을 펴지 못하고 도교·
불교에 귀의하여 외국에서 은거한 예가 허다하였다. 이러한 文人의
종교에의 歸依는 결국 현실불만의 정신적 도피였고, 일종의 自己昇
華의 표현이었다.

IV. 宿衛學生의 歸國後 活動

渡唐留學生들은 비록 賓貢料에 합격되지 못한 경우라도 당대를 대
표하는 지식인이었고 文人이었다. 국내에서의 國學의 교육적 기능이
제한되었고,67) 讀書出身科가 인물발탁의 목적을 발휘할 수 없었기
때문에 도당유학은 그만큼 의미가 있었다. 유학생들은 장기간 先進
文物을 목도한 啓蒙된 학자였고 그 시대의 先覺者였다. 그러므로 우
리는 이들이 盛唐文化를 받아들여 신라의 사회와 문화개발에 중추적
역할을 했다고 생각된다. 따라서 이들은 ≪三國史記≫의 표현처럼
신라의 鴻荒之俗을 고쳐 禮義之邦으로 만들었다는 것은 어느 정도
믿을 수 있는 내용일 것이다.68)
더구나 이러한 儒敎的 素養과 識見은 羅末의 혼란기에 지적 保全
者가 되었고, 豪族의 割據에 대응하는 王道政治의 방향을 제시하게

---

66) ≪太平廣記≫ 卷 35, 金可紀條.
67) 李基白, 「新羅骨品體制下의 儒敎的 政治理念」, ≪新羅時代의 國家佛敎와 儒敎≫
(韓國文化硏究院, 1978), p.160.
68) ≪三國史記≫ 卷 12 末尾.

되었다.69) 특히 漢文化의 광범한 이해는 신라의 문화수준을 향상시
켜 唐과 대등한 선까지 끌어올려 스스로 君子之國·仁義之鄕을 지칭
할 수 있었으나,70) 그것이 단순한 漢文化의 同化나 欽慕가 아니라
신라문화전통의 새로운 인식이었다. 그것은 儒敎의 결합에 따른 思
想的 昇華인 것이다.

특히 宿衛學生을 중심으로 전개된 漢學의 소화로 羅末에 이르러
文藝는 찬연히 빛나고 이들 3崔 및 朴仁範 등이 나와서 高麗文藝의
기초를 이루었음은 물론이다.71) 그러나 이들의 학문적 기어가 그것
으로 끝난 것이 아니라 儒敎制度의 구현, 왕권의 강화 및 과거제도
의 보편성과 필요성을 하나의 시대정신으로 제시하여 高麗王朝의 집
권화와 과거제도창설을 가져오게 하였다는데 의미가 있다.72) 무엇보
다도 崔致遠은

　　征伐은 있으되 戰爭은 없어야 하는 것이 실로 王道에 부합하는
　　것이다. 干戈(무기)를 녹여 農器를 만들어 오랫동안 부귀토록 할지
　　어다.73)

에서와 같이 平和思想과 王道政治를 指向함으로써, 王建이 추구한
平和·恤民·勤農策의 기저를 이루게 하였다. 특히 崔致遠의 4 山碑
에 나타난

　　(가) 3畏는 3歸와 비교되며, 5常은 5戒와 같은 것이다. 王道를 능히
　　　　실천하는 것은 佛心에 부합되는 일이다.74)
　　(나) 如來와 周孔은 비록 각기 시작되었으나, 근본으로는 한곳으로

---

69) 申瀅植, 앞의 책(1984), p.452.
70) 金哲埈, 「統一新羅의 文化」, ≪한국사≫ 3 (1978), p.262.
71) 今西龍, 「新羅崔致遠傳」, ≪新羅史硏究≫(圖書刊行會, 1933), p.369.
72) 申瀅植, 앞의 책(1984), p.461.
73) ≪東文選≫ 卷 3, 殺黃巢表.
74) ≪朝鮮金石總覽≫ 上, p.79, 「聖住寺朗慧和尙白月葆光塔碑銘」.

歸一한다. 양자를 겸하지 못한 자는 사물의 이치를 이해할 수
없다.75)

(다) 仁心이 곧 佛心이며 부처의 뜻과 仁과 통한다.76)

와 같은 儒佛道의 結合은 羅末麗初의 사상계를 집약시킨 것으로서,
訓要十條의 정신이나 麗初의 시대정신을 제시한 것이라 생각된다.77)

우선 유학생들의 귀국 후 실제의 활동상은 우선 그들의 地方守令
職을 통한 정치참여이다. 이것은 앞서 언급한 唐에서의 外官受職과
맥을 같이 하는 것으로서, 일단 文人으로서는 부적절한 대우이다. 현
존의 문헌에 따라 遣唐留學生이 받은 外職을 정리하면 다음 「표 2」
와 같다.78)

<表 2>에 의하면 7명의 유학생이 귀국 후 外職(少守·太守)에 임
명되었다. 이것이 唐에서의 경험이나 국내의 學生보다 대우가 좋다
해도,79) 유학자에게 外官을 주었다는 사실은 기이한 현상이다. 아마
도 그들의 신분이 6두품이어서80) 제한된 참여가 불가피했을 것이며,
眞骨萬能·飽和狀態를 고려한다면81) 중앙행정직에의 발탁은 불가능
했을 것이다.

---

75) ≪朝鮮金石總覽≫ 上, p.67, 「雙谿寺眞鑒禪師大空塔碑銘」.
76) ≪朝鮮金石總覽≫ 上, p.88, 「鳳巖寺智證大師寂照塔碑銘」.
77) 申瀅植, 앞의 책(1984), p.453.
78) 李基東, 앞의 책(1984), pp.285~291 및 金世潤, 앞의 논문, p.161의 表.
79) 浜田耕, 앞의 論文, pp.66~67.
80) 이에 대하여 李基東의 앞의 책, p.258에서 金彦卿과 同一人이 아니라고 되어 있다.
81) 李基東, 앞의 책, pp.178~179.

<표 2> 宿衛學生의 外職歷任表

人 名	文翰職	典 據
金 巖	良·康·漢州太守·浿江鎭頭上	《三國史記》 권 43(金庾信列傳 下)
金雲卿80)	長沙縣副守(少守 또는 縣令)	「長興寶林寺普照禪師彰聖塔碑」
子 玉	楊根縣小守	《三國史記》 권 10(元聖王 5년)
梁 悅	豆肹縣少守	《三國史記》 권 10(哀莊王 원년)
金立之	秋城郡太守	《昌林寺無垢淨塔願記》
金 峻	榻城郡太守·西京次官(少尹)	《三國史記》 권 46및 《東文選》 권 19
崔致遠	富城郡太守	《三國史記》 권 46 (崔致遠傳)

둘째로 宿衛學生들의 실질적인 정치참여는 그들의 識見이나 專功과 어울리는 文翰職에의 진출로 나타났다. 이것은 金立之가 翰林郞에 임명된 이후 많은 유학생들이 전문적인 文藝職에 종사하였음이 뚜렷하다.82)

<표 3> 宿衛學生의 文翰職 進出表

人 名	文翰職	典 據
金立之	翰林郞	「無垢淨塔願記」
崔 賀	翰林郞	《大安寺寂忍禪師塔碑》
崔致遠	侍讀兼翰林學士	《桂苑筆耕》
朴居勿	侍讀右軍大監	「皇龍寺九層木塔刹柱本記」
朴仁範	翰林學士·瑞書學士	《東文選》 권 117, 「興寧寺澄曉大師寶印塔碑」
朴 邕	侍讀翰林	《桂苑遺香》
崔愼之	瑞書院學士	《三國史記》 권 46

이러한 한림기관은 羅末의 中事省과 같은 近侍職과 더불어 등장된 가구로서 여초에 국왕의 측근에서 정책적인 고문역할을 담당한 바 있었거니와,83) 그것은 유학생을 비롯한 지식계층을 흡수하는데 결정

---

82) 李基東, 위의 책, pp.249~264, pp.282~291 및 金世潤, 앞의 論文, p.161의 表 참조.
83) 邊太燮, 「高麗初期의 政治制度」, 《韓㳓劤博士停年紀念史學論叢》(知識産業社, 1981),

적인 의미가 있었다. 이러한 기관의 필요성을 단순한 事大文書의 作成과 같은 좁은 의미가 아니라 유학지식에 의한 王權强化의 보조자로서 側近政治를 지향하려는데 있었을 것이다.[84] 이러한 나말에 있어서 文翰機關의 활용은 漢文化의 受容만이 아니라 文人의 保護는 물론[85] 정치적 혼란기에 유학과 학문을 보존할 수 있었으며 신라문화수준을 그대로 유지함으로써 高麗에서의 학문과 유학을 한차원 높이는 계기가 될 수 있었다. 동시에 이러한 유교정치의 필요성의 제시는 王權强化에 수반되는 歷史編纂의 필요성을 강조함으로써 고려초 국사편찬의 가능성을 가져왔다고 하겠다.[86]

셋째로 賓貢出身者들은 그들의 知名度나 滯唐時의 명성에 따라 外交使節에 발탁된 경우가 많았다. 이러한 경우는 崔賀가 謝恩使 겸 宿衛判官으로 입당한 외에,[87] 崔致遠·金僅 및 崔元[88] 등이 외교사절로 활약을 한바있다. 그러나 이들은 어디까지나 불가피한 참여자로서 그것은 정부로부터 받은 대우(學費)에 대한 보답에 불과하였다. 또한 일부는 崔愼之의 경우처럼 執事侍郎과 같이 중앙관직을 받은 경우가 있으나,[89] 그것은 일시적이었을 뿐이다. 이들은 결국 신분적 불만을 통한 反新羅的인 지식인이었으나, 그것을 타파하는데 소극적일 수 밖에 없었던 방황하는 周邊人 또는 先覺者일 뿐이었다. 그러나 신라는 이러한 지식층에게 문호를 개방하지 못하였으므로 金可紀와 같은 경우는 귀국했다가 다시 唐으로 돌아가고 말았다.[90] 더구나

---

p.174.

84) 李基東, 앞의 책, p.263

85) 李基東, 위의 책, p.265.

86) 申瀅植,「新羅人의 歷史認識과 그 編纂」,《白山學報》34(1987), p.136.

87) 《朝鮮金石總覽》上, p.117,「大安寺寂忍禪師照輪淸淨塔碑銘」.

88) 崔致遠은 그의 列傳(《三國史記》卷46)에 '唐昭宗 2년(893) 祇召爲賀正使'로 임명되었으나 파견되지 않았다고 되어 있고, 그 후 "奉使如唐但不知其歲月耳"이라 하여 외교 사절로 入唐한 바 있다. 金僅의 경우도 《東文選》권 19에 慶賀副使로 885년에 입당하였다. 崔元 역시 《東文選》卷 33에 賀登極使判官으로 임명되었다.

89) 《高麗史》卷 92, 崔彦撝傳.

이들이 신라사회의 현실을 목도할 때 체질적으로 마찰을 느꼈을 것
이므로 이들은 거의가 隱遁이나 宗敎的 逃避로 학문을 死藏시키고
말았다. 그것은 骨品社會인 신라로서는 불가피했던 한계였을 것이다.
　그러나 이들의 反新羅的인 움직임은 眞聖女王 이후 본격화되었다.
이때를 대표하는 인물은 崔承祐・崔愼之 등이다. 崔承祐는

> 唐昭宗 龍紀 2년에 入唐하여 景福 2년에 侍郞楊涉하에서 시험(賓
> 貢科)에 합격하였다. 그는 文集 465권이 있는데 自序하여 餬本集이
> 라 했다. 후에 甄萱을 위하여 檄書를 지어 우리 太祖(왕건)에게 보
> 냈다(≪三國史記≫ 卷 46).

라 하여 龍紀 2년(809, 진성여왕 4년)에 입당하여 景福 2년(893)에
貢賓合格 후 돌아와 甄萱의 師傅이 되었다. 여기서의 문제는 국가보
조로 修學한 유학생이 귀국하여 적국(후백제)에서 활동하였다는 사
실이다. 이것은 이들이 본국을 외면하고 외국에 협조했다는 대표적
경우이다. 그리고

> 崔彦撝의 初名은 愼之이다. 신라말(897)에 입당하여 禮部侍郞薛廷
> 珪하에서 급제하였다.……42세에 귀국하니 신라에서는 執事侍郞瑞書
> 院學士를 주었다. 太祖가 나라를 세움에 太子師傅이 되어 文翰의 일
> 을 맡겼으며, 宮院의 額號는 대개 그가 찬술하였다. 그는 大相元鳳太
> 學士・翰林院平章事까지 벼슬을 하였다(≪高麗史≫ 卷 92, 列傳 5).

에서 본다면 崔愼之는 906년(孝恭王 13년)에 귀국 후 10여 년간은
신라에서 관직생활을 하였으나, 王建이 건국한 뒤에는 바로 그의 측
근으로 활약하였다. 이러한 그의 정치행적은 羅末에 있어서 제한된
관리생활이 아니라 보다 적극적이고 구체적인 현실참여였다. 따라서
그의 아들인 光胤도 賓貢出身으로 麗初의 대표적인 유학생으로서 光

---

90) ≪太平廣記≫ 卷 35 金可紀條.

軍司設置의 주역이 되었다. 이러한 崔氏系의 고려조에의 참여는 그 후 光遠·沆으로 이어졌으며, 崔承老의 경우도 같은 맥락에서 설명할 수 있을 것이다.91)

이와 같은 고려전기에 있어서 유학생들의 정치참여는 王建의 門戶 開放政策의 결과이겠지만, 羅末에 있어서 失意에 빠졌던 사실과는 대조가 된다. 다시 말하면 왕건에 의한 知的 集團의 흡수는 禪師·隱士·投化漢人에 이르기까지 광범한 포섭과 함께 王權强化의 큰 계기를 가져온 것이다. 따라서 유학생들은 거의가 王權政治의 具顧과 人才拔擢法으로서 科擧制度의 필요성을 제시함으로써 고려왕조의 성장 및 과거제도 창설의 소지를 마련하였다고 생각된다.92)

V. 結語

이상에서 우리는 羅末麗初의 대표적인 知性인 遣唐留學生, 즉 宿衛學生의 파견방법, 수학과정 및 그들의 국내외 활동을 살펴보았으며, 그들의 활동이 고려왕조의 성장에 기여한 내용을 재검토하였다. 이러한 필자의 시도는 몇몇 전문가들의 엇갈린 주장에서 나타난 개념의 불투명을 정리함으로써 그에 대한 명확한 성격부여를 위함이었다. 따라서 본고는 遣唐留學生에 대한 새로운 자료의 발굴이 아니라 기존연구의 재정리에 불과한 것이다. 동시에 필자가 최초로 발표한 「宿衛學生考」에 대한 견해를 재확인 한 것이다.

첫째로 遣唐留學生의 형태에 있어서 私費留學이 실제로 어렵다고 생각되어 그들은 거의가 官費留學일 것이라는 점을 지적하였다. 간혹 개인적으로 入唐, 修業한 경우가 있다 해도 그들은 어디까지나 정부통제하에 있었다. 따라서 그들은 제시된 명단을 갖고 가는 공식

---

91) 申瀅植, 앞의 책(1984), p.456.
92) 申瀅植, 위의 책, p.461.

적 사절(朝貢使나 宿衛)을 따라 입당·수학(10년간) 하였으며, 수학
기간이 경과하면 그들은 원칙적으로 정부의 요청에 따라 사절의 歸
國船便으로 돌아 온 것이다. 다만 개인적 또는 정치적으로 귀국을
거부함으로써 양국간에 정치문제가 생겼으며 그들의 신분이 6頭品
(초기에는 眞骨)이어서 현실적 불만에 따라 귀국반대 또는 再入唐의
사례가 빈번해 진 것이다.

둘째로 그들의 파견배경은 唐의 羈縻·開放政策도 있지만 신라의
국내적 필요성-儒敎政治理念의 追求와 金春秋·金庚信의 新興勢力
의 정치적 의도-과 직결되고 있었다는 사실을 특히 강조하였다. 그
러나 점차 6두품이나 정치적 이유로 追放·懷柔의 이미도 배제할 수
는 없었다.

셋째로 그들은 唐에서 賓貢合格後 제한된 外職이나 外交使節로 발
탁되었으나 그것은 어디까지나 임시적이었다. 따라서 대부분 종교에
귀의하거나 그곳의 文人과 詩友를 맺어 名聲을 남긴 일이 있어 신라
인의 儒學이나 學問水準을 높여준 것은 확실하다. 따라서 그들에 의
해서 신라는 漢學의 理解나 문화수준을 크게 높일 수 있었다.

끝으로 宿衛學生들의 귀국 후 활동은 전반적으로 外職 및 外交使
節에의 참여나 文翰職에의 활동이 중심이 되었다. 전자의 경우는 임
시적 관례였으며 후자의 경우는 그들이 남긴 대표적 활동무대가 되
었다. 이러한 문한직에의 참여는 나말여초의 사회적 혼란 속에 學問
을 保存할 수 있었고, 麗初 王權強化 및 儒敎政治의 具現에 큰 기여
를 할 수 있었다. 동시에 그들에 의한 儒·佛·仙의 사상적 결합은
訓要十條나 고려전기의 사상적 기반을 제공하였으며 科擧制度와 같
은 實力爲主의 풍조를 이끌게 한 정신적 바탕을 가져오게 하였다.
특히 후삼국시대에 있어서 宿衛學生들의 신라이탈은 정치적·사회적
시련기에 처한 신라에 있어서 文化空白 또는 頭腦離脫現象으로 확대
되었으나, 고려가 이를 흡수함으로써 文化의 斷絶을 막을 수 있었다.

제4장
統一新羅의 儒敎政治思想

統一新羅는 정치·문화·사회의 여러 면에서 安定과 隆盛의 시기였다. 이러한 사회의 번영은 唐과 日本과의 전쟁이 없었던 것도 큰 요인의 하나이다. 통일신라 초기의 羅·唐間의 충돌을 제하면, 7~8세기는 한국고대사에 있어서 黃金期였다. 무엇보다도 강력한 專制王權의 확립, 民族文化의 發達, 그리고 唐·羅·日의 親善으로 유지된 미증유의 平和期였다. 따라서 이러한 국제평화의 수립에 크게 기여한 新羅外交의 내면적 실상을 찾아보고자 한다.

제1절에서는 西海와 新羅의 관계를 재조명해 보았다. 종래 西海航路는 고구려 해안을 따라 북상하여 遼東半島南端에서 남하하는 高麗·渤海航路[老鐵山水道]였으나, 신라는 백제로부터 빼앗은 서해횡단 항로인 新羅航路[赤山水道]를 통해 6세기 중엽 이후 서해의 制海權을 장악하였다. 특히 新羅航路를 둘러싸고 3국간의 쟁패전을 시기별로 찾아보았고, 서해를 통해 파견된 신라의 遣唐使·賀正使·宿衛 및 당의 持節使名單을 총 정리하였다. 이들을 통해 신라는 당나라와 함께 동아시아를 지배하였으며 우수한 船舶術과 航海術을 바탕으로 日本使臣과 學問僧의 편의를 제공한 8~9세기의 신라의 해상활동을 구명하였다.

제2절에서는 新羅와 日本과의 관계를 정리하였다. 우선 신라의 上古代에 변방을 침입한 倭는 李鍾恒의 견해대로 近畿의 倭가 아닌 韓人倭로 파악하여 倭國과 구별하였다. 다만 왜의 근거지가 점차 韓半島를 떠나 對馬島나 九州로 이동한 것을 大和의 倭가 성장하는 과정과 연결시켜 보았다. 또한 神功后의 新羅征伐은 張道斌의 昔于老傳說에 의거하여 그 不當性을 지적하였다. 특히 일본의 古代文化에 백제의 영향이 컸음은 사실이나, 7세기 이후 일본의 遣新羅使의 수와 함께 통일신라의 문화가 일본에 준 절대적인 영향을 또한 확인하였다. 특히 신라의 對倭·對日關係를 3기로 나누어 그 성격을 파악해 보았으며, 統一新羅의 文化—주로 유학, 불교, 예술—가 白鳳文化 또는 天平文化의 개발에 준 구체적 영향을 찾아 일본의 蕃國觀克服의 계기를 마련하였다.

제1절 統一新羅의 繁榮과 西海

I. 序言

西海는 북으로 渤海灣·西韓灣으로부터 남으로 東支那海의 북부까지를 포함하는 韓半島와 中國大陸 동부사이의 內海를 말한다. 그러나 한국 고대사의 전개과정에서 큰 몫을 차지한 서해는 발해만을 제외하고, 주로 遼東半島와 山東半島를 거쳐 上海남쪽의 杭州灣 寧波(明州)와 한반도 사이의 바다를 의미한다. 그 중에서도 統一新羅 후반기까지는 주로 서해 북반부가 양국간의 교류에 이용되었다. 중국의 선진문물이나 서역의 문화는 바로 이 黃海를 통해 전해졌으며 삼국이 그 세력을 해외로 뻗어 나갈 때도 서해를 통해 시작되었다. 그만큼 서해는 한국 고대사의 성장과정에서 빠질 수 없는 文化空間 아닐 수 없다.

서해는 대륙에서의 한민족의 이동으로부터 한반도와 밀접한 관계를 갖고 있었다.1) 그 후 서해를 통한 직접교류는 漢武帝의 침략 이후 본격화되었으며, 隋·唐과 高句麗의 싸움도 이 해안에서 치열하게 전개되었으나, 西海를 중심으로 하는 본격적인 기존연구는 나타나지 않고 있다. 다만 金庠基의 선구적 연구와2) Reischauer의 圓仁의 ≪入唐求法巡禮行記≫에 대한 분석적 고찰3) 및 金文經의 在唐新羅人에 대

---

1) 今庠基, 「韓·濊·貊 移動考」, ≪史海≫1(1948) 및 「東夷와 淮夷·徐戎에 대하여」, ≪東方學志≫ 1, 2(1954, 1955); ≪東方史論叢≫ (1974) 참조.
2) 金庠基, 「古代의 貿易形態와 羅末의 海上發展에 대하여」·「麗宋貿易小考」, ≪東方文化交流史論攷≫ (乙酉文化社, 1954).

한 일련의 연구를 통해,4) 黃海의 중요성이 부각되기 시작하였다. 이를 바탕으로 李永澤의 구체적인 航運硏究5) 孫兌鉉과 金在瑾의 海運과 船舶硏究를6) 통해, 서해에 대한 다각적 연구가 축적되었다.

그러나 이러한 여러 연구들은 서해의 중요성 인식이나 그 역사적의미는 인정하였으나 어디까지나 그들 연구의 부수적 언급에 불과하였으므로,7) 서해를 중심으로 그것이 갖는 정치·문화적 의미 해석에는 미진한 형편이다. 여기에 본고를 초한 이유가 있다.

필자는 선학들의 연구성과를 토대로 삼국시대 초기부터 통일신라의 후반기인 9세기 초엽 張保皐 등장까지를 대상으로 하여 서해를둘러싼 교섭상을 살펴보았데. 무엇보다도 한국 고대사의 전개과정에서 서해가 갖고 있는 의미파악에 초점을 두면서 삼국의 성장과정과서해와의 관계를 다각적으로 분석하였다, 특히 통일신라의 對唐交涉關係를8) 추적하는 과정에서 당시 航路의 확인 求法僧9)과 使節들의구체적 명단을 통해 서해의 역사적 성격을 究明하는데에 그 주안점을 두었다. 따라서 본고는 將來할 西海岸時代의 개막에 그 것 페이지를 장식할 수 있으리라 여긴다.

---

3) Edwin O. Reischauer, ≪Ennin's Travels in T'ang China≫(The Ronald Press Company, New York, 1955).

4) 金文經, 「在唐新羅人의 集落과 그 構造」, ≪李弘稙博士回甲紀念 韓國史學論叢≫, (1969) 및 「赤山法花院의 佛教儀式」, ≪史學志≫ 1(1967).

5) 孫兌鉉·李永澤, 「遣使航運時代에 關한 硏究」, ≪韓國海洋大學論文集≫ 人文·社會科學篇 16(1981).

6) 孫兌鉉, ≪韓國海運史≫(韓國船員船舶問題硏究所, 1982). 金在瑾, ≪韓國船舶史硏究≫ (서울大學校出版部, 1984).

7) 全海宗, 「韓中朝貢關係考」, ≪東洋史硏究≫ 1(1966). 申瀅植, 「羅唐間의 朝貢에 대하여」, ≪歷史教育≫ 10(1966). 崔根默, 「百濟의 對中關係小考」, ≪百濟硏究≫ 2(1971). 徐榮洙, 「三國과 南北朝交涉의 性格」, ≪東洋學≫ 11(1981) 등이 西海를중심으로 전개되는 韓·中關係史를 다루고 있다.

8) 申瀅植, 「統一新羅의 對唐關係」, ≪韓國古代史의 新硏究≫(一潮閣, 1984) 참조.

9) 權悳永, 「三國時代 新羅求法僧의 活動과 役割」, ≪淸溪史學≫ 4(한국정신문화연구원 1987) 참조.

Ⅱ. 韓國 古代國家에 있어서 西海의 政治的 意味

韓國古代에 있어서 서해는 우리나라의 정치·군사·문화면에 있어서 중요한 의미를 갖고 있었다. 한반도와 중국대륙이 이어지는 遼東·遼西地方은 여러 지방민족이 할거하거나, 漢族과 塞外民族間에 끊임없는 爭覇가 계속되었기 때문에 한·중 양민족의 문화교류는 주로 서해를 통해서 이룩되었다. 특히 빈번한 使臣·留學生·求法僧 등이 이 바다를 통해서 왕래하였고, 중국의 선진문화와 서역문화까지도 이곳을 통하여 수용되었다. 따라서 서해는 양국간의 문물교류의 통로가 됨으로써 우리 문화발달의 교량역할을 충실히 이행하였다.

한편 서해는 문화적 의미와 함께 정치·군사적 중요성도 컸다. 중국세력들이 북방 내륙으로의 진출이 저지될 때 황해는 그들의 侵略通路가 되어 한반도를 위협하였다. 즉, 漢武帝의 침략을 비롯하여 隋·唐의 高句麗征伐이 그것이다. 동시에 百濟의 遼西進出이나 張保皐의 해상활동 등과 같이 우리나라가 해외로 진출할 때는 먼저 서해를 통해야만 하는 前進의 길목이 되었다. 그러므로 서해는 우리나라의 安危와 發展의 관건으로서, 우리 민족의 興亡盛衰를 좌우하여 왔다.

특히 서해의 정치적 중요성은 국가건설의 신화나 기원과 연결되고 있다는 점이다. 準王의 南遷, 沸流의 彌鄒忽定着, 王建先代의 활동 등이 서해안에서 이루어지고 있다는 사실은 무엇보다도 중요한 의미가 있다. 서해안에 관계된 최초의 기록은

朝鮮侯 準이 함부로 王이라 일컫다가 燕나라에서 亡命한 衛滿의 공격을 받아 나라를 빼앗겼다. 그의 近臣과 宮人을 거느리고 도망하여 바다로 들어가 韓의 지역에 거주하면서 스스로 韓王이라 칭하였다.10)

라는 準王의 南遷사실이다. 古朝鮮의 유민이 남하하여 三韓의 새로운

---

10) ≪三國志≫ 卷 30(魏書), 東夷傳 30 東夷(韓傳).

역사가 시작됨으로써,11) 서해는 중국과의 관계 이전에 한반도 자체의
인적·문화적 교류에 큰 몫을 하였다. 따라서 이 바다는 우리 민족의
血統的 紐帶와 문화적 동질성을 확인해 주는 매개체가 되어 왔다.
　그러나 서해의 진정한 정치적 의미는 중국대륙과 한반도간의 관계
로부터 찾게 된다. 그것은

　　天子는 죄인을 모아 朝鮮을 치게 하였다. 그 해[元封 2년]가을에
　　樓船將軍 楊僕을 파견하여 齊로부터 渤海를 건너게 하였다.12)

는 기록과 같이 元封 2년(B.C. 109)에 漢武帝가 고조선을 공격하기
위해 楊僕을 파견하여 齊(山東半島)로부터 서해(발해)를 건너 右渠王
을 공격하였다는 것이다. 이와 같은 渡海事件은 서해안을 통해 나타
난 한·중간의 최초의 교섭(충돌)이다. 이 사건은 결국 古朝鮮을 멸
망케 한 것이며, 이와 아울러 서해의 중요성을 반영해 준 것이다.
　삼국시대에 있어서 서해의 정치적 의미는 육지로 연결된 高句麗보
다는 바다로만 통할 수밖에 없는 百濟·新羅에게 절대적이었다. 이
러한 사실은

　(가) [西晋] 武帝 太康元年과 2년에 그들의 임금이 자주 사신을 파
　　　견하여 토산물을 조공하였다[마한].
　(나) [西晋] 武帝의 太康 元年에 [진한] 왕이 사신을 보내어 토산물
　　　을 바쳤다.[太康] 2년에 다시 와서 조공하였으며[太康] 7년에도
　　　또 왔다13)

---

11) 準王의 南遷地에 대해서는 ≪帝王韻記≫나 ≪應製詩註≫에는 金馬(益山)로 보았
　　으며, 金貞培도 이를 지지하고 있다(「準王 및 辰國과 三韓正統論의 諸問題」, ≪韓
　　國史硏究≫ 13, 1976, p.15). 그러나 李丙燾는 廣州의 京安으로(「'韓'名稱의 起源
　　과 辰韓의 性格」, ≪韓國古代史硏究≫, 1976, pp.251~253), 千寬宇는 稷山으로(「
　　三韓의 國家形成」 下, ≪韓國學報≫ 3, 1976, pp.127~128) 比定하기도 한다.
12) ≪史記≫ 卷 115, 朝鮮 列傳 55.
13) ≪晋書≫ 卷 97, 列傳 67 四夷.

에서 알 수 있거니와 일찍부터 서해안을 통해 三韓은 중국과 통교하
고 있었으며 弁·辰에서의 鐵을 韓·濊·倭 등과 交易한 ≪三國志≫
(卷 30 東夷)의 기록도 바로 서해를 통해 이룩된 것이다. 그러나 우
리나라[한반도]는 서해를 통해서 중국과 政治的 共存과 文化受容을
꾀했으나

> 景初 연간에 明帝가 몰래 帶方太守 劉昕과 樂浪太守 鮮于嗣를 파
> 견하여 바다를 건너가서 두 郡(帶方·樂浪)을 평정하였다[14]

와 같이 景初中(237~239)에 魏의 明帝도 帶方과 樂浪을 평정하는데
서해를 이용하였다. 결국 서해는 중국에 있어서는 침략의 통로가 된
것이다. 그럼에도 불구하고 서해가 갖는 한반도에서의 지정학적 위
치 때문에 삼국은 험난한 파도를 헤치며 선진문화의 吸收와 東亞의
秩序確立을 위해 중국을 향해 끊임없이 사신을 파견하였다.
　더구나 중국과 대륙으로 연결된 高句麗의 경우도 복잡한 陸路의
이용보다는

> 少帝 景平 2년에 (高) 璉이 長史 馬婁 등을 宋의 왕궁으로 보내
> 어 方物을 바쳤다. 이에 [宋의 황제는] 사신을 파견하여 그 수고를
> 致謝하였다. (중략) 순종하는 마음은 이미 뚜렷하고 충성 또한 드러
> 나 遼河를 넘고 바다를 건너 貢物을 本朝에 바쳤다[15]

라 하여, 少帝 景平 2년(424)에 璉(長壽王)이 遼東을 넘고 바다를 건
너[16] 宋에 조공을 하고 있었다. 이것은 東川王 때 魏를 견제하기 위

---

14) ≪三國志≫ 卷 30(魏唐), 東夷 30(韓傳).
15) ≪宋書≫ 卷 97, 列傳 57 夷蠻 東夷(高句麗).
16) 이 때의 踰遼越海에 대해서 '遼河를 건너고 바다(渤海)를 건너간다'라고 생각하
　기 쉽다(≪中國正史 朝鮮傳(譯註 1)≫ 1987, p.394). 그러나 江을 건너갈 때는
　'踰'자를 쓰지 않는 것이 통례이며, 당시 정세로 보아 長壽王이 遼河를 건너 契
　丹·柔然이 포진한 渤海灣 연안 일대를 따라 宋으로 갈 수는 없었다. 따라서 踰

해 吳와 通交한 것처럼 北朝[北魏]를 견제하기 위해 南朝[宋]와 연결한 것이다. 이와 같이 서해는 한·중간의 정치적 대립은 물론 때로는 調停역할을 할 수도 있었다. 그만큼 서해는 삼국의 정치적 성장과 밀접한 관계를 맺고 있었다. 다시 말하면 서해를 지배하는 나라는 그 번영을 구가할 수 있다는 것이니, 百濟의 遼西經略과 高句麗의 對隋·唐 水軍擊退 및 張保皐의 淸海鎭 설치 등이 이를 반영해 준다. 이 세 사건은 한국 고대사에 나타나는 삼국의 가장 대표적인 해상활동이었다. 이들 사건들은 삼국이 각기 중국세력을 압도하였으며, 서해의 制海權에 따라 국력을 과시하였음을 의미하는 것이다.

따라서 서해의 航海路 장악은 각국의 정치·군사적 사활이 걸려 있기 때문에 이를 위해 삼국은 사투를 계속하였다. 그러므로

(가) 延興 2년에 百濟王 餘慶이 처음으로 사신을 보내어 表를 올려 말하기를 "臣이 동쪽 끝에 나라를 세워 승냥이와 이리들에게 길이 막히니 비록 대대로 신령하신 교화를 받았으나 藩臣의 예를 받들 길이 없었습니다. (중략) 뒤에 들으니 이는 폐하의 사신이 신의 나라로 오는 것을 뱀처럼 흉악한 것들이 길을 막고 바다에 침몰시켰다 합니다."17)

(나) 義慈王 3년 11월 王은 高句麗와 화친하고 新羅 黨項城의 공취를 기도하여 新羅에서 唐으로 入朝하는 길을 막고 드디어는 군사를 내어 이를 공격하였다. 新羅王 德曼이 사신을 唐으로 파견하여 구원을 청하므로 王은 이 말을 듣고 군사를 파하였다.18)

에서와 같이 百濟의 餘慶[蓋鹵王]은 入朝路를 막는 고구려를 승냥이·이리나 뱀으로 표현하였고 신라는 고구려와 백제에 의한 항로차

___

遼는 遼東을 지나 그 南端인 卑沙城에서 똑바로 南下하는 기존의 航路를 이용하였다고 생각된다.
17) ≪魏書≫ 卷 100, 列傳 88 百濟國.
18) ≪三國史記≫ 卷 28, 百濟本紀 6 義慈王 3年.

단을 唐에 호소하고 있다. 그만큼 서해를 통한 對中通路는 국가흥망
의 열쇠가 되었다. 이러한 사실은

> 眞德王 2년 겨울 王이 伊飡 金春秋와 그 아들 文王을 보내어 唐
> 에 入朝케 하였다.(중략) 詔命으로 그들에게 벼슬을 주어 春秋는 特
> 進을 文王은 左武衛將軍을 삼았다. 春秋가 海上에 이르러 高句麗의
> 巡邏兵을 만났다. 春秋의 從者 溫君解가 高冠과 大依를 입고 배[船]
> 위에 앉았더니 巡邏兵이 보고 春秋로 여기어 잡아 죽이매, 春秋는
> 조그만 배를 타고 本國으로 돌아왔다(≪三國史記≫ 卷 5).

라는 기록에서도 증명되고 있다. 즉, 이것은 金春秋가 眞德女王 2년
(648)에 入唐하여 그 아들 文王을 宿衛로 남겨두고[19] 百濟征伐의 군
사협조를 얻은 후 귀국도중 해상에서 고구려의 巡邏兵에게 당한 방
해사건을 나타낸 것이다. 고구려 수군이 김춘추를 죽이려 한 것은
우선 그가 善德王 11년(642)에 고구려에 들어가 원병요청시에 竹嶺
西北之地의 반환문제를 요구했고 淵蓋蘇文과의 대당에서 機智로 탈
출한 사건에 대한 보복일 수도 있다. 그러나 근본적인 것은 신라의
對唐航路, 즉 그의 歸唐之路를 차단하여 羅・唐間의 연결을 저지하
는 동시에 唐의 신라원조에 대한 外交(出師)文書를 略取하려는데 있
었을 것이다.

그러므로 북방으로는 遼東을 차지하는 나라가, 그리고 남쪽으로는
서해를 지배하는 나라가 동아시아의 세력판도를 좌우하였다. 따라서
고구려의 東川王 이후 西安平에의 진출노력은 결국 요동확보를 위한
노력인 동시에 서해로 진출하는 관문인 卑沙城을 확보하려는 정책인
것이다.[20] 나아가서 고구려가 隋・唐과의 대결에서 끝까지 玄菟城・

---

19) 申瀅植, 「新羅의 對唐交涉上에 나타난 宿衛」, ≪歷史教育≫ 9(1966); 앞의 책, pp.354~364.
20) 卑沙城의 명칭에 대해서 ≪舊唐書≫(卷 199, 列傳 149 上 高麗)나 ≪新唐書≫(卷
    220, 列傳 145 高麗)에는 똑같이 沙卑城으로 되어 있다. 또한 ≪資治通鑑≫(貞觀
    19년)에는 卑沙城으로 되어 있으나, ≪三國史記≫에는 卑沙城(寶藏王 4年條)으로
    卑奢城(嬰陽王 25년조)으로 각기 달리 표시하고 있다.

蓋牟城·遼東城·安市城을 연결하는 遼河東岸을 지키려 한 것이나, 그 南端인 안시성을 사수한 것도 대륙(서)·해양(남)의 거점인 비사성을 고수하려는 전략이었다. 이와 같은 비사성의 중요성은 한반도에 있어서 黨項城의 의미와 같은 것으로 서해안 진출의 통로장악을 뜻하는 것이다. 결국 眞興王 이후의 계속적인 고구려의 對中航路의 방해는 신라의 국제적 고립을 꾀하는 정책의 일환인 것이다.

다시 말하면 신라의 對中航路가 고구려 연안을 통한 기존노선이고 보면 신라는 가능한 한 黨項城에서 德物島를 거쳐 西向하는 새 항로 개척이 요구되었고 6세기 말 이후에는 신라가 백제에 의해서 개척된 서해직통항로를 빼앗아 어느 정도 이 노선이 확보되었으리라고 본다. 이는 고구려 연안을 거치지 않은 直通路였으므로 眞德王 2년의 해상사건은 바로 신라의 新航路에 대한 고구려 측의 방해였다고 생각된다.

6세기 말 이후 신라의 독자적인 對隋航路의 개척과 확보는 무엇보다도 그 후 일본의 遣唐使(遣隋使도 포함하여)나 學問僧의 안내가 귀국알선을 가능케 하였다는 점과 연결되고 있다. 특히

> 眞平王 5년 正月에 船府署의 大監과 弟監 各 1人씩을 처음으로 두었다(≪三國史記≫ 卷 4).

와 같이 眞平王 5년(583)에 舟楫之事를 관장하는 船府署의 설치는 적극적인 해상진출의 반영이라고 풀이할 수 있다. 따라서 일본의 前期遣唐使가 주로 이용했던 소위 新羅道(北路)인 '南陽灣−長山串−大同江口−鴨綠江口−旅順−廟島群島−蓬萊코스'는[21] 漢代 이후 널리 이용된 노선이어서 고구려 측의 계속적인 방해를 받게 되었으므로, 신라로서는 큰 부담을 안고 있었다. 그리고 南陽灣에서 바로 西向하는 서해안 횡단코스는 아직도 항해상 위험성을 갖고 있어 南陽灣에

---

21) 山尾幸九,「遣唐使」,≪日本古代史講座≫ 6(學生社, 1980), p.240.

서 德物島(덕적도)를 거쳐 고구려 측의 해안을 최소한으로 이용하면
서 黃海道 西端(白翎島近海)에서 山東半島東端을 횡단하는 最短航路
를 택할 가능성이 컸다.22) 이 신항로는 기존의 항로보다 절반이나
단축된 것으로 백제와 신라가 경쟁적으로 개척하려했던 노선이었다.
6세기 중엽 이후 신라가 백제로부터 탈취한 이 서해안항로는 그후
신라인이 활용하는 航路가 되었으리라 본다. 이 항로는 百濟征伐을
위한 武烈王 7년(660)에 있었던 蘇定方의 출정로가 萊州로부터 '隨
流東下'하였다는 사실과23) 일치하며, 7세기 이후 널리 활용되어 張
保皐 시대에 이르러 그 절정을 이루었다고 생각된다. 계절풍을 이용
할 수 있었던 당시 신라인의 항해술이나24) 높은 선박술의 수준으로
미루어 날씨에 따라서는 신라해안에서 바로 서해를 횡단하는 경우가
있음직하지만 대부분의 서해횡단은

> 古記에, 옛날에는 중국을 통행할 때 水路로 하였는데 豊川으로부
> 터 배를 타고 赤海·白海 수천리를 건너 많은 섬을 지나 바람과 조
> 류를 따라 뱃길을 만들었다.25)

라는 ≪增補文獻備考≫의 설명과 같이 豊川-赤山路가 최단거리였고,
아마도 이 항로는 6세기 후엽 이후에 개척되었으리라 여겨진다. 동시
에 신라에 의해서 航路가 지배되었기 때문에 백제는 빈번히 고구려와
연합하여 이를 방해할 수밖에 없었다. 그러나 신라는 濟·麗에 대항해
서 이 서해 횡단코스를 장악할 수 있었으므로, 濟·麗를 외교적·정치
적으로 능가할 수 있으며, 일본 측의 學問僧·遣隋使·遣唐使 등을 안
내할 수 있었다.26)

---

22) 孫兌鉉·李永澤, 앞의 論文, p.27.
23) ≪三國史記≫ 卷 5, 太宗武烈王 7年 5月條.
24) Edwin O. Reischauer, 앞의 책, pp.295~299.
25) ≪增補文獻備考≫ 卷 177, 交聘考 7 辛酉以後航海路程.
26) 田村圓澄, 「新羅使考」, ≪朝鮮學報≫ 90(1977), pp.70~72.

(가) 舒明 4년 8월 大唐이 高表仁을 보내 三田耕를 돌아가게 하였다. 같이 對馬에 숙박하였다. 이때 학문승 靈雲, 僧旻 및 勝鳥養, 등 이 新羅의 送使들을 따라왔다. 舒明 11年 秋 9月 大唐의 學問僧 惠隱, 惠雲이 新羅의 송사를 따라 입경하였다.27)

(나) 齊明 4년 7월 沙門智通, 智達이 勅을 받들고 新羅 배를 타고 大唐 國에 가서 無性衆生義를 玄奘法師가 있는 곳에서 배웠다.28)

라는 기록과 같이 일본의 遣唐使나 學問僧의 入唐은 전적으로 新羅 船便에 의한 서해항로를 이용하고 있었다.

이와 같은 중국대륙과 한반도·일본간의 빈번한 교류는 자연히 航 路의 개척과 그 확보를 필요로 하였다. 우선 元封 2년(B.C. 109)의 楊僕의 공격로가 '從齊浮渤海'였으며, ≪宋書≫(卷 97, 列傳 57 高句 麗)의 '蹴遼越海'라는 것은 곧 遼東半島 南端[卑沙城]에서 南下하여 山東半島를 향하는 직선 코스로서 이른바 '老鐵山水道航路'가 그것 이다.29)

登州의 東北쪽 바다를 통해 大謝島 龜歆島 末島 烏胡島를 지나 3백 리 나아가고 北으로 烏胡海를 건너 馬島山에 이르러 東으로 都里鎭 2 백리를 가면 東편으로 海壖이 있다.(중략) 烏牧島·浿江口·椒島를 지 나면 新羅 西北의 長口鎭에 이르른다. 秦王石橋·麻田島·方寺島·得 物島를 지남에 미쳐서 千里를 가면 鴨綠江唐恩浦口에 이른다. 이에 東南으로 육지를 가게 되면 7백리쯤에 新羅王城에 이른다.30)

라는 기록은 韓·中간에 일찍부터 개척된 항로로서 登州에서 烏胡島 를 거쳐 遼東半島 南端(卑沙城)을 향하는 水路의 코스를 설명하고 있거니와, 특히 烏胡島는 唐나라의 高句麗征伐時에 軍糧貯藏地가 되

---

27) ≪日本書紀≫ 卷 23, 舒明天皇 4年 秋 8月條, 舒明天皇 11年 9月條.
28) ≪日本書記≫ 卷 26, 齋明天皇 4年 秋 7月條.
29) 孫兌鉉, 앞의 책(1982), pp.29~30.
30) ≪新唐書≫ 卷 43, 下 志 33 下 地理 7 下 嶺南道.

어 왔다는 점에서도 당시 航路의 중요성을 엿볼 수 있다.31) 이 海路
를 이해하는 데는

> 唐은 諸州에 羈縻州를 두었다.(중략) 四夷가 중국에 통하는 경우
> 는 빈번하다. 4夷가 중국에 들어가는 통로는 7가지가 있다. 그 하나
> 는 營州를 통하는 安東道이며, 두 번째는 **登州에서 바다로 들어가**
> **는 高麗渤海道**이다. 세 번째는 夏州변방을 통해 들어가는 大同雲中
> 道이다(傍點은 필자).32)

가 참고가 된다. 즉, 요동반도에서 登州로 들어오는 항로를 당시에는
高麗·渤海道라 불렸던 것이다. 여기서 주목할 것은 ≪宋書≫의 踰遼
越海에서 踰遼를 遼河를 건넌 것으로 간주하여,33) 楊僕의 浮渤海를
凌河河口에 상륙한 것으로 보아 衛滿朝鮮을 河北省~遼寧省 일대로
파악했다는 사실이다.34)그러나 登州를 떠난 항로가 大謝島-龜歆島
-末島-烏胡島-卑沙(奢)城의 순서였으므로35) 이 때의 渤海는 현재
의 山東半島와 遼東半島 안쪽의 遼東灣과 萊州灣으로 구성된 渤海灣
을 지칭하는 것이 아니라 요동반도-廟島群島-산동반도를 연결하는
이른바 渤海海峽까지를 포함하는 사실을 잊어서는 안 될 것이다. 따
라서 기록상의 浮渤海가 반드시 凌河·遼河河口로 건너갔다는 뜻은 아
니었다. 필자는 이 항로를 高麗·渤海航路라 부르거니와 麗隋·麗唐戰爭
때 수·당의 水軍進擊路가 바로 이 水路였고, 開元 21년(733)의 발해·
말갈이 登州[唐]를 공략한 길도 바로 이 노선이었다.

　貞觀 22년 萬徹을 靑丘道行軍大摠管으로 삼고 병사 3만을 이끌고

---

31) ≪舊唐書≫ 卷 199, 上 列傳 149 上 東夷(高麗)에 貞觀 22年 (중략) 萊州刺史 李道
　裕 運糧及器械貯於烏胡島 將欲大擧以代高麗 未行而帝崩이라 하였고 ≪三國史記≫
　(卷 22, 齊藏王 7年)에도 똑같은 기록으로 되어 있다.
32) ≪新唐書≫ 卷 43, 下 志 33 下 地理 7 下 嶺南道.
33) ≪中國正史 朝鮮傳(譯註 1)≫ p.394.
34) 위의 책, p.84.
35) ≪資治通鑑≫ 貞觀 22 年 4月 甲子條.

萊州로부터 바다를 건너 고구려를 치게 하였다. 압록강을 지나 백여
리에 있는 泊灼城에 이르렀다.36)

이 기록은 貞觀 22년(648)에 薛萬徹에 이끌린 당의 수군이 고구려를
공격한 내용으로서, 그 항로가 萊州-卑沙城-泊汋城을 거쳐 浿水口로
이어지고 있었다. 다만 당군의 제4·5차 征麗航路가 登州에서 椒島를
거쳐 횡단항로로 생각할 수도 있으나,37) 당시의 항해기술의 수준으로
보아 가능성은 컸으나 크게 활용되지 못한 듯하다. 따라서 隋·唐王朝
가 등장한 후 빈번한 사절의 파견과 고구려의 방해를 벗어나기 위해서
는 백제·신라 두 나라에 새 항로가 필요했을 것임은 물론이다.

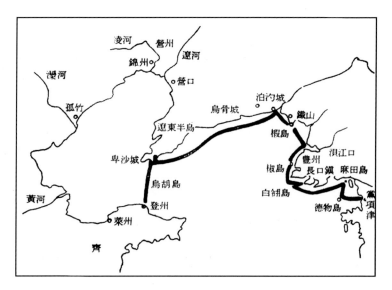

<그림 1> 高麗·渤海航路

---

36) ≪舊唐書≫ 卷 69, 列傳 19 薛萬徹.
37) 那波利貞, 「朝鮮支那間の航路及其推移に就て」, ≪內藤博士頌壽記念論叢≫(1930).
p.302.

그러나 신라가 한강유역을 확보한 후 적극적인 對中接近이 필요해
지면서 독자적인 항로의 개척은 절실해지게 되었다. 새로운 항로의
욕구는 먼저 백제로부터 제기되었다. 즉, 백제는

　　뒤에 들으니 이는 폐하의 사신이 신의 나라로 오는 것을 뱀처럼
　　흉악한 것들이 길을 막고 바다에 침몰시켰다 합니다.38)

와 같이 고구려 해안을 통해 北上해야 하는 번거로움보다 고구려 측
의 방해(豺狼隔路)가 더 큰 문제였다.39) 그러므로 백제는

　　삼가 私署한 冠軍將軍 駙馬都尉 弗斯侯와 長史餘禮 龍驤將軍 帶
　　方太守 司馬張茂 등을 보내어 파도에 배를 던져 망망한 바다에 길
　　을 더듬게 하였습니다. 하늘에 운명을 맡기고 만분의 일이나마 조그
　　만 정성을 쏟으니, 바라옵건대 귀신의 감응이 내리고 황제의 威靈이
　　크게 감싸주어 폐하의 대궐에 도착하여 신의 뜻이 퍼진다면, 아침에
　　그 말을 듣고서 저녁에 죽는다 하여도 영원히 여한이 없을 것입니
　　다(≪魏書≫ 卷 100, 列傳 88 百濟).

라 하여 망망대해에서 하늘에 운명을 맡기고 중국조정에 도착한다면
죽어도 여한이 없다고 할 정도로 절실했던 것이다. 백제의 신항로
개척에 따른 시련은

　(가) 延興 5년에 邵安 등으로 하여금 東萊에서 바다를 건너(백제로
　　　가) 餘慶에게 璽書를 하사하고, 그 誠節을 포창하도록 하였다.
　　　(그러나) 邵安 등은 바닷가에 이르러 바람을 만나 표류하여 끝
　　　내(百濟에) 가지 못하고 되돌아 왔다.40)
　(나) 百濟王이 陳을 평정한 소식을 듣고 멀리서 表文을 올려 축하하

38) ≪魏書≫ 卷 100, 列傳 88 百濟.
39) ≪三國史記≫ 卷 25, 蓋鹵王 18年條 참조.
40) ≪北史≫ 卷 94, 列傳 82 百濟.

였으나, 왕래하기가 지극히 어려워서 만약 풍랑을 만난다면 인
명이 손상될 것이오. 百濟王의 진실한 심정은 朕이 벌써 잘 알
고 있소. 서로 거리는 멀다 하여도 밀접한 관계는 얼굴을 마주
대하고 이야기하는 것과 같으니, 어찌 반드시 使臣을 자주 보
내야만 서로 다 알게 되겠소.41)

에서 엿볼 수 있다. (가)는 熊津遷都 직후에 서해횡단항로를 꾀하다
실패한 사례이며, (나)는 泗沘遷都 이후 신항로를 꾀하려는 백제의
어려움을 간파한 내용이다. 따라서 백제는

　　貞觀 16년에 義慈가 군사를 일으켜 新羅의 땅 사십여 城을 빼앗
　아 군대를 보내어 지키는 한편 高麗와 和親을 맺어 黨項城을 탈취
　하여 新羅의 入朝 길을 끊고자 하였다.42)

에서와 같이, 貞觀 16년(612, 義慈王 2)에 고구려와 함께 黨項城을
통한 航路를 장악하려 한 사실을 감안하면,43) 이 때 주로 이용한 코
스는 黨項城－椒島－赤山을 연결하는 항로라고 생각된다. 백제가 어
느 정도 황해횡단로를 개척하였다는 사실은 빈번한 隋·唐使의 파견
과44) 아울러

　　隋文林郎 裵淸이 倭國에 사신으로 갈 때 우리나라(백제) 南路를
　거쳐갔다(≪三國史記≫ 卷 27, 武王 9年 3月).

와 같이 隋의 사신인 裵淸이 백제의 南路(高麗·渤海航路에 대하여)
를 이용하여 倭를 갔다는 기록에서 엿볼 수 있다.

---

41) ≪隋書≫ 卷 81, 列傳 46 東夷(百濟).
42) 「舊唐書」 卷 199, 上 列傳 149 上 東夷(百濟).
43) 이에 대해서 ≪三國史記≫ 新羅本紀(卷 5)에는 善德王 11년(642)이며, 百濟本紀
　　(卷 28)에는 義慈王 3년(643)의 사실로 기록되어 있다.
44) 624년에 3국이 唐으로부터 冊封을 받은 이후 660년까지 3국의 對唐外交는 百濟
　　와 新羅가 가장 치열하였다. 이것은 入唐航路가 어느 정도 확보되었을 것임을
　　확인해 준다.

이 서해횡단항로는 圓仁의 ≪入唐求法巡禮行記≫에도 뚜렷하게 보여진다. 그는 838년 入唐時 濟州島 남쪽의 동지나해를 통과하였으나, 847년의 歸路는 바로 이 赤山航路를 이용하였다.45) 따라서 신라가 眞興王 이후 黨項城을 확보하면서 바로 백제에 의해서 개척된 항로를 독점하고 對中通路로 활용하였다. 이 赤山抗路는 豊川(椒島)－赤山浦의 직선거리가 200km 내외로서 신라인의 공식적인 入唐路였으며,46) 실제로 ≪入唐求法巡禮行記≫에서도,

會昌 7년 9월 2일 午時 赤浦를 따라 바다를 건너 赤山 莫耶口로 나와 正東을 향해 밤낮으로 가 3일 해뜰 무렵에 이르러 東쪽을 바라보니 新羅國의 서쪽 山이 보였다. 바람이 변하여 正北側으로 돛을 달고 東南을 향해 밤낮으로 가 4일 새벽에 이르러 동쪽을 보니 산 같은 섬이 보였는데 첩첩이 연이어 있었다. 사공에게 물으니 신라의 서쪽 熊州 서쪽 경계로 본래는 백제의 땅이라 하였다.47)

와 같이 9월 2일 정오에 登州를 출발하여 4일 아침에 熊州海岸에 도착하였던. 것이다. 이러한 황해횡단항로는 그후 麗初의 北宋과의 문물교류에 크게 이용되었다.48)

이렇게 확보된 赤山航路를 필자는 新羅航路라 부르거니와 그 후 統一新羅의 빈번한 朝貢使나 渡唐留學生들의 入唐路가 되었으며 武烈王 7년(660)에 百濟征伐軍을 이끈 蘇定方이

6월 18일 蘇定方은 萊州에서 출발하여 船艦을 千里에 뻗치고 조류를 동쪽으로 따라 내려왔다. 21日에 王이 太子 法敏으로 兵船 百

---

45) Edwin O. Reischauer, 앞의 책, (속표지의 지도).
46) 金文經, 「在唐新羅人의 集落과 그 構造」, ≪古代韓中關係史의 研究≫ (三知院, 1987), p.282.
47) ≪入唐求法巡禮行記≫ 第4.
48) 孫兌鉉, 앞의 책(1982), p.85.

隻을 이끌고 德物島에서 定方을 맞게 했다(≪三國史記≫ 卷 5, 太宗 武烈王 7年條).

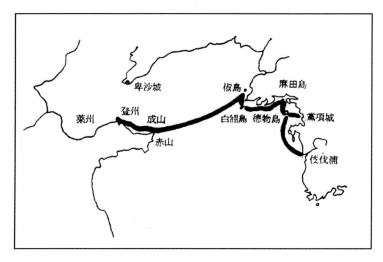

<그림 2> 新羅航路

A라 하여 萊州－登州－赤山의 山東半島 해안을 돌아 黃海에 들어서 서 직접 伎伐浦로 향하지 못하고 德物島를 거친 과정에서 당시의 항 로를 알 수 있다. 더구나 당시까지 중국의 정치·문화가 渭水盆地를 중심으로 하는 중·북부에 편중되었기 때문에 南方航路의 개척은 큰 필요성이 없었다. 이러한 新羅航路의 활용은 高句麗 征伐의 請兵使 인 劉仁軌가 唐帝의 勅旨를 갖고 온 곳과 宿衛 金三光이[49] 도착한 곳 역시 黨項津이었음에서도 나타난다.[50]

결국 서해는 한국 고대사에 있어서 국가번성과 문물교류에 교량적 역할을 다하였으며, 그 항해로의 장악은 곧 국력의 표현으로 상징되 었다. 따라서 황해를 지배하는 나라는 東亞世界를 지배하는 나라가 될 수 있었다.

---

49) 申瀅植, 앞의 책, p.361.
50) ≪三國史記≫ 卷 6, 文武王 8 年 6月條.

Ⅲ. 三國의 發展과 西海

(1) 高句麗의 成長과 西海

高句麗는 북방에서 中國大陸과 연결되어 있었으므로 서해의 중요성은 濟·羅에 비해서 훨씬 적었다. 그러나 고구려는 南方進出을 위해서, 또는 중국의 삼국시대 및 南·北朝王朝의 세력 갈등을 이용·견제하기 위해서는 서해안에 대한 관심이 일찍부터 제기되었다. 전자는 廣開土王碑文의

永樂 6년 丙申 왕이 몸소 水軍을 이끌고 利殘國을 토벌하여 먼저 壹八城 臼模盧城 幹弓利○○城 關彌城 车盧城 彌沙城 舍蔦城 阿旦城 古利城을 攻取하였다.

와 같이 왕이 水軍을 이끌고 해로로 關彌城[51]과 阿旦城을 攻破하고 백제의 阿莘王의 굴복을 받아내고 있다. 결국 고구려의 서해지배는 그 나라의 극성을 의미하는 것이다.

후자는 魏를 견제하기 위하여 吳와 通交를 하였다든가, 北魏를 견제하기 의하여 宋·梁·陳 등과 교섭을 꾀하고 있었던 사실에서 분명해진다. 그러나 遼東地方을 둘러싸고 내륙으로 중국세력과 충돌을 계속한 고구려에 있어서 서해의 정치적 의미는·濟·羅에 비해서 절대적인 것은 아니었다.

고구려는 그 자체의 지리적인 어려움도 컸지만 북쪽으로는 夫餘,

---

51) 關彌城의 위치에 대하여 李丙燾는 朝鮮시대에 水軍節度使 겸 三道統禦使의 本營이 있었던 喬桐島로 比定하였고(≪國譯 三國史記≫, 乙酉文化社, 1977, p.283 및 381), 朴性鳳은 江華로 간주하였다(「廣開土好太王期 高句麗南進의 性格」, ≪韓國史研究≫ 27, 1979, p.9). 근자에 金侖禹는 坡州郡 炭峴面 城東里鰲頭山城으로 비정하고 있다(「廣開土王의 南下征服地에 대한 一考」, ≪龍巖車文燮教授 華甲紀念史學論叢≫, 新書苑, 1989, p.102). 그 명확한 위치는 漢江·禮成江·臨津江河口인 江華灣 주변의 江華島·喬桐島·席毛島나 金浦半島 일대에 있는 城으로 생각할 수 있다.

서쪽으로는 遼西進出에 따른 중국과의 대결, 그리고 남쪽으로는 樂
浪의 축출이 보다 긴급한 문제였다. 그러나 무엇보다도 중요한 것은
遼東進出(西進)과 南方進出(낙랑축출)의 중간 거점인 西安平에의 진
출이었다. 이 지역은 중국세력을 양분시키는 요충일 뿐 아니라, 서해
로의 확장을 위한 전진기지가 되기 때문이다. 동시에 중국에서 西海
를 건너 한반도로 진출할 때는 登州 — 卑沙城(遼東半島 南岸) — 西安
平을 반드시 거쳐야 하기 때문에, 鴨綠江 河口 일대의 정치·군사적
중요성을 간과할 수가 없다.

　고구려가 西安平 진출에 관심을 보이기 시작한 것은 太祖王 94년
(146)부터였다. 이미 4년에 東沃沮를 정벌하여 도약의 군사·경제적
발판을 마련한 후

　　太祖王 94년 8월에 王이 장수를 보내어 漢의 遼東郡의 西安平縣
　　을 侵襲하여 帶方縣令을 죽이고 樂浪郡 太守의 妻子를 사로잡았다
　　(≪三國史記≫ 卷 15, 太祖王 94年).

라 하여 太祖王은 南滿洲와 한반도를 연결하는 요충지인 서안평을
공격하여 요동진출의 전진기지를 확보하고, 한반도내의 중국군현(樂
浪, 帶方)을 견제하기 시작하였다. 이러한 고구려의 서안평 진출은
계속되어

　　東川王 16년에 王이 장수를 보내어 遼東(郡)의 西安平縣을 襲破
　　하였다(≪三國史記≫ 卷 17).

로 나타났으니, 이에 자극된 魏의 한반도내 自國郡縣의 위기에 대한
보복출병이 毌丘儉·王頎의 침입이다.[52] 그러므로 西晋末의 정치적
혼란을 틈탄 고구려의 西安平襲取는 비단 한반도내의 중국군현을 축
출하는데 그치지 않고, 다시 北西로 팽창책을 추진케 하였다.[53] 따라

---

52) 箭內亙,「三國時代の滿洲」,≪滿洲歷史地理≫ 1(1913), pp.221~223.

서 美川王 12년(311)의 西安平支配는 곧 이은 14년의 樂浪攻滅과 16
년의 玄菟城攻破를 거쳐 21년(320)의 遼東을 영토로 확보케 하였다.
高句麗는 요동진출과 大同江 하류일대의 진출로 결국 西安平과 浿
江口라는 2개의 西海進出口를 확보함으로써 서해로의 팽창이 가능하
였다. 따라서 廣開土王은 國內城에서 압록강을 따라 서진한 후, 서안
평을 통해 서해를 南下하여 기존의 '高麗·渤海航路'를 따라 椒島-
關彌城-彌鄒忽을 경유해 한강하류를 거쳐 漢城을 공격할 수 있었다.
특히 永樂 6년에 攻取한 關彌城·古利城·句车城·彌鄒城 등 58 城
이 대개 黃海道 남부에서 京畿道 북부의 平野地帶 및 忠淸南道 西海
岸 일대라는 사실은 단순히 서해안의 지배라는 의미 외에도 田作中
心의 穀倉地帶를 장악함으로써 고구려의 획기적 발전에의 기여를 목
적으로 한 것이다.[54] 그러므로 기존 서해항로를 지배하여 백제의 對
中交涉을 저지하였기 때문에 백제는 關彌城을 둘러 싼 치열한 쟁탈
전을 전개하지 않을 수 없었다. ≪三國史記≫ 卷 18에는 廣開土王 元
年(392)에 이곳을 점령하였다고 되어 있으며 '其城四面峭絶 海水環
繞'(≪三國史記≫ 卷 18, 廣開土王 元年 條)라 하여 그 의미를 설명하
고 있다. 百濟本紀에도

(가) 辰斯王 2년 봄 國內의 사람으로 나이가 十五歲 이상된 자를 징
    발하여 關防을 설치하였는데 靑木嶺으로부터 북으로는 八坤城
    에 연하고 서쪽으로는 바다에 이르렀다.
(나) 辰斯王 3년 9월 靺鞨과 關彌城에서 교전하였다.
(다) 辰斯王 8년 10월 高句麗가 關彌城을 공격하여 빼앗았다.
(라) 阿莘王 2년 8월 王이 武에게 이르기를, "關彌城은 우리나라 北
    邊의 要塞地인데 지금 高句麗의 所有로 되어 있으니 이는 寡人
    이 원통히 여기는 바이며 卿이 마땅히 마음을 써서 치욕을 씻

53) 李龍範, 「高句麗의 膨脹主義와 中國과의 關係」, ≪古代韓中關係史의 硏究≫ (三知
   院, 1987), p.180.
54) 朴性鳳, 앞의 論文, p.19.

어야 할 바이다"라 하고 드디어는 이를 도모하여 군사 一萬名
을 거느리고 高句麗의 南邊을 정벌하였는데 眞武는 몸소 군사
를 거느리고 선봉이 되어 矢石을 무릅쓰고 나가 石峴 등 五城
을 회복시킬 뜻을 굳게 하고 먼저 關彌城을 포위하였으나 이때
高句麗 사람들은 城을 굳게 지키므로 眞武는 糧道를 잇지 못하
여 군사를 이끌고 돌아왔다.

(마) 阿莘王 3년 7월 高句麗와 水谷城 아래에서 싸웠으나 패하였다
(≪三國史記≫ 卷 25).

라 하여 關彌城은 백제의 서해진출 관문으로서 辰斯王은 그 주변에
關防을 설치하는 등 방비에 심혈을 기울였으나, 진사왕 8년(392)에
고구려에 함락되고 말았다. 따라서 광개토왕은 쉽게 서해를 통해 漢
城을 공략할 수 있었고, 백제는 그러한 國難克服의 길로 倭國과의
通好55)와 신라와의 동맹을 꾀하게 되었다.56)

이와 같이 한반도의 서안평을 통한 고구려의 남진은 서해안 일대
의 장악에 따른 그 항로의 안전과 백제의 남천으로 가능하였다. 그
러나 南朝와의 교섭에는 산동반도 연안을 따라 北魏의 해안을 이용
하지 않을 수 없었다.

(가) 그때 光州(官司)가 璉을 파견하여 (南)齊로 가던 사신 餘奴등을
海上에서 체포하여 대궐로 압송하였다. 孝文帝가 詔書를 내려
나무라기를, "(南齊의 왕) 道成은 직접 그 임금을 시해하고 江
左에서 帝王의 號를 僭稱하고 있기에, 朕은 지금 옛나라의 땅
에다 멸망한 (宋)나라를 일으켜 劉氏의 끊어진 代를 이어주려
고 한다."57)

55) ≪三國史記≫ 卷 25에 의하면 阿莘王 6年 夏 5月 '王與倭國結好以太子腆支爲質'
이후, 12년 春 2月 '倭國使者至 王迎勞之特厚', 腆支王 5년, 14년, 毗有王 2년 '倭
國使至' 등 빈번한 倭國과의 通交사실이 나와 있다.
56) ≪三國史記≫ 卷 25, 毗有王 7년(433) 秋 7월 '遣使入新羅請和'라 하였으며, 新羅
本紀 卷 3에는 訥祇王 17년(433) 秋 7月 '百濟遣使請和從之'와 18년 '百濟王選,馬
二匹 秋 9月 又送白鷹 冬10月 王以黃金明珠 報聘百濟'라 하고 있다.

(나) 正光 초에 光州 海上에서 梁나라가 安에게 주는 寧東將軍의 衣冠
　　　과 珮劍 및 사신 江法盛 등을 체포하여 京師로 압송해 왔다.58)

에서와 같이, (가)는 光州[山東地方]의 관리가 璉[長壽王]이 南齊[蕭
道城]에 보낸 餘奴를 붙잡아 魏主에게 압송한 사건이며 (나)는 正光
(518~519)초에 梁[高祖]이 安[安藏王]에게 주는 寧東將軍의 衣冠과
劍珮를 휴대한 사신인 江法盛을 체포하여 京師[洛陽]로 압송한 사건
이다. 이것은 한반도 연안에서 고구려와 신라간의 航路爭奪戰과 같
이 山東半島 주변에서의 北魏·宋·梁·南齊 등의 충돌도 결국은 서해의
제해권을 다투는 경쟁이었음을 나타낸다. 당시의 중국항로는 萊州－
登州－赤山으로 山東半島 東岸을 거쳐 楚州海邊을 따라 明州로 이어
지고 있었기 때문이다.

　　고구려의 전성기인 長壽王(413~419) 때는 北魏를 비롯하여 燕·宋·
南齊·晋 등 남북조와 등거리외교를 통해 동아질서의 일익을 담당한
바 있었다. 5세기 중엽에 이르러 北魏가 江北을 통일함으로써 塞北
의 蠕蠕(柔然), 중국의 南·北朝, 東北亞의 고구려의 4强을 축으로 한
세력균형이 이룩되어,59) 장수왕은 이러한 현상을 兩面外交로 이용하
고 있었다. 장수왕은 45회나 되는 對魏外交를 추진하는 한편, 宋·南
齊 등 南朝와도 긴밀한 관계를 유지함으로써 동북아시아에서의 고구
려의 국제적 지위는 유지될 수 있었다.60) 따라서 6세기 중엽에 이르
러 突闕의 蠕蠕擊破로 세력균형이 깨질 때까지 고구려의 양면외교는
계속되었다. 고구려의 빈번한 對魏外交는 요동에 대한 지배권을 국
제적으로 인정받음으로써 서해진출의 방해요인을 제거할 수 있었다.

---

57) 이러한 ≪北史≫ 卷 94의 내용을 ≪三國史記≫(卷 18, 長壽王 68年條)에는 ‘魏光
　　州人 於海中 得餘奴等送闕 魏高祖 詔責王曰 道成親弑其君 竊位江左……’와 같이
　　기록되어 있다.
58) ≪北史≫ 卷 94, 列傳 82 高句麗.
59) 盧泰敦, 「高句麗의 漢水流域喪失의 原因에 대하여」, ≪韓國史硏究≫ 13(1976),
　　p.54.
60) 申瀅植, ≪三國史記硏究≫(一潮閣, 1981), p.104.

따라서 고구려는 長壽王 이후 梁·陳과도 외교적 교섭을 계속할 수 있어, 적어도 신라에 의한 黨項城 占領 이전까지는 서해를 지배하고 있었다.

589년의 隋의 통일은 滿洲를 지배하고 있는 고구려에게는 일대 위협이었으며, 동아시아에 큰 세력변화를 야기시켰다. 더구나 이에 앞서 진흥왕이 한강 유역을 차지하여 독자적인 외교정책을 추진하자 濟·麗는 신라의 對中接近을 저지하기에 이른다. 고구려와 隋나라 사이에는 突闕·契丹 등 새로운 세력관계가 형성되고 있었으나 무엇보다도 隋는 고구려를 견제하기 위하여 요동을 지배하는 일이 급선무였다. 요동지방에는 고구려의 新城·玄菟城·蓋牟城·安市城·遼東城·白巖城 등 주요 성곽이 포진되어있을 뿐 아니라, 西海岸의 出口인 卑沙城이 있어 고구려의 서북요새가 되기 때문에 遼東을 둘러 싼 양국의 대립은 불가피하였다. 즉,

> (가) 榮留王 24년 帝(太宗)가 말하기를 "高句麗는 본시 四郡의 땅이다. 내가 군사 數萬을 내어 遼東을 친다면 그들은 반드시 나라를 기울여 이를 구원할 것이다. 그러할 때 舟師(水軍)를 따로 보내어 東萊에서 海路로 平壤에 가서 水陸兩軍이 합세하면 취하기 어렵지 않을 것이다"(≪三國史記≫ 卷 20).
>
> (나) 寶藏王 4년 3월 帝(唐)가 定州에 이르러 侍臣에게 이르기를 "遼東은 본래 中國의 땅인데 隋가 네번 군사를 출동하였으나 취하지 못하였다. 내가 지금 東征함은 中國을 위하여 子弟의 원수를 갚고, 高句麗를 위하여 君父의 恥를 씻으려 할 뿐이다"(同卷 21).

에서와 같이 (가)는 唐太宗이 요동을 공격하면 고구려는 필사적으로 이를 지킬 것이니 그 틈에 水軍으로 平壤을 협공하자는 것이다. 결국 요동은 고구려의 운명을 결정짓는 요충이므로, 서해를 통해 요동의 남단을 공격한다는 것이다. (나)는 隋·唐의 고구려정벌은 중국의 영토

였던 遼東回復이 목적이라는 사실을 나타낸 것이다. 그러나 실은 고
구려가 遼河東岸의玄菟城·蓋牟城·遼東城·白巖城·安市城을 잇는 경계선
을 견고하게 지키고 있으며 요동반도의 南端인 卑沙城 역시 고구려
의 장악하에 있었기 때문에 수·당은 水軍의 통로인 비사성을 차지하
는 것이 급선무였다. 더구나 平原王은 陳이 망한 직후 '理兵積穀 爲
拒守之策'하였고,[61] 榮留王 11년(603)에는 扶餘城에서 渤海, 즉 卑沙
城에 이르는 千里長城을 쌓아 요동을 방어하기에 이르렀으므로 隋·唐
은 서해를 통한 최후의 결전을 택한 것이다. 그러므로 隋煬帝는 嬰陽
王 23년(612) 고구려 정벌시 陸軍은 遼河를 건너게 하고 來護兒의
수군이 해로로 平壤을 直攻하게 하였으나 패퇴하였다. 이미 영양왕 9
년(598)에 周羅睺에 이끌린 수군이 東萊를 떠나 '泛海趣平壤城 亦遭
風船多漂沒'하였다는[62] 것은 西海橫斷에 실패했다는 사실을 의미한
다. 그러므로 영양왕 25년(614)에는

　　來護兒가 卑奢城에 이르자 我兵이 맞이하여 싸우니 護兒는 이를
　　쳐 이기고 장차 平壤으로 향하려 하였다(≪三國史記≫ 卷 20).

라 하여 기존의 高麗·渤海航路를 통해 일단 卑沙城을 거쳐 평양으
로 향했던 것이다. 그 후 唐太宗의 고구려 정벌도

　　貞觀 19년에 刑部尙書 張亮을 平壤道行軍大摠管으로 삼아 將軍常
　　何 등과 江·淮·嶺·碕의 강한 군사 4만 명과 戰船 5백 척을 이끌
　　고 萊州에서 바다를 건너 平壤을 치게 하였다. 5月에는 張亮의 副將
　　程名振이 沙卑城을 공격하여 빼앗았다.[63]

라 하여 張亮·程名振에 이끌린 水軍이 萊州－卑沙城을 거쳐 북진하

61) ≪三國史記≫ 卷 19, 平原王 32年條.
62) ≪三國史記≫ 卷 20, 嬰陽王 9年 夏 6月條.
63) ≪舊唐書≫ 卷 199, 上 列傳 149 上 東夷(高麗).

여 비사성을 함락시키면서 唐陸軍의 東進을 측면에서 지원하였다.
당군의 전략은

(가) 帝[太宗]가 말하기를 "高(句)麗의 땅은 4郡뿐이다. 우리가 군사
    수만을 이끌고 遼東을 공격하면 다른 여러 城이 반드시 구원해
    올 것이니, 이 때 우리가 舟師를 동원하여 東萊에서 바다를 건
    너 平壤으로 들어간다면 아주 쉬울 것이다."[64]

(나) 太宗이 또 江南에 命하여 큰 배를 건조하게 하는 한편 陝州刺史
    孫伏伽를 보내어 용감한 兵士를 모집시키고, 萊州刺史 李道裕를
    보내어 軍糧 및 器械를 운반하여 烏胡島에 쌓아 두게 하는 등
    장차 군사를 크게 일으켜 高麗를 치고자 하였다.[65]

와 같이 隋 이래 숙원이던 요동정벌을 위해 (가)와 같이 요동의 諸
城을 일제히 공격하여 고구려의 주력을 遼東城·白巖城 쪽으로 돌려
安市城 一帶에 포진케 하고, 그 사이에 수군으로 卑沙城-泊汋城을
거쳐 平壤으로 진격하려는 것이 그 첫째, 전략이었다. (나)의 경우는
일단 高麗·渤海航路의 전략거점인 비사성을 함락한 후, 그 남쪽해
안에 있는 烏胡島에 軍糧米와 武器를 저축하고 이를 바탕으로 고구
려를 정복한다는 것이었다. 결국 唐은 고구려의 최종정벌에 서해를
통한 수군에 크게 의존하고 있었던 것이다. 즉,

    張亮은 水軍을 거느리고 東萊에서 바다를 건너 卑沙城을 엄습하였
    다. 城은 四面이 縣絶하여 오직 西門만이 오를 수 있었는데, 程名振이
    밤에 군사를 끌고 오자 副摠管 王大度가 먼저 올랐다. 5월에 城이 함
    락되고 남녀 八千名이 함몰했다(≪三國史記≫ 卷 21, 寶藏王 4年條).

와 같이 卑沙城은 천혜의 요새로 고구려 西邊의 最大要衝이었다. 따

─────────────

64) ≪新唐書≫ 卷 220, 列傳 145 東夷(高麗).
65) ≪舊唐書≫ 卷 199, 上 列傳 149 上 東夷(高麗).

라서 8천여 명의 城民과 함께 寶藏王 4년(645) 5월 卑沙城이 함락되었다는 것은 고구려에게는 결정적인 타격이었다. 곧이어 遼東城의 함락으로 이어졌지만, 安市城을 끝까지 지킬 수 있었던 것은 제2의 卑沙城인 압록강 입구인 泊汋城을 끝까지 지킬 수 있었기 때문이다.

> 萬徹을 또 靑丘道行軍大摠管으로 삼고 병사 3만을 이끌고 萊州로부터 바다를 건너 고구려를 치게 했다. 압록수로 들어가 百餘里에 이르고 泊汋城에 이르렀다. (중략) 그 城은 산으로 인하여 험하였으며 압록수가 막아 견고하였다. 공격하였으나 빼앗지 못했다.66)

라 하여, 貞觀 22년(648)의 사실이지만, 泊汋城은 '四面峭絶'의 卑沙城과 같이 '因山設險'의 지리적 요충지로서 唐水軍의 침투를 끝까지 저지시켰던 것이다. 이와 같이 登州를 거쳐 卑沙城·泊汋城에 이르는 이 항로는 麗·隋戰爭 때에 來護兒·周法尚을 비롯하여, 麗·唐戰爭 때에도 張亮·程名振·王大度·薛萬徹·牛進達·李海岸·常何·左難當·冉仁德·劉英行·張文幹·龐孝泰 등이 건너간 통로였다. 이와 같이 당대의 名將들은 서해를 통한 고구려정벌을 시도했으나 결국 실패하였다. 이것으로 미루어 고구려가 그 세력을 東亞에 뻗치고 있었던 5~7세기에 西海가 고구려의 수중에 있었음은 확실하다.

(2) 百濟의 發展과 西海

百濟는 西海에 면하고 있었고, 북으로 帶方·樂浪·高句麗와 대치하고있어 그 국가성장에 있어서 서해는 결정적인 몫을 하였다. 이미 溫祚王代의 기록에도

> 王이 臣下들에게 일러 말하기를 나라의 東쪽에는 樂浪이 있고 北

---

66) ≪萬唐書≫ 卷 69, 列傳 19 薛萬徹.

쪽에는 靺鞨이 있어 늘 강역을 침범하므로 조금도 편안한 날이 없고,
항차 이즈음에는 요망한 징조가 여러번 나타나고 國母가 세상을 버
리는 등 정세가 자못 편안하지 못하니 장차 서울을 옮겨야 하겠다
(《三國史記》 卷 23, 溫祚王 13年條).

와 같이 樂浪·靺鞨의 침입으로 편안한 날이 없을 정도였다. 1~3세기
간의 《三國史記》 本紀의 기록 중 羅·濟歷代王의 기사가 거의 양국
간의 충돌사실로 채워지고 있는 것은 백제 초의 성장과정에 어려움
이 많았음을 뜻한다.67) 백제는 지리적 조건으로 廣州·車嶺·蘆嶺. 小白
山脈 등이 솟아 있고 동서로 국토를 관통하는 漢江·錦江·榮山江 등의
大河가 흘러 이들이 陸路交通에 많은 장애가 된 것이 사실이다.68)
그러나 백제의 해외진출의 배경은 이러한 지리적 환경보다도 古代東
夷文化圈의 전통을 바탕으로 한 문화기반에 있었다.69) 발해와 황해
를 끼고 있는 중국의 동부지방은 백제인의 개척뿐만 아니라 統一新
羅人의 진출 및 王建先代의 활동과도 연결시킬 수 있을 것이다.70)
    그러므로 백제는 萬難을 무릅쓰고 서해로의 진출을 꾀하지 않을
수 없었다.

(가) 近仇首王 5년 3월에 晉의 朝廷에 使臣을 보냈으나 使臣이 海
上에서 폭풍을 만나 이르지 못하고 돌아왔다.71)

(나) 지금 신의 사신이 임무를 맡아 험한 파도를 무릅쓰고 바다를
건너 그의 지성을 다하고 있으니 실로(그들의) 관작을 올려주
어야 마땅합니다.72)

(다) 延興 2년에 百濟王 餘慶에 처음으로 사신을 보내어 表를 올려

---

67) 申瀅植, 앞의 책, p.193.
68) 李明揆,「百濟對外關係에 關한 一試論」, 《史學硏究》 37(1983), p.77.
69) 金庠基, 앞의 論文(1974) 참조.
70) 朴漢卨,「王建世系의 貿易活動에 대하여」, 《史叢》 10(1965) 참조.
71) 《三國史記》 卷 24.
72)「南齊書」 卷 58, 列傳 39 蠻東南夷 東夷(百濟).

말하기를 "臣이 동쪽 끝에 나라를 세워 승냥이와 이리들에게
길이 막히니, 비록 대대로 신령하신 교화를 받았으나 (중략) 파
도에 배를 던져 망망한 바다에 길을 더듬었고 하늘에 운명을
맡길 정도입니다."73)

(라) 百濟王이 陳을 평정한 소식을 듣고 멀리서 表文을 올려 축하하
였으나, 왕래하기가 지극히 어려워서 만약 풍랑을 만난다면 인
명이 손상될 것이오. 百濟王의 진실한 심정은 朕이 벌써 잘 알
고 있소. 서로 거리는 멀다 하여도 밀접한 관계는 얼굴을 마주
대하고 이야기하는 것과 같으니 어찌 반드시 使臣을 자주 보내
야만 서로 다 알게 되겠소.74)

와 같이 백제는 西海航路의 어려움을 自然之運에 맡길 정도였으며,
더구나

(가) 文周王 2년 3월 宋의 조정에 使臣을 보내려 하였으나 高句麗가
길을 막아 이르지 못하고 돌아왔다(≪三國史記≫ 卷 26).

(나) 東城王 6년 7월 內法佐平 沙若思를 南齊로 파견하여 朝貢하였는데
沙若思는 西海 가운데서 高句麗의 군사를 만나 가지 못하였다(同).

에서 보듯이 백제는 南遷 이후에도 독자적인 해상로가 없이 기존의
'高麗渤海航路'를 이용하였기 때문에 부단히 고구려의 저지에 부딪
쳤던 것이다. 이로 인해 백제는 고구려를 長蛇·豺狼으로 표현할 정
도였다. 백제는 그 자신의 독자항로의 개척이 절실했던 것이다.

원래 百濟는 건국 초기부터 서해안과 관계가 깊었다. 우선 '初以
百家濟海因號百濟'(≪隋書≫ 卷 81, 列傳 46)에서와 같이 백제는 출
발부터 해상세력과 관계가 있었다. 특히 건국전설의 沸流가 彌鄒忽
[仁川]과 결부되어있었으며,75) 優台·沸流系의 古尔王 仁川의 目支國

---

73) ≪魏書≫ 卷 100, 列傳 88 百濟.
74) ≪隋書≫ 卷 81, 列傳 46 東夷 百濟.
75) 盧重國, 「百濟王室의 南遷과 支配勢力의 變遷」, ≪韓國史論≫ 4(1978), p.24.

을 지배하였을 뿐 아니라 그 세력권이 京畿·忠淸南道 해안의 해상
세력이었다는 것은 주목할만하다.76) ≪三國史記≫(卷 24 古尒王 3
年)의 '王獵西海大島'나 '襲取樂浪邊民' 등은 서해를 통한 군사활동
을 뜻하며, 責稽王과 汾西王의 피살도 결국 해상활동과 무관하지 않
았다. 이와 같은 백제의 해상진출은 그 국가적 발전의 일부였으며,
그를 위해 항로확보를 의한 북진책을 전개하였다.

　　가을에 宮이 드디어 馬韓·濊貊의 군사 수천 명을 거느리고 玄菟
　　를 포위하였다. 夫餘王이 그 아들 尉仇台를 보내어 2만여 명을 거느
　　리고 (幽)州·(玄菟)郡과 함께 힘을 합하여 (宮을) 쳐서 깨뜨리고 5
　　백여 명을 참수하였다.77)

라는 기록은 太祖王이 馬韓·濊貊軍을 이끌고 玄菟를 공격하였다는
것이다. 이 때의 馬韓에 대해서 金富軾은 復興된 마한으로 생각하였
고,78) 李丙燾는 기록의 誤傳으로 간주하였다.79) 그러나 鄭寅普나 盧
重國은 그것을 百濟로 인정하고 있어80) 일단 백제의 해외경략으로
파악할 수 있을 것이다. 곧

　(가) 太祖王 69년 12월 王이 馬韓·濊貊 一萬餘騎를 거느리고 가서
　　　　玄菟城을 에워싸매 (北)扶餘王이 子 尉仇台를 시켜 兵 二萬을
　　　　이끌고 漢兵과 힘을 아울러 拒戰하므로 我軍이 大敗하였다.
　(나) 70년 王이 馬韓·濊貊으로 더불어 遼東을 侵略하매 扶餘王이
　　　　援兵을 보내어 玄菟를 구하는 동시에 我軍을 파하였다(≪三國
　　　　史記≫卷 15).

76) 千寬宇,「目支國考」,≪韓國史硏究≫ 24(1979), pp.28~29.
77) ≪後漢書≫ 卷 85, 東夷列傳 75, 句麗.
78) ≪三國史記≫ 卷 15, 太祖王 70年條.
79) 李丙燾, 앞의 책, p.43.
80) 鄭寅普는 ≪朝鮮史硏究≫(1947) p.61에서, 盧重國은 앞의 論文, p.41에서 각각 馬
　　韓을 百濟로 간주하고 있다.

라 하여 太祖王 70년에 왕은 馬韓(百濟)과 濊貊을 이끌고 요동을 공격하였다는 것이다. 이에 대해 鄭寅普는 「百濟己婁王의 遼海出兵」이라는 표제아래

말한의 펴지 못한 遺恨 百濟 그대로 이어서 비록 저 遼海故土에 마음껏 直進함이 더디었다.(중략) 오로지 羅濟의 國交를 連和하기에만 汲汲하였는가. 이는 다른 까닭이 아니다. 장차 고구려와 연합하여 精銳를 遼海로 派하겠으므로 同族間爭端을 먼저 풀어 이로써 내부의 憂患을 없이하자 함이오. (중략) 麗濟양국군이 進發하기는 ≪三國史記≫의 기록과 같이 遼隊로 新昌으로 連戰連捷하던 에년 12월이오. ≪後漢書≫ 東夷列傳 高句麗條에 秋로 씨운 것은 誤記이다.[81]

라고 하여 百濟의 己婁王은 고구려의 太祖王을 도와 신라와 평화를 맺어 내부의 우환을 극복하고[82] 바다로 요동에 진출하였다는 것이다.

그 후 백제의 서해진출은 古尔王 때 크게 촉진되었다. 고이왕은 그 자신이 目支國을 다스린 辰王으로서 京畿・忠清・海岸地域을 지배하였기 때문에[83] 당시의 서해로의 진출은 가능하였다. 東川王 13년(246, 古尔王 20년)의 毋丘儉의 高句麗侵入을 계기로

魏의 幽州刺史 毋丘儉이 樂浪太守 劉茂와 朔方太守 王遵과 더불어 高句麗를 징벌하므로 王은 이 틈을 타서 左將 眞忠을 파견하여 樂浪邊民을 습취하였다. 劉茂는 이 말을 듣고 노하므로 王은 두려워하여 침략하였던 백성을 돌려보냈다(≪三國史記≫ 卷 24, 古尔王 13年條).

---

81) 鄭寅普, 위의 책(下), pp.62~63.
82) ≪三國史記≫(新羅・百濟本紀) 1~3세기의 기륵은 蛙山城을 중심으로 하는 신라와 백제의 충돌기사로 채워져 있다. 이에 대해서 千寬宇는 南下하는 辰國系의 對伯濟戰으로 풀이하였으나(「三韓의 國家形成」上, ≪韓國學報≫ 2, p.4), 本人은 蛙山을 중심으로 하는 충돌을 新羅의 西方進出로 풀이하였다(앞의 책, 1984, p.193).
83) 千寬宇, 앞의 책(1979), p.28.

라 하여, 古尔王은 樂浪海岸을 공략하였다. 이에 대하여 鄭寅普는 「半島內漢族勢力의 一掃」라는 표제 밑에 海道로 遼海附近을 潛襲하여 고구려의 魏寇逐退에 중대한 영향을 주었다고 하였다.[84]

이와 같은 백제의 西海進出은 古尔王 이후 더욱 본격화되어

(가) 古尔王 3년 10월 王이 西海의 大島에서 사냥하였다. 7년 7월 石川에서 군사를 크게 열병하였다. 9년 7월 西門을 나와서 활 쏘는 것을 관람하였다.

(나) 責稽王……고구려가 원망하니 王은 그의 高句麗의 침입을 염려 하여 阿旦城과 蛇城을 수축하고 이에 대비하였다.

(다) 汾西王 7년 2월 가만히 군사를 일으켜 樂浪西縣을 습취하였다.

(라) 阿莘王 6년 7월 漢水의 남쪽에서 군사를 크게 열병하였다. 7년 9월 都城사람들을 모아 西臺에서 활쏘기를 연습하였다 (≪三國史記≫ 卷 24).

와 같이 狩獵에 의한 철저한 軍事訓練과 통치 확인을[85] 통해 전력 증가와 고구려 남침을 저지하려고 하였다. 따라서 帶方은 고구려 침입 시에 백제에게 구조를 요청하였고[責稽王 元年] 汾西王 7년에는 樂浪西邊을 공격하기에 이르러 소위 '遼西爭覇의 始'가 될 수 있었 다.[86] 그러나 당시 백제는 서해진출에 따른 어려움과 함께 내륙으로 부터 鞨鞨·高句麗의 南侵의 위험이 계속되었기 때문에 辰斯王 2년 (386)에는 開城 부근의 靑木嶺으로부터 바다에 이르는 關防을 설치 하지 않을 수 없었다.

이 關防의 要塞는 關彌城으로서 辰斯王 3년(387)의 鞨鞨侵人 이후 위협을 받다가 진사왕 8년(392)에 함락되었다. 따라서 관미성의 失陷은 백제의 국가적 위기가 되었으므로

---

84) 鄭寅普, 앞의 책, p.167.

85) 金瑛河, 「新羅時代 巡守의 性格」, ≪民族文化研究≫ 14(1979), pp.212~236.

86) 鄭寅普, 앞의 책, p.199.

"關彌城은 우리나라 北邊의 要塞地인데 지금 高句麗의 所有로 되어 있으므로 이는 寡人이 원통이 여기는 바이다. 그러므로 卿은 마땅히 마음을 써서 雪辱하라"고 하였다. 드디어 이를 도모하여 군사一萬名을 거느리고 高句麗의 南邊을 정벌하였는데 眞武는 몸소 군사를 거느리고 선봉이 되어 矢石을 무릅쓰고 나가 石峴 등 五城을 회복시킬 뜻을 굳게 하고 먼저 關彌城을 포위하였으나 이때 高句麗사람들은 땅을 굳게 지키므로 眞武는 糧道를 잇지 못하여 군사를 이끌고 돌아왔다(≪三國史記≫ 卷 25, 阿莘王 2年條).

라 하여 阿莘王은 그 회복에 심혈을 기울였으나 결국 실패하였다.

百濟의 西海進出의 대표적 사례는 遼西進出이다. 다만, 이에 대한 국내측 문헌은(≪三國史記≫ 卷 46, 列傳 6) 崔致遠의

高句麗와 百濟의 전성시에는 强兵百萬으로, 남으로 吳越을 침해하고, 북으로 燕·齊·魯들 위협하여 中國의 두통거리가 되었다.

라는 기록이 유일한 근거이다. 백제가 직접 중국대륙의 동북지방을 점령했다는 기사는 아니지만, '南侵吳越'은 분명히 중국본토에 백제가 있었음을 보여주기 때문이다. 이에 대한 기록은 전적으로 중국문헌에만 실려 있으니 아래와 같다.

(가) 百濟國 本與高驪俱在遼東之東千餘里 其後高麗略有遼東 百濟略有遼西 百濟所治 調之晉平郡晉平縣.[87]
(나) 是歲 魏虜又發騎數十萬攻百濟 入其界 牟大遣將沙法名贊首流解禮昆 木干那率衆襲擊虜軍 大破之.[88]
(다) 其國本與高驪在遼東之東 晉世句驪 旣略有遼東 百濟亦據有遼西 晋平二郡矣 自置百濟郡.[89]

87) ≪宋書≫ 卷 97, 列傳 57 夷蠻 東夷(百濟國).
88) ≪南齊書≫ 卷 58, 列傳 39 東南夷東夷(百濟國).
89) ≪梁書≫ 卷 54, 列傳 43 諸夷 東夷(百濟).

(라) 其國本與句麗俱在遼東之東千餘里 晋世句麗 旣略有遼東 百濟亦
    據有遼西晋平二郡地矣 自置百濟郡.90)

(마) 武平 2年 春正月 丁巳 詔兼散騎常侍劉環儁使於陳 戊寅以百濟王
    餘昌爲使持節 都督 東靑州刺史.91)

(바) 初以百家濟海凶號百濟 晋時句麗略有遼東 百濟亦據遼西 晋平二
    郡.92)

(사) 晋時 句麗旣略有遼東 百濟亦略有遼西晋平.93)

(아) 孝宗永和 2年 正月 初扶餘居于鹿山 爲百濟所侵部落衰散西考.94)

이상의 기록에서 볼 때, 백제가 실제로 4세기에 중국의 山東·遼
西地方에 진출한 것은 사실이다. 이러한 요서진출은 기존의 고구려
항로를 통한 중국진출이 아니었으며, 독자적인 西海直通航路의 개척
이 없이는 불가능한 것이었다. 따라서 4세기말 이후 5세기초엽에는
이러한 항로의 개척이 가능했으리라 생각된다.

이러한 遼西進出에 대해서 韓鎭書와 같은 부정론자도 있으나,95)
丹齋이후 우리 학계는 대부분 인정하고 있다. 우선 丹齋 申采浩는

> 近仇首가 기원 375년에 즉위하여 재위 10년 동안에 高句麗에 대
> 하여는 겨우 1차 平壤의 侵入만 있었으나, 바다를 건너 支那大陸을
> 경영하여 鮮卑慕容氏의 燕과 符氏의 秦을 정벌, 즉, 遼西·山東·江
> 蘇·浙江 등지를 경략하여 광대한 토지를 장만하였다. (중략) 대개
> 近肖古의 近仇首가 太子로서 軍國大軍을 대리하여 이미 침입하는
> 고구려를 격퇴하고 進하여 大同江 이남을 병탄하고는 이에 해군을
> 확장하여 바다를 건너 支那大陸을 침입하여 慕容氏를 쳐서 遼西와
> 北京을 빼앗아 遼西·晋平 2군을 設하고 麗山(今哈爾濱)까지 들어가

---

90) ≪南史≫ 卷 79, 列傳 69 夷貊 下 東夷(百濟).
91) ≪北齊書≫ 卷 8, 帝紀 8 後主 幼主.
92) ≪通典≫ 卷 185, 邊防 1 東夷 上 百濟.
93) ≪文獻通考≫ 卷 326, 四裔考 3 百濟.
94) ≪資治通鑑≫ 卷 97, 晋紀 孝宗永和 2年.
95) ≪海東繹史≫ 續篇 卷 8, 地理考 8 百濟 참조.

扶餘 서울을 점령하였다.96)

라 하여 山東·遼西 일대만이 아니라, 扶餘까지 점령하였다고 서술
한 바 있다.

이를 이어받아 鄭寅普 역시 그의 주장과 같이 「遼西에 晋平을 開
置함」이라는 제목하에

　　百濟 마침내 柳城과 北平出을 領有하야 郡名을 晋平이라 하고 이
　　를 통치하였으니,(중략) 지금 錦州·北鎭·寧遠·朝陽·昌藜 등 전
　　역을 휩쓸어 부르는 말도 되나니97)

라 하여 丹齋의 주장을 계승하고 있다. 安在鴻도 近仇首·辰斯王兩
期, 특히 근구수왕 때 진출한 것으로 주장하였다.98)

이러한 先學의 선구적 업적을 계승하여 金庠基는 백제가 고구려의
遼東進出을 견제하기 위해 近肖古王末年(東晋末)에 遼西經略을 한
것으로 보았으며,99) 方善柱 역시 360~370년간에 遼西·華北地方에 진
출한 후 577년 北齊가 멸망할 때까지 그곳을 지배한 것으로 주장하
였다.100) 이에 반해 李明揆는 백제의 대륙진출이 상업적·군사적 활동
등을 병행하였으므로 이를 大陸活動으로 부르는 한편, 백제가 대륙
에 무역기지나 居留民地域을 성립·유지하여 오다가 5胡 16國의 혼란
기에 이를 보호하려한 군사적 활동으로 간주하였다.101)

關彌城의 失陷(392) 이후 위축된 백제는 漢城陷落(475)으로 국세가
날로 몰락하였으나 그 후 東城王·武寧王·聖王 때의 中興으로 國力挽
回를 꾀한 바 있었다. 그러나 眞興王 14년(553)에 漢江下流에 新州가

96) 申采浩, ≪朝鮮上古史≫, ≪丹齋申采浩全集≫上(螢雪出版社. 1972), pp.194~195.
97) 鄭演普, ≪朝鮮史研究≫(서울신문사, 1946－1947), pp.206~209.
98) 安在鴻, ≪百濟史總考≫, pp.255~256.
99) 金庠基, 「百濟의 遼西經略에 대하여」, ≪白山學報≫ 3(1967), p.137.
100) 方善柱, 「百濟軍의 華北進出과 그 背景」, ≪白山學報≫ 11(1971), pp.22~24.
101) 李明揆, 앞의 論文, pp.98~99.

설치되면서 黨項城은 신라의 수중에 들어갔으나, 이러한 양국의 충돌로 백제의 對中通路는 고구려의 장악하에 있었다. 당시도 黃海道沿岸의 해안선을 따라北上한 후 椒島 부근에서 西進하는 항로가 활용되었기 때문이다. 이미 熊津遷都(475) 이후 실질적으로 對中航路를 상실한 백제는 내륙에서의 신라의 끊임없는 도전과 고구려에 의한 海路封鎖가 큰 국가적 난제였다. 文周王 2년(476)과 東城王 6년(506)에 각기 宋과 南齊로 가던 사신이 고구려군의 방해로 되돌아 온 사실이 있었다.102) 그러므로 文周王 이후 역대왕은 故土回復은 물론, 西海通路의 확보에 심혈을 기울이지 않을 수 없었다. 東城王·武寧王·聖王代에 있었던 백제의 對高句麗·靺鞨衝突 기사를 정리하면 「表 1」과 같다.

<표 1> 東城·武寧·聖王代의 對北方 關係

王	年　　代	內　　容	結　　果
東城王	4년(482) 9월	漢山城 被侵(말갈)	3,000여 戶 납치
	5년(483) 봄	漢山城 狩獵·軍民 위문	
	16년(494) 7월	고구려·신라충돌	백제군사의 신라지원
	17년(495) 8월	고구려군의 雉壤城 포위	신라군사의 백제지원
武寧王	1년(501) 11월	고구려 水谷城 습격	
	2년(502) 11월	고구려 변경 습격	
	3년(503) 9월	高木城 被侵(말갈)	백제군 격퇴
	6년(506) 7월	高木城 被侵(말갈)	600여 명 사상
	7년(507) 10월	橫岳 被侵(고구려·말갈)	백제군 격퇴
	12년(512) 9월	加弗城 被侵(고구려)	백제군 격퇴
聖　王	1년(523) 8월	浿水 被侵(고구려)	
	7년(529) 10월	鄙穴城 被侵(고구려)	백제군 격퇴
	18년(540) 9월	고구려 牛山城 공격	2,000여 명 피살
	26년(548) 1월	獨山城 被侵(고구려·예)	패전
	28년(550) 1월	고구려 道薩城 공격	신라군의 지원
	28년(550) 3월	金峴城 被侵(고구려)	

---

102) ≪三國史記≫ 卷 26, 文周王 2年 3月條에 '遣使朝宋 高句麗塞路 不達而還'이라 하였고, 東城王 6月 秋 7月條에 '遣內法佐平沙若思如南齊朝貢 若思至海中 遇高句麗兵 不進'이라고 되어 있다.

여기서 보듯이 이 시기는 백제가 고구려를 공격하기도 하였고 또 침입을 받기도 하면서 고구려를 견제하고 있었다. 더구나 이 때는 南齊와 梁나라와의 通交도 빈번한 것으로 보아103) 西海橫斷航路의 안정도 물론이지만 새로운 항로개척이 필요하였다. 때문에 武王 9년 (608)에 隋의 사신인 裵淸이 倭國에 가는데 사용한 南路는104) 종래의 新羅航路는 아닌 듯싶다. 특히 文周王 2년(476)과 東城王 6년 (484)에 고구려에 의한 西海通路妨害事件 이후 武王 27년(626) 隋航路遮斷까지 50여 년간 고구려에 의한 서해항로 저지기록은 없다. 이것을 통해 백제가 南朝와의 새로운 항로개척을 추진하였으리라는 추측이 가능하다. 그 뿐 아니라 威德王 36년(589)중국의 戰船 1척이 眈牟羅國(탐라)에 표류해 왔다는 것은,105) 그 근해에 해로가 있었음을 의미한다.106) 더구나 眞平王 9년(587) 大世·仇柒의 해외망명사건 때

> 내가 장차 배를 타고 바다에 떠서 吳越로 들어가 스승을 찾아 道를 名山에 물으려 한다.(중략) 大世와 仇柒은 서로 동무를 삼아 南海에서 배를 타고 떠난 후 간곳을 알지 못하였다(≪三國史記≫ 卷 4, 眞平王 9년).

로 볼 때, 南海岸의 黑山島를 거쳐 東支那海를 횡단, 舟山列島를 경유하여 明州로 건너가는 항로를 개척한 듯하다.107) 그리고 이 항로는 항해상의 위험은 안고 있지만, 統一新羅 이후 특히 張保皐 때에 크게 활용케 된 바탕이 되었다고 생각된다.108)

---

103) 申瀅植, 앞의 책(1981), P.137.
104) ≪三國史記≫(卷 27, 武王 9年 3月條)에 '遣使入隋朝貢 隋文林郎裵淸奉使倭國 經我國南路'라 하였다.
105) ≪北史≫ 卷 94, 列傳 82 百濟.
106) 孫兌鉉·李永澤, 앞의 論文, p.7
107) 山尾幸九, 앞의 論文, pp.209~210.
108) 孫兌鉉·李永澤, 앞의 論文, p.21.

그러나 6세기 말 隋의 등장은 백제로 하여금 對中關係에 새로운 난관을 가져오게 하였다. 그것은 북방에서 흥기한 隋와 통하기 위해서 기존의 신라항로를 이용하지 않을 수 없었다. 때문에 또 다시 高句麗·新羅의 방해를 받지 않을 수 없었다는 점이다. 결국 黃河유역에서 번창한 隋·唐과의 교류에 백제는 그만큼 불리하였으므로 南遷 이후 백제의 국가적 쇠퇴는 더욱 가속화되었다. 다만 백제는 이러한 어려운 여건 속에서도 수·당과의 교섭에서 麗·羅와도 비슷한 遣使回數를 나타내고 있어 당시 3국간의 外交競爭의 의미를 엿볼 수 있다.

「表 2」에 의하면 3국의 수와의 교섭은 지리적으로 불리한 백제가 오히려 먼저 시작했으며,[109] 唐과의 교섭(600년 이전)에서도 결코 떨어지지 않는 파견횟수를 보이고 있어 3국간의 치열한 외교사절 교류 경쟁을 가늠할 수 있다. 특히 3국의 대중국접근책은 당의 건국과 더불어 더욱 촉진되었다. 600년(武王 41, 嬰留王 23, 善德王 9)에는 3국이 동시에 唐의 국학에 입학하기를 요청하였으며, 또한 당에서도 같은 해(624)에 3국왕을 冊封하고 있어,[110] 당시의 국제상황을 엿볼 수 있다. 그러나 7세기 이후 신라의 국가적 성장에 따라 자연히 백제의 西海活動은 점차 약화되고 있었다. 이것은 국력의 衰退를 뜻하며 왕권의 약화를 의미하는 것이다.

---

109) 隋나라에 제일 먼저 入朝한 나라는 백제이다. 즉, 백제는 隋가 등장한 그 해(威德王 28년, 581)이 사신을 파견하였으며, 고구려는 590년(平原王 32년)에, 신라는 594(眞平王 16년)에 각각 冊封을 받았다.

110) 申瀅植, 앞의 책(1984), p.314.

<表 2> 三國의 對隋·唐 交涉比較   ( )는 去使

3국 〳 중국	隋			唐		
百 濟	威 德 王	4(1)	9(1)	武 王	15(1)	22(3)
	武 王	5		義 慈 王	7(2)	
高句麗	嬰 陽 王	8(1)	14(3)	嬰 陽 王	12(3)	21(5)
	寶 藏 王	6(2)		寶 藏 王	9(2)	
新 羅	眞 平 王	6	6	眞 平 王	7(1)	29(7)
				善 德 王	8(1)	
				眞 德 王	9(2)	
				武 烈 王	5(1)	

(3) 新羅의 跳躍과 西海

한반도의 東南端에 위치한 신라는 자연히 서해와 관계가 없었다. 赫居世 8년의 '倭人行兵欲犯境' 이후, 百濟滅亡 직후의 白村江戰役만 제외하고는 신라의 海洋交涉은 대부분 동해안의 倭와의 관계가 전부였다.

신라의 서해를 통한 최초의 對中交涉은 西晉의 武帝太東 元年 (280)에 入貢한 것이다.[111] 그러나 신라의 국가적 성장과정에서 對倭·對百濟衝突문제에 부딪쳐[112] 서해안을 통한 중국과의 교섭은 겨우 백제사신의 안내나 도움을 받아 가능했던 것이다.[113]

法興王 8年 遣使於梁貢方物(≪三國史記≫ 卷 4)

---

111) 千寬宇는 ≪三國志≫ 卷 30, 東夷 30 弁辰의 辰王을 신라의 沾解王(247~261)으로 간주하였다(앞의 論文,1979). 따라서 太宗 원년(280)이면 味鄒王 19년에 해당한다.

112) 申瀅植, 앞의 책(1984), p.285.

113) ≪三國史記≫(新羅本紀, 百濟本紀)에는 신라사신이 百濟의 사신을 따라 入朝(梁)한 기록은 없다. 다만, ≪梁書≫(卷 54, 列傳 48 東夷(新羅))나 ≪文獻通考≫(卷 326, 四裔考 3 新羅)에는 '隋百濟獻方物'로 되어 있다.

이 짤막한 기록은 신라가 서해를 건너 중국[梁]에 건너 간 최초의
사실을 말한다. 당시 신라의 국가적 성장을 엿볼 수 있으나, 그 때
의 航海術水準으로 보아 백제의 도움 없이 對中交涉은 어려웠을 것
이다. 이러한 근거는 법흥왕 8년(521)의 對梁朝貢 이래 眞興王 25년
(564)까지 40여 년간 전혀 대중관계가 없다는 데서 뚜렷하다. 그러
므로 진흥왕 26년의 入陳은 특별한 의미가 있다. 진흥왕 14년(553)
에 백제의 東北鄙(한강하류지역)를 차지하여 新州를 설치한 전후에
고구려와 신라는 커다란 변화를 맞고 있었다. 우선 고구려에서는

(가) 陽原王 7년 9월 突厥兵이 와서 新城을 에워쌌다가 이기지 못
하고 白巖城을 移攻하였다. 王이 將軍 高紇을 시켜 군사 一萬
을 이끌고 拒戰케 하여 이기고 敵 1천여 명을 殺獲했다. 新羅
軍이 來侵하여 10城을 취했다(≪三國史記≫ 卷 19).
(나) 이때에 惠亮法師는 그 무리를 거느리고 길목을 나왔다. (중략)
惠亮法師는 대답하기를 "우리나라는 지금 政亂이 일어나서 멸
망될 날이 멀지 않은 것 같다"(同卷 44, 居柒夫).

라 하여 밖으로 突闕의 계속적인 침입과 안으로는 安原王代의 外戚
抗爭114)과 陽原王代의 빈번한 政亂으로115) 미중유의 國難이 잇따라
결국 漢水流域 상실의 기회를 맞게 되었다.116) 한편 신라는 급격한
국력신장과 왕의 권위가 그 어느 때보다도 高揚됨으로써,117) 黨項城
을 통한 신라항로의 확보가 가능했던 것이다. 그러므로 진흥왕

---

114) 李弘稙,「日本書紀 所載 高句麗關係記事考」,≪韓國古代史의 硏究≫(新丘文化社,
1971), p.158, 참조.
115) ≪日本書紀≫ 卷 19, 欽明紀 6年條에 '是歲高麗大亂凡鬪死者二千餘人'이라 하고
있다.
116) 盧泰敦, 앞의 論文, p.35
117) 眞興王(540~576)은 재위 37년간에 3번의 改元을 단행하였다. 이것은 國家意識과
왕권의 권위를 표시하는 것으로 12년의 開國은 親政, 29년의 大昌은 국력의 對
外誇示를, 33년의 鴻濟는 강력한 王權의 상징을 나타낸 것으로 생각된다(申瀅植,
≪新羅史≫, 梨花女大出版部, 1985, p.110).

26~32년 사이에는 陳에 連年朝貢할 수 있었으며, 고구려 수중에서
이 航路를 탈취함은 물론, 眞平王 5년(583)의 船府署의 설치로 그
대책을 강구했다고 보여진다.

그러므로 신라는 진흥왕 25년(564) 이후 중국과의 교섭이 활발해
졌으며, 覺德·明觀 이후 求法僧(學問僧)이 줄이어 왕래할 수 있었다.
「表 3」에서 본다면 眞平王代(579~632)에는 智明 이하 7명의 求法僧
이 海路로 중국을 왕래한 바 있으며, 對唐交涉이 시작된 眞平王 43
년(621) 이후 백제가 멸망할 때까지 신라의 遣唐使가 濟·麗보다 빈번
하였음도 西海航路의 장악에서 오는 결과였다. 따라서

<表 3> 新羅의 求法僧

求 法 僧	出 國 年 度	歸 國 年 代	求法國
覺 德		眞興王 10년(549)	梁
明 觀		眞興王 26년(565)	陳
智 明	眞平王 7년(585)	眞平王 24년(602)	陳
圓 光	眞平王 11년(589)	眞平王 22년(600)	陳
曇 育	眞平王 18년(596)	眞平王 27년(605)	隋
安 含	眞平王 22년(600)	眞平王 27년(605)	隋
安 弘		眞平王 42년(620)	隋
圓 測	眞平王 49년(627)	善德王 14년(645)	唐
圓 勝	貞觀(627~649)初		唐
明 朗	善德王 원년(632)	善德王 4년(635)	唐
慈 藏	善德王 5년(636)	善德王 12년(643)	唐
義 湘	文武王 원년(661)	文武王 10년(670)	唐
惠 通		文武王 5년(665)	唐
勝 詮		孝昭王 원년(692)	唐

貞觀 16년 義慈가 군사를 일으켜 新羅의 땅 40여 城을 빼앗아 군대를 보내어
지키는 한편 高麗와 和親을 맺어 黨項城을 탈취하여 新羅의 入朝 길을 끊고자
하였다. 이에 新羅가 使臣을 보내와 위급함을 알리고 구원을 청하였다.[118]

118) ≪舊唐書≫ 卷 199, 上 列傳 149 上 東夷 百濟.

와 같이 고구려와 백제는 연합하여 黨項城을 탈취하여 신라의 入朝之
路를 차단하려고 하였다. 이러한 어려움 속에서도 善德女王(632~647)
과 眞德女王(647~661)이 각각 11회[求法僧 포함]의 사신을 교환하고
있어 7세기 이후 이른바 신라항로는 신라에 의해서 지배되고 있었음
을 알게 한다.

이와 같이 3국의 對唐外交가 신라에 의해서 주도됨과 짝하여, 3국
은 활발한 외교교섭을 벌이는 한편 각기 朝貢使의 성격이나 方物의
내용에까지 다양하게 경쟁하게 되었다. 특히 넓은 의미의 외교 속에
는 冊封을 전제로 하는 협의의 朝貢을 비롯하여, 告哀使·進賀使·謝
恩使·請兵使·謝罪使 등 여러 형태의 入朝使가 파견되었다.119) 더구
나 신라에 의해서 추진된 宿衛外交는 3국통일의 단서는 물론, 盛唐文
化 수용에 큰 공헌을 남긴 바 있었다.120) 그러므로 3국은 遣唐使의
자격을 격상시켜 왕자나 고위층 인사를 파견하여 대당외교의 중요성
을 나타내고 있었다. 즉, 고구려는 榮留王 23년(640) 2월에 世子桓權
을, 寶藏王 6년(647)에는 王子인 莫離支任武를, 그리고 寶藏王 25년
(666)에는 太子福男을 각각 사신으로 당나라에 보낸 바 있다.121)

백제도 武王 28년(627) 8월에 왕의 조카 福信을 당에 보냈으며,
신라 역시 眞德王 2년(648), 4년, 5년에 金春秋·金仁問·金文王 부
자를 각각 보내서 대당외교의 비중을 엿볼 수 있다. 이에 대해서 당
나라도 刑部尙書 沈叔安[영류왕 7년]과 職方郎中 陳大德[영류왕 27
년]이, 散騎常侍朱子奢司農丞 相里玄奬[의자왕 4년] 등을 각각 고구
려와 백제에 보내서 그들의 외교적 관심을 나타낸 바 있었다. 이러
한 외교적 경쟁에 짝하여 朝貢에 수반되는 進貢과 回賜도 다양해지
고, 내용도 풍부해져 당시의 사회적 요구를 반영하고 있다.

그런데 신라는 對唐外交를 곧 국난극복의 길로 생각하여 眞平王

---

119) 申瀅植, 앞의 책(1984), pp.315~321.
120) 申瀅植, 위의 책, pp.352~390.
121) ≪三國史記≫ 卷 20 및 卷 22 참조.

이후 새로운 접근책을 모색하였다. 진평왕하에서 大權을 장악한 金
龍春은 金舒玄과 친교를 맺어 金春秋·金庾信 家門과 結緣의 계기를
만든 후, 新貴族으로 급성장하였다.[122) 이 양가문은 곧 善德王
(632~647)을 세우고 대내적으로 對濟·對麗强硬策을 쓰는 한편, 대외
적으로 적극적인 親唐策을 추진하였다. 특히 大耶城의 悲劇(641)을
계기로 양가문은 굳게 결속되었으며, 김춘추의 3角外交가 시작되는
동시에, '毗曇의 亂'(647)을 수습한 후 眞德女王(647~654)을 세워 구
세력을 제거하였다. 따라서 진덕여왕의 재위 8년간은 武烈王系의 정
책시험기였고,[123) 金春秋. 金庾信의 신귀족의 적극적인 對唐外交가
전개되는 시기였다. 그것이 金春秋와 그 두 아들[金文王·金仁問]에
의해서 추진된 宿衛外交였다.

<표 4> 三國의 對唐交易品

3국 \ 교역품	進貢品	回賜品
고 구 려	封域圖(영류왕·11년) 白金(보장왕 3년)	天尊像·道德經(영류왕 7년) 道德經(보장왕 2년)
백 제	果下馬(무왕 22년) 明光鎧(무왕 27년) 鐵甲·雕斧(무왕 38년) 金甲·雕斧(무왕 40년)	錦袍絲·綵帛(무왕 38년)
신 라	太平頌(진덕왕 4년) 金總布(진덕왕 7년)	畫屏風·錦絲(진덕왕 43년) 溫湯·晋祠碑·晋書·金帛(진덕왕 2년)

그러나 숙위외교를 포함한 이 시기의 대당외교는 삼국통일을 위한
과도적 모색이었으므로 正朔과 年號의 요구나 唐服制의 채택 등 굴

---

122) 申瀅植, 앞의 책(1984), p.115.
123) 眞德女王代에 실시된 대표적인 정책은 ① 執事部의 설치(稟主의 폐지) ② 新正賀
禮의 실시 ③ 左理方府의 신설 ④ 宿衛外交의 추진 등이다. 이것은 武烈王 등장의
整地作業이라 할 수 있다.

욕적인 표현은 엿보이지만,124) 그것은 외형적인 것으로서 신라의 정
략적 수단에 불과한 것이다. 신라는 이러한 외교수단에 의해서 당으
로부터 援兵과 支援을 얻을 수 있었다. 「표 5」에서 알 수 있듯이,
진덕여왕은 당시 실권자인 김춘추를 대당외교 제일선에 보내서 백제
정벌의 계획과 援兵確約을 얻어낸 후, 文王을 宿衛로 체류케 하였다.

<표 5> 新羅의 遣唐使(統一以前)

入朝使	官　等	出國年代	歸國年代	活動
邯帙許		진덕왕 2년(648)		正朔요구
金春秋	伊飡	진덕왕 2년(648)	진덕왕 2년(648)	文王동행(宿衛·請兵)
金法敏	[波珍飡]	진덕왕 4년(650)	진덕왕 4년(650)	太平頌헌진
金仁問	波珍飡	진덕왕 5년(651)	무열왕 3년(656)	宿衛·무열왕 5·7년, 문무왕 2년 입당
金文王	[伊飡]	무열왕 3년(656)	무열왕 5년(658)	宿衛
天福	第監	무열왕 7년(660)		百濟征伐보고
金三光	奈麻	문무왕 6년(666)	문무왕 8년(668)	漢林동행(宿衛·請兵)
汁恒世	大奈麻	문무왕 7년(667)		朝貢
元器·淵淨土		문무왕 8년(668)	문무왕 8년(668)	元器만 귀국

특히 그 아들 法敏까지 遣唐使로 발탁하여 이들이 통일의 주역이 되
었으니, 당시 入朝使의 자격이나 지위를 가늠할 수 있다. 당나라 역
시 太常丞 張文收(진덕왕 8년)와 含資道摠管劉德敏(문무왕 원년) 등
을 신라에 보내 禮遇를 잊지 않았다.
　그러나 통일전의 羅·唐關係는 결국 濟·麗征伐이 중심이 되기 때

---

124) 眞德女王 2년의 正朔의 요청, 中華衣冠制의 실시, 4년의 太平頌의 헌진, 永徽(年
　　號)의 사용 등이 대표적인 예이다.

문에 양국간의 군사협조나 작전계획의 실천을 위한 사절의 왕래가 핵심을 이룬다.

(가) 武烈王 7년 6월 18일 蘇定方은 萊州에서 출발하여 船艦이 千里에 뻗치고 東쪽으로 조류를 타고 향하여 내려왔다. 거일에 王이 太子法敏으로 兵船 百隻을 이끌고 德物島에서 定方을 맞이 했다.125)

(나) 武烈王 7년 9월 定方은 百濟王 및 그 王族과 臣僚 등 93인과 人民一萬二千인을 거느리고 泗沘에서 배를 타고 唐으로 돌아갔다(≪三國史記≫ 卷 5).

(다) 文武王 3년 5월 (唐主는) 右威衛 將軍 孫仁師를 보내어 군사 40만을 이끌고 德物島에 이르러 熊津府城으로 향하게 하였다(同卷 6).

(라) 文武王 8년 6월 12일 遼東道安撫副大使 劉仁軌가 唐主의 勅旨를 받들어 宿衛인 沙湌 金三光과 함께 黨項津에 到來하매 王이 角干 金仁問으로 하여금 가서 大禮로 맞게 하였다(同卷 6).

위의 기록들은 백제정벌을 전후한 시기에 당의 수군이 서해를 왕래한 모습을 전하는 사례들이다. 무열왕 7년(660) 6월 18일에 山東의 萊州를 떠난 蘇定方軍은 3일만에 서해를 건너 德物島(덕적도)에 도착한 것으로 보아 전술한 赤山航路를 이용한 듯하다, 따라서 德物島는 이 항로의 중간 기착점으로 한반도연안을 끼고 북상하여 白翎島나 椒島近海에서 西向하는 항로를 활용하였을 것이다.126) 그러므로 文武王 10년 劍牟岑이 고구려부흥을 외치며 南行하던 항로가 浿江口-椒島-白翎島-史冶島(德積島)127)였음은 바로 赤山航路의 南

---

125) 이러한 ≪三國史記≫(卷 5)의 기록에 대하여 ≪舊唐書≫(卷 83, 列傳 33 蘇定方)에는 '顯慶 5年從幸太原 制授熊津道大摠管 率師討百濟 定方自城山濟海至熊津江口'라 하고 있다.

126) ≪新增東國輿地勝覽≫(卷 43, 豊川都護府)에 琵琶串은 '禁商船之潜通上國者'라고 한 것을 보면 豊川海岸의 椒島가 寄港地임을 알 수 있다.

127) 李丙燾, 앞의 책, p.103.

端을 뜻하게 된다.

백제 멸망 후, 扶餘 豊과 福信 등이 부흥운동을 일으켜 加林城에
서 웅거했을 때

> 扶餘 隆이 水軍과 군량을 실은 배를 이끌고 熊津江으로부터 白江으
> 로 와 육군과 함께 모여 周留城으로 나아갔다. 仁軌가 白江의 입구에
> 서 倭兵을 만나 네 번 싸워 이기고 그 배 4백 척을 태우니 연기가 漲
> 天하였으며 바닷물이 모두 赤色을 띠었으며 적이 크게 궤멸되었다.[128]

와 같이 白江戰役의 참상을 엿볼 수 있다. 그 후 서해에서의 군사행
동은 문무왕 16년(676)의 伎伐浦海戰이 있기까지 일단 냉각기를 갖
게 된다.

백제를 정벌한 羅·唐聯合軍은 곧 고구려 정벌을 꾀하였다. 이 때
도 郭待封에 이끌린 수군은[129] 山東半島東端인 城山을 출발하여 東
進하여 椒島를 거쳐 浿江口로 진격하였다. 이 때도 수군은 육군을
측면에서 도와주었을 뿐 아니라, 군량과 무기를 지원하여 平壤陷落
에 큰 도움을 주었다.[130] 결국 신라는 6세기 중엽 漢江下流地域을
확보하면서 黨項城을 통한 對中航路를 어느 정도 관장하였으나 계속
고구려 측의 방해를 받고 있었다. 그러나 고구려가 북방의 突闕 등
의 위협과 빈번한 政亂으로 국가가 큰 시련에 부딪쳐 신라는 6세기
말에는 거의 赤山航路를 지배할 수 있었다. 그러므로 求法僧·使節
의 왕래가 빈번하여, 3국 중 가장 밀접한 對隋·對唐接近이 가능해
졌다. 따라서 濟·麗의 入朝之路 방해에도 불구하고, 신라는 적극적
인 親唐外交를 성공시켜 統一의 외교적 단서가 열리게 되었다. 이러
한 변화는 西海의 航路安全을 기할 수 있는 정치·군사적 성장이 기
반이 되었음은 물론이다.

---

128) ≪舊唐書≫ 卷 84, 列傳 33 劉仁軌.
129) ≪新唐書≫ 卷 220, 列傳 145 東夷 高麗.
130) ≪三國史記≫ 卷 22, 寶藏王 27年條 참조.

Ⅳ. 統一新羅의 繁榮과 西海

濟・麗征伐에 있어서 서해는 唐軍支援의 통로가 되었으므로, 신라와
당나라 사이에는 서해를 통해 협조가 이루어졌다. 백제 멸망 직후 당 측
의 요구로 신라는 빈번한 軍糧米 수송에 큰 타격을 받고 있었으나[131]

> 이 때 倭國의 船兵이 와서 百濟를 도울새, 倭船千隻은 白沙에 停
> 在하고 百濟의 精騎는 岸上에서 그 船艦을 守護하였다. 新羅의 驍騎
> 가 漢(당)의 先鋒이 되어 먼저 (百濟의) 岸陣을 깨뜨렸다
> (≪三國史記≫ 卷 7, 文武王 11年 答薛仁貴書).

에서 볼 수 있듯이 白江戰役까지는 양국간의 협조가 어느 정도 이루
어지고 있었다.

그러나 고구려 멸망 후 唐의 領土野慾이 노골화되자

> 文武王 10년 6월 高句麗 水臨城人(牟)岑大兄이 遺民을 수습하여
> 窮牟城으로부터 浿江 南에 이르러 唐의 官吏와 僧法安 등을 죽이고
> 新羅로 향하여 西海史冶島에 이르러 高句麗 大臣 淵淨土의 아들 安
> 勝을 만나 漢城으로 맞아들여 임금을 삼고 (중략) 왕은 그를 國西
> 金馬渚에 있게 하였다(≪三國史記≫ 卷 6).

와 같이 신라정부는 劍牟岑의 歸化를 받아들이고 安勝을 金馬渚에
少高句麗王으로 봉하는 등 反唐政策을 취하였다. 이것은 어느 정도
신라측의 지원과 협조가 있었다는 뜻으로, 文武王 11년의 「答薛仁貴
書」에 당시의 불편한 양국관계를 나타내 주고 있다. 즉, 당은 倭國
征伐의 구실로 兵船을 수리한다면서 실은 신라를 공격하려는 음모를
갖고 있음이 밝혀지자, 신라 정부는 이에 대한 대책을 게을리하지
않았다. 문무왕 8년에 당 측과의 약속으로 신라군이 북진하여 水谷

---

131) ≪三國史記≫ 卷 7, 文武王 11年 答薛仁貴書.

城에 이르렀으나, 당군이 먼저 회군한 것을 알고 신라군도 철수한 일이 있었다. 이 때 문무왕은

> 大監 金寶嘉를 보내어 海路로 (遼東에) 가서 英公의 進止를 살피게 하였다(≪三國史記≫ 卷 7, 答薛仁貴書).

라 하여 金寶嘉를 海路로 遼東에 있던 李勣陣營에 보내 그들의 進止 (動靜)를 살필 정도로 협조체제는 깨지고 있었다. 다만 劍牟岑이 南下한 항로가 浿江口-史冶島를 거치는 종래의 新羅航路였으며 金寶嘉의 北上路도 바로 그 길이었다.

이와 같이 나·당간의 대립은 신라가 濟·麗殘民의 귀화와 포용을 적극화하는 한편, 唐의 점령지에서 逃出하는 다수의 遺民에게 피난처를 제공함으로써 당의 反攻勢力을 약화시킴에 따라[132] 더욱 격렬해졌다. 그러나 당시의 당은

> 儀鳳 2년 9월 左衛大將軍 劉審禮 등이 吐蕃과 淸海上에서 싸웠다. 왕의 군사가 패하자 임금이 吐蕃의 침입을 우환으로 여겼다. 천자가 侍臣에게 그 대책을 물으니 中書舍人 郭正 등이 모두 변방을 방비하는 것은 감출 수 없는 큰일이라고 하였다.[133]

와 같이 吐蕃患과 같은 外難으로 한반도에서의 군사행동이 여의치 않았던 것이다.[134] 그러나 평양에 주둔하던 당의 육군은 劉仁軌·高侃·李謹行 등을 내세워 契丹·靺鞨兵을 이끌고 積城·七重城·買肖城일대를 공격하였고 수군은 薛仁貴를 지휘관으로 伎伐浦 일대에 포진하였다.

---

132) John C. Jamieson, 「羅·唐同盟의 瓦解」, ≪歷史學報≫ 44(1969), p.2.
133) ≪舊唐書≫ 卷 3, 儀鳳 2年.
134) 申瀅植, 「三國統一의 歷史的 性格」, ≪韓國史硏究≫ 61·62(1988), p.69.

(가) 文武王 11년 10월 6일 唐의 運送船 七十餘隻을 습격하여 郎將
　　　鉗耳大侯와 士卒 百餘人을 사로잡고 이밖에 물에 빠져 죽은 자
　　　는 이루 셀 수 없었다. 級湌當千의 戰功이 第一位에 처하여 沙
　　　湌의 位를 주었다(≪三國史記≫ 卷 7).

(나) 文武王 12년 9월 드디어 級湌原川·奈麻邊山 및 (新羅)에 억류
　　　중이 兵船郎將 鉗耳大侯·萊州司男 王藝·本烈州 長史 王益·
　　　熊州都督府 司馬禰軍 曾山·司馬法聰과 군사 一百七十人을 唐
　　　에 보냈다(同).

(다) 文武王 16년 11월 沙湌 施得이 船兵을 이끌고 所夫里州 伎伐
　　　浦에서 薛仁貴와 싸워 패하더니 또 나아가 大小戰 22回를 거
　　　듭하여 드디어 이기고 敵首四千餘級을 베었다(同).

위의 기록은 文武王 11~16년간에 서해에 있었던 양국간의 충돌사
건의 대표적 사례이다.(가)는 당의 軍糧米輸送船을 격파한 것으로 고
립에 빠진 高侃軍의 진로를 막은 것이다. 고간은 문무왕 11년 9월에
蕃兵과 함께 平壤에서 帶方을 침범하여 禮成江口를 통해 서해로 진출
하려 한 바 있으며, 동시에 당의 수군은 이곳의 錢浦·碧蘭渡를[135] 통해
당군에게 군량미를 보급하려 한 것이다. 따라서 문무왕 11년 10월의
보급선, 파괴는 唐軍의 사기를 저하시켜 왕 12년 7월에 高侃·李謹行軍
을 石門에서 대파시킬 수 있었다. (나)는 격앙된 당의 태도를 회유하
기 위해서 拿捕(所留)된 郎將인 鉗耳大侯나 萊州司馬인 法聰등을 귀환
시킨 조치이다. (다)는 문무왕 15년의 買肖城 勝利와 함께 唐水軍을
전멸시켜, 陸·海戰에 있어서 당군의 결정적 패배를 안겨준 大捷을 나
타낸. 것이다.[136] 이 伎伐浦勝捷은 신라수군에 의한 서해의 제해권 장
악을 뜻하는 것으로 당군이 전의를 잃게 된 큰 사건이었다.

　이러한 사실은 문무왕 11년에 唐兵이 백제군을 지원한다는 소문
에 접하여 大阿湌 眞功이 甕浦를 수비한 점이나, 13년 9월에 大阿湌

135) ≪新增東國輿地勝覽≫ 卷 4, 開城府 上.
136) 李鍾學,「新羅三國統一의 軍史學的 考察」, ≪軍史≫ 8(1984), pp.196~197.

徹川이 兵船 100여 척으로 서해를 鎭守시킨 사실, 그리고 당병이 臨
津江을 경계로 신라군과 여러 차례의 大會戰을 전개한 것도,[137] 바
로 예성강하구인 江華灣의 확보를 위한 혈투라고 하겠다. 신라는 끝
까지 麻田島(교동도)와 江華島 일대의 해안을 지켰기 때문에 伎伐浦
로의 해로를 차단할 수 있었다고 생각된다. 그러므로 당은 문무왕
14년에 入唐宿衛하던 金仁問을 앞세우고, 劉仁軌・李弼・李謹行 등으로
보복반격을 꾀했으나 도리어 패한 바 있었다. 여기서 신라는 伎伐浦
勝戰을 과시하기 위해서 3개월 후에 講武殿南門에서 弓射를 관람하
였고, 곧 이어 兵部에서 船府를 분리시켜 船楫之事를 강조하기에 이
르렀다.[138]

　　文武王 8년(668) 金欽純・良圖의 謝罪使派遣 이후, 孝昭王 8년(699)
의 入唐朝貢까지 양국은 실질적으로 단교상태였다. 문무왕 11년(671)
부터 양국의 정면충돌이 시작되어, 濟・麗遺民의 처리와 영토분쟁으로
문무왕 16년(676)까지 전쟁을 계속하였다. 따라서 전후에 격앙된 양국
간의 감정대립으로 神文王・孝昭王을 거쳐,[139] 聖德王代(702~737)와 玄
宗王代(712~755)에 이르러서야 정상적인 관계가 수립되었다. 그러므
로 孝昭王代의 과도기를 거쳐 聖德王 2년(703)에 친선관계가 확립되
었고, 이후 양국관계는 문물교류에 우선을 두게 된다. 이 때의 서해는
제3국의 방해 없이 양국인의 통로로서 문화개발의 교량역할을 하게
되었다.

　　통일신라의 서해를 통한 대당교섭은 한국 역사상 가장 활발한 문

---

137) 文武王 11년 10월 6일에 唐의 運送船 70여 척을 나포하고 郞將 鉗耳大侯 등 100
　　여 명을 납치한 이후, 신라군은 12년 7월 高侃, 李謹行휘하의 수천명, 13년 9월
　　9차의 격전에서 2천여 명, 15년 9월 1,400여 명(40여 척나포), 대소 18戰에 6천
　　여 명을 살해하였다.
138) ≪三國史記≫ 卷 7, 文武王 18年條 참조.
139) 神文王代는 唐帝의 冊封使가 먼저 왔으나 이에 謝恩使 파견이 없었고, 12년에 太
　　宗廟號 변경요구사가 신라에 들어왔으며 왕 6년에 단 1회의 入朝使가 있을 뿐이
　　다. 孝昭王도 당이 먼저 冊封使를 파견하였으며, 신라에서도 1회의 遣唐使가 파
　　견되었을 뿐이다(申瀅植; 앞의 책, 1984, pp.327~328).

물교류와 인적 왕래를 촉진하였다. 성덕왕대에는 재위 36년간에 46
회의 외교관계기사가 나오며 외교사절도 朝貢・賀正・謝恩・宿衛・宿衛學生
등 다양한 유형을 나타내고 있었다. 이러한 빈번한 외교사절의 파견
은 마치 長壽王의 對北魏外交와 같은 國力의 과시이며 왕권강화의
표시라 생각된다. 眞平王 43년(621) 이후 신라 말까지 300여 년간 신
라는 서해를 건너 150여 회의 사신을 파견하여 對唐外交의 중요성을
엿볼 수 있다. 그러므로 신라는 遣唐使의 선발에 신중을 기하고 있었
으니 그 대표적 인물은 <表6>과 같다.

<表 6> 統一新羅의 遺唐使

入朝使	官等·官職	入唐年代(歸國年代)	使行目的·活動
金 欽 純	角干	문무왕 9년(669) [670]	謝罪使
金 良 圖	波珍飡	문무왕 9년(669)	謝罪使
祇 珍 山	級飡	문무왕 9년(669)	獻磁石
金 福 漢	大奈麻	문무왕 9년(669)	獻木
原 川	級飡	문무왕 12년(672)	謝罪(奈麻 邊山대동)
金 思 讓	阿飡	성덕왕 3년(704) [705]	佛經가져옴
金 貞 宗		성덕왕 12년 [713]	詔勅전달
金 風 厚		성덕왕 14년(715) [716]	
金 欽 質	王弟	성덕왕 25년(726)	
金 榮	副使	성덕왕 34년(735)	
金 相	大阿飡(王弟)	성덕왕 35년(736)	
金 隱 居	伊飡	혜공왕 3년(767)	冊命요구
金 俊 邕	大阿飡	원성왕 5년(789)	侍中·卽位(昭聖王)
金 彦 昇	大阿飡	원성왕 6년(790)	上大等 卽位(憲德王)
金 力 奇		애장왕 9년(808)	冊命요구
金陸珍	大阿飡	애장왕 10년(809)	謝恩
金昌南	伊飡	헌덕왕 1년(809)	告哀
金憲章	王子	헌덕왕 2년(810)	金銀佛像 헌진
金張廉		현덕왕 9년(817)	
金柱弼		헌덕왕 14년(822)	
金能儒		흥덕왕 6년(831) [832]	溺死

入朝使	官等·官職	入唐年代(歸國年代)	使行目的·活動
金 大 廉	王子	홍덕왕 4년(829)	茶種子전래
元　　弘	阿飡	문성왕 13년(851)	佛經·佛版전래
金 富 良	阿飡	경문왕 2년(862)	溺死
金　　胤	王子(蘇判)	경문왕 9년(869)	謝恩
金 處 誨	兵部侍郎	진성여왕 7년(893)	溺死
金　　樂	倉部侍郎	경명왕 7년(923)	金幼鄕대동
金　　岳	倉部侍郎	경명왕 8년(924)	
張　　芬	兵部侍郎	경애왕 4년(927)	朴術卿대동(後唐)
金　　咄	執事侍郎	경순왕 6년(935)	李儒대동(後唐)

<표 6>에 의하면, 통일신라의 견당사는 가까운 王族이나 級飡 이상
의 인물이 발탁되어140) 적극적인 외교정책을 폈으며 新羅末에 이르러
官等보다 官職 위주의 인물이 선정되었음을 알 수 있다. 특히 入唐使
의 왕래에 따라 교역되는 물품도 3국시대보다 훨씬 다양해졌으며 시
기별로 바뀌고 있었다. 즉, 신라의 수출품(進貢物)이 7세기까지는 金·
銀·銅·牛黃·布木·人蔘 등이 중심이었으나, 8세기에는 果下馬·牛黃·美髮·海
豹皮와 朝霞紬·魚牙紬 등이 주류를 이루었다. 그러나 9세기에는 金·銀
製의 佛像·佛經 등 제품이 수출되어 신라수공업과 공예의 발전상을 엿
볼 수 있다. 이에 따라 수입품(回賜品)도 曆法(문무왕 14년 金德福)·最
勝王經(성덕왕 3년 金思讓)·文宣王·十哲·七十二·弟子圖(성덕왕 16년 金
守忠)·紫袍와 錦細帶(성덕왕 29년)·道德經(효성왕 2년 邢璹)·佛經(흥덕
왕 2년 丘德)·茶種子(흥덕왕 3년) 등 다양해졌다.141)
　　통일신라의 활발한 對唐外交는 발달된 항해술과 우수한 新羅船舶
의 활용으로 새로운 航路의 개척과 함께 더욱 촉진되었다.

---

140) 文武王 9년에 入唐한 祇珍山은 아마도 磁石관계의 기술자일 가능성이 크다.
141) 申瀅植, 앞의 책(1984), pp.336~338.

(가) 景德王 15년 王은 (唐의) 玄宗이 蜀에 있음을 듣고 사신을 唐에 보내어 (揚子)江을 遡上하여 成都에 이르러 朝貢하였다(≪三國史記≫ 卷 9).

(나) 新羅는 揚子江을 건너 成都에 使臣을 보내와 賀正禮에 참가하였다.[142]

(다) 元和 11년 11월 入朝한 王子 金士信 등이 사나운 바람을 만나 楚州 鹽城縣 지경에까지 표류하여 갔다는 사실을 准南節度使李 鄘이 알려왔다.[143]

(라) 憲德王 9년 王子 金張廉을 唐에 入朝使로 보내었는데 폭풍을 만나 표류하다가 明州下岸에 이르렀다. 淅東官이 수도(서울)로 데려갔다.[144]

위의 자료는 8세기 중엽 이후 신라가 한반도 남단을 거쳐 東支那 海를 건너가는 새 항로를 모색했음을 암시하는 내용이다. (가)는 景 德王 15년(756)에 신라사신이 唐帝(玄宗)가 蜀에 있다는 것을 듣고 沂江[145]을 거쳐 成都에 이르렀다는 것이며 (나)는 같은 사실의 ≪新 唐書≫ 기록이다. (다)는 신라의 사신인 金士信이[146] 颱風을 만나 楚 州 鹽州城(淮河와 揚子江 중간)에 표착했다는 것이며 (라)는 憲德王 9년(817)의 入朝使 金張廉이 폭풍을 만나 明州(寧波) 下岸(杭州灣)에 표류했다는 것이다. 이러한 기록들은 이들의 항로가 종래의 北方航 路가 아니라 黑山島에서 바로 서향하는 항로일 가능성이 높다고 할 수 있다. 이 노선은 점차 흑산도에서 西南進하여 동지나해를 건너 舟山列島를 거쳐 明州-杭州로 上陸하는 코스로 張保皐시대에 크게 발전한 것이다. 그러나 통일신라 후반기 이전은 여전히 新羅航路가

---

142) ≪新唐書≫ 卷 220, 列傳 145 東夷(新羅).
143) ≪舊唐書≫ 卷 199, 上 列傳 149 上 東夷(新羅).
144) ≪增補文獻備考≫ 卷 171, 交聘 1.
145) 沂江은 현재 淮河 북쪽, 山東半島 남단에 있는 강이므로 신라 사신이 한반도에서 바로 西向하여 淮河하류유역에 도착하였다는 사실을 알려 준다.
146) 金士信에 대해서 ≪三國史記≫ 卷 10에는 憲德王 원년(809)에 持節使로 귀국하였다고 되어 있으며 遭難事實은 기록에 없다.

주로 이용된 것은

> The seventh century embassies to China had usually skirted the
> Korean coast on the way to China., staying in sight of land most of
> the way, but since the unification of Korea by the hostile Kingdom
> of Silla, the Japanese had been avoiding the Korean coast by
> attempting the more hazardous crossing direc−tly westward from
> North Kyushu to China[147]

에서 보는 바와 같다. 일본의 경우도 신라와 같이 東支那海를 횡단
하는 데는 큰 위험이 따르기 때문이다.

통일신라의 대당교섭이 활발한 근본적인 배경은 항해술과 선박기술
의 우수성이다. 圓仁의 ≪入唐求法巡禮行記≫에 따르면 그가 836년 8
월 17일에 첫 출항을 시도했을 때 당시 일본의 선박이 겨우 뗏목
(planks bound together as a draft) 수준이어서 九州沿岸에서 난파당할
정도로 원시적이었다.[148] 당시의 일본항해술에 대해서 Reischauer는

> The compass was not to come into use in these waters for
> perhaps another three centuries: the ponderous junks of the time
> could only sail down wind, and worst of all, the Japanese did
> not seem to have the basic meteorological knowledge needed for
> navigation in their part of the world[149]

라 하여 일본의 선박은 ponderous junk(沙船)로서, 平底의 돛단배였
다고 적고 있다. 그러나 중국이나 신라는 이와 같은 沙船型이지
만,[150] 중국의 沙船은 平底・多桅・方頭方艄・有出艄의 모습으로[151]

---

147) Edwin O Reischauer, 앞의 책, p.60.
148) Edwin O. Reichauer, 위의 책, p.61.
149) Edwin O. Reichauer, 위의 책, p.60.

船頭가 없는 것이 특징인 바,152) 신라선박도 이러한 특징을 갖추었으
리라 보인다. 당시 일본항해자들이 거의가 신라인의 보호와 안내를
받았으며,153) 圓仁의 歸路가 新羅船員의 안내로 이룩된 것도154) 당시
의 높은 항해술을 나타내 주고 있다.155) 무엇보다도 圓仁의 ≪入唐求
法巡禮行記≫에 보여진 일본의 항해술은 계절풍이나 해양의 성격을
몰랐으며, 단지 佛陀와 神道에 의존하는 수준에 머물러 있었다.156)

이와 같은 높은 수준의 항해술과 선박술의 발달은 8세기 이후 대당
교섭에 새로운 전환기를 가져온다. 대개 왕과 중국 황제의 교체 직후
에 파견되는 朝貢使와는 달리, 聖德王 때부터는 賀正使가 나타났으니
그것은 보다 다양한 당문화수용에 목적이 있었다. 실제로 賀正使는
聖德王 13년(714)에서 惠恭王 10년(774)까지 60년간 존재했던 신년
축하사절이다. 「表 7」에 따르면 성덕왕은 당과의 친선관계 수립을 기
념하여 일반 조공사외에 賀禮의 사절을 보냈음을 알 수 있다.157) 그
의 告哀使(왕의 薨去報告)·謝恩使·進賀使(황제즉위·반란토벌축하)·謝罪

---

150) 金在瑾, 앞의 책, p.57.
151) 周世德, 「中國沙船考略」, ≪科學史集刊≫ 5, p.48.
152) J. Needam, ≪Science end Civilization in China≫ Vol. 4, p.391.
153) 金文經, 앞의 論文, p.275.
154) ≪入唐求法巡禮行記≫ 卷 1, 開城 4年 3月 17條에 '十七日 運隨身物 載物二船 與
  長判官同船其九隻船 分配官人 各令船頭押領 押領本國水手之外 更雇新羅人諳海路
  者 六十領人 每船或六或五人 亦令新羅譯語正南商可留之方便 未定得否' 하여 일
  본의 朝貢使의 각 선박에는 金正南·朴正辰 등 新羅譯語가 동승하고 있었다.
155) 당시 신라인의 안내와 높은 航海術에 대한 내용은 아래와 같다. "The Kore-an
  sailors who had guided the Ambassador and his party in safety to Japan in 839
  had returned to their homes in China in the autumn of the following year. The
  loss of all four original Japanese ships and the safe, crossing to Japan of all
  nine of the Korean vessels and their apparently successful return to China show
  clearly the navigational superiority of the Koreans at this time."(≪Ennin's
  Travels in T'ang China≫, p.97).
156) Edwin O. Reischauer, 위의 책, p.69, "When the wave came from the east, the
  ship leaned over to the west, and when they came from the west, it inclined
  to the east. All on board put their faith in the Buddha and in the Shinto
  deities. and there was none but did pray"
157) 申瀅植, 앞의 책(1984), pp.339~340.

使·陳慰使(황제 사망) 등이 파견되었으며, 특히 宿衛外交의 추진이 통일신라 대당외교의 白眉이다.

<表 7> 統一新羅의 賀正使

사 신 명	관 등	파 견 연 대	唐의 관직
朴 祐	級 湌	성덕왕 13년 2월	朝散大夫員外奉御
金 風 厚		성덕왕 14년 3월	員外郎
金 仁 壹	大 奈 麻	성덕왕 21년 10월	
金 武 勳		성덕왕 23년 2월	
金 忠 臣		성덕왕 25년 4월	
金 志 良		성덕왕 30년 1월	大僕少卿員外郎
金端竭丹	大 臣	성덕왕 33년 4월	尉衛少卿
金 義 忠		성덕왕 34년 1월	
金 抱 質	沙 湌	성덕왕 36년 2월	
金 元 玄		효성왕 2년 3월	
金 標 石	伊 湌	혜공왕 10년 10월	
失 名		혜공왕 10년 10월	員外衛尉卿

宿衛는 統一前에 金春秋에 의해서 주도되어 金文王·金仁問·金三光 등 3인이 파견되었으며, 이들이 3국통일의 주역이 되었다. 그 후 景文王 때의 金因에 이르기까지 16명이 있었다.[158]

<表 8>에서 본다면 그 기원은 '夫四夷稱臣納子爲質'(≪冊府元龜≫ 卷996, 外臣部納質)과 같은 質子的인 의미에서 출발하였으나,[159] 실제로는 羅·唐 양국간의 외교적 교량자였으며 정치·군사·문화면에서 커다란 역할을 하였다.[160]

---

158) 申瀅植, 앞의 책(1984), 및 卞麟錫, 「唐宿衛制度에서 본 唐關係」, ≪史叢≫ 11(1966) 참조.

159) Lien-Shen Yang, 「Hostages in Chinese History」, ≪Studies in Chinese Institutional History≫(1960), pp.43~57 및 梁起錫, 「三國時代 人質의 性格에 대하여」, ≪史學志≫ 15(檀國大, 1981) 참조.

<表 8> 統一新羅의 宿衛

	宿 衛	官 等	派遣年代	任期	최후의官 等	唐의 官職	정치활동
통일전	金文王	[波珍湌]	진덕왕 2년(648)	5년	伊 湌	左武衛將軍	侍中
	金仁問	波珍湌	진덕왕 5년(651)	22년	伊伐湌	左領軍衛將軍	軍主, 百濟·高句麗정벌
	金三光	[大阿湌]	문무왕 6년(666)	3년	[大阿湌]	左武衛翊府中郞將	百濟·高句麗정벌
중대	金德福	大奈麻	문무왕 14년(674)	1년			曆術전래
	金守忠	[阿 湌]	성덕왕 13년(714)	3년			文聖王圖전래
	金嗣宗		성덕왕 27년(728)	2년	果毅		宿衛學生입학요구
	金志滿		성덕왕 29년(730)	1년	太僕卿		
	金思蘭		성덕왕 32년(733)	1년	太僕員外卿		문물교류
	金忠信		성덕왕 32년(733)	1년	左領軍衛員外將軍		渤海토벌鞨鞨토벌
	金志廉		성덕왕 72년(783)	1년	鴻臚少卿		謝恩
하대	金獻忠		애장왕 7년(806)	1년		秘書監	
	金士信		헌덕왕 1년(809)	1년			冊封副使
	金 昕		헌덕왕 17년(825)	1년	伊 湌	太常卿	國相·宿衛學生 입학요구
	金義琮		흥덕왕 11년(836)	1년			侍中·謝恩
	金忠信		희강왕 2년(837)	11년	伊 湌		문물교류
	金 因	沙 湌	경문왕 10년(870)	1년			

여기서 주목하려는 것은 신라의 遣唐使·賀正使·宿衛 등이 滯唐活動 뿐만 아니라, 귀국 후 뚜렷한 업적을 남겼다는 사실이다. 入唐使로서 큰 활동을 한 대표적 인물을 정리하면 <표 9>와 같다.

<표 9>에서 알 수 있듯이 신라의 入唐使 중에서 왕으로 등장한 인물은 金春秋(武烈王)·金法敏(文武王)·金俊邕(昭聖王)·金彦昇(憲德王) 등 4명이나 되었다. 또한 宰相으로 오른 인물은 金文王 이하 9명이나 되고있어 入唐使節이 곧 최고 관직자로의 승진로였음도 알

---

160) 申瀅植, 앞의 책(1984) 참조.

수 있다. 이들은 滯唐生活을 통해 견문과 식견을 넓혔으며 唐에서의
폭넓은 외교활동으로 당의 정치·제도·문물 등을 수용하여 신라문화개
발에 큰 역할을 남긴 것도 사실이다. 따라서 높고 험한 서해의 파도
는 이들에게 위대한 웅지를 심어 주었고 항해의 苦程은 그들에게 불
굴의 투지를 일깨워 준 것이다.

<표 9> 統一新羅의 入唐使의 活動

入唐使	종류	最後官等		歸國後活動	唐에서의 活動
金春秋	朝貢使	伊 飡		武烈王(654~661) 百濟정벌(660)	請兵使(648)
金文王	宿 衛	伊 食		侍中(658~662)	請兵(648)
金法敏	朝貢使	波珍飡		兵部令(654)·文武王(661~681)	太平頌헌진(650)
金仁問	宿 衛	大角干		軍主(656)·高句麗정벌(668)	請兵使(658)
金三光	宿 衛	伊 飡		執政(문무왕대)	高句麗정벌(668)
金忠信[161]	宿 衛	伊 飡		侍中(739~744)·上大等(757~763)	
金義忠	賀正使	伊 飡		侍中(737~739)	浿江이 남지역勅賜(735)
金隱居	朝貢使	伊 食		侍中(768~770)·叛亂(775)	冊命요구(767)
金俊邕	朝貢使	波珍飡		侍中(789)·兵部令(790)·昭聖王(799~800)	
金彦昇	朝貢使	伊 飡		兵部令(796)·私臣(801)·憲德王(809~826)	
金昕	宿 衛	伊 飡		國相·張保皐 토벌실패(839)	宿衛學生 입학요구(825)
金義琮	宿 衛	伊 飡		侍中(840~843)	謝恩使(836)

통일신라의 대당교섭에서 빠질 수 없는 것은 渡唐留學生들의 역
할이다.[162] 신라인들은 당을 학문의 연마나 신분의 극복 등 출세의

---

161) 聖德王 32년에 宿衛로 入唐했던 金忠信은 金信忠으로 보인다(末松保和, 「新羅의
郡縣制, 特にその完成期의 二·三問題」, ≪學習院大學文學部硏究年報≫ 21, 1979,
p.67). 그렇다면 그는 孝成王代에 侍中과 景德王代에 上大等을 역임하였으며, 경
덕왕 개혁정치의 주역이었다(李基白, 「景德王과 斷谷寺·怨歌」, ≪新羅政治社會
史硏究≫, 一潮閣, 1974, p.219).
162) 申瀅植, 앞의 책(1984), 李基東, 「新羅下代賓貢及第者의 出現과 羅唐文人의 交

장으로 간주하였다. 그러므로

(가) 신라는 인재를 등용할 때 골품으로써 이를 논하여 그 族屬이 아니면 비록 鴻才와 傑功이 있다고 하더라도 능히 그 범위를 넘지 못한다. 나는 中華國으로 西遊하여 본국에서 출세하지 못하는 지략을 분발하여 비상한 공을 세우고 스스로 영화의 길을 닦겠다(《三國史記》卷 47, 列傳 7, 薛罽頭).

(나) 崔致遠은 12세 때에 배를 타고 唐으로 들어가서 학문을 배우려 하므로 그 父親은 그에게 말하기를 "10년 안으로 과거에 급제하지 않으면 내 아들이 아니다. 가서는 힘써 공부하여라"하였다(同卷 46, 列傳 6).

(다) 元聖王 5년 9월 子玉으로 楊根縣의 小守를 삼으니 執事史毛肖가 반박하되 "子玉은 文籍出身이 아니므로 分憂의 職을 맡길 수 없다" 하매 侍中이 말하되 "그가 文籍出身이 아니라도, 일찍이 唐에 가서 學生이 된 일이 있었으니 어찌 쓰지 못하랴" 하였다. 王이 여기에 따랐다(同卷 10).

라 하여 (가)는 신분극복을 위해 (나)는 학문영달을 위해 서해를 건너 간 예이며 (다)는 入唐求學한 사실이 발탁의 기준이 될 수 있다는 점을 나타낸 것이다. 그러므로 엄격한 身分社會에 얽매인 신라인으로서는 立身揚名을 위해서는 항해의 위험이 문제가 되지 않았다.

당시의 신라선박의 수용능력이나 항해술의 우수성은 널리 인정되거니와 구체적인 積船能力에 대한 구체적 자료는 없다. 다만

登州사람이 말하길 高麗선박 1艘이 해안에 이르렀는데 管押將盧昕 이하 70인이 들어와 교역하였다.[163]

驪」, 《全海宗博士華甲紀念論叢》(1980) 및 金世潤, 「新羅下代 渡唐留學生에 대하여」, 《韓國史研究》 37(1982) 참조.
163) 《冊府元龜》 卷 999, 外臣部 互市.

라 하여 後唐淸泰 元年(고려 太祖 17년, 934)에 고려선박의 수송능
력이 70여 인이었음을 볼 때, 이 때에 70여 명이 한 선박의 乘船人
員이라고 단정할 수는 없지만 신라시대의 그것을 가늠할 수 있다.
특히 隋·唐의 樓船, 兵船 및 沙船을 목도한 신라는 이것들을 바탕
으로 새로운 船舶을 개발하였을 가능성이 크다. 憲康王 11년(886)에
宿衛學生인 崔愼之(崔彦撝)가 입당할 때 유학생 8명, 大首領 祈綽등
8명, 小首領 蘇恩 등 2명 도합 18명이 한 배를 타고 떠났다.164) 그
렇다면 船長 이하 수 명의 선원을 포함한다면 20여 명의 수송능력
을 갖고 있었을 것이다.

> 文武王 12년 原川을 보내 사죄하였다. (중략) 겸하여 銀 三萬三千
> 五百分, 銅 三萬三千分, 針 四百枚, 牛黃 百二十分, 金 百二十分과 四
> 十升 布 六匹과 三十升布 六十匹을 進貢하였다(≪三國史記≫ 卷7).

에서 본다면 신라선박의 積載量을 가늠할 수 있으며 특히 景文王 9
년 7월의 金胤이 謝恩使로 入唐할 때 유학생 3명을 대동하고 동시
에 方物이 馬(2필)·金(100냥)·銀(200냥)·원앙새·꿩 등 33종류가 되었
다.165) 30여 종의 方物을 한 척의 선박에 실었다고는 할 수 없으나
큰 부피의 積載物을 수송하는 데는 선박의 구조나 운송능력이 뛰어
났으리라 생각된다. 金雲卿 이래의 宿衛學生은166) 현재 52명의 名單
이 확인되었다.167) 이들은 다음의 기록인

164) ≪東文選≫ 卷 47, 狀遣宿衛學生首領等入朝狀.
165) ≪三國史記≫ 卷 11, 景文王 9年條.
166) 宿衛學生이란 최초의 기록은 文武王 15년 9월의 '薛仁貴以宿衛學生風訓之父眞珠
　　伏誅於本國 引風訓爲鄕導來攻泉城' (≪三國史記≫ 卷 7)에서의 金風訓이었다. 그
　　후 '允中庶孫巖 性聰敏 好習方術 少壯爲伊食 入唐宿衛 問就師 學陰陽家法'(≪三
　　國史記≫ 卷 43, 金庾信「下」)이라 하여 金巖은 宿衛로 되어 있으나, 실제는 숙위
　　학생이다(申瀅植,「宿衛學生考」, ≪歷史敎育≫ 11·12(1969)). 그러나 長慶 元年
　　(헌덕왕 13年, 821)에 金雲卿이 賓貢科에 합격한 때부터를 공식적인 숙위학생이
　　며 칭한다.
167) 李基東, 앞의 論文, p.634 및 金世潤, 앞의 論文, p.161.

新羅 당국은 먼저 갖추어 아뢴 宿衛習學學生 4사람에 대하여 지
금 그 연한이 이미 만기가 되었음을 기록함과 동시에 엎드려 돌려
보내시옵기를 청하며 삼가 姓名을 기록하여 다음과 같이 아뢰옵니
다. 金茂先 楊穎 崔渙 崔匡裕 등 (중략) 지금 이미 10년의 기한을
채웠고 (중략) 지난 文德元年에 돌려보낸 滿期 학생 태학박사 金紹
遊 등의 예에 준하여 金茂先 등과 아울러 首領들을 賀正使 金穎의
배편에 수행하여 본국으로 돌아가게 하여 주시오[168]

에서와 같이 사절이 선편으로 출국과 귀국을 하기 때문에 이들은 반
드시 서해를 왕래한 인물들이었다.

이와 같은 신라의 정치인·외교관 및 지식인들이 서해를 통해 唐
을 왕래하였음과 같이 당에서도 상당한 인물이 서해를 통해 신라를
왕래한 바 있다. 文武王 9년(669)에 法安이 磁石을 요구하였으며, 문무
왕 11년의 琳潤(승려)이 薛仁貴의 抗議書를 전달한 사실을 제외하면
서해를 건너 온 대표적인 당의 사절은 다음과 같다.

<表 10> 唐의 持節使

唐의 使節	官職	派遣年代	任務
劉仁軌	遼東行軍副大摠管	문무왕 8년(668)	皇帝勅書전달
邢璹	左贊善大夫	효성왕 2년(738)	孝成王의 책봉
盧元敏		성덕왕 11년(712)	王名改定의 요구
魏曜	贊善大夫	경덕왕 2년(743)	景德王의 책봉
歸崇敬	倉部郎中	혜공왕 4년(768)	惠恭王의 책봉
蓋塤	戶部郎中	선덕왕 6년(785)	宣德王의 책봉
韋丹	司封郎中	원성왕 14년(798)	昭聖王의 책봉
元季方	兵部郎中	애장왕 6년(805)	哀莊王의 책봉
崔廷	職方員外郎	헌덕왕 1년(809)	憲德王의 책봉
源寂	太子左諭德	흥덕왕 2년(827)	興德王의 책봉
胡歸厚	太子右諭德	경문왕 5년(865)	景文王의 책봉

---

168) ≪東文選≫ 卷 47, 奏請宿衛學生還蕃狀.

<表 10>에 의하면 唐의 持節使(冊封使)는 예외 없이 御史中丞(정4
품)의 직을 가진 인물이었고,[169] 특히 이들은 당대의 大文豪이며 碩
學이었다.[170] 歸崇敬은 文集 20권을 남긴 학자였고, 韋丹·元季方·
源寂 등도 ≪唐書≫列傳에 立傳된 巨儒였다.[171]

당의 이와 같은 자세는 적어도 신라가 君子之國·仁義之鄕이라는
인식이 전제된 것은 사실이다. 眞德王 2년(648)에 金春秋가 입당하
여 긴급한 援兵要請時에도, '請詣國學 觀釋奠及講論'을 요청한 이래
眞德王 4년의 太平頌獻進, 神文王 2년의 國學設置, 聖德王 16년의
守忠에 의한 文宣王圖의 전래 등으로 보아 당으로부터 文化之國의
稱을 받을만 하였다. 따라서 唐은 신라사신에 대한 접대가 특별하여
入唐使에게 唐의 상당한 官職을 수여한 바 있었다.[172] 더욱이 聖德
王 13년 2월에 入唐한 신라사신(金守忠)을 위해 朝廷에서, 10월에
입당한 사절을 위해서는 內殿에서 각각 宴會를 베풀었다.[173] 또한
惠恭王 9년과 10년에 파견된 사신을 당조정에서는 延英殿에서 맞이
하는 등 신라에 대한 높은 관심을 나타낸 바 있었다.[174] 즉,

聖德王 30년 (중략) 詔書를 (王에게) 주니 거기에 가로되 "보낸
牛黃과 金 銀 等物은 表文과 같이 자세히 알았다. 그대의 二明을 慶
福하고 三韓은 善鄰이니, 때로 仁義의 鄕의 稱이 있고, 대대로 勳賢
의 業을 나타냈다. 그 文章과 禮樂은 君子의 風을 드러냈고 納款과
輸忠은 勤王의 節을 다하였다. 참으로 藩維의 鎭衛요 忠義의 儀表

169) 唐의 持節使 歸崇敬이 倉部郎中 兼 御史中丞이었으며, 그의 韋丹·元季方·崔
廷·源寂·胡歸厚 등이 전부 御史中丞(正4品下)를 겸하고 있었다. 御史中丞이란
刑法·典章·糾正之事(≪新唐書≫ 卷 48, 百官 3, 御史臺)를 맡고 있는 관직이어
서 선발에 신중을 기하고 있었다.
170) 李基東, 앞의 論文, p.635.
171) 歸崇敬은 ≪新唐書≫ 卷 164에, 韋丹은 卷 197(循吏)에, 元季方은 卷 201에 立傳
되어 있다.
172) 申瀅植, 앞의 책(1981), pp.332~339.
173) ≪三國史記≫ 卷 8, 聖德王 13年條.
174) ≪三國史記≫ 卷 9, 惠恭王 9年, 13年條.

니, 어찌 殊方·憬俗과 같이 하여 말할까 보냐"(≪三國史記≫ 卷 8)

라는 기록은 신라에 대한 당의 입장을 나타낸 것으로, 安祿山의 亂으로 玄宗이 成都에 蒙塵했을 때인 景德王 15년(756)에 그곳까지 찾아 간 신라사신에게 준 五言十韻詩의 '使去傳風敎 人來習典謨 衣冠知奉禮 忠信識尊儒 誠矣天其鑑'에서도 잘 표시되어 있다.175) 그러므로 孝成王 2년에 冊封使로 온 邢璹에게 준 唐帝의 칙서에서도

> "新羅는 君子의 國이라 일컫고 자못 書記를 알아 中國과 類似하다. 卿은 惇儒임으로 해서 특히 節을 가지고 가게 하는 것이니, 마땅히 經義를 演述하여 大國의 儒敎의 盛함을 알게 하라" 하였다(≪三國史記≫ 卷 9, 孝成王 2年).

와 같이 신라의 학문·지식수준·이 중국과 같다는 인식이 당으로 하여금 遣新羅使의 선발에 신중을 기하게 하였음은 물론이다.

그러나 당시에 있어서 西海航海의 어려움은 羅·唐 양국이 똑같이 안고 있는 고충이었다. 憲德王 9년(817)의 金張廉이 항해도중에 폭풍을 만나 明州海岸에 漂着한 것을 비롯하여176)

(가) 興德王 6년 7월 入唐進奉使 能儒 등 一行이 돌아오다가 바다에 빠져 죽었다(≪三國史記≫ 卷 10).

(나) 景文王 2년 8월 入唐使 阿飡 富良 등 一行이 바다에 溺死하였다(同卷 11).

(다) 眞聖王 7년 兵部侍郎 金處誨를 唐에 보내어 旌節을 納케 하였던 바, 바다에서 溺死하였다(同 1).

등과 같이 遣唐使가 귀로에 서해에서 溺死한 사건이 있었다.

---

175) ≪三國史記≫ 卷 9, 景德王 15年條.
176) ≪新增文獻備考≫ 卷 171, 交聘考 1.

이러한 西海上의 遭難事件은 大曆初(혜공왕 4년)에 吊祭·冊封使
로 서해를 건너던 歸崇敬이

> 바닷길에 바람과 파도가 배 몇 척을 파괴하여 모두 놀랐다. 통행
> 자들이 그에게 혼자 배에 실려 면하기를 부탁하니 답하여 말하길
> "지금 배에 수십 백인이 함께 있는데 내 어찌 차마 홀로 구제되리
> 오"하니 조금 있다 바람이 그쳤다.177)

라 하여, 難破를 당해 곤경에 빠진 사실을 나타내 주고 있다. 그러
나 나·당간의 通路가 시해뿐이어서 萬難을 무릅쓰면서 양국간의 교
류는 계속되었다.

V. 結語

서해는 韓國古代史의 전개과정에서 정치·군사·문화의 발달측면
에서 절대적 역할을 하였다. 특히 서해는 중국대륙이나 한반도가 그
세력을 해외로 확장할 때 예외 없이 거쳐야 하는 길목이 되었으므
로, 그에 대한 지배는 東亞의 세력장악에 관건이 되어 왔다. 그러나
서해의 역사적 위치는 이러한 정치적 성격 이외에도 漢文化와 西域
文化를 한반도와 日本列島에 전달하고 三國文化를 중국에 전달하는
橋梁的 意味를 간과할 수 없다. 그러므로 서해는 중국대륙과 한반도
간의 완충지대로서, 그 지배권은 양민족의 세력팽창과 맥을 같이 하
고 있다. 따라서 高句麗는 서해에 대한 制海權을 유지함으로써 隋·
唐의 침략을 저지할 수 있었으며, 統一新羅는 당의 세력을 한반도에
서 축출하였고, 또 그들과 공존하기 위해서 서해를 활용하여 동아의
번영을 구가할 수 있었다.

---

177) ≪新唐書≫ 卷 164, 列傳 89 歸崇敬.

이러한 시각에서 本稿의 요점을 정리하면 아래와 같다.

첫째, 西海의 항로는 6세기 초엽까지는 唐恩浦[黨項城]－德物島[덕적도]－椒島－浿江口－鴨綠江口－卑沙城－登州로 연결되는 高麗·渤海航路[소위 老鐵山水道航路]가 주로 이용되었다. 이 항로는 漢武帝의 침입 이후, 隋·唐軍의 고구려정벌, 渤海의 登州攻略, 그리고 劍牟岑의 南下海路가 되어 왔으며, 백제·일본사신도 이 길을 통해 중국을 왕래하였다. 그러나 百濟의 입장은 高句麗沿岸을 통하지 않는 西海橫斷航路의 開拓이 필요하였다. 그것은 唐恩浦－椒島(또는 白翎島)－赤山으로 연결되는 水路였으며, 6세기 중엽까지 어느 정도 백제에 의해서 이용되었을 것이다. 그러나 이 항로는 6세기 중엽 이후 신라가 지배하여 이른바 新羅航路[소위 赤山航路]가 됨으로써 隋·唐과의 활발한 교류가 가능케 되었다.

둘째, 高句麗는 서해가 국가발전에 큰 몫을 한 것은 아니지만, 이 北方航路를 통해 南北朝의 대립을 이용할 수 있었으며, 隋·唐軍의 침입을 효과적으로 저지할 수 있었다. 그것은 卑沙城이나 泊灼城과 같은 海岸要衝을 지킬 수 있었기 때문이다. 이에 비해서 백제는 서해에 면하고 있어 국가발전에 그것은 절대적인 관련이 있었다. 더구나 고구려·신라의 도전을 극복하기 위해서도 서해로의 진출이 필요하였다. 여기서 백제의 遼西經略이 가능하게 된 것이며, 그에 따라 독자적인 西海橫斷航路의 개척이 촉진되었다. 그러나 6세기 중엽 漢江流域 상실 이후 신라에게 서해항로의 주도권을 양도함으로써 國家中興은 좌절되었다. 더구나 신라는 고구려의 정치적 혼란에 편승하여 서해의 제해권을 장악하여, 隋·唐과의 적극외교를 추진함으로써 통일은 물론 정치·문화의 발전을 꾀할 수 있었다.

셋째, 統一新羅는 당의 수군을 격파함으로써 서해의 制海權을 장악한 후 航路의 확보, 우수한 船舶術·航海術에 힘입어 서해를 통해 唐과 親善·共存關係를 유지함으로써 미증유의 문화발전과 동아의 평화를 건설하였다. 그러한 과정에서 서해를 통해 使臣·求法僧[學問僧]·

留學生[宿衛學生]·商人들이 왕래하였으니, 그중에서 金春秋[무열왕]·金法敏[문무왕]·金俊邕[소성왕]·金彦昇[헌덕왕] 등 4명의 入唐使가 왕이 되었다. 또한 金文王·金義琮 등 9명이 宰相이 되었고, 唐의 持節使도 歸崇敬·韋丹·元季方 등 당대의 文豪였다.

이와 같이 서해는 한국 고대사의 발전과정에 문화공간으로 큰 역할을 하였다. 그러므로 韓·中 양국은 西海支配權을 위해 부단한 갈등을 계속하였으니, 그것은 동아시아의 주인공이 되는 첩경이 되었기 때문이었다. 그러나 8세기 초엽에서 9세기 초엽에 이르는 1세기 동안 나·당 양국은 서해를 통해 정치·문화의 공존을 이룩하였으며, 문물의 교류와 국제적 번영을 구가할 수 있었다. 특히 서해를 둘러 싼 대립과 긴장은 極東의 불안과 전쟁을 가져왔으므로, 그것을 사이에 두고 협력과 공존을 꾀할 때는 동아시아에 평화와 번영이 온다는 역사적 교훈을 보여 준 것이다.

제2절 統一新羅의 對日關係

I. 序言

新羅와 日本과의 관계는 양국을 대표하는 ≪三國史記≫(1145)와 ≪日本書紀≫(720)의 상반된 기록 때문에 양국관계사의 해명에 근본적인 문제점을 안고 있다. ≪삼국사기≫에는 倭·倭國·日本이라는 세 가지의 기록이 混在되어 있어, 이들을 명확하게 구별하지 않고 있다. 그러므로 文武王 10년(670)에 倭國이 日本으로 국호를 개칭하기 전까지 신라인들은 倭人을 犯境者·侵略者·略奪者로, 倭國은 通好·交聘對象國으로 규정하였으며,[1] 그 왜국의 후신인 일본도 無禮한 나라로 경계를 게을리하지 않았다.

이에 대해 ≪日本書紀≫에는 新羅王子 天日槍來歸나 神功皇后征伐 이후, 신라는 일본의 朝貢國으로 또는 빈번한 정벌대상국으로 묘사되고 있다. 더구나 7세기 이후 활발한 遣新羅使[2]와 學問僧의 派遣이나[3] 圓仁의 ≪入唐求法巡禮行記≫에 나타난 우수한 신라문화의 동경

---

1) 倭(人)와 倭國의 구분은 井上秀雄의 ≪任那日本府と倭≫(寧樂社, 1973)와 旗田巍의「三國史記にあらおれた倭」, ≪日本文化と朝鮮≫ 2(1975)이래, 鈴木英夫의「三國史記 新羅本紀 倭人·倭兵記事の檢討」, ≪國史學≫ 101(1977) 및 田中俊明의「三國史記に見える倭關係記事について」, ≪歷史公論≫ 8-4(雄山閣, 1982)에서 보여졌으며, 양자를 명확히 구분하지는 않았다.

2) 關晃,「遣新羅使の文化史的 意義」, ≪山梨大學藝學部 研究報告≫ 6 (1955). 田村圓澄,「新羅送使考」, ≪朝鮮學報≫ 90 (1979). 鈴木靖民, ≪古代對外關係史の研究≫ (吉川弘文館, 1985)付表(3,4) 참조.

3) 田村圓澄,「半跏思惟像と 聖德太子信仰」, ≪韓日古代文化交流史研究≫(乙酉文化社, 1974), pp.614~619.

에도 불구하고,4) 신라는 어디까지나 일본의 蕃國·付庸國으로서 중
국왕조와 주변국가간에 보여진 冊封關係로 규정하고 있다.5) 특히 일
본 측 문헌 ≪일본서기≫는 풍부한 新羅關係記事가 수록되어 있으나,
한국 측의 문헌 ≪삼국사기≫에는 附錄에서 알 수 있듯이 일본에 관
한 기사가 아주 빈약하기 때문에 우리측 연구에 어려움이 있다.

무엇보다도 양쪽기록에서 보여 준 커다란 時差로 인해 史實確認에
어려움이 따르고 있으며, 일방적인 문헌에 의존할 때 정반대의 결론
에 도달하기도 한다.6) 우리 측에서 古代韓日關係史硏究를 기피한 이
유가 바로 이와 같이 엉성한 기록 때문임을 고려할 필요가 있다. 그
러므로 객관적인 사실의 확인을 위해 羅日關係史의 재조명이 요구된
다. 양국관계사에서 가장 어려운 점은 倭의 實體, 양쪽문헌에서 보여
지는 엄청난 時差, 그리고 기사내용의 현격한 '차이'등을 여하히 해
결하느냐하는 문제이다. 근자에 이르러 倭의 실체에 대해서 그들이
大和朝廷이 倭와는 달리 韓人倭라든가,7) 일본의 北九州地方과 한국
의 남해안일대를 본거지로 하는, 加耶地方과 연결된 집단으로 파악

---

4) Edwin O. Reischauer, ≪Ennin's Travels in T'ang China≫ (The Ronald Press
   Co., N.Y, 1955). p.97.
5) 鈴木靖民,「奈良時代における對外意識」, ≪古代の日本と朝鮮≫(上田正昭·井上秀雄
   編, 學生社, 1974), pp.215~216.
6) 가령 ≪三國史記≫의 기록은 '日本國使至 慢而無禮 王不見之乃廻(景德王 12年 8
   月)'나 '日本國遣使 進黃金三百兩'(憲康王 8年 4月)과 같이 그들 사신이 예물을 진
   상하였다. 그러나 ≪日本書紀≫의 기록은 '新羅任那並遣使獻並修貢職' (欽明天皇
   元年 8月)이나 '新羅國王言 夫新羅者 開國以降 仰賴聖朝世 天皇恩化 不乾舟輯 貢
   奉御調年紀久矣' (≪續日本紀≫ 寶龜 11年)와 같이 신라가 당에 朝貢하는 것보다
   더 굴욕적인 蕃國으로 표현하고 있다. 그러한 단적인 예가 神功皇后新羅征伐이나
   任那日本府說이다.
7) 이에 대한 주요 연구성과는 아래와 같다.
   ○ 李鍾恒,「三國史記에 보이는 倭의 實體에 대하여」, ≪國民大論文集≫ 4(1976)
   ○ 李鍾恒,「未斯欣이 人質로 간 倭國의 位置에 대하여」, ≪韓國學論叢≫4(國民大
     學, 1981)
   ○ 尹錫曉,「加耶의 倭地 進出에 관한 硏究」, ≪白山學報≫ 28 (1989).
   ○ 尹錫曉,「任那日本府說에 관한 考察」, ≪漢城史學≫5 (1988).
   ○ 金東瑃,「三國史記 新羅本紀에 나타난 倭의 實體」, ≪忠南史學≫4 (1989).

하기도 하여8) 일단 畿內의 일본인과는 종족적으로 다르게 파악하고
있다. 특히 倭人이 海洋性과 騎馬戰術을 함께 갖고 있었기 때문에
三韓系의 日本列島移住設과9)와 함께 구체적인 유물 유적과의 연계
를 통해 그에 대한 재고찰이 요망된다.

특히 ≪舊唐書≫에서 倭와 日本을 구별하여 전자는 '衣服之制 頗
類新羅'라 하였으며, 후자는 '倭國之別種'이라 하여 양자를 구별하고
있음을 주목할 수 있다. 이것은 ≪三國史記≫의 倭人과 倭國의 관계
에 시사하는 바 있어, 양자를 구별해 보고자 한다. 이러한 시각을
바탕으로 할 때, 神功皇后新羅征伐을 昔于老事件으로 해결하는 등
양국간의 未決問題에 접근할 수 있다고 생각된다.10) 나아가서 왜국
의 후신인 일본과의 관계를 武烈系와 元聖系의 정치적 대립과정, 즉
신라의 대내적 정치상황의 변화에 따라 재조명하고자 한다. 이러한
사실은 景德王代에 交涉不許가 哀莊王代의 親善으로 전환한 배경 속
에 잘 나타나 있기 때문이다. 무엇보다도 종래 일본의 고대문화는
百濟의 영향이라는 고정관념을 벗어나, 7세기이후 신라와 통일신라
의 문화-특히 佛敎文化-가 일본의 天平文化形成에 唐의 그것보다
절대적인 영향을 미쳤다는 것을 확인하는 작업이 필요하다고 생각한
다. 따라서 이러한 新羅文化의 優越論으로 일본학계를 풍미하는 신
라의 付庸國·蕃國觀의 克服에 한 디딤돌이 되었으면 한다.11)

---

8) 井上秀雄,「三國遺事と 日本關係-倭·日本の地理的 位置を中心に一」, ≪三國遺事
   의 綜合的 檢討≫ (한국정신문화연구원, 1987) 참조.
9) 金錫亨, ≪초기조일관계사≫(1966) 및 井上光貞, ≪日本國家の起源≫(1960) 참조.
10) 이를 최초로 시도한 史家는 汕耘 張道斌이다(≪國史槪論≫, p.544. 필자는 그의 주
    장을 부연하여 이를 다각적으로 분석한 바 있다.(「汕耘 張道斌의 新羅史認識」, ≪
    汕耘史學≫3, 1989, p.81).
11) 石母田正,「日本古代における 國際意識について(天皇と諸蕃」, ≪日本古代史論≫
    I (岩波書店, 1973), pp.312~359. 山田正昭,「古代貴族の國際意識」, ≪日本古代國
    家硏究≫ 및 鈴木靖民, 앞의 책 참조.

II. 新羅人의 對倭觀

한국 고대사에서 日本이 공식적인 국가로 인식된 것은 文武王 10
년(670)이후였다. 물론 일본이 국가로 발전된 것은 훨씬 이전의 사실
이었지만 신라사회에서 인식된 것은 어디까지나 倭・倭人・倭賊이었
지 하나의 나라로 생각하지는 않았다. 다만 倭國이라는 정식표현은
脫解王 3년 이후 간헐적으로 사용되었으나, 그것은 예외 없이 通好・
交聘時에만 나타났기 때문에 양자간에 종족현상으로는 같은 집단일
수 있으나, 왜국은 왜[왜인]를 통제할 수 있는 정치적 세력단위였음
이 분명하다. 신라는 倭國을 통해서 倭를 통제하려 하였으며 침략을
막아보려 했다. 그러므로 倭는 분명히 侵略者이며 略奪者의 무리에
불과하였고, 경계의 대상이었다. 이러한 왜에 대한 신라인의 인식은
그대로 계속되어 韓國人의 日本觀形成에 부정적으로 작용하였다.

신라는 上古代에서부터 倭의 침략기사가 없어지는 炤知王때까지
여러 민족과 싸우면서 성장하였다. 이 때 신라를 침입한 外族은 加
耶・百濟를 비롯하여 樂浪・靺鞨・華麗・不耐 등이 있었다.12) 그 중
에서 百濟와는 20여회의 싸움에 불과했으나,13) 倭와는 33회의 전쟁
기록을 갖고 있다. 이만큼 倭는 신라 고대에서 침략으로 일관된 犯
境者・枝邊者로서 경계의 대상자였다. 그러므로 倭가 日木으로 흡
수・통합된 이후에도 여전히 그들을 침략자로서의 倭國으로 표현하
였음은 이러한 신라인의 對倭觀의 遺習때문이라고 생각된다.

---

12) 加耶는 脫解王 21년, 婆娑王 15・17・18・27년, 祇摩王 4・5년, 그리고 奈解王의 6・14・
   17년 등 10회의 침략기사(交聘 포함)가 있다. 百濟는 脫解王 8년의 蛙山城싸움
   기사 이래, 脫解王 때 3회, 阿達羅王 때 2회, 伐休王 때 3회, 奈解王 때 8회, 助
   賁王 때 1회 沾解王 때 2회, 味鄒王 때 2회 등 21회의 전쟁기록이 있다. 靺鞨
   과는 祇摩王 14년(1회), 逸聖王 4・6・9년 등 4회, 그리고 奈解王 8년(1회) 등 6회
   의 전쟁을 하였다. 그리고 華麗・不耐는 儒理王 17년의 침입기사가 있다.
13) 申瀅植, 「三國時代戰爭의 政治的 意味」, ≪韓國古代史의 新研究)(一潮閣, 1984),
   pp.289~290.

　　文武王 11年(中略) 此時 **倭國**船兵 來助百濟 倭船千艘 停在白沙
百濟精騎 岸上守船(下略)(≪三國記事≫卷7, 文武王 11年 答薛仁貴書)

이라는 文武王 11년의 白村江戰鬪記事는 바로 전해에 日本國이라고
바꾸었다는 ≪三國史記≫의 기록과 대조할 때, 일관된 신라인의 對
日(對倭)觀을 엿 볼 수 있다.
　　신라와 倭와의 관계는 赫居世 8년 (B.C. 50)의 침입기사를 시작으
로 炤知王 22년(500)의 長峰鎭攻陷까지 33회의 침입이 그 주종을 이
룬다. 물론 왜와의 사이에 간헐적인 交聘·通好關係는 지속되었으나,
그들은 여러 차례 金城을 포위·위협하였으며14) 신라의 東邊을 괴롭
힌 약탈자에 불과하였다. 그러나 百濟의 경우 對倭關係는 시종일관
신라와 달랐다. 처음으로 백제가 倭와 교섭한 시기가 阿莘王 6년
(397)이후였고, 그 내용도

　　王與**倭國**結好 以太子腆支爲質(≪三國史記≫卷25, 阿莘王 6 年) **倭**
　　國使者至 王迎勞之特待(同, 阿莘王 12年) **倭國**遣使送夜明珠 王優禮
　　待之(同, 腆支王5年)

와 같이 시종일관 倭國이었고, 양국간에는 전혀 충돌기사가 없다. 이것
은·百濟人이 九州地方에 세운 分國論에 입각해서 腆支와 未斯欣의 상
반된 대우라는 논리를 음미할 수 있다.15) 그러므로 新羅本紀(≪三國史
記≫)의 倭는 종족으로 우리 민족에 속하는 '韓人倭'로서 南海岸一帶

---

14) 倭가 金城을 포위·공격한 시기는 助賁王 3년(232), 訖解王 37년(346), 奈勿王 38
　　년(393), 實聖王 4년(405), 訥祇王 15년(431), 28년(444) 등 6회나 이르렀으며, 눌
　　지왕 28년의 경우는 10일간이나 포위된 바 있다.
15) 김석형은 ≪초기 조일관계사≫ (사회과학원 출판사, 1966)에서 5세기경 야마도 왕
　　국이 북큐슈를 고마로 불렀을 정도로 백제계의 고마왕국이 있었다고 하였다
　　(pp.301~309). 또한 조희승의 ≪초기 조일관계사연구≫ 상(사회과학출판사, 1988)
　　에도 '규슈중서부의 고마, 백제소국'을 고분과 사성을 통해 주장하였다
　　(pp.171~184).

로부터 九州의 北部까지 분포된 부족을 칭하여, 백제본기의 倭는 大和政府의 倭를 의미한다는 주장은 어느 정도 받아들일 수 있다.16) 즉, 大和政權이 북구주를 점령한 것이 6세기 초엽이므로, 그 이전에 한반도를 침입한 왜는 加耶를 본국으로 받드는 九州의 筑紫이며, 처음부터 韓半島에 살던 우리민족이라는 견해도 같은 맥락에서 이해된다.17) 그러므로 적어도 5세기까지의 倭[신라본기]는 大和政府와는 무관한 종족인 것만은 확실하다. 따라서 근자일본학계에서도 이때의 倭를 신라와 공통성이 있으며 加耶地方과 관계가 깊은 南海岸地方의 사람들이라고 한 사실을 주목할 수 있다.18)

한편 倭人이 중국 문헌에 처음 등장한 것은 ≪後漢書≫이다. 여기에는 다음과 같이 설명되고 있다. 즉,

> 倭는 韓의 동남 바다 가운데 있고 산이 많은 섬에 살았으며. 100여국이나 되었다. 토지는 벼농사에 적합하였고, 담배와 누에재배를 통해 직조술을 익혔다. (중략) 남자들은 칼로 새긴 文身을 하였고, (중략) 회동시에는 남녀가 구별이 없었으며 음식은 맨손으로 먹었고 거의 맨발로 다녔다.19)

라고 하여 문화수준이 매우 저급한 민족으로 설명하고 있다.

다음의 ≪三國志≫(魏書)에도 ≪後漢書≫의 기록을 일부 바꾸었을 뿐 약간의 표현차이를 나타내고 있다. 즉,

> 倭人在帶方(韓, 후한서)東方大海中 依山島爲國邑(依山島爲居) 凡百餘國(舊百餘國) 男子無大小皆黥面文身(男子皆黥面文身) 皆徒跣(俗皆徒跣) 食飮用籩豆 手食(飮食以手 而用籩豆) 其人壽考或百年 或八九十年(多壽考 至百餘歲者甚衆)20)

16) 李鍾恒, 앞의 論文(1976), pp.191~195.
17) 尹錫曉, 앞의 論文(1988), p.13.
18) 井上秀雄, 앞의 論文, p.140.
19) ≪後漢書≫ 卷85, 東夷傳 75(倭)

등이 그 대표적 사례이다. 특히 四季를 몰라 播種과 秋收로 때를 아는 정도로 미개하여 '食飮皆用俎豆 會同拜爵洗爵'하는 夫餘(≪三國志≫ 卷30 東夷)나 '是以其民終不相盜 無門戶之閉 婦人貞信不淫辟, 其田民 飮食以籩豆'하는 朝鮮(≪漢書≫ 卷28 下 地理)과는 큰 차이가 있었다. 그러므로 이러한 중국인의 對倭觀은21) 자연히 3국 시대 우리나라 사람들에게 큰 영향을 주었을 것임은 확실하다.

그러나 新羅人의 對倭觀은 위와 같은 중국문헌의 영향에서 형성된 것은 아니었다. 그것은 비교적 중국과의 교섭이 늦었던 신라로서는22) 倭人의 부단한 침입과정에서 그들에 대한 인식을 갖기 시작하였으며, 그들에 대한 敵愾心과 警戒心을 굳히게 된 것이다. 신라는 항상 倭의 침략이 큰 국가적 위기였고, 그에 대한 대책이 거국적 관심사였다. 신라인이 갖고 있던 對倭觀을 나타낸 대표적 사례를 찾아보면

伊伐飡 康世 曰 **賊遠至** 其鋒不可常23)

이라 한 것이 있는데, 이는 訖解王 37년에 倭兵이 金城을 포위했을 때 伊飡 康世가 그 대책을 건의할 때 쓴 말로서 倭를 賊으로 표현한 것이며,

王曰 **令賊**棄舟深入 在於死地 鋒不可24)

는 역시 奈勿王 38년 倭의 침입에 왕이 한 말로서 이들은 단순한

---

20) ≪三國志≫ 卷 30, 東夷(倭人)

21) 古代中國人의 對倭觀은 특히 거주지에 대해서 시대에 따라 編纂者에 따라 약간의 차이가 있었다는 것이다(井上秀雄, 앞의 論文, p.131).

22) 新羅가 중국문헌에 나타나기는 ≪梁書≫(卷54. 列傳 48, 諸夷「新羅」) 이후부터이다. 더구나 對中交涉도 高句麗는 大武神王 15년(32), 百濟는 近肖古王 27년(372)에 각각 後漢과 東晉과 交涉이 시작되었으며, 新羅는 奈勿王 26(381)년에 前秦과의 교섭이 그 시초이다(申瀅植, 앞의 책, pp.304~305 참조).

23) ≪三國史記≫ 卷2 訖解尼師今 37年條.

24) 위의 책, 卷3 奈勿尼師今 38年條.

侵略者가 아니라 賊(寇)으로서의 倭人이었다. 그것은

> 祗摩王 11년 4월 큰 바람이 동쪽으로부터 불어 와 나무가 부러지고 지붕의 기와가 날아 갔으나 저녁에 이르러 그쳤다. 都人이 倭兵이 크게 쳐들어온다는 訛言으로 다투어 山谷으로 도망가니 王은 伊湌翌宗을 시켜 설득하여 그치게 하였다(≪三國史記≫ 卷1 祗摩尼師今 11年 4月條).

와 같이 倭兵에 대한 국민적 우려는 이러한 倭賊來侵訛言事件의 다음 해에 倭國과의 講和를 꾀했음에도 나타나 있다. 그러나 계속된 그들의 침범에 대항하여 '理舟楫繕甲兵'(儒禮王 6년 5월)이나 '命有司修理戰艦'(慈悲王 10년) 하였으며, 儒禮王 9년 6월에는 沙道城이 失陷됨에 그 城을 복구한 후에 다음 해에는 沙伐州豪民을 옮겨 방비를 굳게 하기도 하였다.25)그러므로 그들을 회유하기 위해서 일본 측 문헌에도 보여 진 朴堤上傳說이나,26) 訖解王 3年 3月의

> 倭國王遣使 爲子求婚 以阿湌急利女送之(≪三國史記≫ 卷2)

라는 사실도 위와 같은 맥락으로 설명될 수 있다. 나아가 助賁王 3년 4월의 '倭人猝至圍金城'(≪三國史記≫ 卷2) 이후 首都의 위험에 따라 慈悲王 16년 7월에는 明活城을 개수하여 王官을 그 곳으로 옮기기도 하였으며, 炤知王 15년 7월에는 臨海·長嶺鎭을 설치하여 왜적을 방비하기도 하였다. 여기서 倭의 뒤에는 倭國이 있었다는 가설이 가능하다. 이 때의 왜국은 왜를 통제하는 상위의 정치적 집단[국가]일수가 있기 때문에 그 위치는 對馬島 또는 九州일 가능성은 충분하다.

---

25) ≪三國史記≫ 卷2 儒禮尼師今 10年 春2月條.
26) ≪日本書紀≫(卷 9, 神功皇后 5年 春3月條)에는 '新羅王 遣汗禮斯伐 毛麻利叱智 富羅母智等 朝貢 仍有返先質微叱許智伐旱之情'…이라하여 朴堤上을 毛麻利叱智로, 未斯欣을 微叱許智伐旱으로 기록하고 있으며, 逃出年도 205년(≪三國史記≫는 418년 訥祗王 2년)으로 되어 있다.

이와 같은 빈번한 倭의 침입은 邊方民의 불만을 가져와

> 儒禮王 12년 봄, 王이 신하에게 이르기를 倭人이 여러 번 우리나라
> 城邑을 범하여 백성들은 편안히 살수가 없으므로, 우리는 百濟와 도
> 모하여 일시에 바다로 그 나라를 공격하면 어떻겠는가
>
> (≪三國史記≫ 卷 2)

와 같이 倭寇가 百姓不得安居의 주된 이유가 되고 있음으로써, 신라
인의 경계적인 對倭觀을 엿 볼 수 있다.

특히 신라인의 倭人에 대한 적개심은 昔于老傳에 단적으로 표출되
고 있다. 여기서는 倭人이 단순한 侵犯者가 아니라, 간악한 賊으로
묘사되었고 于老妻의 복수가 개인적인 남편피살의 보복이 아니라 국
가적 원한의 보상으로 간주될 수가 있다. 무엇보다도 우리는 朴堤上
의 忠節에서 신라인이 갖고 있는 國家觀과 對倭觀의 실상을 찾을 수
있다. ≪三國史記≫·≪三國遺事≫ 및 ≪日本書紀≫에 각각 약간의
차이는 있으나 그 문헌에 나타난 정신에서 이와 관계있는 것을 정리
하면 아래와 같다.

> (가) 臣이 어리석고 不肖하나 어찌 감히 天命을 받들지 않겠습니까 하
> 고 聘禮로서 高句麗에 들어가 왕에게 말하기를 臣이 듣건데 隣
> 國과 교제하는 道는 誠信뿐이라고 합니다. (중략) 倭人은 口舌로
> **달랠 수는 없으니** 거짓 꾀를 써서 王子를 돌아오게 해야겠습니
> 다. 臣이 저곳에 가거든 대왕께서는 臣에게 반역죄로 論定하여
> 왜인들이 들어 알게 하십시오(≪三國史記≫ 卷45, 列傳 朴堤上).
> (나) 臣이 듣기로는 임금에게 근심이 있으면 신하가 욕을 당하며, 임
> 금이 욕을 당하면, 신하는 죽는 법입니다. 만일 일이 어렵고 쉬
> 운 것을 따져서 행동한다면 이는 忠誠치 못한 것입니다. 또 죽고
> 사는 것을 생각한 뒤에 움직인다면 용맹이 없는 것입니다. 신이
> 비록 불초하나 王命을 따르기를 원합니다. (중략) 차라리 鷄林의
> 개나 돼지가 될지언정, 倭國의 신하는 되지 않겠습니다. 차라리

계림의 刑罰笪楚를 받을지언정 왜국의 爵祿은 받지 않겠습니다
(≪三國遺事≫ 卷 1, 紀異 1, 奈勿王 金堤上).

여기서 볼 때 (가)의 경우는 신라는 이미 儒教의 德目을 이해하고
있었으나, 왜는 '不可以口舌論' 정도로 未開한 민족이므로 詐謀를 써
야 한다는 것이다. (나)의 경우도 忠孝思想을 기저로 하는 신라인의
유교도덕과 강렬한 國家意識을 나타내고 있다.[27] 따라서 당시 신라
인은 높은 정신세계와 투철한 국가관을 갖고 있어, 대부분 맨손으로
밥을 먹고, 맨발로 다니며, 文字가 없이 正歲를 모르는[28] 倭人을 멸
시하고 있었다. 따라서 그들은 君子之國·仁義之鄕을 동경하는 侵略
者일 뿐이다. 이러한 신라인의 倭人觀은 그들이 침략을 중단한 炤知
王후나, 聖德王이래 양국간의 평화적 교섭이 진행되는 과정에서도
계속되었다. 이와 같은 왜국의 잔혹상이나 미개성은 新羅使者 3인을
'納檻中以火焚而殺'(≪日本書紀≫卷 9, 神功皇后 5年 3月條)한 기록
과 昔于老의 '執之積柴置其上 燒殺之乃去'(≪三國史記≫卷 45, 列傳
5) 또는 朴堤上을 '使人以薪火燒爛支體然後斬之'(≪三國史記≫卷 45,
列傳 5) 시킨데 잘 나타나 있다. 그러므로 昔于老부인이 倭國使臣을
보복살해한 사실도 결국 신라인이 갖고 있는 對倭觀의 단면을 볼 수
있다. 이러한 왜에 대한 인식은 丹齋의

百濟는 日本의 與國이요 新羅의 讎國이라. 고로 고대사를 閱하매
신라에는 幾乎一歲一度의 倭寇가 有하였고, 백제에는 彼와 通信이
頻頻하니 此가 何故이뇨? 曰 고대일본은 亦酋長이 分立하여 雌雄을
未決할 時인데 其中海를 濱한 부락이 海를 涉하여 我邦과 通할새,
백제를 仰한즉 是는 巍巍大國이라 강히 野心을 抱할 여지가 無하고,
신라를 窺한즉 是 海東最弱國이라 於是乎共鋒을 頻試하리로다.[29]

---

27) 申瀅植, 앞의 책, pp.417~418.
28) ≪三國志≫ 卷30, 東夷傳(倭人)
29) 申采浩, 「讀史新論」, ≪丹齋 申采浩全集≫ 上 (螢雪出版社, 1972), pp.486~487.

라는 표현으로 연결되었다.

이러한 新羅人의 對倭觀과는 달리 중국인들은 倭人을 侵略老가 아니라 未開民族이라는 관점을 후기의 문헌까지 갖고 있다. 그들의 침략 대상국이 아니었던 중국으로서는 倭人이 어디까지나 文化水準이 낙후한 野蠻人이었음은 당연하다. 즉, ≪後漢書≫이후의 '不知正歲・皆徒跣・無文字'라는 倭人의 표징은 ≪舊唐書≫까지 나타났으며, 다만 ≪隋書≫ 以後 有文字라 하여 사회가 크게 開化되고 있으나 '敎佛法於百濟求得佛經'하여 백제의 영향을 강조하고 있다. 그러나 '衣服之制・頗類新羅'하여 신라와의 깊은 연관을 기록한 것으로 보아,30) 倭는 상고이래 신라와 관계가 있어 신라문화의 수입에 적극적이어서 衣服制까지 받아들인 것으로 풀이할 수 있을 것이다.

그러므로 昭知王이전의 倭가 大和政府의 日本과 관계가 없다고 해도, 일본이 결국은 '倭國之別種'이며 '倂倭國之地'임을 볼 때,31) 양자간에 깊은 관련이 있었음은 사실이다. 따라서 倭는 부단한 신라침략을 통해서 점차 신라의 文物을 빼앗아 갔을 것이므로, 倭의 침입은 領土的 支配를 노린 것이 아니라, 물건을 약탈해가는 것인 동시에,32) 春窮期를 극복하려는 食糧略奪의 行爲임에는 틀림이 없다.33) 그러나 시대가 흐름에 따라 그들의 침략은 이러한 정치적・현실적인 목적이외에 文化侵奪의 의미가 있었음은 확실하다. 여기서 우리는 Griffis가 언급한 신라의 吏讀가 일본의 「가다가나」의 발명에 영향을 주었다는 사실을 주목할 필요가 있다.34) 다만 신라인은 倭와 日本을 구별한 것이 아니라 양자를 同一視하고 있었기 때문에, 신라의 對倭

---

30) ≪舊唐書≫ 卷199 上 列傳149 (倭).
31) ≪舊唐書≫ 卷199 上 列傳149 (日本).
32) 李進熙, ≪廣開土王と七支刀≫(東京 學生社)(1980), p.35.
33) 申瀅植, 앞의 책, p.292.
34) W.E. Griffis, ≪Corea, the Hermit Nation≫(1907, N.Y.)'It is worthy of note that if the date given be true, the Japanese Kata—Kana, invented a century later, was perhaps suggested by the Corean'(Chap.7. p.47). 申瀅植, 「日帝初期 宣敎師의 韓國觀」, ≪日本植民地支配初期社會分析≫ Ⅰ (梨大韓國硏究院, 1987), p.32.

觀은 文化保護의 뜻도 컸다고 생각된다.

여기서 신라인의 對倭觀을 더욱 硬化시켰던 것은 ≪日本書紀≫에 나타난 왜의 신라관이다. 神功皇后 新羅征伐記事에서

(가) 朕西欲求財國 若有成事 河魚飮鉤……皇后 曰 初承神敎 將授 金
銀之國(중략) 今旣獲財國 亦人自降服35)
(나) 仲哀力皇 8年 秋 9月 (중략) 眼炎之金 · 銀 彩色多在其國36)

이라는 사실, 즉 신라를 '金銀之國'이나 '財國'으로 표현하고 있어 그들의 신라침범이유를 찾을 수 있다. 金의 나라라는 것이 金城=시 볼, 즉 '金[鐵]의 나라'와도 연결되지만,37) 무엇보다도 中東文獻에 비 친 신라상을 간과할 수 없다.

중국의 맨 끝에 신라라는 나라가 있는데 金이 풍부하다. 이슬람교 도들이 이 나라에 상륙하면 그곳의 아름다움에 끌려서 영구히 定着 하고 떠나려하지 않는다.38)

라는 Ibn Khurdadbih의 설명은 신라에 대한 외국인의 관심을 충족 시킬 수 있었다.39)

Ⅲ. 新羅의 對倭 · 對日關係

新羅와 倭와의 관계는 국내문헌의 경우 ≪三國史記≫ · ≪三國遺事≫ 의 기록에 의존한다. 다만 ≪삼국유사≫에는 延烏郞 · 細烏女나 金堤上傳 說 등 몇개의 기록은 보이지만, 그것이 양국관계를 이해하는데 큰 구실

---

35) ≪日本書紀≫ 卷 9, 神功皇后 9年 夏 4月 및 冬 10月條.
36) 위의 책, 卷 8 仲哀天皇 8年 9月條.
37) 文暻鉉, 「新羅國號의 硏究」, ≪大丘史學≫ 3(1970) 참조.
38) Ibn Khurdadbih, ≪諸道路 및 諸王國案內書≫(1889), p.170.
39) 金定慰, 「中世 中東文獻에 비친 韓國像」, ≪韓國史硏究≫16, pp.34~46.

은 될 수가 없다. 따라서 우리는 ≪삼국사기≫의 내용에 의존할 수밖에
없다. 그러나 풍부한 對新羅關係事實을 기술하고 있는 ≪日本書紀≫의
내용은 ≪삼국사기≫의 그것과 근본적으로 차이가 있으므로 양자간의
비교검토가 우선 요청된다.

그러나 양문헌에 나타난 사실이 상호연결이 되지 않기 때문에 우
리 입장에서 볼 때는 우선 ≪삼국사기≫의 내용을 바탕으로 논지를
전개할 수밖에 없으며, 동시에 당시의 시대적 배경이나 정치상황에
서 그 사실을 설명할 수밖에 없을 것이다. 즉, 정식 나라로서 인정
되지 않았던 倭와의 관계는 ≪삼국사기≫의 기록을 토대로 검토하고
자 하며, 공식 국가로서의 日本과의 관계는 ≪日本書紀≫를 중심으
로 서술하되 ≪삼국사기≫의 내용과 비교·검토하기로 한다. 그러나
倭와 日本이 신라인에게 별개의 나라로 파악되었다 해도,[40] 어디까
지나 양자는 同質的인 前後連結體로 파악되었음은 9세기까지도 倭·
日本을 混用하고 있는 것에서 잘 나타난다.[41]

앞에서 언급한 바와 같이 倭는·赫居世 8년(B.C. 50, 崇神 48년)에
신라를 침입하기 시작하여 炤知王 22년(500, 武烈 2년)까지 계속 신라
를 괴롭히었다. 그 후 文武王 3년(663, 天智 2년)에 있었던 白村江싸
움과 聖德王 30년(731, 天平 3년)의 日船襲擊의 단 2회의 전쟁기록 이
외에는 통일신라와 왜(文武王 10년, 670: 天智 9년 이후는 日本)와의
전쟁은 없었다. 文武王 3년의 白村江戰役은 百濟復興運動을 지원해 온
遠征이었으며, 聖德王 30년에 日船侵犯은 羅·唐의 蜜月과 日·渤海
의 接近에 따른 羅·日의 衝突에 불과한 것이다.[42] 따라서 聖德王 30
년의 日船事件은 신라 측의 일관된 對日政策에 대한 일본의 對新羅牽
制策 또는 反撥에 연유된 것이기 때문에, 聖德王 21년의 對策(築毛伐

---

40) 井上秀雄, 앞의 論文, p.130.
41) ≪三國史記≫ 卷 10 「哀莊王 3年 冬 10月 授均貞大阿湌爲假王子 欲以質倭國 均貞
辭之」라 하여 日本을 倭國이라 하였다.
42) 鈴木靖民, 앞의 책 (1985), pp.165~169.

郡城)도 신라의 對日策의 일환인 것이다. 그러므로 위 두 사건을 예외로 하고 양국관계를 다음과 같이 3기로 시대 구분을 할 수 있다.

우선 第一期는 赫居世 8년(B.C. 50)부터 炤知王 22년(500, 武烈 2)까지 新羅·倭와의 衝突期였고, 第2期는 炤知王 22년(500)부터 景德王 12년(753)까지 國交斷絶期라고 할 수 있다. 第3期는 경덕왕 12년이후 憲康王 8년(882, 元慶 6)까지의 新羅·日本文物交涉期였다. 물론 이러한 3시기는 어디까지나 ≪三國史記≫의 기록에 의거한 便宜的 區分에 불과한 것이며, 국교단절기인 제2기에 가장 활발한 일본의 新羅接近이 시도되고 있었음을 간과할 수는 없다.

다음의 <表 1>에 의하면 제1기의 550년간에 신라와 왜의 관련기사가 48회 있었다. 이를 정리하면 侵略 33회, 交涉 10회(交聘6·人質2·請婚2) 그리고 기타 5 회(對策2·風聞1·求乞 1)로 대별된다. 무엇보다도 왜와의 관계가 특히 3세기말 儒理王 이후에 집중되고 있다. 그들의 侵犯도이 때에 몰려있는 것은 神功(201~269)·應神(270~312)·仁德(313~399) 및 雄略代(457~479)의 ≪일본서기≫기록과 전혀 無關하지는 않을 것이다. 그러나 ≪日本書紀≫의 紀年問題―특히 繼體紀이전의 不確實性의 문제―가 해결되지 않고 있는 실정에서 양국문헌의 비교는 불가능하다.43) 그러나 본고에서는 양국의 문헌에 나타난 기년을 그대로 적용하였다.

---

43) ≪日本書紀≫의 紀年문제는 雄略 21년(477) 이전은 120년 또는 200여년을 내리는 것으로 계산한다(李丙燾, ≪韓國古代史研究≫, 박영사, 1976, p.571). 그것은 ≪日本書紀≫(卷 9) 에는 神功后 64년(264)을 枕流王 元年(384)으로 하였으므로 120년의 시차가 나며, 神功后 56년(256)이 仇首王 元年(376)이라는 사실에도 나타난다. 그러나 未斯欣의 경우는 仲哀 9년(200)과 實聖王 元年(402)으로서 202년의 시차가 난다. 따라서 120년 또는 202년으로 해결될 문제는 아니다. 왜냐하면 雄略 20년은 476년이 되고, 그 22년은 597년이 되기 때문이다.

「表 1」 第一期의 新羅・倭의 關係

王 名	年	月	西紀	日本紀年	內 容	備 考
① 赫居世	8	·	50 (B.C.)	崇神 48	倭人行兵 欲犯邊	崇神 6 5 (B . C 33)
② 南解王	11	·	14 (A.D.)	垂仁 43	倭人遣兵船百餘艘	任那 朝貢 垂仁3(B.C. 27) 新羅 王子 天日 槍來歸
③ 脫解王	3	5	59	垂仁 88	與倭國結好交聘	
④ 〃	17	·	73	永平 16	倭人侵木出島	
⑤ 祇摩王	10	4	121	景行 51	倭人侵東邊	
⑥ 〃	11	4	122	〃 52	大風東來…都人訛言 倭兵 大來	
⑦ 〃	12	3	123	〃 53	與倭國講和	
⑧ 阿達羅王	5	3	158	成務 28	倭人來聘	
⑨ 〃	20	5	173	〃 43	倭女王卑彌乎 遣使來聘	
⑩ 伐休王	10	6	193	仲哀 2	倭人大饑 來求食者千餘人	
⑪ 奈解王	13	4	208	神功 8	倭人犯境	仲哀9(200) 微 叱許伐旱爲質
⑫ 助賁王	3	4	232	神功 32	倭人猝至圍金城	神功5(205) 新 羅王 朝貢
⑬ 〃	4	5	233	〃 33	倭人寇東邊	
⑭ 〃	4	7	233	〃 33	伊飡于老與倭人戰於沙道	神功47(247)新 羅朝貢
⑮ 沾解王	3	4	249	神功 49	倭人殺舒弗邯于老	神功49(249) 擊 新羅而破之
⑯ 儒禮王	4	4	287	應神 18	倭人襲一禮郡	神功62(262) 羅 不朝襲新羅
⑰ 〃	6	5	289	〃 20	聞倭兵至 理舟楫繕甲兵	
⑱ 〃	9	6	292	〃 23	倭兵攻陷沙道城	應神7(276) 新羅 朝貢
⑲ 〃	11	夏	294	〃 25	倭兵來攻長峰城	應神16(285) 擊 新羅
⑳ 〃	12	春	295	〃 26	王謂臣下曰 倭兵屢犯我 城邑	
㉑ 基臨王	3	1	298	應神 29	與倭國交聘	應神31(300) 新 羅 朝貢

王　名	年	月	西紀	日本紀年	內　容	備　考
㉒ 訖解王	3	3	312	空位	倭國王遣使爲與求婚	仁德11(323)　新
㉓ 〃	35	2	344	仁德 32	倭國遣使請婚 辭以女旣	羅 조공
					出嫁	仁德17(329)　新
㉔ 〃	36	2	345	〃 33	倭王移書絶交	羅 朝貢
㉕ 〃	37	・	346	〃 34	倭兵猝至風島…又進圍金城	
㉖ 奈勿王	9	4	364	仁德 52	倭兵大至	仁德53(365)　擊
㉗ 〃	38	5	393	〃 81	倭人來圍金城	新羅
㉘ 實聖王	1	3	402	履中 3	與倭國通好 以奈勿王子	
					未斯欣爲質	
㉙ 〃	4	4	405	〃 6	倭兵來攻明活城	
㉚ 〃	6	3	407	反正 2	倭人侵東邊	
㉛ 〃	6	6	407	〃 2	又侵南邊 奪掠一百人	
㉜ 〃	7	2	408	〃 3	王聞倭人於對馬島置營	允恭3(414) 新羅
㉝ 〃	14	8	415	允恭 4	與倭人戰於風島	醫至
㉞ 訥祇王	2	秋	418	允恭 7	王弟未斯欣自倭國逃還	
㉟ 〃	15	4	431	〃 20	倭兵來侵東邊圍明活城	
㊱ 〃	24	・	440	〃 29	倭人侵南邊	
㊲ 〃	24	6	440	〃 29	又侵東邊	允恭42(453)　新
㊳ 〃	28	4	444	〃 33	倭兵圍金城十日	羅 朝貢
㊴ 慈悲王	2	4	459	雄略 3	倭人以兵船百餘艘襲東邊	雄略7(463)
㊵ 〃	5	5	462	〃 6		新羅討
㊶ 〃	6	2	463	〃 7	倭人襲破活開城	雄略9(465)
㊷ 〃	10	春	467	〃 11		伐新羅
㊸ 〃	19	6	476	〃 20	倭人侵歃良城	
㊹ 〃	20	5	477	〃 21	命有司修理戰艦	欽明1(540)
					倭人侵東邊	新羅 朝貢
					倭人擧兵 五道來侵	
㊺ 炤知王	4	5	482	淸寧 3	倭人侵東邊	欽明22(561)
						新羅 朝貢
㊻ 〃	8	4	486	顯宗 2	倭人犯邊	欽明23(562)
						新羅打 滅任那官
						家
㊼ 〃	19	4	497	仁賢 10	倭人犯邊	敏達3(574)　新羅
						朝貢
㊽ 〃	22	3	500	武烈 2	倭人攻陷長峰鎭	推古8(600)　討新
						羅

<表 2> 倭의 世紀別 侵略回數

世紀	侵略回數	交聘回數	日本關係
1	3	1(交聘)	垂仁(B.C. 29~70)・景行(71~130)
2	1	5(交聘3. 求乞1. 風聞1)	景行・成務(131~190)・仲哀(192~200)
3	9	2(交聘1. 對策1)	神功(201~269)・應神(270~312)
4	3	3(交聘1. 請婚2)	應神・仁德(313~399)
5	17	4(人質2. 風聞1. 對策1)	履中(400~405)・反正(406~410)・允恭(412~459)
合計	33	15	雄略(457~479)・清寧(480~484)・仁賢(488~498)

<表 1>에서 倭의 침략시기를 세기별로 정리하면, 위의 「表 2」와 같다. <表 2>에 따르면 왜의 침략이 3・5세기에 집중되고 있다. 3세기는 邪馬台國이나 卑彌乎의 정치적 성장이나 ≪日本書紀≫의 이른바 神功后의 征伐時期와 일치하고 있어 倭의 侵犯이 大和政府와 관계가 없는 사실이라도 九州倭의 움직임과는 관련이 있는 것으로 생각된다. 따라서 汕耘이 지적한대로 倭에 의한 昔于老의 被殺을 日本의 新羅征伐로 捏造하였다는 주장은 경청할만하다.44) 이러한 근거는 昔于老의 被殺年度가 沾解王 3년(249)인바, 神功皇后 49년(249)의 侵入과 같은 연대에 있었다는 사실은 주목할 일이다. 우선 양문헌을 비교해보면 내용상 유사성을 발견할 수 있다.45)

(가) 助賁王 2年 7月 ⓐ 以伊湌爲大將軍 出討甘文國破之 以其地爲郡縣(중략) 16年 高句麗侵北邊 出擊之不克 退保馬頭柵 ⓑ 至夜士卒寒苦 于老躬行勞問(중략) 遣將軍于道朱君討我(중략) ⓒ 執之積柴置其上 燒殺之乃去(중략) ⓓ 于老妻請於國王 私饗倭使臣及其泥醉 使壯士曳下庭焚之 以報前怨 ≪三國史記≫ 卷 45, 昔于老)

---

44) 張道斌,「新羅史」, ≪大韓歷史≫, ≪汕耘 張道斌全集≫, (1982), pp.358~359.
45) 申瀅植, 앞의 論文(1989), p.81.

(나) 神功皇后 49年 春 3月 ⓐ 以荒田別 鹿我別爲將軍至卓淳國將襲新
羅(중략) ⓑ 百濟王父子及荒田別 木羅斤資等 共會意流村 相見欣
感(중략) 於是 新羅王宇流助富利智干 參迎跪之(중략) ⓒ 一云禽
獲 新羅王 詣于海邊 拔王筋 令匍匐石上 俄而斬之 埋沙中(중략)
然後 ⓓ 新羅王妻 不知埋夫屍之地 獨有誘宰之情(중략) 宰臣誘言
密告埋王屍之地則 王妻與國人 共議之殺宰[46]

위의 두 문장에서 ⓐ 甘文國討伐과 卓淳國·新羅의 征伐, ⓑ 于老躬
行勞問과 百濟王·荒田別의 相見欣感, ⓒ 于老와 新羅王의 무참한 살
해, ⓓ 于老妻와 新羅王妻의 보복사실 등은 너무나 흡사하다는 점을
발견할 수 있다. 于老와 于流助富利智干은 同一人을 뜻하는 것이므
로, 神功皇后의 倭軍이 신라왕을 죽인 것이 아니라 于老가 왜군에게
피살된 것이다.

이 때의 왜가 大和朝廷의 倭가 아니라 南海岸一帶의 도서지방과
九州一帶까지 분포하는 韓人倭로서,[47] 또는 加耶계통의 종족으로 생
각하는 것은[48] 현재 遺物·遺蹟의 확인이 어려운 실정임에도 불구
하고 어느 정도 믿을 수 있다. 특히 倭가 海邊生活의 漁撈人인 동시
에 騎馬術에도 능숙한 종족이므로 騎馬民族說이나[49] 三韓系 韓人의
北九州 進出과도 관련이 있음직하다.[50] 더구나 백제인들이 3세기말
이후 일본으로 진출하여 북구주에 고마후국을 건설함으로써 그들 倭
國이 백제의 사주로 신라를 공략한 것으로 보아 腆支와 未斯欣의 상
반된 대우를 연결시킬 수도 있을 것이다.[51] 阿莘王 6년(397)이후 백
제와 왜국과의 관계가 철저하게 親善·友好關係로 일관했다는 사실

---

46) ≪日本書紀≫ 卷 9 神功皇后 39年 3月條.
47) 李鍾恒, 앞의 論文(1976), p.194.
48) 尹錫曉, 앞의 論文(1989), p.60.
　　井上秀雄, 앞의 論文, p.140.
49) 江上波夫, ≪騎馬民族國家≫(中公新書, 1967) 참조.
50) 金錫亨, 앞의 책, p.319 및 井上光貞, 앞의 책, p.185.
51) ≪조선전사≫ 4, 「백제 및 전기신라사」(1979), pp.76~79.

은 왜가 백제와 무관할 수는 없다. 그것은 동시에 백제와 가야가 대
립관계가 아닌 사실도 참고가 될 것이다. 여기서 언어학적으로 볼
때, 加耶의 뜻이 韓과 같이 마을(城邑), 즉 Kara를 의미함으로서 '고
대 한국인이 사는 마을'이라고 할 때, 對馬島가 또한 Kara가 될 것
이다. 그러므로 神功皇后가 정벌한 곳이 신라가 아니라 對馬島라는
연구는52) 于老破殺과 함께 神功皇后征伐의 부인에 도움이 될 것이
다. 그러므로 가야지방에서 다수 발견되는 유물·유적은 倭人이 渡
海하기 이전의 모습으로 생각 할 수 있어 巨濟島의 加羅山이나 梁山
의 加耶津의 존재를 주목하게 된다.53)

倭人의 주거지가 韓半島의 南海岸一帶에 거주한 사람들이었다는
근거를 찾아보면 아래와 같다.

(가) 伐休王 10年 6月 倭人大饑 來求食者千餘人(≪三國史記≫ 卷2)

(나) 助賁王 3年 夏 4月 倭人猝至圍金城 王親出戰賊潰走 遣輕騎追擊之
殺獲一千餘級(同)

(다) 儒禮王 4年 夏 4月 倭人襲一禮郡 縱火燒之虜人一千而去(同)

(라) 訖解王 37年 進圍金城(중략) 閉門不出賊食盡 將退命康世 率勁
騎追擊走之(同)

(마) 奈勿王 38年 夏 5月 倭人來圍金城 五日不解(중략) 王先遣勇騎
二百 遮其歸路又遣步卒 一千 追於獨山(同)

(바) 炤知王 15年 秋 7月 置臨海·長嶺二鎭 以備倭賊(同)

위의 기록에서 볼 때, 倭人은 바다를 통해 신라를 침략한 집단이
었고, 동시에 騎馬術에도 익숙한 자들로서 饑饉때 求食하러 온 한반
도의 주변에 살고 있었다. 그들이 기근이 있다고 해서 玄海灘을 건
너 올 수는 없었기 때문이다. 다만 그들의 거주지가 對馬島일 가능

---

52) 李炳銑, 「任那의 位置와 對馬島의 加羅」, ≪任那國과 對馬島≫ (亞細亞文化社,
1987), p.128. 및 김석형, 앞의 책, p.308.
53) ≪新增東國輿地勝覽≫ 巨濟島(卷32)·梁山(卷22) 山川 참조.

성은 배제할 수 없다.

(가) 韓在帶方之南 東西以海爲限 南與倭接 方可四千里
 (≪三國志≫ 卷 30, 東夷)

(나) 倭人在帶方東南大海之中依山島爲國邑舊百餘國(중략) 從郡至倭 致
 其北岸狗邪韓國 七千餘里 始渡海千餘里至對馬國(同)

(다) 倭(중략) 男子皆黥面文身(≪後漢書≫) 弁辰男女近倭亦文身
 (≪三國志≫)

(라) 倭 衣服之制 頗類新羅(≪舊唐書≫)

이상의 중국문헌에서 볼 때, 倭(人)는 韓半島南端에 있던 弁辰人과
같이 文身을 하는 사람들로서 水陸兩面에 전술을 갖고 있었다. 동시
에 그들은 夫餘와 같이 停喪(≪後漢書≫)의 풍습을 갖고 있어 그들
의 종족을 이해하는데 도움이 된다.

반면 倭國은 倭(人)과는 달리 처음부터 신라와 대립관계에 있던
나라는 아니었다. 그 대표적인 사례는 아래와 같다.

(가) 脫解王 3年 夏 5月 與倭國結好交聘(≪三國史記≫ 卷1)

(나) 祇摩王 12年 春 3月 與倭國講和(同)

(다) 基臨王 3年 春 正月 與倭國交聘(同)

(라) 訖解王 3年 春 3月 倭國王遣使爲子求婚 以阿湌急利女送之(同)

(마) 實聖王元年 3月 與倭國通好 以奈勿王子未斯欣爲質(同)

위의 기록에서 볼 때, 신라와 관계를 가진 倭國은 倭와 분명히 다
른 집단이었다. 백제와 결코 싸우지 않았던 百濟本紀에 기록되어 있
는 왜국과 같으며, 신라와도 대립·충돌하지는 않았다. 물론 왜와 왜국
과의 관계는 近畿의 왜와 九州의 왜와의 대립이나, 仁德(313~399)·允
恭(412~453) 그리고 雄略天皇(457~479) 등의 정치적 발전과도 무관
할 수는 없었을 것이다.

倭와 倭國과의 관계를 설명하는 다음의 사료를 주목해 보자.

(가) ① 祗摩王 11年(122) 夏 4月 都人訛言倭兵大來爭遁山谷 王命伊
　　　 湌翌宗等諭止之(≪三國史記≫ 卷 1)
　　② 祗摩王 12年(123) 春 3月 與倭國講和(同)
(나) ① 儒禮王 12年(295) 春 王謂臣下 曰 倭人屢犯我城邑百姓不得
　　　 安居(同卷2)
　　② 基臨王 3年(298) 春 正月 與倭國交聘(同)
(다) ① 奈勿王 38年(393) 夏 5月 倭人來圍金城 五日不解(중략) 王
　　　 先遣勇騎二百 遮其歸路(同卷3)
　　② 實聖王 元年(402) 3月 與倭國通好以奈勿王子未斯欣爲質(同)
(라) ① 實聖王 14年(415) 8月 與倭人戰於風島克之(同)
　　② 訥祗王 2年(418) 秋 王弟未斯欣自倭國逃歸(同)

위의 사료(가)~(라)에서 볼 때, 신라는 倭의 침입 후에는 예외 없
이 倭國과 交聘關係를 시도하고 있었다. 이것은 왜국이 왜(왜인)를
통제할 수 있는 정치집단(국가)으로 간주했기 때문에 신라는 왜국을
통해 왜의 침입을 저지하려는 노력을 계속한 것이다. 다시 말하면
脫解王紀부터 나타난 倭國은 처음에는 한반도 주변에 있었을 것이나
신라의 강성으로 점차 對馬島로 옮겼을 가능성이 크며, 4세기 말 이
후에는 九州의 왜에게로 주도권을 넘겨준 것으로 풀이 할 수 있을
것이다.

<表 3> 倭의 侵犯時期(月別統計)

月別 內容	1	2	3	4	5	6	7	8	9	10	11	12	不　明
侵　犯	·	2	2	13	6	4	1	1	·	·	·	·	6
交　聘	1	2	4	·	2	1	·	·	·	·	·	·	3
합　계	1	4	6	13	8	5	1	1	·	·	·	·	9

무엇보다도 왜의 신라침략이 領土野欲이나 정치목적이 아니라, 위의 <表3>에서 알 수 있는 것처럼 그 침범시기를 주목할 필요가 있다. <表 3>에서 볼때 倭는 4~6월에 집중적으로 신라를 침입하였다. 이것은 玄海灘의 波高가 적은 시기를 택했다는 사실로 보아,[54] 그들의 침략목적은 食糧略奪이었다. 그러므로 신라는

慈悲王 6年 春 2月(중략) 王以倭屢侵彊場 緣邊築二城, 10年 春命
有司 修理戰艦 18年 春 正月 王移居明活城(≪三國史記≫ 卷3)

이라는 기록과 같이 왜의 침략에 대처하고 있었다. 여기서 주목할 사실은

實聖王 7年 春 2月 王聞倭人於對馬島置營 貯以兵革資糧 以謀襲我
(≪三國史記≫ 卷 3)

라하여 왜가 이른 봄철에 新羅侵犯의 준비를 對馬島에서 갖추고 그 시기를 엿본다고 하였다. 이 기록은 倭의 侵略基地가 대마도였다는 사실보다 倭의 근거지가 韓半島沿岸에서 떨어져 나가는 과정을 설명한 것으로 풀이된다. 동시에 그것은 신라가 정치적으로 성장함에 따라 倭는 韓半島로부터 자연적인 退却을 함과 동시에 日本勢力의 새로운 波長이 밀려온다는 것을 뜻하게 되었다. 따라서 5세기 이후의 계속된 倭의 侵犯이 이를 의미하는 것이며, 雄略代(457~479)의 新羅 討伐記事가 이를 뒷받침할 수 있을 것이다.

그러나 智證王(500~514)이후 전혀 침략기사가 보이지 않는 것은 일본의 정치적 변동과 관계있는 것이 아니라 신라사회의 급격한 성장과 국력의 신장에 따른 것으로 생각된다. 이미 慈悲·炤知王代의 일련의 정치적 변화는 ≪三國史記≫(本紀)의 내용이 크게 바뀌고 있다

54) 李進熙, 앞의 책, p.35.

는 사실보다,55)이 시기는 신라가 對倭防備策에 큰 비중을 두고 있다
는 점이었다.

(가) 王以倭人屢侵彊場 緣邊築二城(≪三國史記≫ 卷 3, 慈悲王 6年)
(나) 命有司 修理戰艦(同 10年)
(다) 葺明活城(16年) 王移居明活城(同 18年)
(라) 葺月城 王移居月城(昭知王 10年)
(마) 置臨海・長嶺二鎭以備倭賊(同 15年)
(바) 又制舟楫之利(同卷4, 智證王 6年)
(사) 于山國歸服(同 13年)

위의 기록에서 볼 때, 신라는 倭의 침략에 대항하여 築城・修宮・
戰船修理 등을 철저히 수행하여 國防과 國力을 충실히 하였으며, 國
家體制를 完備함으로써 이 시기에 큰 역사적 전환점을 맞았다. 이러
한 사실은 5~6시기 ≪三國史記≫(本紀)의 기록이 앞시대와 급격한
변화를 나타냄으로써 당시 사회의 발전상을 암시한 바 있었고,56) 축
적된 국력과 강화된 戰鬪力이 우선 于山國征代로 나타날 수 있었다.
다시 말하면 倭의 빈번한 침략으로 고조된 對外意識은 國防體制를
굳게 하였으며, 그 구체적 결실이 于山國征伐이었던 것이다. 그러므
로 일체의 倭兵挑戰을 허용하지 않았던 것임은 물론이다.
　그러나 5세기 이후 倭의 침략이 ≪日本書紀≫에는 보다 격렬해졌
거니와, 이것은 왜의 정치적 성장과 문화적 욕구에 따라 그들의 침
략목적도

　允恭天皇 3年 春 正月 辛酉朔 遣使求良醫 於新羅 秋 8月 醫至 自
新羅則令治天皇病 未經幾時 病已差也 天皇歡之 厚賞 醫以歸于國57)

---

55) 申瀅植, ≪三國史記硏究≫(一潮閣, 1981.), p.35.
56) 申瀅植, 위의 책, p.40.
57) 이에 대해서 ≪日本書紀≫(卷25 孝德 3年(647)) '新羅遣上臣 大阿飡金春秋等送博

과 같이 文化先進國인 신라에 접근한 것이다. 일본천황이 治病에 新
羅醫師를 요구하였다는 사실에서 양국관계의 변화상을 엿볼 수 있다.

그러나 智證王 원년(炤知王 22년, 500)이후 孝昭王 7년(698)까지
의 제2기의 신라와 왜의 관계가 앞 시기와는 달라졌다. 물론 ≪三國
史記≫에는 지증왕 원년이후 孝昭王 7년(698)까지는 일체의 교섭이
두절되었다. 다만, 文武王 11년(671)의 「答薛仁貴書」에

　　龍朔 3年…倭國船兵 來助百濟 倭船千艘 停在白沙
　　(≪三國史記≫ 卷 7, 文武王 下 11年條)

라 하여 일본군의 百濟復興軍支援 때 신라군과 싸운 白村江戰役의
사실과 文武王 10년(670)의 '倭國更號 日本'이란 기록만이 보일 뿐
이다. 그러나 이 시기의 전후에는 ≪日本書紀≫에 金春秋의 人質,58)
遣新羅使의 派遣, 神文王의 獻物,59) 및 빈번한 學問僧派遣등 다양한
對新羅關係記錄을 갖고 있다. 더구나 文武王 8년(天智 7년, 668)의
풍부한 양국관계의 기록60)은 실제로 활발한 교류상을 반영하고 있
을 것이지만 ≪三國史記≫에는 전혀 언급이 없어 그 해석이 곤란하

士小德高向黒麻呂　小山中中臣連押熊來獻孔雀一雙鸚鵡一雙仍以春秋爲質'이라하여
그가 人質로 渡日하였다고 되어있다. 이에 대해서 그가 眞德王 2년(648)에 바로
入唐한 사실을 들어 이를 부인하는 경우도 있으며(三池賢一, 「日本書紀, 金春秋の
來朝記事について」, ≪古代の日本と朝鮮≫, 1974, p.202), 金鉉球의 견해(「日唐關
係의 成立과 羅日同盟」, ≪金俊燁敎授華甲論叢≫, (1983), 참조)와 같이 이를 긍정
적으로 보는 입장도 있다. 그러나 당시의 金春秋가 갖고 있는 정치적 위치로 보아
그의 渡日行跡이 ≪三國史記≫에 빠졌다는 것은 일단 의문이 간다. 다만 그가 入
唐한 시기가 648년 12월이기 때문에 ≪日本書紀≫의 기록을 신빙할 때 그가 歸
國·入唐할 수 있는 시간은 충분이 있었다. 오히려 그의 渡日은 高句麗訪問직후의
일이어서 스스로 訪日을 決行했을 가능성은 있다.
58) ≪日本書紀≫ 卷11 允恭天皇 3年 春 正月條.
59) ≪日本書紀≫ 卷29, 天武天皇 5年 9月條 및 14年 5月條.
60) ≪日本書紀≫ 卷27 天智天皇代(662~671)에는 '7年 9月 新羅遣沙喙級湌金東嚴等進
調, 中臣內臣使沙門法辨 秦筆賜新羅上臣大角干庾信船一隻 付東嚴等 11月 賜新羅
王 絹五十匹 綿五百斤 韋一百枚 付東嚴等, 8年 9月 新羅遣沙湌督儒等進調' 등이
보인다.

다. 오히려 일본 측에서의 적극적인 對新羅接近은 百濟系의 영향을
벗어나려는 정치적 욕구와 아울러,[61] 統一을 완수한 높은 國家意識
과 儒敎·佛敎文化의 섭취를 위한 일본지배층의 文化運動이라 생각
된다. 그러므로 신라는 일본사신입국을 거절한 것이며 國交再開를
허용치 않았던 것이다. 따라서 孝昭王 7년의 일본사절의 신라입국조
치는 저간의 상황판단을 위한 임시조치일 가능성이 크다.

더구나 효소왕의 이러한 소극적 또는 閉鎖的 文化政策은 唐에 대
한 외교에도 나타나 則天武后의 先王(神文王)에 대한 弔祭와 冊封에
도 전혀 答訪조차 하지 않았던 것이다.[62] 그러므로 《日本書紀》에
보여지는 686년 이후 703년(聖德王 2)까지 27차의 新羅使의 기록[63]
은 신라사회의 당시성격이나 입장에서 볼 때 이해하기가 어려운 실
정이다. 百濟復興軍을 진압하기 위해서 參戰한 일본과 충돌한 신라
가 그 나라에 朝貢해야 할 이유가 전혀 없기 때문이다. 무엇보다도
당시 신라는 강력한 武烈系王權의 確立과 唐軍逐出을 통한 민족적
응집력에서 對外交涉의 필요성이 없었던 때라는 사실은 이를 뒷받침
할 수 있다. 그러므로 어디까지나 羅·日關係는 일본 측의 필요성에
서 이루어진 것이므로 신라의 입장에서는 文武王 8년(668)이후 聖德
王 2년(703)까지도 실제로 國交斷紀의 상태였던 것이다.

신라가 文武王 16년(676, 天王 5년) 唐軍을 축출하자 羅·唐間의
대립이 격화되고 國交가 두절되었다. 더구나 이때를 전후하여 唐은
吐蕃과의 충돌이 빈번하였고

儀鳳 2年(677) 9月 左衛大將軍劉審禮等與吐蕃戰于淸海之上 王師
敗績 上以蕃寇爲患 問計於侍臣中書舍人郭正等 咸以備邊不深計爲上
等[64]

---

61) 田村圓澄 앞의 책(1974), p.85.
62) 申瀅植, 앞의 책(1984), p.326.
63) 鈴木靖民, 앞의 책(1985), 付表 4.
64) 《舊唐書》 卷 2, 儀鳳 2年條.

과 같이 政情이 불안하여 일본으로서는 지리적으로 가까운 新羅에 접근하는 것이 필요하였다. 따라서 일본의 中臣內臣鎌足은 法辨·秦筆을 使者로하여 金庾信에게 배(船) 한척을 기증하는 동시에, 신라사신인 金東嚴편에 막대한 禮物을 보내는 등 적극적인 親新羅政策을 추진하였다.[65] 새로운 白鳳文化를[66] 건설하려던 天武天皇은 신라가 통일을 완수한 그해(676, 天武 5년)에 遣新羅使를 임명하였으니

> 天武 5年 甲辰 以大乙上物部連摩呂爲大使 大乙中山背直百足爲小
> 使 遺於新羅[67]

가 그것이다. 고구려멸망까지 꾸준히 보내졌던 遣唐使는 오히려 持統代(687~697)·文武代(697~707)에 중단되고,[68] 일본의 新羅學問僧이 이때에 집중되고 있다. 즉, 668~710년간의 大唐學問僧은 기록상으로 9명이지만 歸國年代가 거의 불확실하여 그 신빙성이 없으나, 이때의 新羅學問僧은 觀常이하 13명이나 되고 있다.[69] 또한 이 시기에 일본의 遣新羅使가 13회나 파견되고 있어,[70] 당치 일본의 親新羅外交의 裏面을 엿볼 수 있다.

그러나 大寶律令(701)이후 일본의 對新羅觀으로서 이른바 '付庸國·蕃國觀'의 입장에서 볼 때,[71] 일본위주의 小帝國意識에서 빈번

---

65) ≪日本書紀≫ 卷 27, 天智天皇 7年 秋 9月~11月條.
66) 白鳳文化란 大化改新(645)에서 平城遷都(710)까지의 佛教文化를 뜻한다. 이에 대해서는 日本學界에서도 贊反양론이 있으며 그 문화적 독자성을 배제하면서 奈良時代前期의 文化란 주장도 있지만(小林剛, ≪白鳳彫刻史論≫), 일단 佛教彫刻史的인 면에서는 그 의의가 인정된다고 할 것이다(毛利久,「白鳳彫刻의 新羅的 要素」, ≪韓日古代文化交流史研究≫, pp.145~148).
67) ≪日本書紀≫ 卷 29, 天武天皇 5年 冬 10月甲辰條.
68) 遣唐使 18회(3회는 中止)중 630년(舒明 2)에 처음 파견되어635·653·654·659·665·667년 등 7회가 668년 이전에 있었으나, 持統·文武代는 遣唐使가 거의 중단되고 단 1회의 파견뿐이다(森克己, ≪遣唐使≫, 至文堂, 1955 참조).
69) 田村圓澄, 앞의 論文(1974), p.86.
70) 鈴木靖民, 앞의 책(1984), 付表 3
71) 石母田正, 앞의 책, pp.312~359.

한 親新羅外交는 논리상 성립될 수 없는 것이다. 더구나 天武天皇代
의 일본위주의 國家意識 및 國際意識이 絶對王權下에 있던 신라에
적용될 수 없었으며, 신라가 그러한 일본식의 국제질서를 인정할 수
도 없었다. 신라의 朝貢對象은 어디까지나 唐이었지, 일본은 결코 아
니었다. 그러므로 이러한 신라의 對日通禁政策은 聖德王 30년(731)
의 兵船侵入事件으로 나타났었고, 景德王 원년(742)과 12년(753)에
일본사절을 慢而無禮란 이유로 받아들이지도 않았던 것이다. 그만큼
신라측은 對日交涉에 소극적이면서도 거부하는 입장이었으나 일본
측은 더욱 적극적이었다.

이러한 신라의 강경한 對日觀은 왜의 빈번한 침략으로부터 야기된
오랜 과거의 전통에서 비롯되었겠지만 그 내면에는 專制王權을 確立
한 武烈系王統의 정치적 자세나 文武王의 遺詔와 軌를 같이 한다고
보겠다. 따라서 양국간의 국교정상화는 下代이후 정치적 견해를 달
리하는 元聖系의 王統이 확립되는 哀莊王代에 와서 이룩되었음은 물
론이다.72) 결국 신라의 대일관계는 신라자체의 정치적 변화나 王統
의 變化속에서 새로운 모색의 길을 걷게된 것이다.

제3기는 孝昭王 7년(698, 文武 2년)이후 憲康王 8년(882, 元慶 22
년)까지를 말한다. 그러나 앞에서 본 바와 같이 聖德王 2년(703)의
대규모 日本使臣入國으로 새로운 양국관계로 접어 들은 것은 사실
이다. 바로 이 해에 統一新羅는 唐과의 불편한 관계를 청산한 때였
으므로 對唐交涉의 再開와 함께,73) 신라의 對日交涉은 東亞秩序에의
參與에 따른 國際關係의 일대 轉換임에는 틀림이 없다.

그러나 이러한 신라의 對日關係의 變化는 어디까지나 외형적인 것
이었고 일본의 의욕적인 親新羅政策을 외면하였으니, 그 단적인 예

古畑徹,「7世紀末から8世紀初にかけての新羅. 唐關係」,≪朝鮮學報≫107, p.55 및
鈴木靖民, 앞의 論文, p.191.
72) 申瀅植, 앞의 책(1981), p.66.
73) 申瀅植, 앞의 책(1984), p.327.

가 聖德王 21년의 對日防備强化이다. 이것 역시 일본에 대한 警戒의
표시라 하겠다. 그러므로 聖德王 30년(731, 天平 3년)의 이른바 兵
船事件은 신라에 대한 단순한 牽制策[74]이 아니라, 신라의 강경한 對
日政策에 대한 보복이라 할 수 있다. 따라서 일본에 대한 외교적 무
시는 景德王 때의 2차(742·753)에 걸친 日使接待拒否로 나타났으므
로 天平勝寶 5년(景德王 12년, 753)의 古麻呂抗議로서 이른바 爭長
事件을 보게 된다.[75]

　이 사전은 일본 측에서 신라가 일본의 朝貢國이었다는 실증적 근
거로 삼고 있는 내용인 바, 원문은 다음과 같다.

　　丙寅 副使大伴宿禰古麻呂自唐國至 古麻呂奏曰 大唐天寶 十二 載歲
　在 癸巳正月朔癸卯百官諸蕃朝賀 天子於蓬萊宮 含元殿受朝是日 以我
　次西畔第二吐蕃下 以新羅使次 東畔第一大食國上 古麻呂論曰 自古至
　今 新羅之朝貢日本國久矣 而今列東畔上 我反在其下 義不合得 時將軍
　吳懷實見知 古麻呂不肯色卽引 新羅使次 西畔第二吐蕃下 以日本使次
　東畔第一大食國上[76]

　이것은 天平勝寶 5년(753, 唐勝寶 12년, 景德王 12년)에 唐의 朝
賀式典에 참가한 일본 측 副使인 古麻呂가 일본의 오랜 朝貢國인 신
라사절이 上席에 앉아 있어 席次變更을 요구하니 당나라 장군 吳懷
實의 주선으로 신라와 일본사신의 자리가 바뀌었다는 보고이다. 이
로써 신라는 일본에 대한 從屬的 關係가 국제적으로 인정된 것이며,
신라에 대한 優越的 地位를 중국으로부터 인정받았다는 것이다.[77]

　그러나 이에 대해서 중국문헌 ≪唐書≫·≪冊府元龜≫나 ≪三國史
記≫에는 天寶 12년(753)의 賀正使에 韓·日使派遣의 기록이 없다는

74) 鈴木靖民, 앞의 책(1985), p.169.
75) 卞麟錫, 「唐代外國使爭長의 硏究」, ≪亞細亞硏究≫28(1985) 및 「唐代外國使의 爭
　　長事例에서 본 古麻呂抗議의 再論」, ≪東洋史學硏究≫ (1987) 참조.
76) ≪續日本紀≫ 卷 19, 天平勝寶 6年 正月 丙寅條.
77) 鈴木靖民, 앞의 책(1985), p.200.

점, 그리고 4개의 爭長事件에서도 羅·日間에는 없었으며, 일개 장군이 朝賀式典의 席次를 바꿀 수 없다는 점을 들어 이를 전적으로 부인하는 견해를 주목할 필요가 있다.78) 국제관계의 사건은 어느 一方의 記錄에 의존할 수는 없는 것이다. 적어도 當事國 또는 關聯國의 기록과 연결될 때, 그 의미를 인정할 수 있는 것이기 때문이다. 이 사건은 계속된 신라의 强硬한 對日海禁策에 반발한 것이기 때문에 바로 古麻呂의 席次變更要求는 같은 해 新羅政府에 의해서 '日本國使至 慢而無禮 王不見乃廻79)와 같은 放逐된 일본사신의 소식을 歸路에 전해 들은 古麻呂의 虛荒일 捏造일 가능성이 크다.80)결국 7세기 말 이후 8세기 중엽까지에 일어난 양국간의 마찰, 즉 日本使節不納, 日船侵犯事件 등은 전성기의 新羅文化를 貪하는 일본귀족층의 欲求挫折에 대한 반발이며, 古麻呂의 席次變更要求는 羅·唐親善81)을 離間시키려는 술책인 동시에, 唐廷의 권위에 假托해 실추된 對新羅外交에 대한 慰安의 방편으로 일본을 위주로 하는 東亞의 小帝國論을 전개하려는 것으로 풀이된다.82)

　제3기의 羅·日關係는 이처럼 孝昭王 이후 景德王代까지는 日本의 집요한 친선요구와 挑戰 그리고 교섭에도 불구하고 실질적으로 교섭이 어려웠으므로, 王統이 바뀐 9세기 이후에야 정상화되었다. 제3기의 관계를 정리하면 <表 4>와 같다.

---

78) 卞麟錫, 앞의 論文(1987), pp.47~61.
79) ≪三國史記≫ 卷 9, 景德王 12年 秋 8月條.
80) 卞麟錫, 앞의 論文(1987), p.67.
81) 聖德王 3년(704)의 羅唐國交再開 이후, 성덕왕 36년간에 45회의 對唐交涉記錄이 있다. 이것은 양국간의 親善이 절정을 이룬 것을 뜻한다. 그 후 孝成王(737~742)은 재위 6년간에 8회, 景德王(742~765)도 재위 24년간에 12회의 대당외교기록이 있다. 특히 8세기에는 총80여회의 對唐關係가 이룩되고 있어 전체 200여 회중에서 근 4할이 이시기에 집중되고 있다(申瀅植, ≪新羅史≫, 梨大出版部, 1985, p.202).
82) 卞麟錫, 앞의 論文(1987), pp.46~48.

<表4> 第3期의 新羅·日本과의 關係

王　　名	年	月	西紀	日本紀年	内　　　　容	備　　考
① 孝昭王	7	3	698	文武 2	日本國使至 王引見於禮殿	遣新羅使
② 聖德王	2	10	703	大寶 3	日本國使至摠二百四人	668·670·675·
③ 〃	21	4	722	養老 6	築毛伐郡城 以遮日本賊路	676·681·684· 687·692·695·
④ 〃	30		731	〃 3	日本國兵船三百艘　越海 襲我東邊	700·703·704· 706·712·718· 719·723·724·
⑤ 景德王	1	10	742	天平 14	日本國使至 不納	732·736·740· 742·752·753.
⑥ 〃	12	8	753	勝寶 5	日本國使至 慢而無禮 王 不見之乃廻	779·799
⑦ 哀莊王	3	12	802	延曆 21	授均貞大阿飡爲假王子	804
⑧ 〃	4	7	803	〃 22	欲以質倭國 均貞辭之 與日本國交聘結好	806 808
⑨ 〃	5	5	804	〃 23	日本國遺使 進黄金三百兩	
⑩ 〃	7	3	806	平城 1	日本國使至 引見朝元殿	836
⑪ 〃	9	2	808	大同 2	日本國使至 王厚禮待之	
⑫ 景文王	4	4	864	貞觀 6	日本國使至	887
⑬ 憲康王	4	8	878	元慶 2	日本國使至 王引見於朝元 殿	882
⑭ 〃	8	4	882	〃 6	日本國王遺使 進黄金三百 兩	

　이에 따르면 신라는 孝昭王 7년(698)과 聖德王 2년(703)에 일본과 국교를 열었지만, 7~8세기는 실질적으로 일본에 대한 防備와 使臣不納으로 일관하였다. 결국 哀莊王 4년(803)에 結好를 맺어 9세기 초에 밀접한 관련을 가진 것으로 되어 있다. 이것은 ≪續日本紀≫와는 전혀 다른 모습이어서 결국 ≪三國史記≫에 의존하여 그 시대의 관계를 정리해 볼까한다.

　일본은 7세기 후반에 적극적으로 親新羅外交를 추진하고 있으나,[83] 신라측은 오히려 경계를 강화하고 있었다. 더구나 8세기 전반

---

83) ≪續日本紀≫에 의하면 7세기후반, 즉 668년이후 700년간에 遣新羅使가 10회, 新

기, 즉 聖德王(702~737)·孝成王(737~742)·景德王代(742~765)는 더욱
적극적으로 진출하고 있었으며, 707년(聖德王 6년, 慶雲 4년)에는 義
法·淨達·義基 등 學問僧이 5차에 걸쳐 신라에서 귀국하고 있었고 성
덕왕때는 10차의 遣新羅使가 파견되고 있어 奈良時代의 天平文化形
成에 신라의 영향을 엿볼 수 있다. 만일 ≪續日本紀≫ 등 일본문헌
에 따른 '新羅之朝貢日本國久矣'이나 '新羅付庸國觀'의 입장으로 본
다면, 일본 측의 대규모 使節·留學生·學問僧등의 파견에 대한 설명이
불가능하다.

어디까지나 朝貢은 중국의 전통적인 中華思想이나 王道思想에서
나온 對外形式으로서 중국과 그 주변국가 사이에서 존재하는 것이
다.84) 따라서 朝貢關係가 신라와 일본 사이에는 존재할 수 없는 것
이며, 조공 그 자체를 중국과의 主從關係로 규정할 수 없기 때문
에,85) 일본측문헌의 표현 그 자체를 가지고 羅·日關係가 從屬關係
가 될 수는 없다. 그러므로 ≪續日本紀≫의 '久慕聖化來附我俗'이란
기록86)이 결국 당시 일본귀족층의 國家意識·國際意識의 상징이라
해도,87) 그것은 문화적·경제적인 劣勢에 대한 誇張된 自高意識의
표시이며 不安定한 大國인 일본이 신라에 대한 敵對政策의 표방일
수도 있다.88) 무엇보다도 조공을 받는 국가는 文化的 補償을 해주는
것이 통례인바, 문화적으로 저급한 일본으로부터 신라가 그것을 받
아들일 수 없기 때문이다. 즉, 塔婆·彫刻·寺刹 등 佛教文化가 '新
羅에서 日本으로' 건너가 白鳳文化가 이룩되었음을 볼 때89) ≪續日

羅使의 日本派遣도 25회나 된다(鈴木靖民, 앞의 책, 付表3·4, pp.614~617). 이 시
   기에 新羅學問僧도 觀常·雲觀 등 7명이나 된다(田村圓澄, 앞의 論文, 1974, p.86).
84) 金庠基,「古代의 貿易形態와 羅末의 海上發展에 대하여」, ≪東方文物交流史論攷≫
   (1948)와 李春植,「朝貢의 起源과 意味」, ≪中國學報≫ 10(1969) 참조.
85) 申瀅植, 앞의 책(1984), p.310.
86) ≪續日本紀≫ 卷 20 天平寶字元年四月辛巳條.
87) 鈴木靖民, 앞의 책(1935), p.191.
88) 奧村佳紀,「新羅人의 來航에 대하여」, ≪駒澤史學≫ 18, p.133.
89) 毛利久, 앞의 論文, pp.145~169.

本紀≫의 내용이 虛構라는 사실을 알 수 있다.

그러나 9세기에 이르러 新羅는 정치적 변화를 맞는다. 元聖王을 이은 昭聖王은 2년만에 돌아가고 그 嫡子인 哀莊王이 왕위를 계승하였다. 그는 兩派로 대립되던 仁謙·禮英系의 틈바구니에서 어떤 정치적 결단을 내려야 했다. 우선 당시 가장 큰 세력을 장악하고 있는 彦昇(叔父, 憲德王)을 私臣·上大等으로 임명함으로써 자신의 세력을 강화하는 동시에, 元聖系의 새로운 王統確立을 위해 五廟制를 개정하였다.90) 이것은 武烈系의 神文王이 五廟制를 마련한 것처럼 元聖系의 正統性을 확인하려는 조치였다.

이러한 대일외교는 신라권력구조의 변동과 관계가 있음이 주목된다. 즉, 哀莊王은 정치적 야망을 갖고 있는 禮英系의 均貞을 日本으로 추방(入質)시키려 하였으나 그는 거절한 것이다.91) 말하자면 奈勿王子인 卜好와 未斯欣을 高句麗와 倭로 보냄으로써 王權强化를 꾀하려했던 사실과 비교될 수 있다.92) 이러한 哀莊王의 對日接近은 延曆 19년(799, 昭聖王 1년)에 보내진 遣新羅使에 상응하는 조치였고, 803년(哀莊王4년)에 일본과 친선관계를 맺게 된 것이다. 비로소 신라는 日本使節을 朝元殿에서 맞게 되었고, 그 때를 전후하여 對唐外交의 창구로서 宿衛外交를 재추진한 것도 당시의 정치상황과 관계가 깊다.93)

---

90) 邊太燮, 「廟制의 變遷을 통하여 본 新羅社會의 發展過程」, ≪歷史敎育≫ 8(1964), p.72.

91) 元聖王系의 系譜(○는 王의 代數)

```
                        ┌─ ㊱昭聖王(俊邕) ─┬─ ㊵哀莊王(淸明)
              ┌─ 仁謙 ──┤  ㊶憲德王(彦昇)    └─ 體明
              │         │  ㊷興德王(秀宗)
㊳元聖王 ─────┤         └─ 忠恭 ──────── ㊹閔哀王(明)
  (金敬信)     │
              │         ┌─ 憲貞 ─ ㊸僖康王(悌隆) ── 啓明
              └─ 禮英 ──┤  均貞 ┬ ㊺神武王(祐徵) ─ ㊻文聖王(慶膺)
                        └────── └ ㊼憲安王(誼靖)
```

92) 申瀅植, 앞의 책(1984), p.356.

93) 申瀅植, 위의 책, p.372.

그후 신라의 對日關係는 정상화되었고, 興德王 11년(836, 承和 3년)의 遣新羅使는 遣唐使의 보호를 빙자한 것이며 憲康王 4년(878)의 일본사신 朝元殿引見과 동왕 8년(882)의 黃金·明珠의 獻進은 당시 밀접한 양국관계를 단적으로 설명해 준다. 이와 같이 下代에 이르러 일본관계를 공식적으로 재개한 것은 元聖王系의 정치적 입장이 작용된 것으로 풀이된다.

Ⅳ. 新羅文化의 日本傳播

앞에서 언급한 바와 같이 新羅上代에 있어서 倭의 침입이 食糧略奪行爲였음도 사실이지만, 점차 사회성장에 따라 수반되는 新羅文化吸收를 위한 적극적인 행동이었음은 재론의 여지가 없다. 따라서 倭의 後身으로서 日本 역시 新羅文化에 대한 憧憬은 당연한 추세였으며, 6세기 말 聖德太子의 親新羅外交는 羅·日關係의 새로운 轉機를 가져왔다. 따라서 종래의 百濟文化 일변도의 日本文化啓發만이 아니라, 특히 7세기 이후 新羅 및 統一新羅文化의 日本傳播는 白鳳文化의 기반이 되었다. 따라서 이제는 天平文化가 唐의 영향이었음을 강조하는 일본 학계의 입장을 시정해야 할 것이다.

우선 7세기 초엽 중국은 隋·唐交替에 따라 정치적 혼란기에 빠져 있었다. 따라서 이시기의 遣隋使·遣唐使는 신라의 체류나 편의알선의 뢰라는 사실만이[94] 아니라, 眞平王代(579~632)에 나타난 制度의 改編·軍制의 整備에 따른 王權專制化를 직접 목도함으로써 그 의미를 이해하기 시작하였다. 이들은 이미 신라가 眞興王을 전후하여 絶對王權을 확립하였고 그 구체적 표징으로서 皇龍寺와 같은 巨刹을 볼 수 있다. 眞興王과 華嚴寺·皇龍寺는 聖德太子와 四天王寺·法隆寺와의 관

---

94) 田村圓澄, 앞의 論文(1979), p.75.

계와 같아,95) 절대왕권과 불교와의 관련을 알 수가 있다. 특히 眞平
王은 位和府·調府·乘府·禮部 및 領客府 등 5관부를 신설하고 內省을
두어 전제왕권을 성립시키고 있었으니, 그러한 官僚制와 律令政治의
발달은 일단 遣隋使·遣唐使 등의 관심사였음은 물론이다. 眞平王代의
遣隋使는 6회, 遣唐使는 1회뿐이었다. 그러나 일본의 경우는 敏達天皇
(572~585)에 4회, 峻崇天皇代(588~592)는 1회, 推古天皇代(593~628)
는 8회 그리고 舒明 4년(632)에 사신파견, 新羅侵略 4회 등 眞平王在
位期間(579~632)에 14회의 使節交換(戰爭記錄은 제외)의 기록이 있
다. 이것은 7세기말 이후 일본정부의 親新羅性을 확인하는 것이며,
日本律令制의 成立에 있어서 羅·日關係는 중대한 의미가 있었던 것이
다.96) 그러므로 推古天皇 11년(603, 眞平王 25년)에 제정된 官位制는
百濟의 官等의 영향이라고 할 것이97) 아니라, 실은 新羅의 그것을 이
어 받았을 가능성이 크다.98) 무엇보다도 大寶律令에 보인 宮內府는
신라의 內省과 연결된다고 할 수 있으니만치, 이러한 양국간의 교류
는 佛敎못지 않게 중요한 관련이 아닐 수 없다.

　그러나 羅·日關係의 핵심은 飛鳥時代後半期이후 奈良前期, 즉 美
術史的으로 볼때 白鳳時代에 있어서 新羅佛敎의 日本傳播에 있다.
이 시기는 일본의 氏族佛敎가 國家佛敎로 전환되는 때로서,99) 統一
後 民族的 energy의 高揚에 영향을 받아 法隆寺의 再建을 촉구하려
는 일본의 국가의식이 고조되고 있었다. 그러므로 바로 奈良前期에
있어서 羅·日關係는 신라문화가 대량으로 일본으로 건너가 唐文化
보다 깊고 넓게 天平文化를 성숙시키고 있었다. 따라서 당시 일본귀
족층이 갖고 있는 중국과 그 주변국가간에 존재한 冊封關係와 같은
新羅屬國論은 立論의 여지가 없으며 表裏가 矛盾이 아닐 수 없다.

---

95) 田村圓澄, 앞의 책(1974), p.79.
96) 鈴木靖民, 앞의 책(1985), p.73.
97) 井上光貞,「冠位十二階制とその制定の意義」, ≪日本古代國家の硏究≫ (1965) 참조.
98) 李基東,「新羅의 骨品制와 日本의 氏姓制度」, ≪歷史學報≫ 94·95(1982), p.154.
99) 田村圓澄, 앞의 論文(1974), p.92.

屬國이나 外蕃으로부터 高度의 精神文化와 政治制度를 받아들일 수
는 없기 때문이다.

<표 5> 新羅佛教의 日本傳播

日本紀年	新羅紀年	西紀	內　　容
敏達天皇 8	眞平王 1	579	幷送佛像
推古天皇 24	眞平王 38	616	送金佛像
〃 30	〃 44	622	仍貢佛像一具及金塔幷舍利
舒明天皇 11	善德王 8	639	入唐學問僧惠隱惠雲·從新羅送使入京
〃 12	〃 9	640	入唐學問僧淸安·學生高向漢人玄里…至之
孝德天皇 4	眞德女王 2	648	於三韓遣學問僧
齊明天皇 4	武烈王 5	658	沙門智道·智達奉勅乘新羅船往大唐國

우선 일본은 6세기 후반 이후 신라로부터 佛敎輸入을 하였다. 皇權
强化에 필수적인 것은 불교였으므로 遣新羅使의 임무에도 學問僧의
보호와 안내가 수반되었다. 이 시기에 신라 측의 불교문화전파상을 시
대별로 정리하면 <표 5>와 같다. 일반적으로 飛鳥文化는 百濟의 영향
을 크게 받아 성립된 것이지만,[100) 「表 5」에 의하면 신라의 영향도 결
코 과소평가할 수는 없다. 특히 신라는 名僧의 渡來를 위주로 하는
濟·麗와는 달리,[101) 佛像·佛具등의 전래가 중심이 되어 그 후 白鳳

---

100) 물론 6세기 중엽이후, 일본이 新羅로부터만 佛敎와 그 美術을 받아들인 것은 아
　　니다. 이 시기에도 百濟·高句麗의 佛敎文化吸收에도 적극적이었다. 百濟의 경우
　　威德王 1년(554)·24년(577)·31년(584)·34년(587)·37년(590)·40년(593)·42년(595, 고구
　　려) 및 43년(596, 고구려)과 武王(3년, 10년, 25년)과 義慈王 8년(648)에 佛敎文
　　化(高僧·佛工·佛具)를 전해 주었다. 고구려의 경우도 嬰陽王 6년(백제 위덕왕,
　　42년)·7년(596)·13년(무왕 3년 602)·16년(605)·21년(610)·26년(615) 및 榮留王 4
　　년(621)·8년(625)·寶藏王 7년(의자왕 8년, 648)에 각각 佛敎文化를 일본에 전해
　　주었다.
101) 이러한 名僧의 渡日은 '愛國精神의 不足이 고구려 멸망원인이라는' 汕耘의 지적
　　(≪大高句麗史≫ p.263) 및 申瀅植, (汕耘張道斌의 歷史認識) ≪汕耘史學≫2,
　　(1988) 참조)은 의미가 크다. 이 때 渡日한 高僧에는 惠慈(영양왕 6)·僧隆·雲聰
　　(영양왕 13)·曇徵·法定(영양왕 21)·惠灌(영류왕 8) 등이몇, 百濟僧으로는 曇慧·
　　道𣏾(위덕왕 I)·惠聰·令斤·惠彌·聆照·令威·惠衆·惠宿·道嚴·令開(위덕왕 34)·

彫刻과 佛塔建築에 신라요소가 지배적으로 작용한 것이 특이하다.[102]
신라는 6세기말 百濟와의 충돌이 격화되었고, 더구나 7세기 이후 국내
정치적 변동과 親唐外交의 推進으로일본과의 관계를고려할 여유가 없
었다. 더욱이 백제와의 관계를 의식하여 遣隋使·遣唐使의 便宜까지
외면할 수는 없었을 것이다. 따라서 신라는 어디까지나 일본과 親善外
交를 공식으로 추진한 것은 아니었으나, 7세기 초 眞平王代의 국제
적·정치적 관계로 양국간에는 어느 정도 友好關係가 유지되었다. 일
본과의 不和는 對百濟戰에 불리하다고 판단했기 때문이다.

<表 6> 日本의 新羅學問僧

僧　名	出發(歸國)年	新羅(日本)紀年
道　行	(668)	文武王 8(天智 7)
觀　常	(685)	神　文 5(天武 14)
雲　觀	(〃)	〃 (〃)
行　心	(686)	神文王 6(朱烏 1)
智　隆	(687)	神文王 7(持統 1)
明　聰	(689)	神文王 9(持統 3)
觀　智	(〃)	〃 (〃)
山田史御形		
辨　通	693	孝昭王 2(持統 7)
神　叡	〃	〃 (〃)
義　法	(707)	聖德王 6(慶雲 4)
義　基	(〃)	〃
惣　集	(〃)	〃
慈　定	(〃)	〃
淨　達	(〃)	〃

그 후 신라는 眞智王을 거쳐, 善德·眞德女王을 지나 武烈王이 등
장하였다(654). 특히 647년[善德王 16년]의 毗曇亂이후 신라의 권력
구조는 新興勢力(金春秋·金庾信의 연합세력)의 형성으로 새로운 국
면을 맞게 되었다. 이 때 신라는 일본과의 마찰이 對濟·麗와의 싸

　　觀勒(무왕 3)·道欣·惠彌(무왕 10) 등이 나타난다.
102) 毛利久, 앞의 論文, pp.153~164.

움에 도움이 될 수 없음을 파악하여 金春秋의 渡日과 670년(文武王 10)의 日本國號變更을 통해 對日政策의 변화를 모색하였다.

일본도 663년의 白江戰敗北後 內政改革과 文化開發에 치중하였으며 특히 壬申의 亂의 승리(672)로 집권한 天武天皇(672~686)은 新羅文化吸收에 적극적이었다. 文武王 16년(676)이후 聖德王 9년(710)까지 신라에 온 日本의 學問僧은 위의 「표 6」과 같다.[103]

「表 6」에 따르면 7세기말~8세기 초에 있어서 일본은 學問僧을 신라에 집중 파견하고 있었다. 이 때는 慈藏(608~677)·元曉(617~686)·義湘(620~702) 등 名僧들이 활약하던 시기여서 빈번한 일본 학문승의 학문적 욕구를 충족시킬 수 있었다. 또한 당시 신라의 고도로 발달한 政治制度·學術·國學(682)·四天王寺(679)와 感恩寺의 축조(682)등은 그들의 관심을 집중시킬 수 있었다. 따라서 사천왕사와 감은사의 축조가 藥師寺의 영향이라든가,[104] 新羅의 佛國土思想에 연관이 큰 山岳崇拜·四方佛의 일본영향 등은[105] 풍부한 신라문화전파상의 일부에 불과하다.

더구나 法隆寺의 燒失(669), 壬申亂鎭壓을 위한 天武天皇의 高市大寺創建(673), 大般若經·金光明最勝王經 등 이른바 新譯經典의 變用[106] 및 法相宗의 傳來 등[107] 白鳳時代 일본불교계의 영향하에 있었다. 더구나 統一後 制度의 完成에 따른 專制王權의 確立, 表意文字(漢字)에서 表音文字(史讀)의 발명, 傍系貴族을 도태시키고 강화되는 武烈系王權의 構築, 7개의 王室寺院의 축성[108]등은 일본의 律令制度

103) 田村圓澄, 앞의 논문(1974), p.86 및 pp.230~233.
104) 田村圓澄, 위의 論文, p.87.
105) 李箕永,「象徵的 表現을 통해서 본 7~8世紀 新羅 및 日本의 佛國土思想」,≪韓日古代文化交流史硏究≫, p.140.
106) ≪三國史記≫ 卷 8 聖德王 2年條에는 204인의 日本使臣이 신라에 入國하였고 바로 그때 金思讓이 入唐朝貢하였는바, 김사양이 다음해에 당에서 귀국하여 最勝王經을 바쳤다. 따라서 이때 일본사신이나 學問僧이 이를 보았을 것이다.
107) 田村圓澄,「三論宗·法相宗傳來考」,≪森克己博士古稀記念文集≫ (1973) 참조.
108) 浜田耕策,「新羅の寺院成典と皇龍寺の歷史」,≪學習院硏究年報≫ 28(1982); 李

와 白鳳文化의 초석이 되었으며, 天平文化의 基盤을 제공하였음은
물론이다.109) 4方의 佛國土를 수호하는 뜻을 지닌 四天王寺의 축조
나 景德王의 佛國寺重創과 聖德大王 神鍾의 鑄造는 聖武天皇의 東大
寺와 大佛의 造成과 함께 왕실의 번영과 國家守護를 위한 의미를 지
닌 점으로 보아 양국의 밀접한 관계를 짐작할 수 있다. 신라 불교문
화의 天平文化에의 영향은 名僧의 往來, 寺殺과 佛敎美術模倣 등 外
形的 類似性에 있는 것이 아니라 일본문화 깊은 내면에 살아있는 精
神的 意味에 있는 것이다.

V. 結語

이상에서 우리는 新羅와 日本과의 관계를 정리해 보았다. 그러나
≪三國史記≫와 ≪日本書紀≫의 상반된 내용에서 당시 양국관계의
실상파악에 어려움이 있음을 알 수 있다. 다만 신라의 통일이전은
주로 ≪삼국사기≫를 중심으로 倭와 倭國과의 관계를 재조명하였으
며, 통일이후에는 ≪續日本紀≫의 내용을 바탕으로 신라와 일본과의
관련을 정리하였다. 그 결과 倭와 倭國을 구분하여 전자는 犯境者·
侵略者로, 후자는 交聘國·通好國으로 파악하였다. 동시에 일본고대
大和政府와는 관계가 없는 왜(왜인)는 韓半島南海岸一帶에 자리잡았
으며, 왜국은 점차 對馬島나 九州一帶로 그 중심지를 옮긴 것으로
비정하였다. 이 때의 왜국은 阿莘王이후 백제와 친선관계를 맺은 바

泳鎬,「新羅王代王室寺院의 官寺的 機能」,≪韓國史研究≫ 43(1983) 및 蔡尙植,
「新羅統一期의 成典寺院의 구조와 기능」,≪釜山史學≫ 8(1984) 참조.
109) 天平文化의 극성기인 聖武天皇의 天平代(729~749)에 있어서는 1회 뿐이며, 天
平勝寶代(750~757)는 2회뿐이었다. 그러나 이 시기에 遣新羅使는 4회(天平) 2회
(天平勝寶)로 3배나 되었다. 또한 ≪續日本紀≫에는 신라사절의 일본파견도 5회
(천평), 4회(천평승보)나 되고 있어 天平文化形成에 唐의 영향보다 新羅의 영향
이 비교가 될 수 없을 정도로 크다. 그러나 日本學界의 입장은 의도적으로 新羅
影響을 縮少시키고 있음을 알 수 있다.

로 그 나라였음도 밝혔다. 왜는 海洋的인 성격은 물론, 騎馬術도 갖고 있는 종족으로 점차 그들의 침략목적이 食糧略奪에서 文化吸收로 바뀐 것은 왜가 어느 정도 왜국으로 흡수되면서 이루어졌음도 알 수 있었다.

첫째는 新羅人의 對外觀이 성립되는 과정을 정리하였다. 왜는 不知 正歲하고 徒跣하는 未開人으로 신라를 약탈하면서 성장하였으며, 朴 堤上傳說이나 于老事件에서 보듯이 野蠻的이고 잔인한 습성을 지녔다. 그러므로 倭國・日本에 대한 인식은 9세기에 이르러 羅・日關係가 정 상화된 이후까지도 警戒와 犯境者로서의 우려는 계속되었음을 밝혔다.

둘째는 신라와 對倭・對日關係를 3시기로 나누어 제1기(赫居世 8년 B.C 50~炤知王 22년, 500)는 충돌기, 제2기(500~景德王 12년, 753) 는 國交斷絶期, 그리고 제3기(753~憲康王 8년, 882)는 文物交涉期로 정리하였다. 그러나 ≪三國史記≫에는 제2기의 교섭기록이 없지만, ≪일본서기≫에는 빈번한 遣新羅使・學問僧을 파견하고 있어 신라의 불교・유교문화가 집중적으로 일본에 전파되고 있음을 간과할 수 없 다. 특히 昔于老事件과 神功皇后新羅征伐記事를 비교하여 汕耘이 지 적한 바와 같이 于老가 倭軍에게 피살된 것을 神功皇后가 신라를 정 벌한 것으로 왜곡한 것임을 밝혔다. 이것은 문헌학적으로 倭의 新羅 征伐說을 부인할 수 있는 것이다. 또한 倭의 거주지가 韓半島南海岸 一帶임을 밝힌 동시에, 왜와 왜국과의 관계에 대해서는 후자가 전자 를 정치적・군사적으로 제어할 수 있는 나라로서 그 위치를 對馬島나 北九州一帶로 비정하였다.

日本은 大化改新이후 적극적인, 신라접근책을 꾀했으나, 武烈王權 은 대일 강경책을 고수함으로써 聖德王 30年의 日船侵略, 景德王의 2차에 걸친 日使接待拒否 및 爭長事件이 야기되기도 하였다. 그러나 일본은 676년에 遣新羅使를 파견한 이래 學問僧과 留學生이 8세기 초엽까지 신라에 집중 파견되었다. 이때에 遣唐使는 중단되고 있는 반면 견신라사는 8세기 중엽까지 24회나 파견되고 있어, 大寶律令의

撰定이나 白鳳文化 및 天平文化形成에 신라의 영향이 절대적이었음을 확인하였다. 이러한 일본의 친신라정책은 결국 元聖王系의 哀莊王代에 이르러 양국간의 친선, 우호관계가 성립되었다. 결국 신라는 哀莊王 5년(804)에 黃金 300냥을 받은 이후 동왕 7년(806)에야 일본사신을 朝元殿에서 맞이하였다. 따라서 이른바 ≪續日本紀≫의 新羅付庸國觀이나 蕃國觀은 克服되어야 할 것임은 물론이다.

셋째는 7세기 이후 신라문화의 일본전파에 대한 구체적 실상 파악을 꾀하였다. 飛鳥文化가 百濟文化의 절대적 영향에서 이룩되었다는 사실 못지않게 일본고대문화와 정치체제가 신라 및 통일신라의 영향에서 성립되었다는 사실은 확인할 필요가 있다. 眞平王代(579~632)의 정치적 발달에 따른 王權專制化의 의미는 新羅船便을 이용하는 遣隋使나 遣唐使에게 큰 도움을 주었다. 皇龍寺・華嚴寺의 축조정신은 四天王寺・法隆寺의 건설로 연결되었으며, 강력한 왕권을 뒷받침하는 內省은 宮內府로 직결될 수 있었다. 白鳳文化에 있어서 신라 佛敎美術의 공헌은 물론 佛國寺와 聖德大王의 神鍾의 造成은 東大寺와 大佛의 성립과 같이 天平文化가 唐의 영향이 아니라, 통일신라문화의 전파에서 성립되었음을 확인할 수 있었다. 이러한 羅日關係史의 해명은 歪曲된 일본의 對新羅觀에 대한 克服과 더불어 양국관계의 새로운 지평을 열어주는 계기가 될 것이라 기대한다.

[附錄]

≪三國史記≫ 所載 對倭・對倭國・對日關係史料

□ 對倭關係

1. 赫居世 8年 倭人行兵 欲犯邊 聞始祖有神德 乃還(≪三國史記≫ 卷 1)

2. 赫居世 38年(중략) 以至卞韓 樂浪 倭人無不畏懷(중략) 瓠公者未詳其族
   姓 本倭人 初以瓠繫腰 渡海而來 故稱瓠公(同)

3. 南解王 11年 倭人遣兵船百餘艘 掠海邊民戶 發六部勁兵以禦之(同)

4. 脫解王 17年 倭人侵木出島 王遣角干 羽烏禦之 不克 羽烏死之(同)

5. 祗摩王 10年 夏 4月 倭人侵東邊(同)

6. 祗摩王 11年 夏 4月 大風東來 折木飛瓦 至夕而止 都人訛言 倭兵大
   來 爭遁山谷 王命伊飡翌宗等 諭止之(同)

7. 阿達羅王 5年 春 3月 倭人來聘(≪三國史記≫ 卷 2)

8. 伐休王 10年 6月 倭人大饑 來求食者千餘人

9. 奈解王 13年 夏 4月 倭人犯境 遣伊伐飡利音 將兵拒之(同)

10. 助賁王 3年 夏 4月 倭人猝至圍金城 王親出戰 賊潰走 遣輕騎追擊之
    殺獲一千餘級(同)

11. 助賁王 4年 夏 4月 大風飛屋瓦 5月 倭兵寇東邊 秋 7月 伊飡于老與
    倭人 戰沙道 乘風縱火焚舟 賊赴水死盡(同)

12. 沾解王 3年 夏 4月 倭人殺舒弗邯于老(同)

13. 儒禮王 4年 夏 4月 倭人襲一禮郡 縱火燒之 虜人一千而去(同)

14. 儒禮王 6年 夏 5月 聞倭兵至 理舟楫 繕甲兵(同)

15. 儒禮王 9年 夏 6月 倭兵攻陷沙道城 命一吉飡大谷 領兵救完之(同)

16. 儒禮王 11年 夏 倭兵來攻長峰城 不克(同)

17. 儒禮王 12年 春 王謂臣下曰 倭人屢犯我城邑 百姓不得安居 吾欲與
    百濟謀 一時浮海 入擊其國 如何 舒弗邯弘權 對曰 吾人不習水戰 冒
    險遠征 恐有不測之危(중략) 王曰善(同)

18. 訖解王 37年 倭兵猝至風島 抄掠邊戶 又進圍金城 急攻 王欲出兵相
    戰 伊伐湌康也日 賊遠至 其鋒不可當 不若緩之待其師老 王然之 閉
    門不出 賊食盡 將退 命康也 率勁騎 追擊走之(同)

19. 奈勿王 9年 夏 4月 倭兵大至 王聞之 恐不可敵 造草偶人數千 衣衣
    持兵 列立吐含山下 伏勇士一千於 斧峴東原 倭人恃衆直進 伏發擊其
    不意 倭人大敗走 追擊殺之幾盡(≪三國史記≫ 卷 3)

20. 奈勿王 38年 夏 5月 倭人來圍金城 五日不解 將士皆請出戰 王曰 今
    賊棄舟深入 在於死地 鋒不可當乃閉城門賊無功而退 王先遣勇騎二百
    遮其歸路 又遣步卒一千 追於獨山 來擊大敗之 殺獲甚衆(同)

21. 實聖王 4年 夏 4月 倭兵來攻明活城 不克而歸 王率騎兵 要之獨山之
    南 再戰破之 殺獲三百餘級(可)

22. 實聖王 6年 春 3月 倭人侵東邊 夏 6月 又侵南邊 奪掠一百人(同)

23. 實聖王 7年 春 2月 王聞倭人於對馬島置營 貯以兵革資糧 以謀襲我
    我欲先其未發 揀精兵 擊破兵儲(同)

24. 實聖王 14年 8月 與倭人戰於風島 克之(同)

25. 訥祇王 15年 夏 4月 倭人來侵東邊 圍明活城 無功而退(同)

26. 訥祇王 24年 倭人侵南邊 掠取生口而去 夏 6月 又侵東邊(同)

27. 訥祇王 28年 夏 4月 倭兵圍金城十日 糧盡乃歸 王欲出兵追之 左右
    曰 兵家之說曰 窮寇勿追 王其舍之 不聽 率數千餘騎 追及於獨山之
    東 合戰爲賊所敗 將士死者過半 王蒼黃棄馬上山 賊圍之數重 忽昏霧
    不辨咫尺 賊謂有陰助 收兵退歸(同)

28. 慈悲王 2年 夏 4月 倭人以兵船百餘艘 襲東邊 進圍月城 四面矢石如
    雨 王城守 賊將退 出兵擊敗之 追北至海口 賊溺死者過半(同)

29. 慈悲王 5年 夏 5月 倭人襲破活開城 虜人一千而去(同)

30. 慈悲王 6年 春 2月 倭人侵歃良城 不克而去 王命伐智·德智 領兵伏
    候於路 要擊大敗之 王以倭以屢侵疆場 緣邊築二城(同)

31. 慈悲王 10年 春 命有司 修理戰艦(同)

32. 慈悲王 19年 夏 6月 倭人侵東邊 王命將軍德智擊敗之 殺虜二百餘人
    (同)

33. 慈悲王 20年 夏 5月 倭人擧兵 五道來侵 竟無功而還(同)

34. 炤知王 4年 5月 倭人侵邊(同)

35. 炤知王 8年 夏 4月 倭人犯邊(同)

36. 炤知王 15年 秋 7月 置臨海·長嶺二鎭 以備倭賊(同)

37. 炤知王 19年 夏 4月 倭人犯邊(同)

38. 炤知王 22年 春 3月 倭人攻陷長峰鎭(同)

□ 對倭國關係

1. 脫解王 3年 夏 5月 與倭國結好交聘(≪三國史記≫ 卷 1)

2. 祗摩王 12年 春 3月 與倭國講和(同)

3. 阿達羅王 20年 夏 5月 倭女王卑彌乎遣使來聘(≪三國史記≫ 卷 2)

4. 基臨王 3年 春正月 與倭國交聘(同)

5. 訖解王 3年 春 3月 倭國王遣使 爲子求婚 以阿湌急利女送之(同)

6. 訖解王 35年 春 2月 倭國遣使請婚 辭以女旣出嫁(同)

7. 訖解王 36年 2月 倭王移書絶交(同)

8. 實聖王 元年 3月 與倭國通好 以奈勿王子未斯欣爲質(≪三國史記≫ 卷3)

9. 訥祗王 2年 秋 王弟未斯欣自倭國(同)

□ 對日關係

1. 龍朔 3年 倭國船兵 來助百濟 倭船千艘 停在白沙 百濟精騎 岸上守船 新羅驍騎爲漢前鋒 先破岸陣(≪三國史記≫ 卷 7, 文武王 11年)

2. 文武王 10年 12月 倭國更號日本(≪三國史記≫ 卷 6)

3. 孝昭王 7年 3月 日本國使至 王引見於崇禮殿(≪三國史記≫ 卷 8)

4. 聖德王 2年 秋 7月 日本國使至 摠二百四人(同)

5. 聖德王 21年 冬 10月 築毛伐郡城 以遮日本賊路(同)

6. 聖德王 30年 夏 4月 日本國兵船三百艘 越海襲我東邊 王命將出兵大破之(同)

7. 景德王 元年 冬 10月 日本國使至 不納(≪三國史記≫ 卷 9)

8. 景德王 12年 秋 8月 日本國使至 慢而無禮 王不見之乃廻(同)

9. 哀莊王 3年 冬 12月 授均貞大阿飡爲假王子 欲以質倭國 均貞辭之(≪
   三國史記≫ 卷 10)

10. 哀莊王 4年 秋 7月 與日本國交聘結好(同)

11. 哀莊王 5年 夏 5月 日本國遣使 進黃 金三百兩(同)

12. 哀莊王 7年 春 3月 日本國使至 引見於朝元殿(同)

13. 哀莊王 9年 春 2月 日本國使至 王厚禮待之(同)

14. 景文王 4年 夏 4月 日本國使至(≪三國史記≫ 卷 11)

15. 憲康王 4年 8月 日本國使至 王引見於朝元殿(同)

16. 憲康王 8年 夏 4月 日本國遣使 進黃金三百兩 明珠一十箇(同)

• 저자 •

신형식(申瀅植) 서울대학교 사학과 졸업
서울대학교 사학과 석사학위 취득
단국대학교 사학과 박사학위 취득
이화여대 사학과 교수 역임

• 주요 저서 •

『고구려사』, 『신라인의 실크로드』
『고구려산성과 해양방어체제』, 『한국사학사』외 다수

統一新羅史研究

• 초판 인쇄	2004년 10월 20일
• 초판 발행	2004년 10월 25일
• 지 은 이	신형식
• 펴 낸 이	채종준
• 펴 낸 곳	한국학술정보㈜
	경기도 파주시 교하읍 문발리 526-2
	전화 031) 908-3181(대표) · 팩스 031) 908-3189
	홈페이지 http://www.kstudy.com
	e-mail(e-Book사업부) ebook@kstudy.com
• 등 록	제일산-115호(2000. 6. 19)
• 가 격	22,000원

ISBN   89-534-2138-1 93910 (paper book)
        89-534-2139-X 98910 (e-book)